10 K
La década robada

Jorge Lanata

10 K
La década robada

Datos y hechos en los años de la grieta

INVESTIGACION Y ARCHIVO:
JL
María Eugenia Duffard
Marcela Pagano
Gonzalo Sánchez

Espejo de la Argentina ⊕ Planeta

Lanata, Jorge
   10 K. - 1a ed. - Ciudad Autónoma de Buenos Aires : Planeta, 2014.
   584 p. ; 23x15 cm.

   ISBN 978-950-49-3903-0

   1. Política Argentina. I. Título.
   CDD 320.82

© 2014 Jorge Lanata

© La Nación, "La narcofamilia: fabricaban media tonelada de droga por mes en
un country", por Germán de los Santos, 20/10/2013
© Clarín, "La beba que murió por desnutrición no estaba en el Plan Hambre
Cero", por Gonzalo Sánchez, 27/10/2010.
© Clarín, "Un problema cada vez más complejo de tránsito y consumo", por
Virginia Messi, 9/11/2013
© Perfil, "Felisa, me muero", por Jorge Lanata, 4/12/2005
© Perfil, "La mujer de la bolsa", por Jorge Lanata, 24/6/2007

Diseño de cubierta:
Departamento de Arte de Grupo Editorial Planeta S.A.I.C.

Todos los derechos reservados

© 2014, Grupo Editorial Planeta S.A.I.C.
Publicado bajo el sello Planeta®
Independencia 1682 (1100) C.A.B.A.
www.editorialplaneta.com.ar

1ª edición: abril de 2014
70.000 ejemplares

ISBN 978-950-49-3903-0

Esta parte parcial de la tirada total fue realizada en:
Gráfica Pinter con 35.000 ejemplares,
Diógenes Taborda 48, CABA,
en el mes de marzo de 2014.

Hecho el depósito que prevé la ley 11.723
Impreso en la Argentina

A Lola Lanata,
a Bárbara Lanata
y a Sarah Stewart Brown

Prólogo

La «década robada» no refiere sólo a la corrupción; es, también, la década desaprovechada: nunca antes las condiciones objetivas de crecimiento para la Argentina fueron mejores. En esta década, el país fue escenario de la llegada al poder de la última batalla de la generación del setenta y tuvo su impronta en todos los ámbitos: fue vanguardista, inescrupulosa, se arrogó el monopolio moral y el *copyright* de la verdad. Esta será recordada, también, como la «década de la Grieta»: desde los años cincuenta, el país no latía al ritmo de una división que comenzó como política y se transformó en cultural; fue necesario reinventar la Historia, crear enemigos imaginarios y separar como nunca antes la realidad del lenguaje. El kirchnerismo se transformó en una secta religiosa sostenida por fanáticos que abolieron la realidad objetiva. Como todo proceso de alienación, fue gradual; por eso se atacó a los medios: eran los únicos que podían funcionar como un espejo. Néstor, un vivillo, un caudillo del interior, se transformó en San Martín; Cristina, en el poder, se creyó su propia mentira. El paliativo clientelista de la Asignación Universal por Hijo se transformó en ocupación plena; el INDEC dejó de medir la inflación hasta que volvió a hacerlo por sugerencia del Fondo Monetario; la deuda —que se había pagado—

9

creció como nunca antes; la pirámide social se mantuvo incólume: la distribución del ingreso de la época menemista no se alteró, y a la lista de los dueños de la Argentina se agregaron dos vecinos del Sur y uno de Córdoba. La década robada mantuvo, a la vez, la inveterada costumbre argentina de gastar más de lo que se produce, aunque la continuidad de tres períodos presentó un problema: los mismos que gastaron debieron enfrentarse a ajustar sus excesos. Ese es el dilema que hoy enfrenta el gobierno, y que decidió resolver a costa de descascarar el relato, encerrado en una paradoja: le toca a un inexperto ministro marxista-keynesiano (como si eso fuera posible) recomponer el crédito externo, pagar las deudas, devaluar… indemnizar a los acreedores y pedir dinero a tasas insólitas.

Este libro no es un resumen cronológico y total de la década robada; sólo muestra algunos hitos en los que el Relato entró en cortocircuito, aquellos hechos imposibles de ocultar en estos años, en los que la Justicia y los medios oficiales hicieron lo posible por mirar para otro lado.

JORGE LANATA
Buenos Aires, marzo de 2014

CAPÍTULO I

El efecto mariposa

Todas las grandes historias comienzan por casualidad.

«Me dijeron que Moreno se iba a los tres meses y De Vido a los seis. Me tomaba el trabajo de desayunar con Moreno todas las mañanas para ver qué cagadas iba a hacer» (Martín Lousteau, 31 de julio de 2013).

El «efecto mariposa» es una de las condiciones de la Teoría del Caos: frente a determinadas condiciones iniciales de un sistema caótico, la mínima variación en ellas puede provocar que el sistema evolucione de formas completamente diferentes. Este modelo fue obtenido a partir de las investigaciones del meteorólogo y matemático Konrad Lorenz, al trabajar en predicciones del clima atmosférico. Un clásico cuento de Bradbury relata esa experiencia: la de un grupo de cazadores que viaja en el tiempo y mata por error a una mariposa prehistórica; cuando vuelven al presente, el mundo que conocían es totalmente distinto del que habían dejado. ¿Le tocará a Martín Lousteau el rol de mariposa en este cuento? Visto en perspectiva, fue el funcionario que más rápido se «arrepintió» del kirchnerismo y fue, a la vez, quien expuso con mayor tozudez sus contradicciones y, finalmente, salió del gobierno a los cinco meses de gestión.

La Resolución 125 se recuerda hoy como un incidente menor que, como la mariposa, desencadenó problemas mayores: una derrota electoral que el gobierno supo revertir con inteligencia y audacia, y un hecho que hasta ahora no ha sido considerado en su real dimensión: ese fue el momento del nacimiento del Relato. Este «joven urbano» de treinta y pico, con el pelo cuidadosamente despeinado, de ángel desobediente, llenaba por demás los requisitos del *casting* presidencial para ministros: joven, informal, sólido en términos académicos (egresado del «Colegio», diploma Cum Laude de la Universidad de San Andrés, maestría en la London School of Economics, admirador de Keynes). Otra Argentina: Cristina estaba preocupada por exorcizar los fantasmas de los escándalos de corrupción heredados de Néstor: el *Valijagate* de Antonini Wilson y la inoportuna bolsa en el baño de Felisa Miceli.

Lousteau, para mejor, respetaba los códigos del club de economistas, algo que no sucedía con Miguel Peirano o Miceli. El chico de pelo angelado se había desempeñado como profesor de posgrado del Di Tella y de grado en San Andrés, y tampoco le faltaban *papers* a su nombre. Hasta que alguien pisó la mariposa.

Cuando Lousteau se posó sobre el Gabinete, lo hizo sobre una falla: de un lado estaban De Vido, Jaime y Moreno y, del otro, Alberto Fernández —entonces jefe de Gabinete—, secundado por Graciela Ocaña, Jorge Taiana y Carlos Tomada. Lousteau era resistido por De Vido, herencia de una mala relación anterior con Felipe Solá, que se trasladó a la gestión de Lousteau, a cargo del Banco Provincia: los principales deudores del banco eran las autopistas, y quien regulaba esas concesiones era Claudio Uberti, hombre de De Vido que renunció más tarde, envuelto en el *Valijagate*. Lousteau estaba en la India dando conferencias sobre federalismo cuando escuchó del otro lado del teléfono la voz de Alberto Fernández:

—Martín, Peirano no va más. ¿Estás dispuesto a ser ministro?

—Estoy en la India, cuando vuelva nos juntamos.

El diálogo posterior difiere según las fuentes.

Lousteau sostiene que Fernández le aseguró: «Quedate tranquilo, tenés mi apoyo. De Vido quedó colgado de un hilo y Moreno se va en marzo. Y voy a manejar el Gabinete. Podés hacer los cambios que quieras, pero en el corto plazo no podés tocar a Moreno, él se va en marzo».

Fernández asegura que, cuando hizo aquella llamada, ya no quería mantenerse en la jefatura de Gabinete y que Néstor buscaba convencerlo de lo contrario. Alberto, siempre según su versión, le había planteado la salida de De Vido y Cristina en principio aceptó, pero luego dio marcha atrás. Con la renuncia de Peirano, hubo que nombrar un nuevo ministro y Alberto propuso a Mercedes Marcó del Pont y a Lousteau, a quien le advirtió de posibles problemas con Moreno.

—Yo a Moreno lo manejo —le dijo Martín.

«Yo creo que se creyó más vivo de lo que objetivamente fue», resume hoy Fernández.

Lousteau le presentó a Cristina un *paper* de 38 páginas donde elogiaba los logros conseguidos por la gestión de Néstor, pero advertía sobre las debilidades a corregir. Se titulaba «Desafíos macroeconómicos 2008-2011». Allí elogiaba el superávit fiscal y el crecimiento; destacaba que por primera vez en cien años el país lograba crecer durante cinco años consecutivos a una tasa anual mayor al 4% y destacaba la creación de empleo: en 2007 se habían creado 300.000 nuevos puestos y 1.300.000 personas habían salido de la pobreza. Pero el ochenta por ciento de elogios no alcanzaba: el *paper* mencionaba el fantasma de la inflación. Una semana después, el mismo documento volvió a su autor de manos de la Presidenta, pero con correcciones y tachones de Néstor.

—¿Qué pensarías vos si hubieras estado en el gobierno anterior y alguien te dijera estas cosas?

—Que me está tratando de ayudar. Si yo estoy diciendo que se hicieron muchas cosas bien y ahora tenemos inflación.

—No, no, no, esto no funciona así.

Lousteau lo llamó a Alberto, preocupado:

—Vos tenés que entender lo que Néstor quiere —le dijo Alberto—: un tipo de cambio competitivo y superávit fiscal alto.

—Si la receta para crecer mucho y rápido fuera tener tipo de cambio competitivo y superávit fiscal, todos los países del mundo serían ricos, porque es una pelotudez lo que estás diciendo.

A las pocas horas de asumir como ministro, Lousteau se encontró con Néstor en su búnker de Puerto Madero: el cuarto piso del edificio de vidrios azules, llamado Costero. Lousteau le habló del mundo y afirmó que la Argentina vivía un proceso de apalancamiento muy riesgoso:

—Yo no le tengo miedo a 2008, le tengo miedo a 2009, que es un año electoral y nosotros vamos a tener quilombo económico —concluyó.

—Esto es filosofía: cuando Bush ponga la platita se acaba todo —con esta frase, Néstor dio por finalizada su charla de macroeconomía.

Néstor, Alberto y Lousteau se levantaron para despedirse. Estaban rodeados por seis televisores. En una de las pantallas un noticiero mostraba la noticia del crecimiento en la venta de automóviles: un 12% más que en igual período de 2006. Néstor escuchó el anuncio, se dio vuelta, le señaló la pantalla a Lousteau y le dijo:

—¿Ves? Eso es la economía.

Lousteau salió de la oficina convencido de que Néstor no entendía una palabra de lo que habían estado hablando.

La otra parte de la ecuación quedó confirmada durante un viaje a Brasil, adonde acompañó a Cristina para encontrarse con Lula. El ministro aprovechó el trayecto para plantearle a la Presidenta una serie de medidas. Lousteau notaba el esfuerzo presidencial para aparecer interesada en esos asuntos, pero también las respuestas automáticas.

—¿Quién es tu asesor en materia económica? ¿Con quién hablás? —se animó a preguntarle.

—Con nadie. Mi referente es Néstor.

Lousteau caminaba por una cornisa de baldosas flojas: todos los lunes a las ocho de la mañana desayunaba con Moreno para evitar que este tomara decisiones que perjudicaran su gestión. El caballo de Troya entre las medialunas duró poco.

—¿Por qué le cortaste los desayunos a Moreno? —lo increpó De Vido durante un almuerzo—. El Loco estaba tan contento de que podía hablar de economía con alguien.

Las fisuras comenzaron a hacer agua en la prensa: Fernando Krakowiak, de *Página/12*, escribió el 24 de febrero de 2008 sobre diferencias que calificaba de irreconciliables: «Uno lo ve al otro como un ministro paralelo que hace lo que quiere y el otro, como un *yuppie* seducido por el mercado y sin historial de militancia». «Si Lousteau renuncia van a poner a otro, pero Moreno va a seguir estando en su lugar, porque él es Kirchner».

La mariposa murió aplastada por el monto de los subsidios: habían pasado de 1.500 millones de pesos en 2003 a 15.000 millones en 2007, y se proyectaban a 30.000 millones en 2008. Treinta mil millones de una kermés administrada por Jaime, De Vido y Moreno.

Lousteau le presentó a Cristina un plan para bajar los subsidios a la electricidad y el gas: se trataba de segmentar las tarifas residenciales y comerciales de los servicios públicos de agua, luz y gas en función del valor fiscal de los inmuebles y del consumo. Cristina no estaba convencida. Lousteau intentó hacerle entender que se avecinaba una catástrofe económica mundial y que era probable que el precio de la soja cayera.

Nadie había imaginado, hasta entonces, que había más en el fondo del frasco: la estatización de las AFJP y las cajas de la ANSES y el Central.

Cristina asistió a la discusión entre Lousteau y Moreno por las retenciones. El secretario de Comercio propuso fijar la soja a 180 dólares, lo que equivalía a un 63,4% de retenciones. (Véase cuadro en página siguiente.)

«La principal crítica que hice fue que, cuando el productor pasaba los 600 dólares, el Estado se quedaba con el 95% del precio. Era un disparate, no tenía gollete —recuerda ahora Fernández—. La única pregunta que le hice ese día a Martín fue: "¿Lo consultaste con el campo?". "Sí", me dijo, "está todo consultado". Al día siguiente me di cuenta de que no era así. En la primera reunión con el campo, Buzzi me dijo: "Esto es una locura, porque el 80% de la soja la produce el 20% de los productores, y el otro 20% lo produce el 80%. ¿Por qué no fueron sobre ese 20%?", me increpó».

La estadística estaba en la página oficial de internet del Ministerio de Agricultura. Nadie en el gobierno la había visto. La mariposa ya había aleteado: más allá de las discusiones porcentuales o de la calidad de aplicación de las retenciones, el plan del gobierno obedecía a una inveterada costumbre argentina: gastar de más sin preocuparse por quién debería pagarlo ni cuándo habría que hacerlo. La desproporción del gasto y el estímulo al capitalismo de amigos necesitaban índices blandos y manipulables; la intención de Moreno respecto del INDEC resultó de una ingenuidad atroz. Él suponía que, si se controlaban las estadísticas, se ahorraba en deuda, ya que los cupones PBI de la renegociación del supuesto desendeudamiento estaban atados al crecimiento: si la inflación era baja, el CEER (coeficiente que toma en cuenta el INDEC) era bajo, así como el nivel a aplicar al tenedor de bonos. Si hacían como que crecían menos, entonces, pagarían menos; el razonamiento de un mono en estado de coma.

16

Precio neto de exportación

Reducción del precio al productor de soja del 46% (32% versus el vigente en noviembre de 2007)

Producto	Precio FOB US$/Tn.	$/Tn.	Retención base (%)	Retención adicional (%)	Retención nueva (%)	Retención US$/Tn.	Precio neto al productor US$/Tn.	Caída precio productor c/ret. adicional (%)	Precios productor 11/07	Precio productor vs. 11/07 (%)
Trigo	335	1.069	28	—	28	(93,8)	231	0	183	26
Girasol	467	1.490	30	—	30	(140,1)	313	0	288	9
Maíz	217	692	25	—	25	(54,3)	156	0	122	28
Soja	476	1.518	35	28	63,4	(301,8)	160	–46	237	–32
Aceite de soja	1.220	3.892	30	28	58,4	(712,5)	471	–42		

Cálculo compensación

No hay aumento de precio al procesador de soja y del aceite de soja [la compensación sobre el aceite de soja se reduce a cero)

	Precios al procesador de mercado interno en $/Tn.	Precios a procesador mercado interno en US$/Tn.	Precio neto al productor US$/Tn.	Compensación US$/Tn.	Aumento precios procesador %	Volumen cosumo interno	Costo compensación US$/millones
Trigo	407	128	231	(104)	0	5,4	(563)
Girasol	576	181	313	(132)	0	0,9	(118)
Maíz	322	101	156	(55)	0	7,4	(407)
Soja	508	159	160	0	0	0,3	0
TOTAL						14,0	(1.089)
Aceite de soja	1.497	469	471	0	0		

Balance retención compensación

El aumento de la recaudación es un 60% de la original

	Volumen exportación eq. grano	Precio FOB US$/Tn.	Millones US$			
			Rec. original	Rec. adicional	Costo compensación	Diferencia
Trigo	10,0	335	934	0	(563)	(533)
Girasol	3,1	467	435	0	(118)	(118)
Maíz	14,4	217	780	0	(407)	(407)
Soja	48,5	476	8.086	6.561	0	6.561
TOTAL	76,0		10.235	6.561	(1.089)	5.472

Pero, cuando se miente con la inflación, se sobrestima el crecimiento del país y, cuando el crecimiento es superior al 3,3%, el país tiene la obligación de pagar interés a los tenedores de cupones PBI, de modo que lo que se ahorraba por un lado salía por el otro.

Lousteau sostiene que Cristina no entendía esa ecuación e insistía en derivar el asunto a Fernández, que no se movía de su discurso: «No achicar ahora el crecimiento». Moreno, por su lado, prefería seguir negando y proponía quitarle la mayor ponderación de precios al índice. A los dos meses de haber comenzado a trabajar en índices paralelos a los del INDEC, Cristina llamó por teléfono a Lousteau:

—Tenés que anunciar el índice de precios de Moreno.

—Disculpame, pero no voy a hacerlo. Estamos midiendo a contramano del mundo, estamos achicando la muestra.

Moreno había convencido a la Presidenta de quitar el 40% de los productos y servicios que, en su opinión, representaban «bienes suntuarios».

—¿Por qué querés hacer eso? —lo apuró Lousteau.

—Porque los de arriba son ricos y los de abajo no laburan y no son peronistas. Los de abajo son lúmpenes y los de arriba son ricos.

—¿Y cuando la prensa pregunte por qué vamos a contramano del mundo y en lugar de incluir cosas las excluimos?

—Porque somos un gobierno peronista y tenemos un índice peronista.

La charla terminó con un portazo.

Cristina insistió con sus llamados:

—Tenés que anunciar el índice de Moreno.

—No lo voy a anunciar.

—¿Por qué?

—Porque es un mamarracho. Además, a esta altura tenemos un problema de inflación, no de índice. Tenemos una inflación que es el doble de la que estamos diciendo.

En el relato de Lousteau, Cristina entró, entonces, en un estado de shock y le respondió a gritos:

—¿Y vos de dónde sacás eso?

Lousteau se lo explicó.

—¿Y qué proponés?

—Lo que vengo proponiendo desde el principio.

—Eso es enfriar la economía. Yo no quiero hacer eso.

Al rato volvió a sonar el teléfono del ministro: era Alberto Fernández.

—Vos no le podés hacer eso a ella.

—Mirá, si un ministro no le puede decir al jefe de Gabinete y a la Presidenta que tenemos un problema de inflación, búsquense otro ministro y no me rompan más las bolas.

—Vos sos muy ansioso.

—Moreno está loco y me tiene harto. ¿No era que vos te lo querías sacar de encima? A mí, ya vinieron varios empresarios a confirmarme de sus manejos y las coimas que exige para mantener los acuerdos de precios. Hacé algo.

—Filmalo.

—¿Por qué no lo filmás vos? ¡Andate a la concha de tu madre! Me dijiste que se iba a ir.

El resultado de la discusión fue un nuevo *paper* de Lousteau. En este caso de cuatro páginas, en el que explicaba por qué sería negativo aplicar la metodología de Moreno para el IPC.

Claro agravamiento de la situación actual

- Se <u>acentuarán los problemas de credibilidad</u> del IPC (y del Instituto).
- Las falencias de la nueva tecnología:
  - ✔ Hacen explícita la pérdida de representatividad del índice.
  - ✔ No aseguran una menor tasa de inflación.

✔ Quitan grados de libertad a futuro.

✔ Afectan el diseño y evaluación de políticas.

Falencias de la nueva metodología

- Excluye al 60% de la población de referencia (el 20% más pobre y el 40% más rico):

  ✔ **Hace explícita la pérdida de representatividad del índice.**

  ✔ Excluye al 70% del total del consumo (estimación según ENGH 96/97).

  ✔ Resulta **indefendible metodológicamente** (ningún país del mundo realiza semejante nivel de exclusión, a lo sumo llega al 5%).

  ✔ **Ningún organismo internacional avalará** la nueva tecnología.

  ✔ Riesgo por <u>mayor peso de los alimentos</u> en el índice (en un contexto de suba de precios internacionales) y <u>menor incidencia de los bienes durables</u> (que ya realizaron el ajuste de precios).

  ✔ Después de un cuidadoso análisis, eventualmente la exclusión del consumo suntuario debe realizarse al momento de determinar las variedades cuyos precios se relevarán.

  ✔ No se debe confundir el <u>nivel absoluto de los precios</u> con la <u>variación de los nivele</u>s, que es lo que determina la inflación.

    – Por ejemplo, si bien «Turismo en el exterior» puede resultar muy «caro» actualmente en términos absolutos, es probable que la variación a futuro de este «precio» sea constante o eventualmente deflacionaria.

- La reducción drástica de variedades (de 818 a 430) deja menos grados de libertad de cara al futuro

20

(«menos variedades» implica que cada variedad tiene una ponderación mayor en el índice).

✔ No se contará con alternativas para corregir casos de variaciones «anormales».

✔ Hace más «visible» cualquier «retoque» en ellas.

✔ Si bien es cierto que el IPC en EE.UU. tiene una menor cantidad de variedades, es importante diferenciar lo que significa «variedad» en cada caso:
  – Por ejemplo, en EE.UU. una variedad es «productos medicinales», cuando aquí tenemos como variedades separadas «analgésicos», «antiinflamatorios», etc.

- Se continúa <u>considerando solamente a la población de Capital y Gran Buenos Aires</u>, en lugar de ampliar a todo el país.

  ✔ Alta ponderación de gastos sólo significativos en el GBA (p. e., expensas, subte, etc.), que se harían menos visibles si se toma el total del país.

- Según se comunicó, no se considerarán en el cálculo los productos estacionales que suban más de **15%** (<u>efecto sustitución</u>).

- Si bien sería correcto excluir del cálculo los bienes estacionales con precios «exorbitantes» (**y no un 15% de aumento**), debería realizarse únicamente ante restricciones severas y evidentes en la producción y en los comercios (p. e., tomate).

- Si bien es cierto que algunos países incluyen el efecto sustitución, la metodología utilizada **difiere radicalmente de la propuesta**:

  ✔ En EE.UU., el índice que considera dicho efecto (C-CPI-U) <u>es una alternativa</u> al IPC general, pero se publica con un retraso de varios meses y está sujeto a sucesivas revisiones.

  ✔ En España, se actualizan los ponderadores una sola vez al año, en base a una encuesta de gastos trimestral de los hogares (en la Argentina la única encuesta de gastos se realiza cada diez años).

La división entre ambas alas del kirchnerismo se exacerbó tras la salida del ex vicecanciller Roberto García Moritán.

—Yo creía que había dos bandos —le dijo Lousteau a Carlos Tomada durante un almuerzo—. Pero ahora creo que la pelea no es Julio-Alberto sino Alberto-Néstor.

—Si es así, estamos todos jodidos.

El jueves 24 de abril, Lousteau presentó la renuncia, que se conoció a la noche. Estuvo más de dos horas en el despacho de Alberto Fernández, quien trató de convencerlo de lo contrario. Pero el responsable del efecto mariposa tenía un truco: desde la mañana, llevaba puesta una corbata muy particular, regalo de un amigo internado como consecuencia de un cáncer de colon. Las pocas veces que dudó en la conversación frente a la persuasión de Alberto, a Lousteau le alcanzó con posar la mano sobre el borde de la corbata de seda. Lo importante estaba en otro lado.

Capítulo II

Ricos y famosos

No hay política sin plata, así podría reducirse el pensamiento de Néstor Kirchner al respecto. Fue con plata como logró superar el 22% inicial de la derrota con Menem y evitar el *ballotage*, fue con plata como controló su propia interna en el partido. Pero en ese punto se produce una de las mayores diferencias con la administración de Menem: en los tiempos de Carlos Saúl las coimas eran una costumbre y llegaron a niveles exagerados. En *Página/12*, durante el Yomagate, nos tocó ser testigos y a la vez protagonistas de aquello: el diario publicó una carta de la embajada norteamericana al gobierno argentino en la que no se planteaba la existencia de coimas sino su monto; 40% es demasiado, decían los yanquis. Aquel escándalo le costó el cargo al cuñado presidencial, Emir Yoma, y bien podría tomarse como un símbolo de la época.

Pero con el kirchnerismo fue distinto: Néstor participaba de las empresas.

—¿Sabés por qué vendí? —me dijo una tarde, en una oficina del microcentro, la ex propietaria de una autopista—. Porque estaba harta de llevar todos los cinco la bolsa de consorcio con la guita.

No era una metáfora: todos los días 5, ella se presentaba en una cueva de Puerto Madero con el 10% de las ganancias líquidas de su empresa, en euros en efectivo. Lo de los euros fue también, en esta década, una característica cultural y práctica: ocupan menos espacio que los dólares y hay billetes de quinientos. La decisión de participar de las empresas (Yo te doy la licitación por tal autopista, vos me das el 10% de la empresa y yo te pongo un tipo en el directorio) definió un tipo de corrupción más estructural y permanente en el tiempo.

Hace algunos años, leyendo *El nacimiento del fascismo*, de Angelo Tasca, encontré con sorpresa que esa también había sido la técnica de Mussolini al comienzo de su administración (evítense las comparaciones, no creo que kirchnerismo y fascismo sean lo mismo, aunque la década K —como veremos después— presentó muchas características de una democracia autoritaria). Habría que dividir, en este caso, el capitalismo nacional K (Ferreyra, López, Báez) y el resto de las empresas con acciones «liberadas» (así se llaman en el argot de la política las acciones que se entregan al gobierno). El conflicto de intereses comenzó a hacerse público cuando, frente a la muerte de Néstor, hubo que separar aguas: ¿qué cosa era de quién? Lo que había sido la ilusión de Cristina de poder mantenerse aparte de aquel entuerto, quedó en la nada: finalmente trascendieron sus vínculos económicos con Lázaro, la Rosadita y las cuentas en el exterior. A la hora de hacer públicos sus ingresos el mayor problema de la clase política argentina es que no logra justificar su declaración en blanco; sólo tomando en cuenta las declaraciones firmadas de puño y letra por los interesados, estas resultan insustanciales.

La fortuna de Néstor y Cristina creció 46 veces entre 1995 y 2010, esto es más del 4.567%. Nos referimos a dos ex empleados públicos con una lejanísima actividad privada en un pequeño estudio jurídico de Santa Cruz.

El primer cargo público de Néstor fue en la Caja de Previsión Social de Santa Cruz, a mediados de 1984. Luego comenzó su carrera política como intendente de Río Gallegos en 1987, hasta diciembre de 1991, después fue gobernador de Santa Cruz entre 1991 y 2003, y presidente hasta 2007. Según los datos que proporcionaron los contadores del matrimonio, entre 2003 y 2012 su patrimonio pasó de 7.000.000 a 89.300.000, lo que incluye los bienes que heredaron sus hijos tras la muerte de Néstor, y significa: 12 departamentos, 6 casas, 6 terrenos, 4 locales, una camioneta, acciones, acreencias y depósitos en efectivo. Si se tienen en cuenta los inmuebles declarados, la pareja llegó a la presidencia con 5.626 metros cuadrados y a fines de 2011 contaban con 203.148 metros: treinta y seis veces más.

La única vez en la que Cristina se refirió a su patrimonio no lo hizo frente al periodismo sino frente a una alumna de Harvard: Lind, una estudiante norteamericana que vivió seis años en la Argentina.

—Señora Presidenta, quisiera preguntar, sabiendo que usted no es economista, ¿cómo se explica el aumento de su patrimonio de 3,2 millones a 79 millones de pesos en ocho años?

—Mirá, en realidad no sé de dónde sacaste esas cifras, pero no es así. Ha habido denuncias en mi país acerca de estas cuestiones, no solamente para mí sino para muchísimos otros funcionarios y la verdad que la Justicia lo ha determinado. Yo toda la vida he tenido una determinada posición económica que no fue desde que llegué a la presidencia. Siempre he ejercido la profesión libremente, mi estudio jurídico era uno de los más grandes y realmente puedo dar cuenta de todos y de cada uno de mis bienes, y de hecho lo hice a través de pericias y cosas que me he visto obligada a hacer. La Argentina es el único país del mundo donde se produce un delito con inversión de la carga de la prueba. Vos no sos economista, ¿no? Ah, bueno, yo soy abogada. Y en cualquier lugar uno [...] es inocente hasta tanto no sea declarado culpable. Los números que manejás [...], informate bien, no son esos. Yo tenía, teníamos y tengo una determinada posición económica en función de que he trabajado toda mi vida y he sido una muy exitosa abogada. Ahora soy una exitosa Presidenta también, gracias.

El de 2008 fue un año clave en el crecimiento exponencial del matrimonio. Kirchner deja la presidencia y retoma la senda de negocios en el Sur. En paralelo a la pelea con el campo, pasó de 26 millones y medio en activos a declarar 63 millones y medio. En ese período, además de los ingresos por la venta de propiedades que compró durante la dictadura, más de 14 millones, la pareja obtuvo más de 10 millones en cobro de alquileres, y más de 4 millones en cobro de intereses por plazos fijos en pesos y en dólares. En ese mismo año, el matrimonio creó la sociedad El Chapel, dedicada a la consultoría financiera, y HOTESUR SA, que explota el hotel Alto Calafate. A la vez, agrandaron la firma Los Sauces, que administra el hotel boutique del mismo nombre, y Néstor Kirchner amplió el patrimonio de COMASA, de la que tenía el 90% de las acciones. Todo esto sucedió mientras gobernaban la Argentina. Los sueldos representaron el 3,62% de los ingresos del matrimonio, algo tan insignificante que en 2010, por ejemplo, olvidaron informar el salario de Néstor como diputado en la declaración jurada de Cristina.

El fuerte del patrimonio inicial de los K fueron los bienes raíces. En la declaración jurada que Néstor presentó en 2003 poseían 13 casas, dos departamentos y un local en Río Gallegos; una casa y un terreno en el Calafate y un departamento en Buenos Aires. Cristina, entonces senadora nacional, era propietaria de otras tres casas en Río Gallegos y un departamento en Recoleta, el quinto «D» de Juncal 2166. La mayoría de las propiedades fueron compradas por el matrimonio entre 1977 y 1982.

Néstor y Cristina volvieron a Santa Cruz a fines de 1976, luego de contraer matrimonio en La Plata un año antes. El padre de Néstor era empleado postal de Río Gallegos y el de Cristina colectivero en La Plata. En su estudio jurídico se dedicaron a «cobranzas y recupero»: sus clientes les abonaban un fijo mensual para que lograran cobrarles a los deudores mediante intimaciones o aprietes jurídicos. Si el deudor finalmente no pagaba, Kirchner le confiscaba el bien adquirido. Sus principales clientes de la época eran Casa Sancho, Automores de Dios, Electro Bercom.

Es importante recordar el contexto de la época: Martínez de Hoz en plena dictadura a cargo de la economía, un alto endeudamiento externo, congelamiento salarial y la famosa «tablita», un calendario de devaluaciones preanunciadas que le indicaban al público cuánto valor iría perdiendo su dinero. El 1 de junio de 1977, a través de una nueva ley de entidades financieras, quedó liberado el mercado de dinero y se le dio garantía estatal a todos los depósitos a plazo fijo, con lo cual, si un banco quebraba, era el Estado el que devolvía el dinero. La liberación de las tasas hizo que estas explotaran hasta llegar a ser usurarias. Es ahí cuando aparece la recordada circular 1050 del Banco Central, que liberó las tasas de los créditos hipotecarios a la fluctuación del mercado, permitiendo a los bancos dar créditos sin fijar de antemano los intereses; esto determinó que miles de ahorristas terminaran pagando tasas imposibles, o se vieran obligados a entregar sus casas al banco porque los préstamos se volvieron impagables.

—Kirchner, que era abogado de una financiera que otorgaba esos créditos, procedía a rematar las casas y eso le permitía, después, adquirirlas a un precio mucho más bajo —recuerda ahora Rafael Flores, ex diputado del FREPASO en Santa Cruz.

El procedimiento de compras de aquella época es descripto por Javier Bielle, ex legislador del radicalismo: «Muy simple. Ellos eran abogados de FINDSUR y fundamentalmente fueron comprando las casas de gente que no podía pagarle a la financiera. Luego, por la posición que tenían, accedían a financiamientos que ellos mismos usaban comprando a valor de remate y quedándose con las propiedades».

En aquellos años, Néstor Kirchner sufrió un atentado: una bomba explotó en su estudio jurídico. Según la historia oficial, expresada en los libros de Sandra Russo (*La Presidenta*, Sudamericana, 2011) y Gabriel Pandolfo (*Néstor, el presidente militante*, Aguilar, 2011), el ejecutor fue un jefe de policía local. En Santa Cruz se cuenta otra historia: para Rafael Flores, la bomba la habría puesto un cliente que no soportó pagar su deuda dos veces, un hombre que estaba harto de las estafas de los Kirchner. El mismo Flores participó como abogado de la defensa de una mujer, deudora hipotecaria, que padeció la presión del matrimonio, Ana María Aset.

—Esa señora no había podido pagar todas las cuotas de su casa y por eso le iniciaron un juicio. Me vino a ver a mi estudio y a medida que uno avanzaba y veía el procedimiento que se había seguido para poder quitarle la casa a esta mujer, no había otro camino que la indignación. En otro momento, en un escrito, yo usé una frase bastante ofensiva para calificar el estudio de Kirchner. La frase era una comparación con Shylock, el personaje de *El Mercader de Venecia* que pedía la bolsa de carne. Fue un exceso, estuve mal y se lo dije a Cristina. Le dije: «Mirá, yo sé que estuve mal, pero ¿para qué tienen ustedes un estudio que puede dedicarse a otra cosa y hacen esto?» Y Cristina me dijo: «Mirá, Rafa, para hacer política hace falta plata, nosotros vamos a hacer política y necesitamos juntar plata».

En su libro *El último peronista*, Walter Curia (2006) relata que «a mediados de los ochenta Kirchner tenía tantas propiedades que pensó en abrir una inmobiliaria». Dice Curia respecto del atentado de 1981: «Por la noche un intruso se había metido en el estudio, donde cortó los caños de gas y colocó un cartucho de dinamita, sin detonador. Cuando abrió la puerta de la oficina a la mañana siguiente, el empleado no encendió la luz sólo porque era noviembre; por milagro: de lo contrario, hubiera volado todo. El chico no volvió nunca más. […]

»En esa época, Surco, una empresa constructora que tenía la concesión de las obras cloacales de Caleta Olivia, había entrado en una situación de insolvencia financiera. Era común en esos casos que se formaran clubes de bancos acreedores en busca de una salida beneficiosa para todos. El principal acreedor era el Banco de la Provincia y le seguía el Patagónico, representado por el estudio Kirchner, quien desconociendo el acuerdo se adelantó y pidió la quiebra de la empresa, provocando la caída de la firma, de los contratos en Caleta y un fuerte perjuicio a la provincia y al resto de los bancos».

«A su socio y a la mujer, Néstor les había jurado por Máximo que la quiebra había sido acordada con todos los bancos. Pero los testimonios dicen que eso no era cierto. […] No había pasado un año cuando otra vez un desconocido forzó la puerta del estudio, juntó un montón de carpetas y papeles y les prendió fuego. Se trataba de un improvisado: apenas ardieron y llenaron de humo y hollín las oficinas. El episodio se adjudicó en privado a algún loco que habría querido responder a la agresividad tradicional de los socios del estudio para las cobranzas».

La primera causa de enriquecimiento ilícito contra Néstor se abrió en junio de 2004, a un año de su gobierno. Cayó en el ex juez Juan José Galeano y después, en manos de Julián Ercolini, que lo sobreseyó en 2005. Ese expediente fue presentado por primera vez en PPT, donde pudieron conocerse las declaraciones de bienes personales de Néstor ante la AFIP entre 1995 y 2003. Según el análisis de la ex titular de la Unidad de Información Financiera (UIF), Alicia López, el matrimonio K no tiene cómo explicar el origen de sus fondos.

En 1995 el matrimonio poseía 22 propiedades adquiridas durante la dictadura. ¿Cómo siendo tan jóvenes y recién lanzados al ejercicio profesional pudieron comprar tantas propiedades en tan poco tiempo?

—Lo que yo haría —dice López— es encajarlo en una operación sospechosa, aquella que no tiene un fin económico justificado. Yo tengo la misma edad que Cristina, que en el año 77, 78 debía ser estudiante; entiendo que ella se recibe en 1979 y que Néstor se había recibido poco antes. ¿Cómo hicieron para comprar veinte propiedades? A mí me parecen sospechosas esas operaciones y de dónde sacaron los fondos.

En las declaraciones juradas de Cristina figura que compró con ingresos propios cuatro propiedades entre 1979 y 1980: la casa de Río Gallegos ubicada en la calle 24 de Mayo, la de Monte Elmos, la de Alvear y Tucumán, y el departamento de Recoleta en la calle Juncal: todo, un año después de recibirse de abogada. ¿Habrá sido, también, una estudiante exitosa?

A fines de 2007 publicamos en *Perfil* el siguiente artículo, que da cuenta del camino que hicieron los fondos, durante su regreso al país. Kirchner ya no era gobernador de Santa Cruz, pero sí manejaba todo desde Buenos Aires y estaba a punto de dejar el poder presidencial para cedérselo a su esposa. La nota ilustra lo que sucedió con ese dinero, en pleno auge de la década ganada:

«En 1993 el entonces gobernador Néstor K cobró 535 millones de dólares en concepto de regalías petroleras mal liquidadas por la Nación: 320 millones en bonos y acciones de YPF y el resto en efectivo. Por consejo de Domingo Cavallo, K depositó el dinero en un banco de inversiones de Nueva York, el Dean Witter Reynolds, que se fusionaría más tarde con el Morgan Stanley. Casi todo el dinero estuvo, hasta 2001, depositado en efectivo y, a estar de los intereses de la época, podría haber generado dos tipos de rendimientos: "Money market", cuando está en *cash* y sin moverse, entre el 1,25 y el 1,75 anual; plazo fijo, a tres años, por ejemplo, rendía entonces entre el 6 y el 7% anual... La única referencia concreta al devenir del dinero durante ese período puede encontrarse en los presupuestos aprobados por la Legislatura provincial entre 1995 y 2002, cuando señala año a año los recursos provenientes de activos de la provincia en el exterior».

Lo de «referencia concreta» es, en verdad, una metáfora: los legisladores levantaron la mano frente al monto total de los ingresos sin preguntar jamás qué se hizo con él. Así las cosas, se sabe que:

- 1995: (Ley 2.414) entraron 62 millones.
- 1996: (Ley 2.455) 102 millones.
- 1997: (Ley 2.478) 62 millones.
- 1998: (Ley 2.516) 65 millones.
- 1999: (Ley 2.518) 38,4 millones.
- 2000: (Ley 2.540) 145 millones.
- 2001: (Ley 2.564) 175 millones.

Para decirlo de otro modo: entre 1995 y 2001, mediante leyes del presupuesto provincial, se habilitó el ingreso de U$S 649.479.591 millones.

Aquellos ocho misteriosos años, sin embargo, vieron pasar mucho más dinero: de los 535 millones iniciales, Kirchner invirtió en acciones de YPF 290 millones, comprándolas a 19 dólares cada una. En 1999 las vendió a U$S 44,78 y ganó 670 millones de dólares. La suma del remanente de los 535 millones iniciales (245) más la ganancia posventa (670) asciende a U$S 915 millones.

La tasa libor (por London Interbank Offered Rate) superó en aquellos años el 6% anual. Si, para calcular los intereses, se aplica esta tasa interbancaria a un promedio del 4%, se llega durante nueve años a 329.400.000 dólares, lo que sumado a los 915 millones resulta en U$S 1.244.400.000 (U$S 1.244.400.000).

Una de las cuentas posibles, hecha por el ex senador radical Carlos Prades, agrega los intereses de aquellos años anteriores a la compra de acciones de YPF, lo que suma rendimientos por 58.800.000 dólares y eleva la suma a un total de 1.548.200.000 dólares (1.548.200 dólares).

La cifra aportada por Prades no es muy distinta de la que surge de un excelente informe publicado por el diario *Río Negro* hace algunas semanas, con la firma de Javier Lojo: «Considerando un conservador índice de mercado —escribe Lojo—, la cifra puede haber llegado a 1.980 millones en un fondo de inversión. Y un hábil operador podría haber hecho trepar esa cifra hasta los U$S 3.520 millones».

Fue, aquella primera, una época agitada: en 2000, Aldo Ducler, futuro ministro de Palito Ortega presidente, fue multado en Estados Unidos por lavar dinero del Cartel de Juárez. El MA Bank, su banco en las Islas Caimán (en realidad un apartado postal, el 707 West End Road), tenía unos 10 millones de dólares de los fondos de Santa Cruz.

En septiembre de 2001, dos contadores de Arthur Andersen y Paget Brown, vecinos de Caimán, negociaron en el Hotel Emperador con Carlos Sánchez Herrera en nombre de Néstor Kirchner, quien reconoció que el dinero era de la Provincia. Herrera fue nombrado por K procurador general del Tesoro y renunció cuando se supo que había sido el abogado defensor de Juan Sassiaiñ, jefe de la Policía durante la dictadura.

El atentado a las Torres Gemelas vuelve a desviar en 2001 el destino de los fondos: el dinero llegó a Europa de la mano de Alfredo McLaughlin, ex ejecutivo del Deustche Bank, a la sucursal del Morgan Stanley en Luxemburgo. McLaughlin fue nombrado luego secretario de Finanzas de la gestión Felisa «Bolsa» Miceli, y renunció, no sin antes avalar el pago del Estado al Grupo Greco.

Para Lojo, en estos años «es donde se registran las mayores pérdidas de los activos santacruceños». Según datos extraoficiales, existían 720 millones a fines de 2002 en diversas cuentas suizas (que habían sido 840 millones entre 2000/2003), pero para el cierre de 2003 se informó que los activos eran de 534 millones. Trescientos seis millones menos.

Otro dato curioso: el 17 de marzo de 2003, en el mes previo a las elecciones, la provincia de Buenos Aires depositó en la cuenta del Credit Suisse 60 millones de dólares. Consultado en su momento por este equipo, Felipe Solá negó tener conocimiento del hecho.

El Tribunal de Cuentos

«Esta legislatura va a terminar aprobando hoy una rendición de fondos que ha sido manejada de manera personalísima durante muchos años en el exterior, en forma arbitraria porque nunca se rindieron cuentas, donde nunca nosotros ni siquiera hemos podido ver un papel; me animaría a decir que la mayoría de los que están acá cuando se elevó este proyecto no han visto los comprobantes; de los contrario, deberían haber acompañado, por lo menos, documentación de los fondos que hoy están en el exterior... que nos muestren algo, siquiera». (Versión taquigráfica, exposición del diputado Muñiz, por la minoría, el 27 de noviembre de 2003.)

El segundo capítulo de los fondos tiene más números pero, también, pocas certezas. El expediente «Kirchner Néstor y otros s/apología del crimen, defraudación contra la administración pública, abuso de autoridad, violación de los deberes de funcionario público y malversación de caudales públicos» nació en Buenos Aires y murió en Río Gallegos de muerte judicial dudosa.

El juez Santiago Lozada, un cordobés que llegó a la Magistratura de la mano del actual secretario de Legal y Técnica, Carlos Zannini, cerró la causa. Lo apasionante del caso, más allá del hecho en sí, es que al día de hoy los argumentos del juez para haber tomado esa decisión son secretos. La ley señala que un fallo firme debe hacerse público a requerimiento de cualquier ciudadano, pero en este caso Lozada decidió esconder su sentencia, incluso, del fiscal Andrés Vivanco.

Cuando, hace algunas semanas, el mismo juez archivó un pedido del mismo fiscal, se transformó en un perro mordiéndose la cola: en los considerandos del archivo argumenta su decisión «como resolví anteriormente», sin que nadie sepa, anteriormente, qué resolvió.

Al eterno reclamo del fiscal se le sumó ahora otro de la diputada por la Coalición Cívica Patricia Bullrich, quien también tramita una presentación ante la Comisión Interamericana. La segunda denuncia presentada por Vivanco se basa en datos técnicos aportados por el contador Pisani, vocal en minoría del Tribunal de Cuentas, en la que pidió indagatoria a Néstor Kirchner, Héctor Icazuriaga, Sergio Acevedo y Carlos Sancho. Vivanco aportó, a título de ejemplo, diversas irregularidades, año a año:

2003:
- Faltante de U$S 1.174.863 dólares en la «renta por tenencia de bonos». Posible peculado.
- Falta de fecha en la que se concretó la transformación de bonos en acciones de YPF. Posible malversación.
- Falta de fecha de una «venta obligatoria de acciones por U$S 15.206.015». Posible malversación.
- No se indica fecha de compra, precio y origen del di-

nero para adquirir 1.298.000 acciones de YPF. Posible malversación.

- Imprecisiones sobre depósitos en fondo de inversión Morgan Stanley en Luxemburgo. Faltan fecha, plazos, intereses, condiciones. Posible malversación, peculado e incumplimiento de deberes.
- No obra información contable del traslado de capitales a Suiza. Posible malversación.

2004:

A inicios de ese año se decidió concentrar el 100% de la inversión en el banco Credit Suisse, la mitad en plazos fijos de corto plazo y la otra mitad en Notas del Tesoro de los Estados Unidos. Se omite presentar la registración contable. Posible incumplimiento de deberes.

- No se adjuntan contratos que indiquen el nivel de gastos declarado.
- Los honorarios del asesor de cartera (214.240 dólares) alcanzan el 47,5% de los intereses ganados (451.018 dólares) sobre una inversión de 50.437.321 dólares. Posible peculado.

2005:

- No hay ninguna rendición de cuentas sobre el fideicomiso de U$S 38.598.000, decreto provincial 393/05, «garantía de préstamo proyecto Construcción e Instalación de una línea de fabricación de Clinker de Cemento Portland en Pico Truncado».
- No se puede justificar la diferencia entre el valor declarado al origen de los Bonos de la Provincia de Tucumán de U$S 1.594.000 y el valor residual de U$S 341.571 y los bonos canjeados CONSADEP por 414.398. Posible malversación.

En general y sobre los ejercicios 2003, 2004 y 2005, Vivanco observa que el Tribunal de Cuentas «nunca aprobó los informes sobre saldos remitidos por el Poder Ejecutivo Nacional, sino que se limitó a certificar los mismos».

En la mañana del 24 de mayo de 2007, el presidente Kirchner le dice en una entrevista por Radio Continental a Magdalena Ruiz Guiñazú: «Los fondos ya están repatriados. Están en el país en títulos y bonos. Los puse a resguardo, aunque los podría haber gastado». La versión era, al menos, singular: los fondos seguían estando en Suiza, bajo la administración y custodia del Banco de Santa Cruz, en Paradeplatz 8, Zurich, Río Gallegos:

Todo puede ser peor

Mientras Néstor Kirchner fue gobernador de la provincia, la mayoría de los fondos fueron depositados a su nombre. Al asumir la Presidencia de la Nación, la titularidad del depósito pasó a la provincia de Santa Cruz. Desde la supuesta «repatriación» durante el gobierno de Acevedo (cuando de los teóricos 521 millones sólo se trajeron 100 que se invirtieron en la compra de BODEN), el dinero estuvo en un fideicomiso a cargo del Banco de Santa Cruz, tal como consta en un informe presentado por el mismo banco ante el Tribunal de Cuentas firmado por el gerente general del banco y miembros del estudio contable Pistrelli, Henry Martin y Asociados. La situación de los fondos al 31 de diciembre de 2006 era:

- Notas del Tesoro de EE.UU. U$S 256.704.228.
- Letras del Tesoro de EE.UU. U$S 132.883.832.
- Títulos en deuda pública argentina U$S 89.999.972.
- Total en dólares, U$S 479.592.961.

A los que deben agregarse, en dólares, 38.888.528 en diversos bonos (Mendoza 2018, Formosa, Par 2038, etc.). Eso da un total, certificado por los organismos competentes, de U$S 518.481.489.

Finalmente, el pasado miércoles 26, en plena crisis del campo, el gobernador Daniel Peralta volvió a anunciar la repatriación de los fondos: 380 millones de dólares de un total no especificado que, se supone, se irá trayendo en cuotas.

Al cierre de esta edición, la única cuenta de la provincia en el Banco Nación, a nombre de la Tesorería Provincial de Santa Cruz, no registró movimiento alguno. Los fondos siguen en Suiza. El vocero del banco, Ángel Coraggio, a la pregunta de si tenían o no depositados los fondos, respondió:

—Esa información la tienen que dar en la Gobernación de la provincia; nosotros no estamos autorizados. Debemos mantener el secreto bancario.

¿Por qué el anuncio fue anterior al traslado? Hay una respuesta posible; recién después de anunciarlo, el gobierno advirtió un pequeño inconveniente: el Credit Suisse, para transferir el dinero, debe hacerlo en dólares a un banco corresponsal del Nación, en este caso la sucursal de Nueva York del banco argentino.

Patricio Suárez Bayo, el gerente de carrera en Manhattan, pasó la semana en línea directa con las autoridades de Buenos Aires y sin conciliar el sueño: ¿qué pasa si la Justicia norteamericana decide embargar la cuenta mientras el dinero viaja desde Zurich a Buenos Aires vía Nueva York?

Hay algo peor que la incertidumbre de los fondos, y son los *hold outs* norteamericanos, los bonistas que quedaron fuera del arreglo con el gobierno argentino. Reclaman once mil millones de dólares. Los tenedores principales son los fondos de inversión Ellis y Dart, que accionaron legalmente solicitando la devolución de una cifra de entre 4.000 y 5.000 millones.

La estrategia del gobierno K de mantener en vigencia constante la Ley de Emergencia Económica no refiere sólo a evitar el aumento de tarifas; también permite que el país pueda pagar sus deudas con retraso con los bonistas que quedaron fuera del canje y con los acreedores del Club de París. Los jueces norteamericanos consideraban, en 2002, a la Argentina como un país quebrado. ¿Lo seguirán haciendo ahora, con 50.500 millones de dólares de reservas?»

La nota que antecede fue, como dijimos, publicada en 2007. Hoy, a la hora de cierre de este libro, las reservas del Banco Central son de menos de 30.000 millones. Sobre la economía de la «década ganada» nos ocuparemos en detalle más adelante.

En su despacho de la Gobernación de Santa Cruz el gobernador Daniel Peralta termina de cerrar el círculo de la historia de los fondos en una tarde de mayo de 2013:

—A Él [Néstor] siempre le gustó la guita y era de acaparar para prever. Por ejemplo: la regalía mal liquidada; cuando yo empecé a gastar esa guita porque básicamente no tenía para los sueldos atrasados, me puteaba tanto que la verdad que a él no le costó mucho porque esa operación la arrancó Puricelli.

—¿Cómo hizo esa operación?

—Fue un juicio por congelamiento de las regalías. Suponete que el barril salía 110, pero a YPF le pagaban 60. Bueno, la diferencia esa se ganó en la Corte Suprema y de golpe aparecieron 700 palos verdes para Santa Cruz, pero se nos patinó todo. Eso se lo patinaron todo. Lo que fue quedando nosotros lo empezamos a traer de a poco y empecé a meterlo en el banco en 2010, 2009. Lo que yo no sé es lo que pasó con los primeros 700 millones, porque Néstor sacó la guita enseguida y ahí empezaron todos con el tema de las comisiones, quién se la quedó, cuánta guita era, no sé, ahí se hacen acuerdos con el colocador que nadie maneja. El cerebro de esa operación era un empleado del Banco de Santa Cruz que

se llamaba Eduardo La Molida y era de la línea del ex vicegobernador Arnold; ese chico sabía mucho de ingeniería financiera. Cavallo estaba en contra de que se sacara esa guita del
país, pero Néstor la sacó y no la trajo más, la dejó allá y negociaba los intereses con el banco que fuera y con el colocador.

CAPÍTULO III

El peso del dinero

En 1991, cuando Néstor Kirchner asumió la gobernación, Santa Cruz tenía 12.000 empleados públicos. Hoy tiene 70.000 empleados.

—Néstor creía que teníamos que tener de rehenes a los santacruceños y nada de libertad económica y autonomía para discutir —dice un periodista local sentado en el bar de un hotel de la Avenida Kirchner, en Río Gallegos—. Jamás se generó empleo genuino en la provincia. De hecho, muchas veces hubo industrias que quisieron instalarse y fueron corridas por el kirchnerismo, que consiguió que más del 73% de la economía de Santa Cruz dependiera de la administración pública. Lo único que se les ocurrió para generar empleo fue el tema de la obra pública, con la cartelización de la obra pública que ustedes denunciaron. Desde luego ahí hubo una obsesión por el flujo de dinero que corría.

En los noventa era sólo «el Fulano ese», después fue «el Negro» y muy poco después «el Jefe». Lázaro Báez resume, como relata Lucía Salinas en su libro *Quién es Lázaro Báez* (2013), el ejemplo emblemático de esa política oficial. Un cajero de un banco provincial, de íntima relación con Néstor, es quien termina fundando Austral Construcciones en 2003, apenas Kirchner asume como presidente, y termina comprando la mayoría de las empresas constructoras de la provincia. La última cena de Néstor fue en su chalet de El Calafate, junto a Lázaro Báez y las esposas de ambos. Lázaro fue, además, quien construyó el monumental mausoleo que se levantó en el Cementerio de Río Gallegos para que descansen los restos del ex Presidente.

El 14 de abril de 2013, cuando revelamos la ruta del dinero K, todo cambió para siempre. Aquel día el público pudo ver, en cámara, a Leonardo Fariña y Federico Elaskar comentando las operaciones del Yabrán de Cristina. «La guita es tanta que se pesa», esa imagen caló en el inconsciente colectivo y resumió con certeza la impunidad que rodeaba el asunto. A medida que avanzamos en la investigación aquí y en el exterior quedó cada vez más claro que Lázaro era Néstor y, por continuidad, Cristina.

El gobierno —Zannini y la SIDE, para ser exactos— centralizó la defensa oficial en América TV: los nuevos negocios petroleros de Vila y Manzano encontraron una misión patriótica: defender a Fariña y Elaskar como si fueran Gandhi y Robin Hood. Lentamente, el Estado fue reconociendo que había varios reportes de operaciones sospechosas sobre ambos, que habían terminado cajoneados por la unidad dependiente del Ministerio de Justicia que investiga el lavado de dinero.

- Un reporte del Banco Santander Río de 2010 sobre una cuenta de Elaskar de 680.000 pesos.
- Un reporte del Banco Supervielle de 2010 sobre una cuenta de Elaskar de 670.000 pesos.
- Un reporte del Banco Central sobre SGI Argentina de un período de cuatro meses sobre la suma de 15.600.000 pesos.
- Un reporte del Standard Bank de 2011 sobre Mario Acevedo Fernández, vinculado a Elaskar, por 90.000 dólares.

- Un reporte de la compañía de seguros La Holando Sudamericana respecto de Elaskar por un intento de operación por 130.000 pesos y otro intento de otra firma vinculada al financista Vanquish Capital Group por 330.000 pesos, ambos de 2011.
- Un reporte del Banco Hipotecario de 2011 sobre la financiera SGI y Gustavo César Fernández, vinculado a la empresa, por casi 4 millones de pesos.
- Un reporte de 2012 del Banco Central sobre SGI, Don Francisco SRL, Agroganadera Los Toldos y otras sociedades vinculadas a la estructura de Elaskar por 4.600.000 pesos.
- Un reporte generado por la AFIP de 2011 respecto de Fariña por la compra de un Audi y un BMW por la suma de 650.000 pesos.

—Analizando la primera y la segunda declaración de Elaskar se puede hacer un festín que lo lleva directo a la cárcel —dice Alicia López, ex presidente de la UIF—. Se ve que está nervioso y lleno de inconsistencias. Yo llamé al Central y SGI no está autorizada como financiera para funcionar. ¿Se puede investigar? Sí, si se quiere. Pero están dejando pasar el tiempo para que se borre todo.

Según un estudio de la organización independiente Tax Justice Network, millonarios de todo el mundo tienen entre 21 y 32 billones de dólares en paraísos fiscales. De ese total, 399.000 millones de dólares corresponden a argentinos, según se desprende del informe The Price of Offshore Revisited. Es el equivalente a un PBI. La Argentina es uno de los cuatro países latinoamericanos que más dinero enviaron a paraísos fiscales entre 1970 y 2010.

La oficina pública que fracasa a la hora de controlar esta evasión es la denominada PROCELAC, Procuraduría Adjunta de Criminalidad Económica y Lavado de Activos, creada por la Procuradora Alejandra Gils Carbó, quien puso a su cargo a Carlos Gonella, un fiscal cordobés especializado en derechos humanos sin experiencia anterior en el tema de los delitos financieros. El único antecedente de Gonella es una causa en Córdoba de un almacén que lavaba dinero a través de la venta de drogas. La estructura estatal del área sólo presentó denuncias por lavado en el 9% de los casos.

—Los negocios son varios —dice Mariana Zuvic, dirigente de la Coalición Cívica en Santa Cruz— y quedaron en evidencia cuando ustedes denunciaron la ruta del dinero K, todos negocios alrededor de la obra pública: en estaciones de servicio se diversificó de una forma importante y más del 80% no generan rentabilidad, son ámbitos para el lavado de dinero. La compra de estancias de manera compulsiva, más de veinticinco estancias, cerca de 500.000 hectáreas. Hay una docena de estancias en el Río Santa Cruz, las ha comprado al contado y en dólares, en un tiempo muy corto, en seis meses la primera docena. Incursionó también en la actividad gastronómica, pero cerrando negocios que no eran para conseguir rentabilidad sino para lavar dinero. Claro que hoy Austral Construcciones también se está desguazando, empezaron reduciendo la planta de los puestos jerárquicos y ahora avanzan con el resto de los trabajadores. De la obra pública provincial, el 95% fue adjudicado a Báez, más de 4.000 millones de pesos desde el 2003 a esta parte.

«En apenas un mes presentó cinco escritos ante la Justicia —dice en su libro Lucía Salinas—. Sumó cuatro abogados nuevos a los que ya tenía. Fue imputado en una causa junto a su hijo Martín. Fue llamado a prestar declaración indagatoria. Denunció a Federico Elaskar, a Leonardo Fariña, a Jorge Lanata. Pidió que se intime a Artear SA. No descartó denunciar a Elisa Carrió. Habló de una Justicia lenta, dijo que no tiene a quién acudir y cuando se le preguntó si confiaba en la Justicia, eligió el silencio».

—Me da la sensación de que Lázaro no entiende dónde está parado. A mí me dio pena verlo mostrando su casa —dice el gobernador Peralta—. Y no hablé con el Negro después de este quilombo, pero no lo veo bien. El problema son las estructuras empresariales: tiene 4.000 empleados. Ahora todos sus negocios están para atrás.

El denominado «Caso Gotti» muestra con claridad hasta qué punto Lázaro era Néstor, hasta dónde recibió protección oficial para generar dinero negro con contratos de obra pública y hasta dónde, como dijo Lázaro en una entrevista a su propio diario *Prensa Libre*, días después de la muerte de Néstor, «Cristina ahora es la Jefa».

En el argot empresario se llama «usinas» a las empresas fantasmas ubicadas en diferentes puntos del país que se dedican a emitir (vender) facturas truchas a otras empresas que necesitan esos recibos falsos para evadir impuestos. El caso testigo de uso de facturas falsas emitidas por una usina es el de la constructora checa Skanska, que compró recibos truchos para disimular el pago de coimas a funcionarios K en medio de una licitación para la construcción de un gasoducto. El soborno fue admitido por los ejecutivos de la compañía, pero la Justicia argentina no pudo encontrar a ningún culpable.

Formalmente, Gotti SA no figura a nombre de Lázaro Báez, pero tenía control total sobre la empresa. El ex cajero del Banco de Santa Cruz y Sergio Gotti formaron la Constructora Austral en mayo de 2003, junto a Guido Santiago Blondeau. Gotti y Austral Construcciones también comparten al apoderado legal, Roberto Saldivia.

En Palma SA, otra de las empresas que formó parte de la maniobra de evasión, trabajaba Diego Palleros, hijo del traficante del Caso Armas durante la presidencia de Carlos Menem, casado con Irene Báez. Otro personaje que tuvo un rol decisivo en esta maniobra fue Fernando Butti, contador y álter ego de Báez, casado con Andrea Cantin, sobrina de Lázaro y apoderada de Invernes una de las empresas vinculadas al escándalo de la ruta del dinero K. Durante mucho tiempo corrió en la *city* el rumor de que el nombre de la sociedad ocultaba uno mucho más evidente: Inversiones Néstor, pero en verdad fue manejada por Ernesto Clarens. El tercer accionista de Austral, Blondeau, fue director titular de Invernes. Todas las firmas compartían domicilio en Pasaje Carabelas 241.

En 2005, la AFIP pudo confirmar el uso de facturas truchas por parte de grandes contribuyentes de la obra pública. Luego de reunir la prueba Alberto Abad envía la denuncia a la Justicia Penal Económica, donde se abre la «Megacausa Di Biase», en la que se investigan cerca de 3.500 firmas sospechadas de evasión. Abad decide hacer la denuncia sin consultar con el poder político y de inmediato comienza a recibir presiones. A mediados de 2006, el titular de la Aduana, Ricardo Etchegaray, mantiene una serie de conflictos jurisdiccionales con Abad y, en paralelo, se intensifica el asedio mediático sobre el titular de la AFIP.

El 7 de julio de 2006 aparece el primer correo clave sobre las constructoras Gotti y Austral Construcciones, el *mail* lleva la firma de un Inspector Regional y está dirigido a Norman Williams, el director general de la zona sur de la AFIP con sede operativa en Comodoro Rivadavia pero con jurisdicción en Santa Cruz. En esas líneas el inspector informa que sólo por los datos automáticos del sistema, sin hacer ninguna pesquisa particular, detectaron una evasión impositiva de las firmas de Lázaro Báez con facturas truchas por 120 millones de pesos. Si se toma en cuenta solamente la evasión de IVA entre 2003 y 2006 se eleva a 25 millones de pesos.

«La relevancia del contribuyente, la utilización de comprobantes impugnados por nosotros, así como de otros ya calificados como apócrifos y las implicancias penales involucradas justifican que lo adelante formalmente por esta vía», concluye el correo. Debe entenderse este mensaje en medio de una estructura vertical como la de la AFIP: Wiliams no investiga solo, sino bajo la línea de su jefe directo, el subdirector nacional de Operaciones Impositivas, Jaime Mecikovsky, que a la vez mantiene informado de esto a su superior, el titular de la DGI, Horacio Castagnola, que hace lo propio con Abad.

En su libro *El dueño*, Luis Majul aborda parte de esta historia: «Williams, Mecikovsky y Castagnola son profesionales de carrera, pero no ingenuos —escribe Majul—; por eso informaron a sus jefes de las cosas como eran. Explicaron que la investigación tocaba a sociedades consideradas "amigas del poder". [...] Este es el relato de uno de los agentes que participó en la cocina de la investigación.

»—No fuimos a buscar a las empresas amigas del Presidente. Lo que hicimos fue meternos en la base de datos de proveedores del Estado. Y lo primero que saltó, en la Región Comodoro, fue una gran usina de facturas apócrifas vinculadas a la obra pública. Lo encontramos con Gotti SA, Austral Construcciones, Badial SA, Gancedo SA y Casino Club SA. Casino Club es de Cristóbal López, el resto de las empresas se adjudican a Lázaro Báez. Cuando tuvimos todo chequeado le enviamos el informe a Abad. Lo hicimos antes de las inspecciones integrales. Le advertimos que sin haber profundizado todavía, la evasión llegaba a casi nueve millones de pesos y que, si no empezábamos a investigar, podíamos ir presos los peritos, por el artículo 15 inciso C de la Ley Penal Tributaria».

Abad le dio luz verde a sus hombres para que la investigación prosiguiera. El 9 de agosto de 2007, Mecikovsky le envió un correo a Abad con copia a Castagnola: «Las usinas las tienen dos direcciones regionales de Capital que están trabajando en conjunto con Comodoro Rivadavia sobre el tema». Una semana después, el 17 de agosto, Williams recibio otro *mail* donde su inspector le señala que el desfalco con facturas truchas, en un año, había crecido a 410 millones de pesos y el IVA evadido ya alcanzaba los 86 millones.

Los inspectores de la AFIP ya sabían dónde empezaba el ovillo: en Lázaro Báez. Pero los hechos se precipitaron. El 10 de diciembre asumió Cristina la presidencia y el kirchnerismo comenzó el copamiento de la AFIP. Majul recuerda que el 11 de marzo de 2008 Abad se enfrentó en público con Ricardo Etchegaray, que había cuestionado el Sistema María, una base de datos que conecta a todas las aduanas del país. El 18 de marzo la Presidenta les aceptó la renuncia a los dos. El 5 de mayo, Claudio Moroni asumió en la AFIP. Días después convocó a Castagnola y le comunicó:

—Me piden las cabezas de Mecikovsky y de Williams.

—¿Quién te las pide? —preguntó Castagnola.

Moroni hizo una seña con el pulgar hacia el techo.

En junio de 2008 Wiliams, enterado de las fuertes presiones políticas, renunció. El 31 de julio, Castagnola y Mecikovsky fueron reemplazados. Y después empezó el vendaval: según lo publicado por el *Boletín Oficial,* los jefes que se rotaron o renunciaron fueron:

- La contadora Mariana Schanzenbach (de Agencia Río Gallegos a Depto. Bariloche).
- El contador Pablo Oleaga (de Depto. Bariloche a su renuncia).
- El contador Edgardo Arévalo (de Depto. Caleta Olivia a Puerto Madryn).
- El contador Rodolfo Galizzi (de Puerto Madryn a Agencia Trelew).
- El contador Carlos Leturia de Agencia Trelew a su renuncia.

Pero el viento de la burocracia seguía soplando el expediente Gotti hacia Buenos Aires. Moroni sólo hizo la primera parte del trabajo sucio, luego reapareció en escena Etchegaray, que asumió como titular de la AFIP el 30 de diciembre de 2008. En menos de quince días logró garantizarse el control absoluto del sistema informático. A partir de ahí, en los primeros meses de gestión cambió de destino a más de 300 jefes y dispuso más de 1.200 rotaciones de servicios: disolvió por completo la línea que investigaba a Lázaro; pasó el expediente Gotti de la Dirección Regional de Comodoro Rivadavia a la órbita de la Región Sur Metropolitana, donde se formó un equipo nuevo.

Pero la causa seguía su trámite judicial. Fue entonces cuando el gobierno decidió hacer una «ley con nombre y apellido»: el 1 de marzo de 2009 lanzó un polémico blanqueo de capitales y moratoria para deudas impositivas. Quienes se acogían al blanqueo, extinguían de inmediato la responsabilidad penal por evasión y la AFIP desistía de accionar judicialmente.

Lázaro se acogió a una moratoria fiscal por 75 millones de pesos. Finalmente, en septiembre de 2012 la Justicia cerró la causa penal que tuvo a Lázaro contra las cuerdas por una evasión de 400 millones y el tribunal fiscal, con nuevos miembros, revocó la decisión de la AFIP que lo dejaba al borde de otra causa penal por presunto lavado de activos. Badial SA, por dos votos contra uno, logró que la Sala A del Tribunal Fiscal revocara las conclusiones de los inspectores de la AFIP que los señalaban como responsables de evasión.

Capítulo IV

La caldera del diablo

A principios de la década K, El Calafate tenía poco más de 3.000 habitantes. Hoy tiene más de 22.000. Se transformó en un lugar de contrastes: mansiones millonarias y barrios pobres, casas de un millón o dos en San Bernardo, o Santa Teresita. Calafate era el sitio donde la clase dirigente provincial acudía a comerse un asadito de fin de semana, el sueño aspiracional de los galleguenses de clase media alta.

Como Chascomús o Anillaco, El Calafate se instaló en el mito de los argentinos cuando Cristina lo denominó «su lugar en el mundo» o quizás antes, cuando Néstor llegó al glaciar Perito Moreno para sacarse una foto junto a los reyes de España. Diez años después está hiperconectado a Buenos Aires: hay doce vuelos diarios en temporada alta y 7.827 plazas hoteleras que permanecen vacías la mayor parte del tiempo. El aeropuerto de Calafate está manejado por London Supply, la misma empresa que le prestó plata a Vanderbruele para comprar la imprenta Ciccone.

En el aeropuerto hay que pasar por un detector de rayos equis, entrar como si estuviéramos en el exterior, y, camino al pueblo, es obligatorio detenerse frente a un retén policial que identifica a todos los visitantes apenas llegan.

A comienzos de los años ochenta, según datos del INDEC, vivían en Calafate 1.500 personas, los accesos del pueblo no estaban pavimentados y no había un aeropuerto internacional como el que existe desde 2000, sino uno de piedrilla donde aterrizaba LADE. Pero el grueso de los visitantes llegaba en micro de línea desde Río Gallegos. En 1995, Néstor formó parte activa de la campaña de Néstor Mendez como intendente, y entre 1996 y 2006 Méndez se convirtió en una especie de patrón de estancia; nadie olvida sus peleas a puño limpio en El Gran Judas, el cabaret más concurrido del lugar, ubicado a sólo 500 metros de la casa de Cristina. En septiembre de 1996 el arquitecto Ernesto Cañas, secretario de Obras Públicas municipal, les otorgó el certificado de propietarios a Néstor y Cristina.

—Me llama Méndez y me dice —recuerda ahora Cañas—: Che, estuve con Néstor y Cristina quiere comprar un terreno arbolado. Y resulta que el único terreno arbolado era uno que yo le había sacado a la UOCRA por tenerlo en estado de abandono. Le mandamos el decreto de adjudicación y punto. A mí me parece que lo que pagaron fue 54 o 56 mil dólares, porque lo firmé yo. Y eran más de 12.000 metros. Un día vino Barreiro, el secretario, con el dinero.

Cañas fue también el arquitecto que diseñó y construyó la casa de Néstor y Cristina, la casa donde murió Néstor el 27 de octubre de 2010. En mayo de 2013 explicó, en *Periodismo para Todos*, que el ex Presidente decidió que ahí hubiera una bóveda para guardar títulos y dinero.

—Escuchame, quiero que pienses en una ciudad de 60.000 habitantes, quiero una Bariloche del sur.

Después de estas palabras de Néstor a Mendez comenzó la entrega indiscriminada de tierras fiscales a 7,50 pesos el metro cuadrado para funcionarios y amigos del poder.

—En El Calafate notás todo —dice Álvaro de La Madrid, dirigente radical—. Uno veía cómo una persona en un terreno insípido empezaba a alambrar y después se construía la casa. No era una persona del lugar, era un recién llegado y mientras eso pasaba a la vista de todos, los que habían solicitado su tierra hacía veinte años todavía estaban esperando.

Un día Jacinto Gómez, el carnicero del lugar, apareció en el estudio de La Madrid. Gómez tenía adjudicadas 150 hectáreas en la zona de Punta Soberana, una explanada natural con vista al pueblo y al lago Argentino. Se las había otorgado Juan Domingo Perón en 1946 cuando Santa Cruz era todavía territorio nacional y no una provincia, no había intendente y Gómez debía formalizarlas y pagar sus tierras a una repartición dependiente de la Nación.

Gómez se mantuvo décadas sin escritura aunque ocupando las tierras, hasta que le fueron expropiadas a fines del noventa. Inició un juicio contra el estado provincial que terminó en la Suprema Corte provincial, el titular de la Corte era Carlos Zannini, actual secretario general de la Presidencia El ex ministro Varizat (que se hizo famoso en 2006 por atropellar a un grupo de docentes durante una manifestación en Río Gallegos) le propuso a Gómez quedarse con 20 de las 150 hectáreas que perdía, «y si no te quedás sin nada, porque Néstor va a ser presidente». Gómez, presionado, aceptó.

El 3 de agosto de 2013, Mariela Arias, corresponsal en Río Gallegos del diario *La Nación*, reveló que Cristina y Lázaro comparten la propiedad de un terreno en Punta Soberana, en el mismo sitio donde Jacinto fue expropiado. Son 87.000 metros cuadrados sobre la margen sur del río Argentino, tierras fiscales que Cristina adquirió en 2006 a 1,19 pesos el metro cuadrado y, dos años después, permutó la mitad a la empresa Austral Construcciones. Se trata del dominio 5285 del Registro de la Propiedad Inmueble de Santa Cruz, nueve·hectáreas que se encuentran a unos diez kilometros del centro de la ciudad. En el mismo informe consta que el 11 de julio de 2008 Austral Construcciones compró a través de una permuta por el valor de 150.000 pesos el 50% del terreno, transformándose en copropietarios de Cristina Kirchner. El terreno fue declarado en 2009 por la jefa de Estado a la mitad de su valor. Hasta ese momento, el único vínculo inmobiliario entre el matrimonio Kirchner y Báez eran diez departamentos construidos en sociedad por ambos en la calle Mitre de Río Gallegos.

El 17 de diciembre de 2006, junto a Hector Barabino y Luciana Geuna, publicamos en *Perfil* una nota que comprometería el futuro de Méndez como intendente re-reelecto: «El presidente Kirchner, su esposa, funcionarios nacionales y provinciales de Santa Cruz adquirieron en los últimos meses grandes extensiones de terrenos fiscales en la zona turística de El Calafate. Las tierras les fueron entregadas sin proceso de licitación alguno, en superficies que al menos triplican la extensión de las que se entregan a vecinos comunes, y a un precio de 7,50 pesos por metro cuadrado, mientras el precio de mercado oscila entre los 30 y los 120 pesos. Mientras tanto, tres mil pedidos de terrenos fiscales están pendientes de aprobación municipal, y la villa turística —cuya población creció en los últimos años más de un ciento cincuenta por ciento— está virtualmente colapsada en sus servicios esenciales: falta agua, energía, gas y cloacas».

Las escrituras

El expediente 0030/06 del Registro Municipal, con fecha del 3 de enero de 2006, autoriza la venta a favor de Néstor Carlos Kirchner de 20.000,33 metros cuadrados ubicados en la manzana 820, «al precio de pesos siete con cincuenta ($7,50) el metro cuadrado, con destino a comercio».

Con la firma del intendente Néstor Méndez, el decreto municipal aclara que el valor de la tierra deberá abonarse «al contado o mediante un plan de pago en un lapso de treinta días», y «abonar en concepto de mensura y amojonamiento la suma de 350 pesos». Antes de los treinta días una resolución del secretario de Hacienda (N° 1229/2006) aprueba el plan de facilidades de pago solicitado por Kirchner, por 165.002 pesos con ocho centavos. Esta propiedad —y otra de una superficie similar sobre la que informamos más adelante— se suma a las cinco propiedades de los Kirchner en Calafate, incluyendo su casa de 520 metros cuadrados, dos pisos y espléndida vista a la Bahía Redonda. De acuerdo a su declaración jurada, el Presidente compró ese terreno en 2001 y declaró haber invertido allí 578.708 pesos.

En 2002 adquirió un lote más grande de 2.100 metros cuadrados y en marzo de 2005 compró otros tres terrenos con una superficie total de 60.000 metros. Los terrenos fueron comprados con un crédito del Banco de Santa Cruz por 276.640 pesos, casi lo mismo que recibe —según su declaración jurada— al año en concepto de alquileres: 276.793 pesos, cobrados regularmente por su hijo Máximo, Osvaldo «Bochi» Sanfelice (amigo íntimo del Presidente y ex director de Rentas provincial) y el vicegobernador a cargo del ejecutivo provincial Carlos Sancho.

La fiebre del Presidente por acumular tierras en Calafate siguió en abril de este año, cuando se le concedieron por decreto municipal 479/2006, 18.258 metros cuadrados en la fracción CLVIb Lote 7, también a 7,50 pesos el metro y con destino a comercio.

La esposa presidencial, Cristina Elizabet Fernández compró, el 14 de febrero de 2005, 44.106,41 metros cuadrados de tierras fiscales con destino a comercio, también al precio promocional de 7,50 pesos el metro. Ya poseía una chacra instalada en 10.000,42 metros cuadrados de tierras fiscales en la Quinta 178 Partida Municipal C11-Q178-000, y abonó entonces quinientos pesos ($ 500) en concepto de mensura y amojonamiento. El vicegobernador a cargo del ejecutivo provincial fue más humilde: el 3 de agosto de 2005 el intendente Néstor Méndez decretó cumplidas las obligaciones de Carlos Alberto Sancho sobre 1.297,60 metros cuadrados de tierras del estado provincial. Otras estrellas invitadas compraron su lote de tierras fiscales en el Paraíso: Juan Antonio Bontempo (ministro de Economía provincial, 2.527 metros cuadrados, para los que también pidió facilidades de pago), Jorge Esteban Banicevich (diputado provincial y ex intendente de 28 de Noviembre, un pueblo vecino a Río Turbio, 1.492 metros cuadrados), Héctor María Espina (titular de Parques Nacionales, 1.390 metros cuadrados), Jorge Alfredo Mac Leod (titular del PJ local, 10.400 metros cuadrados para chacra), Rudy Fernando Ulloa Igor (ex chofer presidencial, actual «Zar de las Comunicaciones», 1.336 metros cuadrados), Osvaldo José Sanfelice (socio de la inmobiliaria presidencial, 1.321 metros cuadrados), Romina de los Ángeles Mercado (hija de Alicia Kirchner y Bombón Mercado, 10.060 metros cuadrados para chacra).

El negocio

El Calafate tiene una ordenanza que obliga a la licitación pública de los terrenos fiscales. El intendente Méndez, en agosto de 2002, exhibía orgulloso esa norma: «Una licitación pública es la mejor forma de transparentar los precios —le decía entonces a la prensa local— el municipio podría haber adjudicado en forma directa, hasta se hubieran podido adjudicar como chacras; de esta manera el precio va a definirlo el mercado». Y lo definió mercado, pero Bombón Mercado. «¡Lo dijimos y hubo inversores visionarios que lo lograron!», se exaltaba entonces una inmobiliaria en la prensa. «Sobre 189 pliegos comprados, se presentaron 140 sobres. Todos los lotes tienen vista al Lago».

La licitación de referencia era la de Punta Soberana, una zona fiscal sin desarrollo alguno pero que se perfilaba como la más costosa y residencial a futuro. Allí compraron varios amigos del poder a 7,50 el metro cuadrado y pudieron vender con facilidad, pocos días después a 100 o 120 pesos. La avenida Libertador divide aguas en Calafate: hacia el lado de la Costanera se apiñan los ricos K, y hacia el lado del Cerro y la Estancia Huyliche el lugar se parece bastante a un barrio muy precario.

«Primero Santa Cruz, de día sin agua y de noche sin luz», parafrasea el eslogan oficial Álvaro de Lamadrid, vicepresidente del radicalismo local.

En la zona del llamado Aeropuerto Viejo (una pista inaugurada por Kirchner y Menem junto a 46 viviendas que nunca llegó a funcionar como tal) el metro cuadrado que la intendencia adjudicó a 7,50, cuesta —según los diarios de Río Gallegos— entre 100 y 110 pesos, en Punta Soberana entre 30 y 45 pesos, y en la zona de chacras 120 pesos.

«Esto no es Anillaco. Es otra cosa», se enojó con *Perfil* en noviembre de 2005 el intendente de Calafate. Néstor Mendez era chofer del Hospital Distrital José Formenti y transita su tercera reelección. En los últimos doce años, con un salario oficial promedio de 2.500 pesos, ha logrado ahorrar cifras increíbles: Méndez construye un hotel al lado de su casa (aprobado por expediente 2388/05), que tendrá vista a la Costanera y sesenta habitaciones. El Calafate no tiene Carta Orgánica Municipal ni boletín oficial, de modo que los actos de gobierno son casi secretos. Las copias de las ordenanzas deben solicitarse personalmente en el Concejo Deliberante. En 1989 El Calafate tenía 1.600 habitantes; según el censo del 2001 llegaban a 6.550 y hoy debe acercarse a los 10.000. Méndez ya no es chofer del hospital y el nombre de José Formenti ahora se vincula al mundo fashion: a su beneficio se realiza este fin de semana el «Calafate Mega Show»,

57

con una pasarela que irá desde la piscina de la Posada de los Álamos hasta el campo de golf del único cinco estrellas de Santa Cruz. Cristina K será la estrella de la noche, y desfilarán Julieta Prandi, Eliana Guercio, Ivana Saccani, Soledad Solaro, Pía Slapka y Rocío Guirao Díaz. Como ya dijo Roberto Giordano en ocasión de un desfile anterior organizado con la ayuda de Cristina: «El Calafate es una ciudad sin igual. Es mejor que Punta del Este».

Lo mejor de esa nota fueron sus coletazos. Sucedió poco después y el abogado Álvaro De La Madrid también lo incluyó como prueba en la presentación judicial. La discusión que mantuve con el intendente Méndez en Lanata AM, el programa de radio que por aquellos días hacíamos por Radio Del Plata, fue la que selló la suerte del intendente. Méndez quedó tan expuesto con esa conversación que su carrera política cayó en desgracia. A partir de ese momento, Cristina planteó que no podía haber un hombre de esos modales al frente de su tierra prometida y se abrió el juego para la elección de un nuevo candidato. Lo que sigue son los momentos más sustanciales de la entrevista:

MÉNDEZ: Buenas tardes, Jorge, en buena hora que puedas informarte, pero informate antes de escribir porque lo estaba escuchando al señor Barabino de Río Gallegos y yo creo que ustedes tienen que establecer toda una situación informativa con respecto a Calafate, establecer bien que acá se trata de una opinión en contra del gobierno y en contra de mi persona.

LANATA: (Méndez sigue hablando) No, Méndez, mire... vamos a...

MÉNDEZ: Yo te aclaro esto, Jorge, porque vos no podés opinar de mí, yo no puedo opinar de vos... te aclaro yo escuché muchas veces decir a gente que sos homosexual y no puedo decir que sos homosexual porque no te conozco.

LANATA: (Risas) Me encantó, ¿sabe qué, Méndez? (Méndez sigue hablando sin parar) ¿Méndez?... ¿Méndez? Yo soy homosexual, no se preocupe por eso, es más, Méndez, si usted lo busca hasta le podemos echar un polvito... Ahora yo lo llamo por un robo que usted autorizó. ¿Me entiende? (Méndez sigue hablando de fondo) ¡Escúcheme, Méndez! Usted me está preguntando si soy gay y yo le estoy preguntando si usted es ladrón, Méndez; usted y el Presidente al que usted le dio por decreto tierras fiscales.

MÉNDEZ: Jorge, yo le doy a usted, al Presidente o a la persona que quiera invertir en Calafate y me alegra que un terreno que vale 4,50 pesos valga 120 pesos; yo no pretendo venderle algo a la gente que valga 7,50 y que luego valga 4 pesos. Eso sería tristísimo para un pueblo, digamos que el Estado tenga un precio fiscal al valor inmobiliario local; eso sería deprimente para Calafate, que Calafate tenga hoy un precio estándar de 7,50 y que después la cosa valga menos. Lo bueno que tiene es que en Calafate lo que antes valía menos ahora valga mucho más.

LANATA: Mire, Méndez...

MÉNDEZ: Jorge, ¡dejame hablar!, dejame hablar a mí, si no, ¿para qué me llamás? Hablá vos si es así...

LANATA: No, no lo estoy llamando para preguntarle; usted es un poquito patotero me parece. Escúcheme, Méndez, esto no es Calafate, está saliendo por una radio, sea persona, Méndez, sea persona, esto no es Calafate, acá no se patotea la gente como en Calafate, tómeselo con calma. ¿Me deja hacerle una pregunta?

MÉNDEZ: Pero si me llamaste...

LANATA: Hasta ahora no le pregunté nada, sólo le respondí sobre mi sexualidad, Méndez.

MÉNDEZ: Bueno, yo voy a responder lo que yo quiero. Escuchame, Jorge: esto corrobora más lo que a veces me he permitido decir, que la única impunidad que hay en

59

este país son las pelotudeces que dicen ustedes porque esa si que es gratis. ¿Viste? Porque yo no tengo un hotel de 60 habitaciones, porque el hotel que está cerca de mi casa no es mío y no tiene 60 tiene 86 habitaciones, empezando por ahí largá información un poco más precisa, porque si no a la gente siempre le largan algún pescado podrido. Otra cosa, me parece bárbaro que el Presidente y otra gente invierta en Calafate, sería un intendente pelotudo si le dijera no compren acá porque los periodistas me van a cuestionar, me van a criticar; a ver si Lanata me está escuchando o se va a abrir algunas informaciones que por ahí son totalmente falsas, pero bueno... sabe algo la gente, también, vos estás con *Perfil* en contra del gobierno, en contra del doctor Kirchner; Barabino toda la vida va a estar en contra del doctor Kirchner desde que era gobernador. Es decir, aquí vamos a decir las cosas para que le quede claro a la gente qué es lo que nos quieren vender.

LANATA: Cuando usted quiera le pregunto, ¿eh? Dígame usted.

MÉNDEZ: Yo, como intendente, ¿qué quiero? Que el Presidente invierta acá, que todos los argentinos inviertan acá, bienvenidos que vengan y compren.

LANATA: ¿Le puedo preguntar, Méndez?

MÉNDEZ: ¿Qué te diría? Que la tierra que la Municipalidad la vendió a 4,50 valga 4 pesos después... ¡ojalá después que compran la tierra valga 120... 130...

LANATA: ¿Le puedo hacer una pregunta, Méndez, lo sigo esperando...?

MÉNDEZ: (sigue hablando sobre el conductor) ...los precios varían, aquí la gente no sólo tiene que tener el terreno sino tiene obligaciones que cumplir. Tiene que hacer mensura, alambrado, forestar; tiene que hacer alguna inversión de mínima y obviamente que después se valoriza más... y se le dio a todo el mundo Jorge... y cuando viniste en el año 97 que estabas en «El Mirador del Lago» si me hubieses pedido un terreno te lo hubiese dado y baratísimo, porque en ese momento tampoco valían tanto los terrenos, por lo menos en las inmobiliarias.

LANATA: ¿Puedo preguntar, Méndez?

MÉNDEZ: Sí.

LANATA: Yo le voy a dar una lista y quiero que usted me la confirme, simplemente.

MÉNDEZ: Mirá, yo tanta memoria no tengo, les di terrenos a más de 10 mil tipos.

LANATA: No se preocupe, escuche la lista nada más… Perdón, ¿quién le sopla al lado que se escucha una voz?

MÉNDEZ: (silencio) No, no, mirá, estoy solo.

LANATA: Ah, ¿está solo? ¿Usted es ventrílocuo, Méndez? Escúcheme, le quiero hacer una pregunta, por favor. ¿Usted le dio tierras a Claudio Kirchner, sobrino del presidente; Rudy Ulloa Igor, ex chofer de Néstor, ahora empresario de un multimedios local; Oscar Zacta, escribano oficial; Vidaurre, Leandro, asesor legal; Pablo Grasso, testaferro empresario; Oyarzún Fabio, secretario de Gobierno; Sánchez Noya Álvaro, secretario de Planeamiento; Zaeta Oscar Osvaldo, escribano; Mazú Matías, intendente de Río Turbio; Mario Layún, vocal del Tribunal de Cuentas; Meyer Federico, hermano del secretario de Turismo; Leandro Vidaurre, asesor legal municipal; López, José Francisco, secretario de Obras; Magliot Jorge, secretario de Obras; Zalazar, Clara, presidente del Superior Tribunal de Justicia; San Felice, Osvaldo, propietario de Negocios Inmobiliarios (Sancho-Sanfelice-Kirchner); Carlos Sancho, vicegobernador; Fernández Cristina, primera dama?

MÉNDEZ: (interrumpe) Bueno, pero escúcheme…

LANATA: ¡Todavía no terminé, Méndez, escúcheme, yo lo escuché a usted…! Varizat, Daniel, ministro de Gobierno; Ciurca, Julio, subsecretario de Gobierno; Carlos Kirchner, primo del Presidente; Álvarez Campos, María Sol, hija de la ex ministra de Asuntos Sociales; Ricardo Etchegaray, Administrador de Aduanas; Leandro Vidaurre (*NdR*: apellido que se repite como otros, porque en cada caso es una adjudicación distinta); Jorge Banicevich, diputado provincial; Juan Bontempo, ministro de Economía; Isidoro Chaile, ex ministro de Gobierno; Mario Layún, vocal de Tribunal de Cuentas; Sánchez Noya, secretario de Planeamiento; Oscar Zaeta de nuevo; Natalia Mercado, hija de Alicia Kirchner; Romina Mercado, hija de Alicia Kirchner; Cristina Fernández, primera dama; Cristina Fernández, primera dama; Selva Judith Forstman, vicegobernadora; Carlos Layún, hermano del vocal del Tribunal de Cuentas; Aníbal Billoni, rector de la UNPA; Julio Ciurca, ministro provincial; Romina Mercado, hija de Alicia Kirchner; Valerio Martínez; Héctor Daniel Muñoz; Liliana Korenfeld, ex ministra de Gobierno de la provincia; Federico Meyer, hijo del secretario de Turismo; Carlos Ramos, subsecretario fiscal de Estado; Liliana Korenfeld, ex ministra de Gobierno; Lázaro Báez, empresario; Santiago Lozada, juez provincial, yerno de Alicia Kirchner; Ricardo Victoria, juez de Paz de Río Gallegos; María Julia Victoria, la hija del juez de Paz; Juan Carlos Riquez, su primo; Álvaro Sánchez Noya, secretario de Planeamiento; Martín Layún, sobrino de Kirchner; Alejandro Buccolini, ex obispo de Santa Cruz; Fulvio Madaro, presidente de ENARGAS; Héctor Espina, presidente de Parques Nacionales; Lázaro Báez, empresario; Fabio Oyarzún, concejal; Jorge Cabezas, vicepresidente de la HCD; Fabio Oyarzún, concejal; Néstor Carlos Kirchner, presidente de la Nación; Juan Antonio Bontempo, ministro de Economía; Carlos Miguel Kirchner, primo del Presidente; Claudio Ángel Kirchner, sobrino del Presidente; Mario Layún, primo del Presidente; Cristina Fernández, esposa del Presidente; Néstor Kirchner, Presidente; Enrique Meyer, secretario de Turismo; y usted mismo, intendente local, que se adjudicó a usted mismo.

MÉNDEZ: Bueno… Está diciendo boludeces.

LANATA: Si esto es una boludez le leo los números de trámites y cuántos metros le dio a cada uno.

MÉNDEZ: Bueno, pero… Jorge, Jorge, Jorge, escuchame una cosa, es una boludez que toda esta gente esté proscripta para invertir en El Calafate… ¿Yo me tengo que ir de El Calafate?, ¿no me puedo quedar a vivir en El Calafate porque soy intendente? Esta es una proscripción absurda de parte tuya.

LANATA: No, mire, Méndez, si hay alguien que no está proscripto es usted, que fue cuatro veces intendente de El Calafate, o sea tuvo cuatro reelecciones, o sea que proscripto no está, no se preocupe.

MÉNDEZ: Jorge, que a vos no te guste es una cosa, pero vos no estás acá, vení y votá acá, y empezá a votar en contra. ¿Qué querés que haga? Si no le gusta a Lamadrid, yo no elegí ser intendente, es más, no lo pensé ni una sola vez, menos voy a pensar serlo cuatro veces.

LANATA: ¿Cuánta gente hay esperando tierras fiscales en El Calafate?

MÉNDEZ: Jorge, escuchame, ¿no podés ser nunca intendente de tu pueblo porque hayas sido un laburante común? ¿O tenés que ser profesional, si tus padres te pueden bancar la facultad o, si no podés ser profesional, tenés que ir a la pala y el pico? No entiendo.

LANATA: No entiendo de lo que me está hablando, realmente me habla de algo que no le entiendo, Méndez.

MÉNDEZ: Hablo de lo que escribiste en el diario *Perfil*. Lo escribiste vos y lo firmaste vos.

LANATA: Lo escribí yo, lo firmé yo y me recontra hago cargo de lo que dije.

MÉNDEZ: Ah, bueno. ¿Qué te vas a hacer cargo, si en este país nadie se hace cargo de las boludeces que habla?

LANATA: Háblelo con el Presidente, ¿usted lo conoce, no? ¿Por qué no licitaron las tierras?

MÉNDEZ: Yo las licité también, pero…

LANATA: ¡No, no las licitó, Méndez, usted las entregó por decreto!

MÉNDEZ: Jorge, Jorge, escuchame bien…

LANATA: Primero no me hable con tanta confianza porque yo no lo conozco, no somos todos lo mismo, Méndez, yo lo trato de usted y usted tráteme de usted.

MÉNDEZ: Vos no conocés ni la mitad de este país, recién viniste a descubrir la Patagonia. Escuchame una cosita: si yo licitara solamente las tierras, la adjudicación sería solamente para aquellas personas que tienen dinero para comprarlas, que se comprarían 10, 12 o 15 lotes. Hay mucha gente que tiene tierras en El Calafate, incluso de los que nombraste vos, que están pagando cuota por cuota hasta 24 cuotas.

LANATA: Sí, el Presidente le pidió refinanciación para las tierras, ¿no?

MÉNDEZ: Pero, está perfecto, tiene tierra todo el mundo en El Calafate, quedate tranquilo, lo que pasa es que ustedes vienen a descubrir Calafate ahora, pero Calafate está hace mucho tiempo, y Néstor Méndez, mucho antes que Kirchner fuera Presidente, estaba de intendente.

LANATA: ¿Hay tres mil personas esperando tierras fiscales en El Calafate?

MÉNDEZ: No, tantos no son.

LANATA: ¿Sigue faltando agua, energía, gas y cloacas en la ciudad?

MÉNDEZ: ¡Ojalá falte, porque eso es sinónimo de que crece!

LANATA: ¿Ojalá? Ojalá siga faltando… está bien…

MÉNDEZ: Sería una cuestión totalmente desfavorable que

en El Calafate nos sobre agua y no tengamos habitantes, como pasó tantos años postergada la Patagonia.

LANATA: Nosotros tratamos de comunicarnos con usted durante toda la semana y nunca nos atendió. Agradezco conocerlo, sinceramente, no sabía que usted era tan ignorante y tan bruto... lo desconocía.

MÉNDEZ: ¡¡¡Aaah, bueno...!!!

LANATA: Realmente desconocía que usted era un bruto, Méndez. Gracias, Méndez, buenas tardes... adiós.

MÉNDEZ: Muchas gracias a vos.

Pero el laberinto se empastó rápidamente. La misma dinámica de desarrollo del expediente terminó revelando además una forma de funcionamiento de la Justicia local, una Justicia digitada en todos los niveles provinciales por el mismo kirchnerismo, que ahora debía ser investigado. La Madrid sintió estupor cuando poco tiempo después supo que la instrucción había ido a parar a la fiscalía de Natalia Mercado, hija de la ministra de Desarrollo Social y hermana de Néstor, Alicia Kirchner. Tanto la fiscal como su madre también habían comprado tierras fiscales y figuraban en la lista de funcionarios involucrados por La Madrid en la denuncia. Dicho de otro modo, Romina es beneficiaria de tierras fiscales, o sea que debe investigarse a sí misma.

El abogado pidió la recusación de la funcionaria y que el caso fuera enviado a otra fiscalía. Pero la Justicia se opuso. No existe antecedente en el mundo de un fiscal que debe investigar a sus tíos, a su madre y a él mismo y que continúe en su cargo confirmado por el aparato judicial y político. Mercado no fue removida, y el expediente no avanzó desde entonces.

El Caso Cencosud se inscribe en el mismo descontrol general de las tierras en Calafate: dos hectáreas que fueron compradas por Néstor en 132.800 pesos y revendidas al grupo chileno en 2.400.000 para la instalación de un supermercado que nunca se llegó a concretar. Las dos hectáreas pertenecían, a mediados de 2007, a la Fuerza Aérea, les habían sido otorgadas y estaba cumplido el trámite de rigor, a excepción de la firma de la escritura: era la llamada zona «del aeropuerto viejo», cerca del pueblo, con dos grandes avenidas asfaltadas.

Néstor se comunicó entonces con Carlos Rhode, titular de la fuerza, para decirle que las dos hectáreas no les serían concedidas y que les ofrecían a cambio un barrio de viviendas en otro lugar del pueblo. Rhode se negó. Al poco tiempo quedó involucrado en el escándalo de las valijas de Sowthern Winds y fue separado de su cargo. El municipio formalizó entonces un decreto de expropiación y vendió el terreno al Presidente, que obtuvo un crédito del Banco de Santa Cruz para pagar ese lote de 20.000 metros cuadrados. En agosto de 2008 se vendieron a CENCOSUD a 2.400.000 dólares: pagó 2,41 dólares el metro que terminó vendiendo a 120 dólares, una ganancia del 4.800%.

La otra propiedad del matrimonio en El Calafate fue reconocida en la declaración jurada de Néstor en 2007: el hotel boutique Los Sauces Casa Patagónica, una construcción basada en un predio de cuatro hectáreas, ubicado sobre la calle Los Gauchos 1532, a orillas del arroyo Calafate, que demandó una inversión de ocho millones y medio de pesos. Los Sauces fue construido por el estudio de arquitectura GyG, del arquitecto Piero Gotti, y el empresario Alejandro Grippo, y está gestionado por la familia Relats, administradores del Hotel Panamericano de Buenos Aires. El hotel guarda la estética de las grandes estancias de principios de siglo y la Presidenta intervino personalmente en los detalles de ambientación, al punto de que varios de los muebles fueron traídos desde Buenos Aires a bordo del Tango 01.

Aunque durante el año la mayoría de los hoteles de Calafate permanecen cerrados o semivacíos, el matrimonio K participa de la propiedad de dos: el hotel boutique ya mencionado y el Alto Calafate, de 4.400 metros cuadrados, dos restaurantes, sala de convenciones, y 103 habitaciones distribuidas en tres plantas. A fines de 2008, sus dueños lo vendieron a Hotesur, una sociedad anónima muy cercana a Néstor y Cristina.

Segun el *Boletín Oficial* del 2 de enero de 2009, Hotesur estaba presidida por Osvaldo Bochi San Felice, ex socio de Máximo Kirchner en negocios inmobiliarios, la abogada Romina Ángeles Mercado, hija menor de Alicia Kirchner, Patricio Pereyra Arandia, cuñado de Romina y esposo de la fiscal Natalia Mercado, y Roberto Saldivia, apoderado legal de Lázaro Báez.

En octubre de 2008, en medio de la crisis internacional, se registró la fuga más importante de divisas desde 2002. Fue cuando se supo que un ciudadano argentino había comprado dos millones de dólares. Era Néstor Kirchner, que informó mediante un comunicado que había comprado el paquete accionario de Hotesur, una firma valuada en más de 15 millones y que era propietaria del hotel.

Apenas circuló la información, abogados tributaristas pusieron en duda la legitimidad de la acción ya que, como esposo de la Presidenta, Néstor podría haber contado con información privilegiada. Néstor nunca especificó con qué bancos realizó la operación ni mostró documentación que respaldara la compra.

Según se desprende de las declaraciones juradas del propio Kirchner, la compra y venta de dólares para Alto Calafate no había sido un hecho aislado: entre 2005 y 2008 Néstor había ganado 1.681.9803 por diferencias de cambio. El hábito de pasar pesos a dólares había comenzado en 1999 y se había mecanizado totalmente en 2000, cuando la convertibilidad transitaba su recta final. En aquel entonces el gobernador de Santa Cruz había pasado a dólares la totalidad de sus ahorros: 1.581.516. Un año después los Kirchner, meses antes del corralito, sacaron sus casi dos millones de dólares del país y los depositaron en el Deustche Bank de Estados Unidos. Para el final de su primer año como Presidente el patrimonio de la pareja se había multiplicado: sólo el 20% de sus ahorros eran en pesos. Hoy el hotel Alto Calafate no escapa del escenario de la crisis: desde agosto de 2012 atraviesa un agudo conflicto salarial, los propietarios aplicaron reducciones de salarios, achicaron las horas de trabajo y suprimieron servicios.

Entre 2010 y 2011, el matrimonio Kirchner recibió más de 14,5 millones de pesos de Valle Mitre, la sociedad que gerencia sus hoteles y que controla Lázaro Báez, según publicó a comienzos de este año Hugo Alconada Mon, en *La Nación*. Báez no sólo firmó acuerdos secretos y retroactivos por Alto Calafate sino también por el hotel Las Dunas, que en los papeles es de Báez, y por el hotel boutique Los Sauces. Sólo por el «alquiler» del Alto Calafate, el matrimonio presidencial recaudó más de 10,1 millones de pesos a través de Hotesur SA, la sociedad con la que controlan el hotel. De ese monto, más de 6,3 millones de pesos correspondieron a 2010 y 3,7 millones de pesos, al año siguiente, cuando ya había muerto el ex Presidente.

A esos desembolsos se sumaron más cheques de Valle Mitre, por algo más de 4,3 millones de pesos durante esos dos años para Néstor y Cristina Kirchner. En sus registros contables los anotó por separado, en dos rubros a los que identificó como «Los Sauces-La Aldea» y «NCK-Las Dunas». Todos esos desembolsos de Valle Mitre constan en una planilla de Excel entregada a *La Nación*. Titulada «Pagos Alquileres Unidades», durante años fue manejada por el equipo contable de Báez, que admitió la veracidad de los documentos.

Capítulo V

Amado y la máquina
de hacer billetes

Néstor empezó a pensar en quedarse con la máquina de hacer billetes después de la derrota a manos de Francisco de Narváez, en 2009. Pero lo que le interesaba, más allá de los billetes, era otra cosa: Ciccone se encargaba de imprimir los padrones electorales. El plan K de perpetuarse en el poder podía verse entorpecido por la reaparición del fantasma de Eduardo Duhalde que se mostraba, entonces, cercano a Daniel Scioli. A Néstor le informaban que Boldt, la otra gran imprenta del país, estaba cerca de esa alianza. La Casa de la Moneda ya no contaba con la infraestuctura necesaria para poder realizar ciertos trabajos sofisticados como la impresión de pasaportes y DNI, por lo que, después de la crisis de 2002, los trabajos de impresión quedaron en manos de esas dos empresas: Boldt y Ciccone Calcográfica.

Néstor, decidido a quedarse en el poder, quería truncar cualquier sueño electoral de Duhalde y Scioli en 2011. Entonces ideó un plan para que Boldt perdiera poder e influencia y Ciccone quedara bajo control de la tropa propia. El primer gestor que fue a negociar la compra de la imprenta por parte de Néstor fue Ernesto Gutiérrez, el titular de Aeropuertos

Argentina 2000. Pero la operación se truncó porque Héctor y Nicolás Ciccone pidieron el doble de lo ofertado. Algunas fuentes afirman que, en verdad, los Ciccone no querían desprenderse de la empresa: lo que querían era sacarse de encima las deudas que le había provocado el propio Estado encargándole trabajos que estaban pendientes de pago. Para los Ciccone, el retraso en los pagos y el inicio de sus pesadillas tenía un solo culpable: Aníbal Fernández. Querían, también, deshacerse de las deudas con la AFIP y buscaron acercarse a Sergio Shoklender, en aquel momento número dos de la Fundación Madres de Plaza de Mayo, con la intención de que la Fundación entrara a la empresa como socia. Pero a Schoklender no le interesó.

Según relata Hugo Alconada Mon en *Boudou, Ciccone y la máquina de hacer billetes*, Etchegaray se presentó poco antes de la feria judicial de invierno en 2010 en el despacho del juez Javier Cosentino, Juzgado Comercial Nº 8, donde tramitaba el expediente del concurso de la empresa, y le dijo al juez que pediría la quiebra de la firma, algo que llevó a cabo el 12 de julio. Aníbal Fernández reconoció públicamente años después que había sido él quien le pidió a Etchegaray que adelantara la quiebra. Ciccone, en estado de desesperación, interceptó a Boudou en un estudio de televisión de Telefe gracias a un contacto que tenía el yerno de Nicolás, Guillermo Reinwick, con un vecino de su country, a la vez directivo del canal. Boudou estaba esa mañana invitado al ciclo AM.

—Hablar con él es como hablar conmigo —les dijo Boudou señalando a Núñez Carmona.

Y se reunieron con Núñez Carmona en las oficinas del directorio del canal. El 3 de agosto hubo una cita formal en el Hotel Hilton.

Y en la mañana del jueves 2 de septiembre, Héctor y Nicolás Ciccone se reunieron con Amado Boudou, Alejandro

Vanderbroele y José María Núñez Carmona en el restaurante I Fresh Market de Puerto Madero. Allí acordaron que una sociedad llamada The Old Fund, formada por Vanderbroele y Núñez Carmona adquiriría el 70% de las acciones de la imprenta. Los Ciccone obtenían 1.000 pesos por acción y un sueldo fijo de 50.000 dólares por mes.

Las negociaciones de la compra por parte de The Old Fund se agilizaron luego de que el 25 de agosto el juez Cosentino le arrendara a Boldt, la principal competencia de Ciccone, la planta en quiebra por un año. Boldt desembolsaba 4 millones de pesos y se comprometía a mantener en sus puestos a todo el personal. The Old Fund, a la vez, no tenía fondos generados de ninguna actividad comercial para financiar la compra. Vanderbroele era presidente de la sociedad desde el 9 de septiembre de 2009: abogado especialista en inversiones, monotributista categoría B, conocido de Boudou de sus épocas de Mar del Plata cuando salía con su prima Guadalupe Escaray (que Boudou nombró años más tarde como jefa regional de la ANSES en la ciudad). Un abogado que declaraba ingresos por 15 mil pesos mensuales compraba la empresa que imprimiría todos los billetes de 100 pesos de la Argentina, un negocio de 50 millones de dólares. The Old Fund había sido creada en enero de 2007, con un capital de 30 mil pesos. Dos versiones encontradas, que bien pueden ser complementarias, señalan a los responsables de haber puesto para Old Fund el dinero incial: algunos hablan de Jorge Brito del Banco Macro, y otros señalan a la firma London Supply de Eduardo Taratuty y Miguel Castellano, administradora de los aeropuertos y el *free shop* de El Calafate, Ushuaia y Trelew.

Las acciones de Ciccone se dividieron así: 70% para The Old Fund —una sociedad que a su vez pertenecía en un 98% a Tierras International Investments, cuyo apoderado era Vanderbroele, y el 2% restante estaba en manos de Sergio Martínez, otro socio y amigo de Boudou— y un 30% para la familia Ciccone.

The Old Fund presentó un aval por 3 millones de dólares a favor de Ciccone y ese mismo día, el 14 de septiembre de 2010, la AFIP solicitó que se dejara a un lado el pedido de quiebra que ellos mismos habían impulsado. El juez Cosentino terminó levantando la quiebra diez días mas tarde. Etchegaray, a la vez, les perdonó gran parte de la deuda que tenían con el fisco, con lo que se licuó el 75% de las deudas que Ciccone tenía con el Estado. Fue el propio Boudou, entonces ministro de Economía, quien pidió por nota firmada que se llevara adelante la quita.

La Comisión Nacional de Defensa de la Competencia, bajo la órbita de Guillermo Moreno, obligó a Boldt al cese inmediato del arrendamiento de la planta amenazándolos con cobrarles 15.000 pesos por día de multa si no se hacía efectivo.

Ciccone cerró 2010 con nuevo presidente, Alejandro Vanderbroele, y nuevo integrante del directorio: Máximo Lanusse, hombre de confianza del banquero Jorge Brito, ex gerente administrativo del Banco Macro. Lanusse depositó toneladas de dinero en la cuenta de The Old Fund: el 19 de enero de 2012, 1.200.000 pesos; el 24, otro 1.200.000; el 3 de febrero 1.282.500 pesos más; el 23 del mismo mes, 1.300.000 pesos; al día siguiente, 200.000 pesos más, y el 8 de marzo, 240.000 pesos. Un total de 5,4 millones de pesos que Vanderbroele adjudicaría, meses después, a otro amigo de Brito: Raúl Juan Pedro «El Gaucho» Moneta. El año siguiente, 2011, cerró con prosperidad para Ciccone, que cambió de nombre a Compañía de Valores Sudamericana y fue la firma elegida por Cristina para imprimir las boletas electorales en las que aparecía acompañada por Boudou. Entre las primarias y las presidenciales, la empresa recibió cerca de 13 millones de pesos.

Después del último depósito y cuando el caso Ciccone estaba a punto de estallar en los medios, el Banco Macro advirtió que no era demasiado común el movimiento de fondos de The Old Fund y emitió un reporte de operación sospechosa. Lanusse sabía, a mediados de julio de 2012, que la compañía sería estatizada y por eso le advierte a Brito que debían abrirse.

Al poco tiempo de asumir Boudou como vicepresidente, la Casa de la Moneda envió al Banco Central un pedido para contratar a Compañía de Valores Sudamericana para la impresión de billetes. Marcó del Pont se negaba a firmar el acuerdo, pero lo hizo por recomendación de la propia presidenta de la Nación. La autora del pedido había sido Katya Daura, presidente de la Casa de la Moneda, ex funcionaria de la ANSES y alineada con Boudou.

El 6 de febrero de 2012, en el programa *Lanata Sin Filtro*, Laura Muñoz, ex mujer de Vanderbroele, lo acusó públicamente de ser el testaferro de Boudou. «Me dijo que iba a manejar dinero proveniente de sobornos» dijo Muñoz.

—¿Vanderbroele es testaferro de Boudou? —le preguntó Nicolás Wiñazki.

—Tengo muchísimas pruebas de los negocios que hizo, y que está haciendo. Mi esposo es testaferro de Boudou, trabaja directamente para el gobierno. Iba a poner una consultora para que el gobierno le pasara la plata ahí.

—¿Qué pruebas tiene?

—En su momento me contó que lo había conectado José María Núñez Carmona, socio de Bodou, porque necesitaba un abogado de confianza, Alejandro conocía a José María y a Boudou de Mar del Plata, iban a la playa juntos y salían de noche… iban a alquilar un piso en Puerto Madero para la consultora, Alejandro la llamaba «la consultora fantasma».

—¿Por qué cuenta todo esto?

—Estoy separada. Cuando me di cuenta de lo que estaba haciendo se los dije a él y a sus padres, y se puso loco: dijo que

73

iba a sacarme a mis hijos. Está en proceso de hacerlo. En un juicio me quiere declarar insana, interceptó a mis hijos por la calle, les dijo que iba a destruirme.

—¿Y si la cita la Justicia por este tema?

—Voy a declarar.

Desde que estalló el escándalo en adelante, el vínculo entre Boudou y Vanderbroele se hizo cada vez más certero, aunque el vicepresidente negó la existencia de ese nexo.

Según fuentes de la imprenta, Vanderbroele les dijo explícitamente a sus empleados cuando desembarcó en Ciccone: «Llegamos de la mano de Boudou, vamos a imprimir papel moneda».

El interlocutor de Ciccone con el gobierno para llevar adelante el negocio de impresión de boletas electorales fue Núñez Carmona, que no tenía ningún puesto en la empresa.

En diciembre de 2011, la Casa de la Moneda envió a Ciccone papel moneda y tinta original para hacer una prueba de billetes de modo clandestino. Los organismos de control nunca pudieron averiguar cómo se usó ese material original que salió por fuera del circuito legal.

El hermano del vice, Juan Bautista Boudou, Núñez Carmona y otros amigos del funcionario viajaron por diferentes ciudades del mundo con pasajes y hoteles que pagó The Old Fund.

El perdón impositivo autorizado por Etchegaray y solicitado por Boudou no tiene antecedentes en la historia del cruce de documentos entre la AFIP y el Ministerio de Economía.

Uno de los apoderados de Old Fund fue un jubilado prestanombres que dijo en *Periodismo para Todos* que ni siquiera sabía dónde quedaba la empresa y que su jubilación apenas le alcanzaba para llegar a fin de mes.

Mientras Boudou aseguró públicamente que no conocía a Vanderbroele, el director de The Old Fund dormía en un departamento de Boudou en Puerto Madero, y pagaba los servicios, las expensas, internet y el cable en facturas a su nombre, aunque supuestamente la propiedad estaba alquilada a nombre de otra persona que nunca la ocupó.

A poco de difundido, el caso Boudou convocó a la prensa al Senado. Para ese entonces, ya la Justicia había allanado un departamento de su propiedad donde se encontraron comprobantes de pago de las expensas a nombre de Vanderbroele. Ante la prensa, el vicepresidente afirmó que no conocía a Vanderbroele, criticó las actuaciones del juez Rafecas y el fiscal Rívolo y acusó también al CEO de *Clarín*, Héctor Magnetto, claro. Acusó a la vez al titular de la Bolsa de Buenos Aires, Adelmo Gabbi, por haberle ofrecido sobornos en nombre de Boldt y dijo que cuando era director de la ANSES recibió la visita de enviados del estudio jurídico García, Labat, Musso y Righi para aceitar sus lazos con la Justicia federal. Carlos Rívolo, el fiscal, Daniel Rafecas, el juez y Esteban Righi, el procurador, terminaron renunciando en medio del escándalo. También Raúl Plee, fiscal de la Unidad Antilavado, fue apartado de la pesquisa porque molestaba al poder oficial.

A la conferencia de prensa del Senado le siguieron exclusivas con *Página/12, Ámbito Financiero,* Jorge Rial, Víctor Hugo Morales y C5N. Las contradicciones de Boudou en su raid mediático eran evidentes.

Su amistad con Vanderbroele. Cuando le preguntaron si alguna vez había visto al ex director de Ciccone, respondió: «No lo recuerdo». El mejor amigo de Vanderbroele, Fabián Caroso Donattiello, le alquilaba su departamento al vice en Puerto Madero. La prima de Vanderbroele, Guadalupe Escaray, funcionaria de la ANSES, fue novia del mejor amigo y socio de Boudou, José María Núñez Carmona, y también habría mantenido una relación amorosa con el vicepresidente. Vanderbroele admitió ser asesor jurídico del socio formal de Boudou, Núñez Carmona.

Su participación en la operación de rescate de Ciccone. «Es una operación en la que no influí ni tuve participación directa.» El 8 de noviembre de 2010, Boudou firmó una nota mediante la cual intercedió ante la AFIP para pedirle que le diera continuidad al proceso de rescate de Ciccone durante la quiebra.

«Siempre me presenté ante la Justicia.» Postergó la única declaración indagatoria a la que fue convocado en una causa por la compra irregular de un auto. Nunca más se presentó.

Su militancia peronista. «Nací en la política dentro de este proyecto.» Fue uno de los principales cuadros de política universitaria de la Ucedé, UPAU.

Para Nicolás Wiñazki, uno de los periodistas que más investigó este tema, Boudou no puede haber avanzado sobre la propiedad de Ciccone sin el apoyo de Néstor. «Néstor y Boudou jugaban al fútbol todos los viernes. Un día, en 2010, después de un partido, Boudou se acercó a Néstor y le contó el negocio que podía hacerse con Ciccone. Néstor le contestó: "Metele pero no le digas a Cristina". Boudou se había ganado la confianza de Néstor cuando le presentó personalmente el proyecto para estatizar las AFJP. Amado ya le había presentado el proyecto a su jefe en la ANSES, Sergio Massa, que lo desechó: «Anda y contale vos de tu plan, a ver qué te dice», lo impulsó Massa convencido de que Néstor no iba a aceptar la idea. Lo siguiente fue una escalada de poder de Boudou dentro de la estructura K.

Capítulo VI

Truman Show

—Quedamos en encontrarnos en la esquina del Banco Nación y de ahí ir a la Casa de Gobierno. Seríamos un grupo de seis o siete; entre ellos estaba Marcelo Tinelli. Llegamos al Salón de los Patriotas, donde estaba el cajón cerrado de Néstor y Marcelo, que estaba al lado mío, se dio un abrazo acongojado con Cristina. Había mucha gente, muchos gritos de «Fuerza Cristina» o «¡Gracias, Néstor!» Me quedé poco más de una hora hasta que finalmente decidí volver a mi casa. Yo vivo acá cerca, en Barrio Norte, de modo que habré tardado quince o veinte minutos en llegar. En mi casa prendo el noticiero y sigo mirando la transmisión en vivo del velorio; fue entonces cuando veo que Marcelo abraza a Cristina. Pero en este caso pasa por otro lado y la escena transcurre en otra parte del salón. La habían repetido, ¿entendés? ¡Alguien le dijo que repitieran la escena! —me cuenta hace algunos meses el CEO de una compañía de servicios públicos.

Otro de los «hitos» fundacionales del Relato, más allá de la crisis del campo, fue el velorio de Néstor. El velorio de Néstor se transmitió por completo y en vivo, como si fuera un *reality*. Cristina se mantuvo en la cabecera del féretro durante once horas y media, vestida de un negro riguroso

77

que recién abandonó el 18 de noviembre de 2013. El encargado de la puesta en escena fue Javier Grosman, que llegó al kirchnerismo de la mano del ex secretario de Medios José Pepe Albistur, quien lo sumó para organizar la agenda de la campaña en la calle. Antes, Grosman trabajó con Fernández Meijide en la campaña de 1995 y luego, alineado a Aníbal Ibarra, quedó a cargo del área de Comunicación de la legislatura porteña.

Grosman, en palabras de Silvia Mercado, fue el «apoldito» de la puesta en escena. Fue quien decidió que el cajón estuviera cerrado para que las miradas y el foco de las cámaras se concentrara en Cristina, dispuso la organización circular de la sala para que las cámaras pudieran moverse a su antojo y dio órdenes al fotógrafo presidencial Víctor Bugge para que tomara imágenes cenitales mostrando a la Presidenta en esa escenografía circular, como el centro de la escena junto al ataúd de su esposo. También se le atribuye a Grosman la participación «espontánea» del titular de la Sociedad Rural de Morteros, Ider Peretti, y del barítono Ernesto Bauer, hermano de Tristán, que entonó a *capella* el Ave María.

Grosman fue contratado el 12 de febrero de 2009 como director ejecutivo de la Unidad Ejecutora del Bicentenario de la Revolución de Mayo y desde allí organizó lo que Sebrelli califica como «la gran puesta en escena del kirchnerismo»: los festejos del Bicentenario. Aquella noche la Presidenta se animó a bailar y desfilar emocionada por el espectáculo de Fuerza Bruta, conducido por Diqui James, amigo de Grosman, con una inversión de 40 millones de pesos. De Grosman también dependió la organización de Tecnópolis.

Los «extras» del Relato fueron parte de un experimento fracasado: siempre terminó trascendiendo que eran funcionarios o militantes y no se logró el objetivo inicial: transmitir horizontalidad y espontaneidad en los actos públicos.

—El campo nunca tuvo tanta rentabilidad como con este gobierno —le dijo Ider Peretti a Cristina durante el velorio de Néstor. Al día siguiente se supo que había mantenido varias reuniones con el secretario Moreno, y, después de las exequias, compartió varios actos con Cristina.

—Pudimos luego conocer su historia —dijo el cronista de la televisión pública mientras la cámara seguía a Ernesto Bauer, el barítono—: contó que desde hace varios años él y su familia se habían convertido en seguidores del matrimonio Kirchner y cuando llegó a la plaza se encontró con su hermano, con el que veíamos que ingresó abrazado y comenzó a cantar». Olvidaba decir que su hermano era Tristán Bauer, director del Sistema Nacional de Medios. El 10 de febrero de 2012, un día después de que la policía de Catamarca reprimiera a los asambleístas antimineras, la Presidenta habló desde el Salón Blanco con un minero de Olavarría. Al supuesto minero lo escoltaban el vicepresidente Boudou y la ministra de Industria Débora Giorgi. Cristina lo llamó Antonio aunque su verdadero nombre era Armando Domínguez y no era un simple trabajador sino un militante K y presidente del PJ local, secretario de la Asociación Obrera Minera durante diecinueve años y ex interventor en la seccional de San Juan.

—No queremos que cuatro o cinco ambientalistas nos corten la ruta, queremos que nos dejen trabajar —arengó Domínguez.

—Antonio, perdoname que te diga algo, yo diría después de lo que dijiste «vox populi vox dei», porque no sos ningún dirigente político, sos un trabajador que defiende sus fuentes de trabajo —le dijo la Presidenta.

Abal Medina comenzó a aplaudir:

—Dale, seguí porque estás dando cátedra…

Domínguez no se limitó a defender el trabajo de Loma Negra en Olavarría, sino que también apoyó la gestión de Gioja en San Juan.

—Me gusta que venga un trabajador, a vos no te van a acusar de hombre de la Barrick, no tenés pinta de ser hombre de la Barrick —insistió Cristina.

Fue justamente Domínguez quien negoció salarios de los mineros con la Barrick Gold y en 2011 acordó un aumento salarial para los trabajadores de la mina de Veladero.

Un mes después al minero se le sumó un tambero:

—¿Cómo te llamás, vecino? Porque tenés que tener un nombre.

La cámara mostraba a Ricardo Antonio Iribarren, con camisa escocesa y jeans. Había sido candidato a concejal en la nómina del intendente kirchnerista Juan Carlos Pellita en las últimas elecciones.

El 11 de mayo, en Tucumán, Cristina volvió a hablar con una falsa beneficiaria, Beatriz Luaces Martínez. Cristina pidió, «espontánea», hablar con «la vecina que está ahí, la rubia» y se la presentó el gobernador Alperovich. No sólo era beneficiaria del plan de viviendas de Loma del Tafí sino también empleada de la auditoría de la Obra Social de la provincia con un sueldo de 10.000 pesos al mes y esposa de un importante sindicalista local.

—Acá estamos todos los argentinos, todos… todos, todos…, desde la vaca campeona de Morteros de 60 litros por día, que la vamos a dejar aquí de regalo. Toque la ubre de la vaca, era de piedra —anunció Cristina minutos antes de la partida de Moreno hacia Angola con un grupo de empresarios; pero se equivocó de vaca: Cafeína, la vaca verdadera, nunca salió de la Cabaña de Ataliva en Sunchales, jamás viajó.

Y hasta hubo casos de sincericidio: «El intendente Alberto Descalzo me invitó», le dijo a cámara Mónica Rognoni, de 60 años, que había sido presentada por la Presidenta como un ama de casa de Villa Las Naciones en Ituzaingó. «Y vine encantada», concluyó Mónica.

Finalmente, ante el fracaso de las innovaciones formales del Relato, el gobierno cayó en lo obvio: utilizar el fútbol para difundir avisos oficiales.

—No queremos una sociedad de secuestros. Ni de secuestros extorsivos ni de secuestros de goles, en este país en donde desaparecieron treinta mil personas. Hay que fomentar la familia, sentada también mirando los partidos de fútbol los fines de semana, que es para la unidad de todos los argentinos. Es mejor tener en casa a los chicos y al marido que tenerlos dando vueltas por ahí en la calle y en los bares —presentó Cristina el convenio con la AFA que dio origen a Fútbol para Todos (FTP), la televisación gratuita del campeonato de fútbol nacional. La acompañaban Diego Maradona, Julio Grondona y el Gabinete en pleno en el predio de la AFA en La Matanza.

La firma del convenio implicó la inmediata suspensión del contrato para la transmisión del Torneo de Primera que tenía con la empresa Televisación Satelital Codificada, una sociedad entre Torneos y Competencias y el Grupo *Clarín*, con vigencia hasta 2014. Ese último contrato que quedó trunco por los derechos de televisación del fútbol era de $ 268 millones. Cuando el gobierno oferta por FTP, los clubes tenían un pasivo de 700 millones, de los cuales 100 correspondían a salarios atrasados de los jugadores. Así, la AFA consiguió del gobierno un adelanto de 100 millones y 600 por los derechos de televisación. El acuerdo con el fútbol oficial no modificó ni los proveedores ni las empresas a cargo de la televisación, aunque ambos aumentaron, en el nuevo esquema, un 30% los precios.

—Las productoras que se reparten los partidos cobran más de cien millones de pesos para producir contenido y procesar información; están La Corte, de los hermanos Monzoncillo (vinculados al ex vocero mudo del gobierno de Néstor, Miguel Núñez) y también transmiten los actos oficiales des-

81

de la Casa Rosada. Los móviles los realiza la empresa VTS y los relatos están a cargo de Farolito International Entertainment —especificó Alejandro Alfie, periodista de *Clarín* especializado en medios.

Para la temporada 2010, el monto del contrato había crecido a 853 millones; en 2011 la AFA se llevó del Estado 879 millones, en 2012 creció a 1.182 millones y en 2013 el presupuesto fue de 998.900.000, sin incluir partidas extras que se otorgaron postpresupuesto todos los años anteriores. Para 2014 se prevén, en principio, unos 1.410 millones de pesos, con lo que Fútbol para Todos le costará al Estado 3,86 millones de pesos diarios. En cinco años el presupuesto para el fútbol aumentó un 135%, mientras el 49% de los clubes aumentaron su pasivo.

—Que el gobierno gaste el dinero que está gastando para la televisación del fútbol no pasa en ningún otro lugar del mundo. El gobierno estatizó el fútbol para quitarle un negocio al Grupo *Clarín* y mientras estaba en eso descubrió una plataforma de comunicación impresionante, mucho más eficiente que todo el esquema de medios públicos sostenido con los impuestos —dice José Crettaz, periodista del diario *La Nación*.

Los espacios del entretiempo del Fútbol para Todos han servido para fustigar opositores y promocionar *6, 7, 8*, ubicado estratégicamente entre los partidos de mayor sintonía. Aun así, nadie recuerda en el medio televisivo una caída tan espectacular de las mediciones, de 15 puntos en el partido a 2 puntos en el programa en menos de cuarenta minutos. La última apuesta de FPT fue dividir el encendido en el horario de *Periodismo para Todos*, modificando el horario de inicio de los partidos. Fue muy criticada por el público basándose en el problema de la seguridad en horarios nocturnos avanzados y tuvo resultados relativos: sobre 23 partidos sólo en tres el fútbol logró imponerse, y en el resto perdió ante el periodístico.

Fútbol para Todos está sostenido, más allá de la voluntad política, por varios mitos:

- El fútbol se transmite por televisión abierta a todo el país.
  Es falso, porque en muchas ciudades y pueblos del interior América 2 y Canal 9 no llegan por aire y sólo pueden verse por cable.
- A la vez, como se superponen en horarios varios partidos y la televisión pública no tiene pantallas suficientes para transmitirlos, se remiten a señales de cable derivándose a Crónica, A24 y CN23.
- «El Estado no pondrá un solo centavo en el fútbol», aseguró Aníbal Fernández en 2009. En febrero de 2010, por orden de Néstor Kirchner, se suspendió la pauta privada y sólo quedó Ivecco, que aporta 7 millones de pesos en efectivo y una cuota equivalente en vehículos para el Estado.
- «Destinaremos la mitad del excedente a fomentar el deporte olímpico», sostuvo Cristina en 2009.
  Hasta la fecha no se recibió un solo peso.
- El gobierno aseguró que parte de las partidas destinadas a publicidad oficial serían absorbidas por Fútbol para Todos.
  Nunca fue así, las partidas se incrementaron paralelamente año tras año.
- En agosto de 2009 se aseguró que FPT serviría para sanear a los clubes y que la AFA sería la encargada de controlar. Según un estudio publicado por Alejandro César González en agosto de 2012, la deuda de los clubes era de 1.655 millones, un 48% más que cuando comenzó el fútbol estatal.

Capítulo VII

Perón no leía los diarios

La verdad es lo que se oculta, ¿no? Busque a los testigos de la infancia y de la juventud; algunos seguirán vivos, me imagino. Eso es: ¡por ahí empiece! El Perón que conocen los argentinos parece que hubiera nacido en 1945, cuando tenía cincuenta años: ¿no es absurdo? Un hombre tiene tiempo de ser muchas cosas antes de los cincuenta.

Tomas Eloy Martínez, *La novela de Perón*,
citado por Silvia Mercado en *El inventor del peronismo*.

La primera vez que entré en la Casa de Gobierno durante el kirchnerismo fue para encontrarme con Alberto Fernández, entonces jefe de Gabinete. También fue, un mes más tarde, el último funcionario que vi: las últimas emisiones de *Día D* de diciembre de 2003 difundieron la primera denuncia de corrupción del gobierno K, a un par de semanas de asumir, lo que costó la continuidad del ciclo y atravesar un desierto de ocho años fuera de la televisión abierta. Nadie conocía, entonces, a los K: eran provincianos, cerrados y no tenían el roce que años de dinero fácil les habían dado a los menemistas, que ya no parecían riojanos sino europeos o yanquis prósperos. Los «pingüinos» venían del interior del interior.

—Son lo más parecido a nosotros que vi en el gobierno —me encontré diciendo entonces—. Están ahí de pedo.

85

—Son la Armada Brancaleone.

Uno se vuelve viejo cuando ve por televisión películas que conoció en el cine. *La armada Brancaleone* era un clásico de los sesenta, dirigida por Mario Monicelli, con Vittorio Gassman y Gian Maria Volonté: la historia de una caballería medieval impresentable que buscaba reclamar una herencia para quedarse con un feudo. «Armada Brancaleone» saltó del cine al lenguaje: desde entonces, así se llama a un grupo mal preparado, improvisado, torpe, desesperado por conseguir un fin.

—Son la Armada Brancaleone.

El comentario era discriminador pero simpático. Había algo desaliñado en esos tipos que caían en la capital para quedarse con el poder de la Argentina. Aquella mañana, Alberto estaba exasperado con un suelto de no más de quince líneas que había publicado *El Cronista Comercial*, sin firma, perdido en medio de la edición.

—¿Te das cuenta qué hijos de puta son?

Pensé que sobreactuaba: el jefe de Gabinete de un gobierno que acababa de asumir, preocupado por un texto anónimo de un diario del circuito económico. Por supuesto, yo no lo había leído. Es curioso cómo el tiempo convierte a las anécdotas en símbolos: aquella era la primera prueba de algo que después marcó el rumbo de los K: la obsesión desmesurada por la opinión ajena, en verdad, por la falta de control sobre el resto del mundo. Al rato, un vendaval abrió la puerta y apareció Néstor, en camisa y corbata, repitiendo un número bastante teatral, que ya había sido registrado por la prensa: ambas oficinas eran vecinas y era común que Néstor irrumpiera durante las citas de Alberto. Me saludó y me llevó en una carrera bastante vertiginosa a recorrer el *foyer* de la Casa de Gobierno, en una gira que llegó hasta el dormitorio presidencial. Allí, Néstor abrió los placards vacíos y reflexionó:

—Si esta cama hablara…

Ahí estaba la Armada Brancaleone: poco menos de un

mes después, alrededor de una mesa en su despacho, escuché al Presidente decir, enojado:

—¡Pero este Ávila es un hijo de puta!

Se refería a Carlos Ávila, el propietario de América TV, que le había sugerido a mi representante que «fuéramos a Gobierno a preguntar si estaba todo bien con nosotros para el año que viene».

—Nosotros, con vos, no tenemos ningún problema.

Fueron las últimas palabras de Néstor que escuché. El día anterior, el gobierno había negado irregularidades en la gestión de González Gaviola, a cargo de PAMI, pero luego, en silencio, decidió cambiarlo por Graciela Ocaña.

Para ser exactos, lo último que escuché de Néstor fue, en realidad, un mensaje:

—Deciles que los vamos a fundir.

Lo repitió Artemio López después de encontrarse con el entonces ex presidente en su oficina de Puerto Madero.

Era marzo de 2008 y acabábamos de salir a la calle con *Crítica de la Argentina* (que cerró dos años más tarde, luego de perder una inversión cercana a los 6 millones de dólares). La advertencia de Néstor se cumplió al pie de la letra: los ministros llamaron personalmente a los avisadores que tenían campañas anuales contratadas para que las levantaran, y uno de ellos, el supermercadista Alfredo Coto, me llamó personalmente para ofrecerme el dinero en efectivo sin publicar los avisos correspondientes. La actitud del gobierno hacia el diario fue hostil hasta el último minuto, cuando intentó comprarlo a través del Grupo Olmos, en colaboración con la comisión gremial interna.

La distancia entre el enojo de Alberto Fernández con un cronista ignoto y la amenaza de Néstor de fundir a *Crítica de la Argentina* ilustran el camino que el gobierno recorrió hasta decidir, finalmente, la instalación vertical del Relato.

Siempre me interesó averiguar el porqué del desbordado interés oficial por la prensa:

—¿Vos te imaginás a Perón leyendo los diarios? Perón no leía los diarios, los hacía.

Quienes alguna vez hemos estado al menos cerca de una situación de poder, la que fuere, sabemos que los periodistas sólo conocen una parte ínfima de lo que sucede. Si los políticos deben leer los diarios para saber lo que pasa, queda claro que llegaron tarde. La pelea con los medios es, en el fondo, una pelea con la realidad, que no obedece los decretos de ningún gobierno.

Es curioso el imaginario K sobre los medios: deja en evidencia que nunca conocieron a ninguno de ellos por dentro y, en realidad, proyectan sus deseos sobre lo que querrían que los medios fueran: un todo unívoco controlable, donde sólo se expresen los intereses de los comisarios políticos a cargo.

Un medio nunca es un todo coherente y, como en cualquier organización, las partes disputan entre sí: quienes producen contra quienes financian, los que exhiben su nombre contra los anónimos, los burócratas contra los apasionados. Hay, claro, líneas generales y hay también intereses espurios, y operaciones políticas, pero esas son la excepción y no la regla de los medios. Lo que el gobierno imagina de los medios se parece más a aquellos ensayos setentistas de Armand Mattelart y Ariel Dorfman de *Para leer al Pato Donald* (1972), donde se plantea al dibujo de Disney como una especie de agente de la CIA encubierto, sin advertir que todo personaje de la cultura responde a los valores de una época y de un país.

Una de las ideas más originales y audaces al respecto fue propuesta este año por Silvia Mercado en *El inventor del peronismo. Raul Apold, el cerebro oculto que cambió la política argentina* (Planeta, 2013). Mercado plantea, en su trabajo, la idea del Relato original: ¿Y si el peronismo fue un producto de marketing? ¿Y si la historia nunca fue como nos la contaron? Es interesante que el trabajo de Mercado se conozca en un momento en que la idea del Relato fue instalada por la *remake* de los K, y también lo es el hecho de la trayectoria política de la autora: desde que la conozco, en los primeros años de *Página/12,* es peronista de alma. Su ensayo reconoce un antecedente de peso: *Perón y los medios de comunicación. La conflictiva relación de los gobiernos justicialistas con la prensa, 1943-2011*, de Pablo Sirvén, editado por Sudamericana.

Habían pasado tres meses de la asunción de Cristina cuando sucedió lo impensado: empresarios, empleados y cooperativistas del campo se unieron en una sola voz en defensa de un interés común: el rechazo a un avance del gobierno sobre una renta extraordinaria del sector. Desde el 10 de marzo de 2008 hasta el 18 de julio de ese año, los productores agropecuarios dejaron de vender cereal. Fueron 129 días de *lock-out* patronal, que incluyó cortes de ruta en todo el país, movilizaciones masivas y cacerolazos.

La pelea con el campo le costó al kirchnerismo desde ministros a aliados y una derrota electoral en las legislativas de 2009. «Antes del conflicto del campo, antes de la creación, de las invención del campo como enemigo, el kirchnerismo no despertaba pasiones entre los kirchneristas, es más: no había kirchnerismo. Era gente que los votaba, pero no existía La Cámpora, no existía Carta Abierta, no existía Javier Grosman. Todo lo que en el futuro va a ser considerado kirchnerismo comenzó a existir después del conflicto del campo», afirma Silvia Mercado.

»Aquellos 129 días marcaron el comienzo orgánico del Relato, su desarrollo y explosión: el nacimiento, para usar palabras de Jorge Fernández Díaz, de los «escudos culturales», creados por la persuasión y por el dinero píblico. Mercado ubica el nacimiento del Relato en «una tarde de fines de marzo de 2008, [cuando] el portón de la calle Villate se abrió para que ingresara un desconocido de los guardias de Olivos. Llegaba en un taxi al que se subió en la terminal Retiro de micros. Venía de Mar del Plata. Dijo su nombre, descendió del taxi y pasó. Un auto que lo estaba esperando lo llevó al edificio de la Residencia Presidencial conocido como "Jefatura". […]

»—Essshte pelotudo me va a cagar —dijo en voz muy alta un desencajado Néstor Kirchner al cortar la comunicación, y pidió que el visitante entrara.

»—Soy F. L., señor Presidente —dijo saludando al ex con su pasado cargo en señal de respeto».

Mercado relata en una nota al pie que «aduciendo razones de seguridad, la fuente rogó que no apareciera su nombre, a pesar de que originariamente no había puesto reparos al respecto».

«—Te mandé a llamar porque me dicen que vos conociste a Apold.

»—Lo conocí en los 70, cuando estaba enfermo, y prácticamente solo. Pero hablé mucho con él. Incluso llegué a grabarlo, aunque en la dictadura tuve que tirar las cintas. Me hubiera gustado escribir sobre esa experiencia. […]

»—¿Para vos, qué hizo?

»—Puso todo el aparato del Estado para comprar los medios y llevó a los mejores periodistas, artistas, fotógrafos, dibujantes y directores de cine a trabajar para el gobierno. Nunca se invirtió tanta plata en los medios y en la cultura. Ni antes, ni después.

»—¿Y para qué sirvió todo eso? A Perón le dieron un golpe igual.

»—Le dieron el golpe porque ya estaba cansado y tenía ganas de irse. Pero el peronismo todavía existe. Es lo único que existe.

»Ahí fue cuando Kirchner le clavó la mirada. Hasta ese momento lo escuchaba con la atención dispersa.

»—¿Qué querés decir? No te entiendo.

»—Que la mayor inversión de Perón para la posteridad

no fueron los sindicatos, ni las obras públicas, sino el peronismo, construido por Apold y el aparato de propaganda del Estado, una genialidad.

»—¿Vos decís el relato del peronismo?

»—Digo el peronismo. ¿El relato? No lo había pensado, aunque sí: el peronismo como relato».

En esos días, en uno de sus discursos más agresivos durante la crisis del campo, Néstor hizo una referencia insólita: habló, por primera vez, de «comandos civiles». La gran mayoría de su público nunca había escuchado el término. Así se llamó a los grupos de tendencias conservadoras, radicales y socialistas que surgieron entre 1951 y 1955, básicamente en Buenos Aires y Alta Córdoba. La historiografía peronista les adjudica la responsabilidad del bombardeo del 16 de junio de 1955, pero en realidad ese acto fue llevado a cabo por sectores de la Armada. ¿Las palabras de F. L. resonando en la cabeza de Néstor?

«Con el tiempo, F. L. analizó lo ocurrido desde esa entrevista. El 1º de abril de 2008, pocos días después de que en su paso por Olivos le diera detalles a Kirchner de la ofensiva de Perón sobre los diarios, la Presidenta nombró sorpresivamente a Gabriel Mariotto al frente del COMFER, dejando fuera de juego a Julio Bárbaro. El nuevo funcionario se apuró a reunirse con sus viejos conocidos de la Coalición por una Radiodifusión Democrática y se abocó a redactar lo que un año y medio más tarde sería la nueva Ley de Servicios de Comunicación Audiovisual o nueva Ley de Medios, promulgada el 10 de octubre de 2009.

»Unas semanas después de la designación de Mariotto, antes de que terminase abril, salió a la calle el semanario *Miradas al Sur*, de Sergio Spolszky, intentando competir con *Perfil*. Algunos meses más tarde, *El Argentino*, diario gratuito que también es de Spolszky, enfrentando a *La Razón*, el gratuito del Grupo *Clarín*. El otro que pudo avanzar con su idea fue

Diego Gvirtz, que en noviembre puso al aire *6,7,8* en Canal 7. Había voceros oficialistas que empezaban a hablar por los medios de los hijos adoptivos de Ernestina Herrera de Noble como "apropiados" a detenidos-desaparecidos durante la dictadura militar y pedían en público a la viuda del fundador del diario de mayor circulación de la Argentina "que devuelva los nietos" a las Abuelas de Plaza de Mayo.

»Fuera del círculo kirchnerista, se tomaban estas actitudes como los caprichos adolescentes de un hombre enojado que ni siquiera pudo ganar las elecciones del 28 de junio, a pesar de que había adelantado la fecha de las elecciones, inventado las candidaturas testimoniales y amenazando con el Juicio Final a los que no le juraban fidelidad eterna. Le costó aceptar la derrota y muchos lo daban por terminado. Pero cuando Cristina Fernández de Kirchner sacó de la Secretaría de Cultura al viejo y prolijo José Nun y lo reemplazó por el más que astuto Jorge Coscia —famoso por haber diseñado la estructura de subsidios del INCAA en tiempos de Eduardo Duhalde—, a pesar de que había perdido las elecciones diez días antes, F. L. vio a un hombre decidido a pelear hasta el final, y quiso pensar que algo había tenido que ver en la transformación mediático-cultural que se estaba operando en el mundo kirchnerista».

Capítulo VIII
Los enemigos imaginarios

No es ningún secreto que la creación de un enemigo común consolida el frente interno. La década K ha hecho de eso una especialidad: peleó contra los militares cuando éstos eran viejos desahuciados y desprestigiados y eligió el enfrentamiento contra las corporaciones que no fueron dóciles. Así como en el caso de la dictadura los argumentos eran certeros y necesarios, en el caso de la prensa el kirchnerismo mantuvo una pelea de ex socios: transformó al CEO de *Clarín*, Héctor Magnetto, en el enemigo público número 1 y autor de todos los males argentinos. La Ley de Medios y «los nietos» se descascararon en pocos años, como quizá suceda en un futuro próximo con la hipótesis de que Papel Prensa fue obtenida bajo tortura. En todos los casos, el gobierno se creyó su propia mentira y la actuó hasta las últimas consecuencias.

«La verdadera relación entre Magnetto y Kirchner comenzó una vez que el segundo llegó a la presidencia. Se encontraban en el despacho de Kirchner en la Casa Rosada o almorzaban en la residencia de Olivos. Cuando había otros presentes, por lo general, Cristina o Alberto Fernández, se trataba de meras relaciones públicas, en las que no se discutía nada importante», cuenta Graciela Mochkofsky en su libro *Pecado ori-*

ginal. Clarín, los Kircher y la lucha por el poder. Magnetto y Kirchner tuvieron un acuerdo que comenzó a deteriorarse con la decisión de Néstor de no ir a la relección y postular a su esposa, se agravó con la valija de Antonini Wilson y terminó de romperse con el conflicto del campo. Entre 2003 y 2008, *Clarín* y el gobierno fueron socios. Así como, en 2003 y 2004, *Clarín* se desvelaba con su deuda y los efectos de la crisis, entre 2005 y 2007 su objetivo principal era fusionar su empresa de cable, Multicanal, con la que había sido su principal competidora, Cablevisión. En esta historia hay otro 7D: el primer 7D fue el 7 de diciembre de 2007, cuando Néstor autorizó aquella fusión. El segundo, lo veremos más adelante, fue planeado como el día del desembarco de la Ley de Medios, y resultó frustrado.

«En octubre —cuenta Mochkofsky— a poco de lograr la aprobación para la fusión de los cables, *Clarín* salió a la Bolsa ofreciendo el 20% de sus acciones. Por esos días, Magnetto se encontró con Kirchner en la Casa de Gobierno, al final de la conversación salieron al despacho de Alberto Fernández, que constituía la antesala del despacho presidencial. Kirchner, en tono jocoso, comentó:

—Ahora voy a poder comprar acciones de *Clarín*.

—Te va a salir caro —le sonrió Magnetto—, no creo que con el sueldo de Presidente puedas comprar.»

Clarín siguió avanzando, ahora sobre el negocio de las telefónicas. En diciembre de 2008, Cristina y Magnetto se reunieron en Olivos. Kirchner y Jorge Rendo, número dos del Grupo, armaron la reunión y esperaron que ambos aceptaran la relación en privado. Después almorzaron los cuatro.

En enero de 2008 hubo un nuevo encuentro, esta vez sin Cristina, fue en unas oficinas detrás del Hotel Faena en Puerto Madero. Estuvieron el ministro de Planificación, Julio de Vido, Alberto Fernández, Kirchner y Rendo. Allí comenzó a armarse la Operación Telecom.

En agosto de 2008, cuando Alberto Fernández ya no formaba parte del gobierno, tuvo otra reunión con Rendo en la que este le advirtió que el Grupo iba a seguir adelante con el tema Telecom. Desde ese día hasta el último miércoles antes de las legislativas de 2009, Kirchner y Rendo se reunieron cada miércoles en la Quinta de Olivos. Kirchner perdió las elecciones y culpó a *Clarín* por esa pérdida de entre cuatro y cinco puntos de la última semana. En su última reunión Néstor insistió en mantenerse cerca del Grupo.

En 2010, en uno de los momentos más difíciles de la pelea gobierno-*Clarín* por los hijos de Ernestina Herrera de Noble, Magnetto convocó a una reunión en el cuarto piso de *Clarín* sobre la calle Tacuarí, para explicarles a los periodistas del Grupo cuál era el escenario. El encuentro comenzó con una exposición de Gabriel Cavallo, que llevó el caso de los hermanos, y siguió con un discurso de Magnetto. María Laura Santillán, Nelson Castro, Samuel Gelblung, Julio Blanck, Ricardo Kirschbaum, entre otros, fueron los que participaron del encuentro.

«Siempre recibí de él (por Magnetto) la voluntad política de dar la pelea, desde el principio». En un momento de la cuestión Noble, la misma gente del diario empezó a decir: «Bueno, che, que se hagan los análisis, ¿no?» Magnetto habló y daba a entender como que era más fácil dejar de pelear, y entonces dijo que Néstor le pidió que lo acompañara, que iban a ser las personas más ricas de la Argentina, y que mientras los acompañaran iba a haber esa alternancia: primero Néstor, después Cristina, después Néstor y así hasta el fin de los tiempos. Y Magnetto dijo que no, que él no necesitaba eso, y le dijo: «Yo puedo comer un solo bife de chorizo por día», me acuerdo de eso, del bife de chorizo, como diciendo «a mí no me importa la plata, no lo estoy haciendo por plata», contó uno de los asistentes a la reunión. Para muchos de los que estuvieron ese día en la reunión del cuarto piso si en ese momento la respuesta de Magnetto a Kirchner hubiera sido favorable el gobierno hubiera arrasado con lo poco que quedaba.

—El kirchnerismo tiene una política de medios desde que Kirchner asumió como intendente de Río Gallegos, la política de medios es de control absoluto. Los Kirchner siempre fueron eso, hubo manejo discrecional de la pauta, siempre hubo aprietes más o menos directos, siempre hubo restricciones para acceder a la información. El quiebre fue cuando Néstor Kirchner se sintió poderoso, en 2005, cuando Cristina le ganó a Chiche Duhalde en la provincia de Buenos Aires. Al poco tiempo lo echa a Lavagna, y él pasa a ser ministro de Economía —analizó José Crettaz.

—Si hago de la ley un tema central, la saco —dicen que la advertía Kirchner a Magnetto.

—Mejor arreglo con *Clarín* y me voy de acá. Con todas las barrabasadas que hace se trata de una empresa nacional. En cambio, Néstor quiere arreglar con Telefónica, que es una empresa extranjera, para hundirlo a Magnetto —recuerda Silvia Mercado que le dijo Gabriel Mariotto, ex titular del AFSCA antes de que se impulsara una nueva Ley de Medios.

Después de la fusión entre Telefónica Europa y Telecom Italia, Néstor intentó forzar el ingreso de Telecom con sus empresas amigas para fortalecer su influencia en el espectro mediático y, a la vez, impedir el ingreso de *Clarín*.

Finalmente, Mariotto siguió en la función publica y convocó a académicos de universidades nacionales, periodistas, comunicadores, militantes.

A ese equipo de especialistas Crettaz lo llama «la secta», «de ahí, de esa secta sale la Ley de Medios, salen casi 200 artículos que reúnen una serie de derechos vulnerados, cooperativas, radios comunitarias, universidades. El kirchnerismo fue encontrando el punto: la Iglesia tiene que tener medios, porque Menem los habilitó a tener radios y canales, entonces la Iglesia muzzarella, las cooperativas también, ídem. ¿Vos qué querés, reconocimiento, ego? Víctor Hugo Morales. ¿Vos querés plata? Spolsky. ¿Vos querés otros negocios? José Luis Manzano».

El 1º de marzo de 2009, la Presidenta anunció frente a la Asamblea Legislativa que enviaría el proyecto de la Ley de Medios. En paralelo comenzaron a aparecer los carteles de «*Clarín* miente» y «Todo Negativo», y Néstor pronunciaría aquella famosa pregunta:

—¿Qué te pasa, *Clarín*, estás nerviosho?

Mariotto, que finalmente decidió anclar en el Estado, fue el encargado de preparar la ley. Reunió a su equipo en un café: Damián Loretti, abogado y profesor universitario; Gustavo Bullas y Graciana Peñafort, abogada. La Coalición de Radiodifusión Democrática estaba formada por universidades, radios comunitarias, sindicatos e Iglesia, y presentó los 21 puntos que debería tener la ley.

—En esa etapa hasta Cristina asistía a las reuniones, nos juntábamos en la oficina de Gabriel, en el COMFER, en una mesa larga, a veces venía un ingeniero por los temas técnicos. Fueron sábados enteros comiendo la pizza más grasosa del mundo —recuerda uno de los asistentes.

En paralelo sucedía la crisis del campo.

—La noche del voto no positivo yo estaba sola, eran las cuatro de la mañana y estábamos en el COMFER laburando. Ya me habían pedido un protoborrador que a veces tenía cosas muy en blanco, bloques que nos faltaban, esa noche estaba laburando y mirando de reojo la sesión del voto no positivo por la tele, me acuerdo que me largué a llorar. Lo llamé a Gabriel, que lo estaba viendo en su casa y me dijo: «¡No te deprimas y andate a dormir!» —recuerda ahora una abogada del equipo.

La presentación de la ley se hizo el 18 de marzo de 2009 en el Teatro Argentino de La Plata. Después el proyecto quedó en manos de los foros. Fue en ese contexto cuando el gobierno pensó, a la vez, aprovechar la ley no sólo para dividir a *Clarín*: también para llevar adelante Fútbol para Todos.

La ley no sólo excluyó completamente a internet —donde, en la próxima década, sintetizarán todos los medios electrónicos—, con lo que se convirtió en una ley vieja antes de nacer, sino que tampoco se pronunció sobre la TV digital —gracias a lo cual el gobierno pudo repartir las frecuencias de esa banda sin concursos ni licitación—, no reguló la publicidad oficial (que creció en la década un 1.300% y fue del todo discrecional), permitió a los grupos extranjeros tener 20 canales de un cable argentino, pero a los grupos argentinos tener sólo uno; señales como Direct TV o las telefónicas tienen una licencia nacional única con la que llegan a 2.200 localidades del país y, a la vez, a los cables se les permite tener sólo 24 señales con un límite del 35% del mercado nacional. Crettaz celebra la supuesta pluralidad de voces que propone la ley: «Pluralidad de voces, buenísimo. Existen 220 canales. Es raro porque en la Capital iban a crear 14, mitad privados con fines de lucro y privados sin fines de lucro. En Capital hoy hay 4 canales privados y casi los 4 salen hechos o pierden plata, se sostienen porque tienen otros negocios. ¿Cómo se van a sostener los nuevos medios? ¿De dónde va a salir la plata? ¿De la publicidad? Pero la torta publicitaria no crece cuando hay mas medios; al contrario, se achica, en eso la ley choca contra la realidad.

—En los foros sólo hablaban los emisores —opinó Adriana Amado, académica de la Universidad de La Matanza—, te hablaba el Estado, las universidades, los académicos, los dueños de los canales y las radios, incluso los que se oponían a la ley, pero no hablaban los usuarios.

El texto final de la ley la convierte en una norma impracticable: confunde creación de medios con creación de audiencia, sosteniendo que, necesariamente, si hay más medios más gente los escuchará; a la vez imagina a los medios como puede imaginarlos gente que nunca estuvo en ellos: los ve como bloques unívocos, en un todo coherentes y de un funcionamiento casi policial. Nadie que haya trabajado en una redacción puede sostener eso. En verdad, al pensarlos así el gobierno proyecta su propio deseo stalinista de control de la tropa. El argumento del financiamiento planteado por Crettaz tampoco es menor: ¿quién financiaría las decenas de nuevos medios? El Estado, que por tradición histórica argentina, se confunde generación tras generación con el gobierno.

El 10 de septiembre de 2009, siete días antes de la sanción de la ley en diputados, entre 180 y 200 agentes de la AFIP conducida por Ricardo Etchegaray llegaban a la redacción de *Clarín* y montaban un operativo intimidatorio que se completó con otros 50 empleados fiscales en otras empresas del Grupo. Esa misma mañana, *Clarín* había publicado una denuncia contra Etchegaray por haber autorizado subsidios irregulares por más de 10 millones cuando conducía la ONCCA (Oficina Nacional de Control Comercial Agropecuario).

Los lobbistas de *Clarín* terminan, ante el espanto, uniéndose con el Grupo Vila-Manzano tratando de, juntos, influir en la votación del Congreso. El grupo que condujo esas operaciones estaba formado por Jorge Rendo y Damián Cassino, del Grupo *Clarín*, José Luis Manzano y Daniel Vila, el ex presidente Eduardo Duhalde y el ex titular de la SIDE Miguel Ángel Toma. Se reunieron durante dos semanas en el Hotel Savoy.

—Alquilamos cuatro habitaciones del tercer piso que estaban intercomunicadas —recuerda uno de los asistentes—, entonces teníamos sala de reunión, oficina, sala para reuniones más privadas y dos oficinas para las secretarias. Ya sabíamos que los radicales estaban todos en la oposición, entonces tratamos de hablar más que nada con los peronistas y los independientes. Empezamos a llamar a diputados y senadores. A los que no querían venir al Savoy los veíamos en otro lado. Obviamente, el criterio establecido fue: «Acá no se paga nada, lo tienen que hacer por convicción». La presión era muy fuerte y las anécdotas se multiplicaban. Una de ellas fue con José Luis Gioja, el gobernador de San Juan. Gioja era amigo de toda la vida de Duhalde y tenía negocios con Manzano, que manejaba los medios de su provincia.

—No puedo, Eduardo, imaginate que me matan. Kirchner me rompe el culo —le dijo a Duhalde.

Al enterarse Manzano de aquella respuesta, en cólera, va a ver a Gioja junto a Toma a la Casa de San Juan.

—Yo te puse todo los medios —lo increpó Chupete—, a partir de ahora te vamos a meter una Ley de Glaciares donde la zona de exclusión para la minería va a ser a 200 kilómetros de cada glaciar, y te vas a meter la Barrick Gold por el orto.

Horas después, Gioja llamó a Duhalde llorando: «No me pueden apretar así, Eduardo, entiéndanme».

El gobierno también operaba por su lado.

—Unos tipos de la Secretaría de Inteligencia nos trajeron un papel que había dejado Néstor en una reunión de Puerto Madero. Era una lista manuscrita, punteada, donde Néstor había anotado, al lado de cada nombre, «operado por Miguel Ángel», «operado por Vila», etcétera. Sabían todo porque nos chupaban los teléfonos, sabían todo el tiempo quién se veía con quién —recuerda ahora uno de los integrantes de la Operación Savoy.

A la 1:20 de la madrugada del 17 de septiembre se aprobó la ley en general por 147 votos a favor, 4 en contra y 1 abstención. Los votos negativos fueron del Partido Popular Neuquino y de la diputada socialista Laura Sesma que votó en disidencia con su partido. La abstención fue de Miguel Bonasso.

En octubre fue aprobada por el Senado con comodidad.

En septiembre de 2012, el gobierno, con un spot de más de cuatro minutos que se difundió hasta el cansancio en Fútbol para Todos, lanzó la consigna del 7D, D de diversidad y democracia, decían. Hasta que el 6D los jueces de la Cámara Civil y Comercial Federal extendieron el recurso de amparo que beneficiaba a *Clarín* hasta que se dictara una sentencia definitiva en la causa.

Finalmente, en 2013, el fallo de la Corte sorprendió a varios y significó para el gobierno nacional una bocanada de aire, de triunfo, tras la dura derrota en las legislativas del 27 de octubre, cuando Martín Insaurralde perdió, y por mucho, contra Sergio Massa en la provincia de Buenos Aires. El fallo de la Corte reinstaló una denuncia que, en su momento, todos habían ninguneado: la de Elisa Carrió contra el presidente de la Corte, Lorenzetti. El 23 de abril de 2013, la diputada Elisa Carrió iniciaba una guerra santa contra Lorenzetti. En la reunión de la comisión de Asuntos Constitucionales de Diputados.

Carrió acusó a Lorenzetti de haber comprometido su apoyo a la Ley de Medios a cambio de que el gobierno modificara uno de los proyectos del paquete de la reforma judicial y dejara en control de la Corte, el manejo de «la caja» judicial. Carrió no se quedó en la declamación y denunció a a Lorenzetti en tribunales, pero el juez federal Rodolfo Canicoba Corral rechazó la demanda.

Carrió volvió a ratificar su denuncia el 31 de mayo, pero la Sala II de la Cámara Federal dictaminó que no existía una hipótesis de tipo criminal con visos de verosimilitud en el pacto, quedando desestimada la denuncia.

«La mejor prueba es lo que me dijo el diputado Carlos Kunkel a viva voz: decile a Lorenzetti pacta sunt servanda, que quiere decir los pactos se cumplen», dijo Carrió citando una expresión en latín.

Lorenzetti había estado vinculado al PAMI de Víctor Alderete, a través de una gerenciadora en Rafaella, Santa Fe, que más tarde fue acusada de corrupción y desfalco. Además Carrió aseguró que Lorenzetti se había reunido con el secretario de Legal y Técnica de la Presidencia, Carlos Zannini, con quien había fijado un «pacto espurio» que incluía la Ley de Medios. Días después del fallo de la Corte sobre la ley, en una entrevista al diario *Perfil*, Lorenzetti admitió haberse reunido con Zannini, pero aseguró que no hablaron de la Ley de Medios.

Según Carrió, sin embargo, mientras se debatía el proyecto de reforma judicial en el Congreso, Lorenzetti y Zannini pactaban un acuerdo, en el que la Corte se quedaba con el manejo de la Caja Judicial a cambio de un fallo a favor de la Ley de Medios y el levantamiento del embargo de Chevron.

En medio de esa supuesta negociación, el gobierno lanzó una fuerte campaña contra el juez y sus hijos a través de la AFIP, y el diputado kirchnerista Carlos Kunkel presentó un proyecto de ley para sacarle todas las facultades presupuestarias y de administración del Poder Judicial que hoy tiene, para transferírselas al Consejo de la Magistratura.

El corazón del acuerdo sería la Comisión de Finanzas del Consejo de la Magistratura. Ese es el lugar por donde Carrió cree que pasan los verdaderos negocios.

En una de sus declaraciones, Lorenzetti pronunció «somos armonizadores del poder», cambiando su verdadero rol constitucional por un rol político.

La AFSCA

La normativa implementada por el gobierno en 2009, después de la sanción de la ley 26.522, designaba a cinco dirigentes kirchneristas en el directorio de la Autoridad Federal de Servicios de Comunicación Audiovisual (AFSCA), que reemplazó al COMFER de Gabriel Mariotto.

Desde ese año, la AFSCA persiguió administrativa y judicialmente al Grupo *Clarín*, bajo directas órdenes del gobierno, mientras permitía que las radios y canales de TV de los grupos paraoficiales siguieran bajo una situación ilegal. Radio Continental del Grupo Prisa y Medios de Daniel Vila y José Luis Manzano, por citar algunos ejemplos.

Tampoco actuó AFSCA en las transferencias de licencias prohibidas por la nueva normativa que beneficiaban a los grupos adictos al gobierno, como los medios de Daniel Hadad que transfería a Cristóbal López (C5N, Radio 10 y cuatro FM), la delegación de explotación de Crónica TV al Grupo Olmos, el ingreso de Matías Garfunkel en Radio América, las radios que compraba Raúl Moneta y el traspaso de gestión de Radio Uno al grupo Szpolski, entre otras.

La Ley de Medios impulsada por el gobierno establecía en su artículo 14 que los siete directivos que conforman la autoridad de aplicación requieren, entre otras cosas, tener «alta calificación en materia de comunicación social». El 1° de octubre de 2012 asumió Martín Sabbatella como representante de AFSCA. Del currículum que consta en el decreto que oficializa su candidatura, no surge ningún elemento relacionado con actividades o estudios vinculados con los medios. Entre los antecedentes destacados de Sabbatella figuran medidas que tomó en la intendencia de Morón y los galardones que obtuvo en tareas a favor de la transparencia de la función pública. Se menciona el que le otorgó el CIPPEC, la Universidad de San Andrés y *Clarín*, en 2008.

Sobre medios, la única relación que aparece, aunque remota, es su participación en un seminario sobre «libre acceso a la información pública», organizado por la embajada británica. Nunca impulsó una ley en ese sentido.

En su primer día al frente de la entidad que aplicaría la Ley de Medios, Sabbatella aseguraba sentirse un kirchnerista. «Por supuesto que yo pertenezco a una fuerza política que es aliada al kirchnerismo, eso no es ningún descubrimiento. Ahora, yo soy el representante de la Presidenta, soy nombrado a propuesta del Ejecutivo y pertenezco al proyecto nacional y popular y democrático que lidera la Presidenta.» En su discurso, el jefe de la Autoridad Federal de Servicios Audiovisual hacía referencia al 7D no sólo como una fecha simbólica, sino la frontera de la batalla final para el kirchnerismo.

El 31 de octubre de 2013, a las 11:30, el titular de AFS-CA, Martín Sabbatella, se bajaba de un Volkswagen Vento 2.5 Luxury, de color negro, que alquila el organismo por 21.900 pesos por mes a a empresa Omega Trans (Omega Car Rental), en la puerta del edificio del Grupo *Clarín*, de la calle Piedras al 1743. Iba para iniciar el procedimiento de adecuación de oficio de manera forzosa.

No habían pasado 48 horas del fallo de la Corte Suprema, y Sabbatella montaba un show innecesario con decenas de periodistas y camarógrafos. En el mismo momento, otros representantes de AFSCA se presentaban en las sedes de Canal 13, TN y Radio Mitre. Las autoridades del Grupo *Clarín* emitían un comunicado: «A menos de 48 horas del fallo de la Corte Suprema, el gobierno decidió avanzar de facto sobre los medios del Grupo *Clarín*, al margen de la ley y de lo establecido por el propio fallo. Como hemos reiterado, de ninguna manera puede aplicársele este procedimiento al Grupo *Clarín*, ya que las normas de adecuación estuvieron totalmente suspendidas para la compañía a raíz de la medida cautelar.

Por otra parte, la nulidad de este procedimiento ha sido expresamente reconocida por la Justicia en un fallo de la Cámara Federal del mes de junio pasado, que rechazó la validez de la «adecuación de oficio» en el caso del Grupo *Clarín*. Además, según dejó claramente establecido el fallo de la Corte, deben regir para el Grupo *Clarín* las mismas condiciones, alternativas y posibilidades que tuvieron el resto de los grupos de medios».

Sabbatella fue a *Clarín* con Daniel Larrache, dos escribanos y un notificador de la transferencia del oficio que le entregaría al abogado del grupo, Damián Cassino. El titular expresó que su presencia se debía a las posibles dudas respecto de la notificación anterior que se había realizado en diciembre del año pasado.

Según Sabbatella, *Clarín* tenía quince días para responder a esta notificación, luego el Tribunal de Tasación fijaría un valor para cada uno de los medios. Después avanzarían los concursos, la adjudicación y los nuevos dueños asumirían la titularidad.

El 4 de noviembre, el Grupo *Clarín* presentó a la AFSCA y a la Justicia su plan de adecuación. A través de un comunicado, explicó que *Clarín* presentaba su plan de adecuación voluntaria «tras el avance de facto e ilegal de la AFSCA sobre sus licencias. La presentación tiene lugar antes de la puesta en vigencia del fallo de la Corte Suprema. El Grupo *Clarín* busca proteger de manera urgente e inmediata sus derechos frente al atropello oficial, pese a que según ese mismo fallo debería disponer de los mismos plazos y condiciones que el resto de los grupos de medios. En paralelo, seguirá llevando adelante las acciones judiciales para defender sus derechos».

1) En la primera unidad se incluyen las empresas Arte Radiotelevisivo Argentino (Artear), titular de la licencia de Canal 13 de Buenos Aires; a Canal 12 de Córdoba; a Canal 6 de Bariloche y a la señal de noticias TN (Todo Noticias). También la empresa Radio Mitre, con las frecuencias AM 790 y FM 100 en Buenos Aires, AM 810 y FM 102.9 en Córdoba, y FM 100.3 en Mendoza. Asimismo, dentro de esta unidad se incluyen 24 licencias locales de TV por cable de la actual Cablevisión, de ciudades en donde no existe incompatibilidad con la TV abierta.

2) La segunda unidad mantendrá el grueso de las operaciones de Cablevisión y Fibertel. En la misma el fondo Fintech mantendrá el 40% del paquete accionario. Esta unidad incorporará 24 licencias de cable e incluye la señal Metro, canal local de Cablevisión en la ciudad de Buenos Aires.

3) La tercera unidad tendrá 20 licencias de TV por cable de la actual Cablevisión.

4) Por otra grave anomalía de la ley, las señales audiovisuales —que no utilizan espectro, son de libre creación, generan producción y dan trabajo argentino— también deberán ser transferidas. En esta cuarta unidad se incluyen el resto de las señales en las que participa el Grupo: Canal 13 satelital, Magazine, Volver, Quiero Música en mi Idioma, Canal Rural, TyC Sports y TyC Max.

5) En otra unidad se incluirán los siguientes servicios de radio: licencias de FM en las ciudades de Tucumán, Bariloche, Bahía Blanca y Santa Fe.

6) En otra unidad se incluirá la licencia de TV abierta de Canal 7 de Bahía Blanca y la participación en Canal 9 de Mendoza.

El lunes 17 de febrero de 2014 el AFSCA aprobó el plan de adecuación del Grupo *Clarín* y el del Grupo Vila-Manzano, mientras se fortalecía la hipótesis de que no haría lo propio con Telefe, que sería comprado en breve por Cristóbal López.

«Devolvé a los nietos»

Marcela y Felipe Noble Herrera son los hijos adoptivos de la directora de *Clarín*, Ernestina Herrera de Noble, y los jóvenes que sin formar parte de la pelea política de su madre y el CEO de Grupo, Héctor Magnetto, ni compartir la furia del gobierno contra la empresa de medios, sufrieron en carne propia la persecución del Estado nacional y la angustia de no tener seguridad sobre su identidad.

Las dudas respecto del origen de los hermanos venía de larga data, pero la primera denuncia formal contra la directora de *Clarín* por irregularidades en el trámite de adopción de los jóvenes la hizo Abuelas de Plaza de Mayo, el 30 de abril de 2001.

La presidenta de Abuelas, Estela de Carlotto, dudaba sobre la verdadera identidad de Marcela y Felipe y presumía que podían ser hijos de desaparecidos. Dos familias los reclamaban: Lanuscou-Miranda y García-Gualdero. La causa había recaído en un juez afín a Abuelas, el juez federal de San Isidro, Roberto Marquevich. El juez tuvo celeridad, y el 19 de marzo de 2002, en medio de una pelea judicial con *Clarín* que quería quitarle la causa, ordenó hacerse los análisis de ADN a Marcela y Felipe. Antes, los jóvenes habían ofrecido hacerse los exámenes, pero no en el Banco Nacional de Datos Genéticos sino con el Equipo de Antropología Forense y advirtiendo que tras cruzar los perfiles con los de las dos familias en cuestión, destruirían las muestras. Los abogados de Abuelas rechazaron las condiciones y los análisis nunca se hicieron.

El 17 de diciembre, Marquevich fijó una nueva fecha para la extracción de ADN y ordenó la detención de Ernestina Herrera de Noble. Esa noche, Ernestina se dirigía a la entrega de los premios *Clarín* en el Teatro Colón, pero nunca llegó.

El 8 de enero de 2003, Ernestina fue procesada por los delitos de insertar en un instrumento público declaraciones falsas en carácter de autora, insertar tales declaraciones en documentos públicos destinados a acreditar la identidad de las personas como partícipe necesario, usar documentos públicos falsos, falsificación de documentos públicos destinados a acreditar la identidad de las personas en carácter de partícipe necesario y uso de documentos públicos falsos en carácter de autora. El «uso de documento público falso» trababa un embargo sobre sus bienes por un millón de pesos.

Las Abuelas de Plaza de Mayo presentaron las siguientes irregularidades en el expediente de adopción:

1) La adoptante dijo que dos personas habían visto que una beba había sido dejada en la puerta de su casa el 2 de mayo de 1976, pero esas dos personas desmintieron tal afirmación.

2) También afirmó que una de esas personas era su vecina, pero en realidad no vivía en esa localidad, y que la otra era el «cuidador de la finca vecina» (el señor. Roberto García), pero se corroboró que en realidad se trataba de su chofer personal.

3) Quien concurrió afirmando ser la progenitora de quien hoy es Felipe, brindó un nombre y un número de documento que no era el suyo y no se intentó corroborar por ningún medio que efectivamente fuera su madre.

4) Ernestina Herrera de Noble dio un domicilio distinto de aquel donde tenía su residencia, cuestión decisiva para determinar la competencia del Tribunal interviniente.

5) Se omitió el sistema de turnos para que la guarda de Felipe quedara radicada en el mismo Tribunal que la de Marcela.

6) Se los inscribió con el apellido «Noble Herrera» en función de una ley derogada.

En 2004, el juez Marquevich fue desplazado de la causa por presunta índole de parcialidad, y la Cámara Federal de Apelaciones dejó el expediente en manos del juez federal Conrado Bergesio, quien resolvió que no estaba probada la instancia de delito por Herrera de Noble y la desvinculó de presuntas irregularidades en los trámites de adopción de sus hijos, luego de analizar todas las pruebas.

Después de años de idas y vueltas, el 6 de marzo de 2009, Bergesio instruyó al Equipo de Antropología Forense a que hiciera los análisis. Pero para ello requería que el Banco Nacional de Datos Genéticos (BNDG) remitiera las pruebas para hacer el entrecruzamiento y, en mayo de 2009, un decreto presidencial definía que el BNDG no podría remitir información de sus muestras a ningún particular ni entidades públicas. Finalmente y pese a la oposición de Abuelas, que denunciaron a Bergesio, el 29 de diciembre de 2009, Marcela y Felipe se sometieron a los análisis en el Equipo de Antropología Forense.

Ante la presión de Abuelas y los medios oficialistas, Bergesio ordenó el 30 de diciembre realizar dos allanamientos: uno a la casa de Marcela y otro a la de Ernestina, donde aún vivía supuestamente Felipe. De la casa de Marcela se llevaron el cepillo de dientes, una bombacha y un cepillo de pelo. De lo de Ernestina, sólo dos peines, tres máquinas de afeitar, un jabón, una pantufla, entre otros objetos. Felipe se había casado y ya no vivía ahí.

El 8 de febrero de 2010, el juez ordenó al BNDG que analizara el material genético obtenido de los objetos tomados en los allanamientos y el 15 de febrero ordenó que los jóvenes volvieran a sacarse sangre, pero esta vez en el BNDG. Los abogados de los hermanos apelaron y el 20 de marzo de 2010, la Sala II de la Cámara de Casación Penal dictó un nuevo fallo que suspendía el estudio. El gobierno venía del extenso conflicto del campo, había perdido las elecciones legislativas de 2009, con Néstor Kirchner como candidato en la lista de diputados nacional por la provincia de Buenos Aires, y la pelea con *Clarín* estaba en uno de sus momentos más álgidos. Tanto, que el 19 de enero de 2010, durante una conferencia de prensa, la Presidenta le respondió a un periodista del diario *Clarín* una pregunta sobre la relación con la oposición y, al final de su respuesta, lanzó:

«Sería bueno una mirada introspectiva de ustedes acerca de las cosas que se escriben, que se dicen con absoluta libertad, estoy dispuesta a morir para que sigan escribiendo las mismas mentiras que escriben todos los días en su diario con la misma libertad que lo hacen siempre. Porque nunca estuvimos con ningún gobierno militar… porque nunca recibimos ninguna empresa de un gobierno militar, porque nunca hemos recibido nada de los militares, porque estamos seguros de quiénes somos, de lo que tenemos, de nuestros hijos, de quiénes somos y podemos hacerlo frente a todo el país y a todos los argentinos. Estoy segura de que, no usted que es un buen periodista, pero seguramente los accionistas de la empresa en la que usted trabaja, no pueden hacer lo mismo.»

No fue la única vez que la Presidenta se refirió públicamente al caso de los hermanos Noble Herrera. El 24 de marzo de ese mismo año, durante el acto por el Día de la Memoria, el 24 de marzo, Cristina dijo, por cadena nacional: «Tengo la obligación de creer que va a haber justicia y que, finalmente, luego de tantos años de impunidad del poder mediático, vamos a poder saber y conocer realmente la identidad que [Estela de Carlotto] está denodadamente tratando de buscar. ¡Cómo puede haber calidad institucional si no hay identidad, que es el primer derecho!»

A este discurso se referiría Gabriel Cavallo, el abogado que se sumó a la defensa de los hermanos en 2010, cuando consultado para esta publicación se mostró esperanzado en que la Corte Suprema de Justicia fallara en favor de la presentación hecha por los Noble Herrera y cerrara la causa. «Esperemos que la Corte lo haga, pero ponete en el lugar de la Corte, la presidenta de la República, el 24 de marzo de 2010 en uno de sus actos conmemorativos de la memoria, dijo públicamente que mi clienta era una apropiadora. Si mañana la Corte dice que mi clienta es inocente, ¿qué pasa con la presidenta de la República? ¿La Corte está en condiciones políticas de decir que la Presidenta mintió? ¿La sociedad argentina toma conciencia de eso? ¿Está lo suficientemente adulta como para soportar que un grupo de jueces diga que la Presidenta mintió?»

En 2010, la causa estaba lejos de resolverse y la verdadera identidad de los hermanos Noble Herrera se había convertido en una cuestión de Estado. El gobierno había logrado que la pelea con *Clarín* se concentrara en averiguar si su dueña era o no una apropiadora de bebés.

El 27 de abril, la Cámara falló a favor de un pedido del Ministerio Público Fiscal y removió, después de siete años, al juez Bergesio, acusado de dilaciones a favor de los Noble Herrera. La causa recayó en el juzgado en lo Criminal de San Isidro, a cargo de Sandra Arroyo Salgado, un juzgado operado por la SIDE.

El 28 de mayo de 2010, Arroyo Salgado citó a Marcela y Felipe a su despacho de San Isidro y les preguntó si daban su consentimiento para que las muestras que habían entregado al Equipo de Antropología Forense fueran manipuladas por el BNDG. Ambos dijeron que no. La jueza les preguntó, entonces, si aceptaban volver a hacerse los análisis en el banco, y los hermanos volvieron a decir que no. La jueza tenía un plan.

Cuando los hermanos salieron del tribunal los esperaba un ejército de periodistas… apurados por evitarlos subieron al primero de los autos que les indicaron sus abogados. Iban a la casa de su madre en Martínez. A mitad de camino, el chofer que llevaba a Marcela y Felipe advierte que los sigue un jeep verde y avisa por radio a los abogados que venían detrás en otro auto. Se inicia una persecución y finalmente el jeep pierde al auto de los hermanos. Al de los abogados, en cambio, los intercepta una camioneta de la que bajan dos policías con armas largas y cuando los vidrios polarizados del auto se bajan, los efectivos comprueban que no iban los hermanos sino los abogados. Lo informan por radio.

La escena siguió en la casa de Ernestina. Allí los esperaba un secretario del juzgado, tenía orden de un nuevo allanamiento. Volvieron a llevarse ropas de vestir. La directora del BNDG, Belén Rodríguez Cardozo, advirtió que el traje de Felipe era demasiado holgado y hasta tenía la etiqueta puesta y que el jean de Marcela parecía demasiado estrecho y su bombacha sin usar. Tuvo dudas y consultó si la orden de la Justicia les permitía llevar algo más que prendas de vestir. No, no lo permitía.

Los abogados de los hermanos denunciaron a la jueza por «prejuzgamiento» y advirtieron públicamente que Marcela y Felipe habían sido objeto de un allanamiento «abusivo, violento, vejatorio e innecesario». «El daño que les hicieron psicológicamente a esos chicos es irreparable. Ellos vivieron todo esto con mucha angustia, con mucho temor. Imaginate que sos perseguida por el Estado nacional. En ese punto ponete en la piel de los desaparecidos. Fueron perseguidos por el Estado nacional. Pelear con el gobierno es horrible, porque no tenés ninguna chance de ganar. Lo terrible es que en democracia se utilice la misma metodología que en la dictadura. Que se persiga a un inocente, que no se reconozca el error», recuerda hoy una persona muy cercana a la familia y que vivió día a día la pelea por los hermanos.

Cavallo recuerda hoy ese día, como el momento más difícil de todo el proceso. «El peor momento para mí fue el día que los persiguieron. No podía creer que estuvieran haciendo eso. Ellos fueron citados por la jueza al despacho. En el mismo momento que ellos salieron del despacho, ella ordenó la persecución. Los chicos, de casualidad, se subieron juntos a un auto de la custodia, distinto del auto en el que vinieron, y eso confundió a la policía que empezó a perseguir al otro auto donde iban los abogados. A mí me pareció patética toda la situación», recuerda el abogado.

Las muestras que se extrajeron de las prendas del allanamiento arrojaron resultados erróneos y en cada prenda había más de un tipo de ADN. Los peritos quedaron perplejos. No servía. El 29 de septiembre de 2010, Arroyo Salgado ordenó que el BNDG trabajaría con las muestras de ADN que se habían obtenido del allanamiento anterior, el ordenado por Bergesio. Esa información había quedado custodiada en cajas lacradas. Sin embargo, cuando los peritos del banco presentaron sus conclusiones de los estudios dijeron que ninguno de ellos había participado del allanamiento y, por tanto, no podían asegurar que los perfiles genéticos fueran de Marcela y Felipe.

Sin más alternativas, Arroyo Salgado ordenó la extracción compulsiva de ADN de los hermanos, quienes apelaron la medida. El 2 de junio de 2011, la Sala II de la Cámara de Casación Penal ratificó la orden de la jueza de primera instancia, pero sólo habilitaba la comparación de los perfiles genéticos de los jóvenes con el ADN de las familias de personas detenidas o desaparecidas hasta el 13 de mayo de 1976, en el caso de Marcela, y hasta el 7 de julio del mismo año, en el de Felipe. El fallo, se pensó, no conformaría a ninguna de las dos partes. Todos apelaron, menos Marcela y Felipe. Los hermanos se sorprendieron y, después de diez años y argumentando que querían «poner fin al acoso y persecución política y mediática», anunciaron que se someterían a los exámenes de ADN en el BNDG.

Sobre el cambio abrupto de posición de los hermanos hay distintas versiones. En su libro *Pecado original. Clarín, los Kirchner y la lucha por el poder*, Graciela Mochkofsky asegura que «un importante editor de *Clarín* consiguió que una fuente del banco le revelara lo que los peritos ya sabían» desde fines de 2010, «que sus perfiles de ADN no estaban en el BNDG [...] Que el entrecruzamiento daría un resultado negativo». Mochkofsky asegura que un ejecutivo del Grupo le contó que el dato lo tuvieron dos meses antes de que los hermanos aceptaran hacerse el análisis.

El abogado de Ernestina, Cavallo, da otra versión. «La realidad es que hay 150 chicos desaparecidos, apropiados durante la dictadura, nietos. Esa es la primera realidad, y no lo digo yo, lo dice Abuelas en su sitio donde publica una lista de gente que es buscada. De esos 150 chicos ya se ubicaron 110. Quedan 40 chicos por encontrar. Lo que hicimos fue ir a ver cuáles eran los cuarenta chicos que faltaban. De esos 40, la mayoría eran nacidos mucho después de Felipe y Marcela, cosa que se sabe porque hay pruebas objetivas en la causa que permiten saber desde cuándo existen. El día que aparecieron los chicos los revisó un médico, en el año 1976. ¿Por qué iba a mentir, en cuanto a lo que pesaban, si eran rubios o morochos, si estaban sanos o enfermos, si tenían todos los dedos? ¿Qué quiere decir ese informe? Que la nena vivía como persona física a esa fecha. ¿Por qué razón el médico mentiría sobre la fecha? ¿Por qué razón sería falso ese documento público? ¿En qué cambiaría la adopción? ¿Qué ocultaría? ¿Existe? ¿Ese papel es verdadero? ¿El médico era verdadero? Sí, todo era verdadero. Entonces, o el acta era falsa y entonces estaría, el acta, probando la existencia de un chico que en 1976 no existía, o el acta es verdadera y el médico cumple con su labor rutinaria.

—¿Y el acta es verdadera?

—El acta es verdadera. Pero hay un montón de otras pruebas de que existían como personas físicas y estaban con Noble. Por ejemplo, el día que sacaron el pasaporte. Pasajes en avión. Si el acta era falsa, entonces ¿qué subió al avión, dos muñecos?

—Entonces, ¿qué hicieron? ¿Cuál fue la estrategia judicial?

—Si existen a partir de tal fecha, entonces todos los niños nacidos después esa fecha y buscados por Abuelas, no son ese niño. Esto, que es ABC de la lógica pura, no se había hecho. Los chicos pueden haber nacido antes de esta fecha que es la del médico, pero no después. ¿Cuántos chicos buscan todavía las Abuelas nacidos antes de esta fecha? Fui a los registros de Abuelas, buscaban seis. De esos seis chicos, cinco eran del noroeste y uno solo de la provincia de Buenos Aires. Fui a los legajos de la Conadep, comparé a Marcela y Felipe con esos seis chicos. No existía ninguna posibilidad de que fueran esos chicos. Por sus padres, por la morfología del rostro de los padres. Y se lo llevé a mis clientes y les dije que era una locura seguir sosteniendo eso de no presentarnos a hacer los análisis. Ellos miraron el informe, se tomaron un mes y se convencieron de que era ridículo seguir amparándose en el derecho que tenían todavía de no sacarse sangre.

Finalmente, después de una década, se conoció el resultado de los exámenes. En julio de 2011 se supo que los estudios realizados por el Banco Nacional de Datos Genéticos revelaban que los hermanos adoptados por Ernestina Noble Herrera no eran hijos de las familias querellantes Lanouscou-Miranda y Gualdero-García. Además, la Justicia determinó que no eran hijos de personas desaparecidas entre 1975 y 1976. El informe firmado por la titular de BNDG, Rodríguez Cardozo, y el resto de los peritos comprobaba la insuficiencia de información genética para confirmar algún vínculo familiar con los hermanos. El ADN de Marcela fue entrecruzado con 55 familias y el de Felipe con 57, en ambos casos el resultado de filiación fue negativo. Los estudios fueron presentados en el Juzgado Federal N° 1 de San Isidro de Arroyo Salgado.

La propia Estela de Carlotto admitió su error y en declaraciones radiales, aseguró: «El caso quedó resuelto por ley, que es lo que queremos las Abuelas. No fueron nuestros nietos. Para nosotros es misión cumplida, [Marcela y Felipe] se sacaron sangre en el lugar correcto; está guardada la sangre para el futuro; fue comparada con todo el Banco. No dieron...»

Los abogados de la directora de *Clarín* pidieron su sobreseimiento definitivo en la causa por apropiación de hijos de desaparecidos. Al día siguiente de la segunda pericia judicial que comprobaba que Marcela y Felipe no eran hijos de personas desaparecidas en 1975 y 1976, la oposición se levantó con duras críticas hacia el kirchnerismo por su forma de enfrentar la causa. Las acusaciones de Néstor y Cristina Kirchner, Hugo Moyano, Aníbal Fernández y Estela de Carlotto durante el período de judicialización eran fallidas. «Es vergonzante y gravísimo que la dueña de uno de los medios más importantes del país tenga el privilegio de no permitir acceder a los datos genéticos», había dicho el ex Presidente el 24 de febrero de 2010.

El 6 de diciembre de 2013, la Cámara Federal de Casación Penal rechazó sobreseer a la dueña del Grupo *Clarín*, en la causa que investiga la identidad de sus dos hijos adoptados, hasta que la Justicia agote medidas de prueba aún pendientes y la Corte Suprema se pronuncie sobre un recurso extraordinario.

Hoy la causa sigue abierta, según Cavallo, «porque la jueza es corrupta» y sólo la Corte Suprema de Justicia puede definir que, finalmente, el caso se cierre. «El gobierno nunca pensó que íbamos a presentar a los chicos para las pruebas de ADN. Ellos jugaron una apuesta: "Nunca van a presentar a los chicos", porque ellos realmente creen, se creyeron el relato, se creyeron de verdad que eran hijos de desaparecidos». Tanto es así que en 2013 el gobierno pudo e intentó, antes de las elecciones legislativas, una nueva maniobra para mostrar que Marcela y Felipe eran hijos de desaparecidos. En noviembre de 2009, la mayoría kirchnerista en el Congreso aprobó la ley 26.548, que dispuso una modificación estructural del Banco Nacional de Datos Genéticos y su traspaso a la órbita del Poder Ejecutivo Nacional. Eso implicaba una mudanza física desde su ámbito histórico en el Hospital Durand a un edificio del Ministerio de Ciencia y Tecnología.

La nueva sede del Banco, en la avenida Córdoba 831, albergaría las muestras de ADN de familias que buscan nietos desaparecidos. Los familiares se negaron al traspaso porque temen que las muestras sean adulteradas. Como no hubo consulta y además todavía no existía un protocolo que garantizara la intangibilidad de esos análisis, quedaba abierta la posibilidad de que el día de mañana cualquier afectado pidiera la nulidad de un examen por la posible manipulación de esas muestras.

Pero el punto más polémico de todos los que habilitó la nueva ley, tiene que ver con la posibilidad de entrecruzar las muestras del BNDG con las de otros bancos de datos. La ley no lo dice específicamente, pero se refiere al banco de datos genéticos del Equipo Argentino de Antropología Forense, un organismo de enorme prestigio internacional que trabaja en la identificación de los desaparecidos durante la dictadura enterrados como NN. El entrecruzamiento de los bancos podría ampliar la posibilidad de identificar chicos desaparecidos.

Sin embargo, el control directo que ahora tiene el Poder Ejecutivo sobre las muestras despierta enormes dudas sobre la posible manipulación política de esos estudios. La manipulación consiste en la posibilidad de intervenir en el Banco para dilatar y mantener abiertas indefinidamente distintas causas con fines políticos. Esto comenzó a intuirse en una serie de e-mails, a los que en 2013 tuvo acceso *Periodismo para Todos*, que tenían como protagonista al propio ministro de Ciencia y Tecnología, Lino Barañao. En uno de esos correos, con fecha del 28 de febrero de 2013, Barañao le escribió al entonces todavía coordinador del traspaso del banco, el cuestionado Hernán Dopazo. Le contaba que se había reunido con Norberto Berner, un hombre de La Cámpora, ex director de la Inspección General de Justicia y actual secretario de Comunicaciones, y le decía que Berner le había pedido que incorporara a su ministerio a una «militante», Jaen Oliveri, y que la idea era que en el futuro ella controlase, desde allí, el caso HN. O sea, Herrera Noble.

Tiempo después, el 13 de abril, Dopazo le decía al ministro, en otro e-mail, que Jaen, la militante, «deberá tener algo así como responsabilidades importantes, jerárquicas, en el laboratorio de forense». Jaen fue finalmente contratada y se le dio un lugar en la nueva estructura del Banco.

Pero ¿cómo podría alguien incidir sobre estudios de análisis genético? Cuanto más cantidad de muestras se cruzan, mayor es la posibilidad de que se produzcan los llamados «falsos positivos». Son resultados que no modifican la verdad, pero que podrían ser utilizados temporariamente para instalar una sospecha. Hasta ahora, las muestras de presuntos chicos desaparecidos se entrecruzaban con los perfiles de las familias que buscan nietos. Esos perfiles están en el BNDG. Ahora, además, se cruzarían también con los perfiles genéticos del Equipo de Antropología Forense, que son 8.000. Esta mayor cantidad de entrecruzamientos podría generar que una persona tenga compatibilidad genética con varias, sin que esto determine filiación alguna.

El mismo presidente del Equipo de Antropología Forense, Luis Fondebrider, lo explicó: «Que haya compatibilidad de perfiles genéticos entre dos personas no implica identidad o parentesco biológico. Al cruzar una base de datos de perfiles genéticos con miles de personas es posible que surjan coincidencias por azar incluso con significado matemático (con más del 99%) pero que sean falsos positivos, es decir, al azar o por chance. Por eso es delicado hacerlo sin incluir otra información que permita conciliar la coincidencia genética y confirmar que no se trate de algo azaroso. No es una simple operación de cruce de datos sino algo más complejo que amerita una serie de consideraciones de investigación, genéticas y estadísticas, que si no se tienen en consideración pueden dar lugar a confusiones y falsos positivos».

Los falsos positivos son una posibilidad que puede ir descartándose con análisis más exhaustivos. Pero con el Poder Ejecutivo como juez y parte también podría dar lugar a un uso intencionado.

Después de que *Periodismo para Todos* reveló, en septiembre de 2013, el plan del gobierno para reinstalar la duda respecto de la identidad de Felipe y Marcela, el plan quedó en *stand by*. Pero tanto funcionarios del Ministerio como expertos del Equipo de Antropología Forense aseguraron que el proyecto existió y que el gobierno lo quería en marcha antes de las elecciones de octubre. No pudieron.

Tras el informe de PPT, Barañao estuvo en la mesa del programa *6, 7, 8* y, tenso, se dedicó a denostar al programa y al Grupo *Clarín*, pero no desmintió uno solo de los datos difundidos por el programa, sino que volvió a explicar lo que PPT ya había dicho: que el «falso positivo» era sólo temporal. Ninguno de los periodistas le preguntó sobre la veracidad o no de los e-mails y Barañao tampoco lo aclaró.

Papel Prensa

Los paralelos entre la década «ganada» y el primer y segundo gobierno de Perón son varios, y los hemos mencionado al citar los trabajos de Pablo Sirvén y Silvia Mercado sobre Apold, el fundador del Primer Relato, y las peleas de Perón con los medios. Uno de esos enfrentamientos se produjo por el abastecimiento de papel. Cuenta Hugo Gambini, en su *Historia del peronismo*, que la mayoría de los diarios que se editaban en Capital Federal estaban en contra de Perón: los matutinos *La Prensa, La Nación, Clarín* y *El Mundo*, y los vespertinos *La Razón, Crítica* y *Noticias Gráficas*. Sólo dos diarios de la mañana, *Democracia* y *El Laborista* y uno de la tarde, *La Época*, promovían la candidatura del «coronel del pueblo». Después de los primeros seis años de gobierno sólo tres diarios no integraban el coro oficialista: *La Nación, Clarín* y *La Prensa*. En esos años no existía la producción local de papel, y los diarios importaban ese insumo. Describe Sirven que ya en marzo de 1946, a tres meses de que Perón comenzase su primer mandato, los militares nacionalistas del golpe del 43 dispusieron la expropiación de algunas bovinas de diarios como *La Prensa* para «satisfacer necesidades sociales de orden educativo, cultural e informativo». En julio de 1947, el Banco Central decidió «suspender el otorgamiento de permisos de cambio para la importación de papel de diario», y el Estado se dedicó a regular los cupos. «Los diarios —escribe Sirvén— en involuntaria dieta comenzaron a adelgazar de manera preocupante y sin parar: en octubre de 1948 bajaron a 16 páginas y luego a 12, en abril de 1949, hasta llegar a escuálidas 6 páginas en 1950. […] *La Nación*, en los edificios de departamentos, se alquilaba por horas y se llevaba paulatinamente de un domicilio al otro».

Papel Prensa fue un monopolio de papel barato que recibió el impulso de la dictadura. En *Página/12*, desde su fundación hasta que me fui de la dirección periodística, diez años después, fuimos «víctimas» de ese sistema que permitía obtener toneladas de papel sólo a los diarios asociados a *Clarín* y *La Nación*. El resto estaba condenado a importar y sufrir las consecuencias del caso: doble de precio, dificultades de financiación viniendo de la Argentina, imposibilidad de mantener un stock importante. *Ámbito Financiero*, *Crónica* y otros diarios sufrieron esta práctica discrecional. Personalmente he sido muy duro con *Clarín* mientras competí con ellos; *Clarín* es un competidor hostil y agresivo. Pero eso es una cosa y sostener que obtuvieron Papel Prensa bajo tortura es otra muy distinta.

Lo que sigue es el capítulo «Tigres de papel», publicado a partir de la página 399 de mi libro *Argentinos*, Tomo II, editado por Ediciones B en 2003; entonces mi vínculo profesional con *Clarín* era inexistente:

«*Tigres de papel*»

PERIODISTA: Señor Manrique, hoy la revista *La Semana* dice en su tapa «Caso Graiver: un general acusa en el libro más polémico del año a notorios personajes de la vida argentina». La nota incluye declaraciones de Oscar Marastoni, correo de David Graiver: «Le entregué sobres con dinero a César Cao Saravia, al secretario Vicente Calabró, a Bernardo Neustadt, a Manuel Madanes, a José Ber Gelbard, a Osvaldo Papaleo y a Francisco Manrique».

MANRIQUE: ¡Qué hijo de puta!

La sorpresa de Jacobo Timerman cuando los militares golpearon a su puerta no debe haber sido muy distinta a la del apasionado doctor Frankenstein cuando vio que el monstruo al que había dado vida se avalanzaba sobre él. En su tesis «Estrategias periodísticas de apertura y resistencia en un espacio público autoritario: los casos de Madrid (España) y *La Opinión* (Argentina)», el profesor Carlos Barrera de la Universidad de Navarra y el licenciado Fernando Ruiz Parra de la Universidad Austral sostienen que «la causa formal que utilizó el régimen militar argentino para terminar con *La Opinión* de Timerman también tuvo que ver con la composición accionaria de la empresa editora del periódico, OLTA S.A. y la empresa propietaria de los talleres, Establecimiento Gráfico Gustavo S.A. En este caso, la culpa fue cargada a la participación accionaria que tenía en esa empresa informativa el banquero David Graiver, que llegó a poseer el 45% de acciones de ambas sociedades. Graiver murió en agosto de 1976 e investigaciones militares descubrieron que la guerrilla lo había utilizado como financista de un botín de cuarenta millones de dólares obtenidos por el secuestro de los hermanos Born […] Graiver tuvo relaciones con sectores muy contradictorios: en 1971 fue el oculto financista de una revista que alentaba la lucha armada y al mismo tiempo viajaba por el mundo con el hijo del entonces presidente Lanusse. Su banco funcionó como recaudador de fondos para Isabel Perón y al mismo tiempo crecieron sus relaciones con los guerrilleros. Con la llegada de la dictadura, todos los integrantes, directores y familiares de las empresas de Graiver fueron detenidos. La investigación de David Graiver estuvo a cargo de la «línea dura» del régimen. Con esta última apreciación de Barrera y Ruiz Parra coincidieron fuentes de la embajada americana en Buenos Aires que recordaron que John King, uno de sus funcionarios, envió a Washington el siguiente informe: «El escándalo Graiver fue un intento de la línea dura del Ejército —Suárez Mason, el general Saint Jean, gobernador de Buenos Aires y su brazo ejecutor, el entonces coronel Ramón Camps— para destruir el tándem de los moderados Videla-Viola. Videla logró quitarle a Camps el caso de las manos y pasarlo al G4 (Logística) dirigido por el general Oscar Gallino. Por medio del protocolo notarial A-0.089.535, el periodista Juan Gasparini, ex montonero residente en Suiza, declaró ante la Justicia argentina: «Confirmo por la presente mi autoría del libro *El crimen de Graiver*, publicado en Buenos Aires, Argentina, por Ediciones B, en julio de 1990. Dicho trabajo, producto de una investigación de largos años, confirma que 14 millones de dólares provenientes del rapto de los hermanos Juan y Jorge Born fueron embolsados por la Organización Montoneros en la ciudad de Ginebra, Suiza, a mediados de 1975. Esta suma fue introducida posteriormente en el holding perteneciente al finado David Graiver y su esposa, Lidia Papaleo de Graiver, operación que contó con la cobertura de la sociedad panameña Empresas Catalanas Asociadas, fundada por el banquero húngaro-chileno José Klein a instancias de David Graiver. Como se demuestra en el libro, esa transacción fue concertada entre dirigentes del grupo guerrillero allí mencionado (algunos bajo nombres supuestos) y el matrimonio formado por Lidia Papaleo y David Graiver. Este último ordenó documentar la inversión a su nombre solicitándole al director de uno de sus bancos, el BAS, el doctor Alberto Naón, ciudadano argentino hoy residente en Ginebra, Suiza, que suscribiera la documentación correspondiente, quien así lo hizo».

La historia de Papel Prensa es la historia del sueño de cualquier editor: un monopolio de papel barato. Ese es el sueño, también, de cualquier dictador de turno que quiera controlar a la prensa: nada mejor que ayudar a los diarios a bajar sus costos a la mitad. Papel Prensa nació el 11 de agosto de 1969 por el decreto ley 18.312/69 de la dictadura del general Onganía, a través del cual fue creado un «fondo para la producción de papel». El decreto 4.400 del mismo año llamó a concurso nacional e internacional para licitar industrias del papel. A partir del 1º de agosto de 1970, más de cien diarios de todo el país fueron obligados a pagar una contribución extra del 10% a la importación de papel, de diario (o papel prensa) que contribuiría a la creación del mencionado «fondo para la producción». El decreto 43 de 1971, firmado por el general Roberto Marcelo Levingston, llamó a licitación para las plantas que deberían alcanzar una producción de 340.000 toneladas para proveer a todos los diarios del país. Ni siquiera hoy, treinta años después, se alcanzó ese nivel de producción. Recordó *Ámbito Financiero*, en una investigación sobre el caso Papel Prensa, que una sola firma se presentó en aquella oportunidad: César Civita y sus socios, Cesar Dorctti y Luis Rey, todos propietarios de Editorial Abril, responsable de la publicación de las revistas *Claudia, Siete Días, Panorama, Corsa*, etcétera. Editorial Abril no alcanzó a cubrir los requisitos exigidos por el pliego, y al año siguiente otro presidente, el general Lanusse, rechazó la propuesta de Civita y autorizó, por el decreto 1.309/72, que se llevara a cabo una contratación directa con la empresa Papel Prensa S.A., en formación, que debía ser garantizada por Editorial Abril. El 6 de octubre de 1972 se aprobó el contrato con la recién fundada Papel Prensa. El Banco Nacional de Desarrollo le otorgó garantías por 20.500.000 dólares, y el gobierno acordó numerosas exenciones impositivas.

Según el dictamen de la Fiscalía Nacional de Investigaciones Administrativas en 1988, firmado por Ricardo Molinas y reproducido íntegramente por *Ámbito Financiero* el 22 de marzo del mismo año: «El Poder Ejecutivo excedió las facultades conferidas por la ley de contabilidad y el decreto reglamentario para la contratación directa».

El contrato original estableció distintas clases de acciones: algunas de ellas podían ser transferidas, pero no las acciones clase A correspondientes al Grupo Fundador. El 26 de diciembre de 1973, el socio Luis Rey adquirió la totalidad de las acciones al resto de los propietarios encabezados por Civita, y ese mismo día pasaron al Grupo Graiver ya que Rey, según *Ámbito*, era un mero testaferro. Graiver continuó con la construcción de la planta hasta que murió en un accidente aéreo en México en 1976. Aún hoy hay quienes sostienen que Graiver fraguó su muerte para eludir a sus acreedores montoneros. A los nueve meses de la desaparición de Graiver comenzaron las diferencias entre sus herederos y las acciones Clase A pasaron a ser propiedad de *Clarín*, *La Nación* y *La Razón* (también se convocó a *La Prensa*, pero Máximo Gainza, su director, no aceptó formar parte de la empresa). La cesión de acciones de los Graiver formó parte de un curioso acuerdo extrajudicial por el que los Graiver vendieron primero a Luis Rey, y él, como integrante del Grupo Fundador, vendió a *Clarín*. Firmaron el convenio en representación de «los diarios» Bernardo Sofovich y Patricio Peralta Ramos. El traspaso de acciones se llevó a cabo sin que fuera realizada la correspondiente sucesión de David Graiver, y los herederos objetaron el bajo precio al que la dictadura militar los obligó a vender sus acciones. El 18 de enero de 1977 se realizó la entrega física de la empresa. Luego de la insólita «transacción», los herederos de Graiver fueron detenidos por el general Camps, por lo que ni siquiera llegaron a cobrar el total de la cesión, por lo que el fiscal Molinas calificó al hecho como «desaparición de acreedores». Recordó *Ámbito Financiero* que el traspaso fue tan vergonzoso que los propios militares obligaron a los nuevos accionistas a que ofrecieran al resto de los diarios el 49% restante de Papel Prensa, algo que los medios nunca se preocuparon por hacer efectivo.

El 8 de marzo de 1977, Isidoro Graiver, padre de David, declaró ante el juez Fernando Zavalía que su hijo le había confesado que «para tomar el control de Papel Prensa voy a conseguir una guita jodida». Es obvio que se refería a los 17 millones de dólares provenientes del secuestro de los Born. Un testigo apellidado Rubinstein declaró que los Montoneros «le exigían el pago a Lidia Papaleo». Cuando Firmenich fue detenido en Brasil, dijo: «Papel Prensa nos pertenece a nosotros». El 19 de abril de 1977, *Clarín* publicó un editorial titulado «A la opinión pública», en el que anunció que «*La Nación, Clarín* y *La Razón* adquirieron las acciones Clase A de Papel Prensa S.A., previa consulta y posterior conformidad de la Junta de Comandantes en Jefe [...] Como surge de todo lo expuesto, la transacción se realizó a la luz pública y con el consentimiento previo y posterior del Estado a través de la más alta expresión de su voluntad, que consta en Acta de la Junta Militar, preservando un proyecto de interés nacional, resguardando el abastecimiento para todos los diarios de su principal insumo, en defensa de la libertad de prensa, de conformidad con una centenaria tradición argentina y respetando uno de los soportes de nuestro estilo de vida».

El conmovedor alegato sobre la libertad de prensa en dictadura publicado por *Clarín* tuvo, además, otro motivo: el gobierno militar no sólo les entregó la empresa Papel Prensa sino que facilitó las gestiones para que los diarios recibieran dos créditos: uno del Banco Español del Río de la Plata y otro del Banco Holandés Unido sucursal Ginebra, por un monto de 7.200.000 dólares, a sola firma y sin aval ni garantías.

Calculó Héctor Ruiz Núñez en *Humor* que «en el término de cinco años la utilidad que logró producir Papel Prensa exclusivamente a través de la protección estatal y sus precios monopólicos superó los cien millones de dólares». Ya el

Estado había favorecido a la empresa con el mencionado crédito del Banade para la construcción y equipamiento de la planta de San Nicolás, exención de los impuestos nacionales por diez años, tarifas de energía reducidas e implantación de aranceles hasta un 53% en la importación de papel, lo que permitió a Papel Prensa imponer sus precios en el mercado. En julio de 1982, las medidas elaboradas por el entonces presidente del Banco Central, Domingo Cavallo, estableciendo tasas de interés inferiores a la inflación, le significaron a Papel Prensa una reducción en sus deudas financieras de 42 millones de dólares. A comienzos de la década del ochenta, el diario *La Razón* entró en caída y terminó en quiebra, a cargo del juez Héctor Foiguel López que le vendió a *Clarín* el único activo valioso de la quiebra: las acciones de Papel Prensa. Segun manifestó en un fallo la Cámara de Apelaciones, el juez Foiguel López vendió esas acciones a *Clarín* «a precio vil». La Cámara le solicitó a la Corte Suprema que le iniciara juicio político a Foiguel López. La Corte, luego de analizar el caso, estableció que había graves irregularidades» y solicitó a la Cámara de Diputados el jury a Foiguel. Sorpresivamente, el diputado Alberto Balestrini terció en la discusión pidiendo juicio político a los miembros de la Cámara de Apelaciones, que fueron quienes detectaron la maniobra. Finalmente, todo quedó en la nada, y el juez Foiguel López se retiró de la Justicia para pasar a vivir de rentas».

Hoy, Papel Prensa abastece a más de 170 diarios de todo el país, cotiza en bolsa y sus principales accionistas son el Grupo *Clarín*, que controla el 49% de las acciones, *La Nación* con el 22,49% y el Estado con el 27,46% directo y el 0,62% a través de la agencia oficial de noticias Télam.

La venta que los diarios aseguran se realizó de forma legal es la que el gobierno pidió investigar en agosto de 2010, tras presentar un informe sobre la venta extorsiva de la compañía en el marco de amenazas y delitos de lesa humanidad contra la familia Graiver. El propio CEO de *Clarín*, Héctor Magnetto, está acusado de ser cómplice de la última dictadura militar.

El 31 de agosto de 2010 se publicó en el *Boletín Oficial* el decreto 1.210/2010, que insta a la Secretaría de Derechos Humanos a poner a disposición del Poder Judicial el informe Papel Prensa S.A.: la verdad, que la presidenta Cristina Kirchner ya había presentado en la Casa Rosada. Ese informe estaba basado en las denuncias que la viuda de Graiver, Lidia Papaleo, había hecho en la Secretaría de Comercio Interior, donde aseguraba, entre otras cosas, que Magnetto la había amenazado y obligado a vender la empresa. El gobierno quería que la Justicia investigara la comisión de delitos de lesa humanidad en perjuicio de quienes fueran integrantes de la firma Papel Prensa S.A. La causa recayó en el Juzgado Federal N° 3 de La Plata a cargo de Arnaldo Corazza.

Las causas de delitos de lesa humanidad del llamado circuito Camps eran investigadas en La Plata, por eso el juez federal porteño Daniel Rafecas derivó la causa a La Plata. Sin embargo, más tarde la Cámara interpretó que la venta de las acciones de la empresa se había realizado en Capital, por lo que la causa debía tramitarse en el fuero porteño. Cuando Corazza mandó las actuaciones a Rafecas, el juez abrió un nuevo expediente.

Hoy, la causa por delitos de lesa humanidad contra la familia Graiver, el testaferro Rafael Ianover y el asesinato de Jorge Rubinstein, mano derecha de David Graiver, que murió por las torturas, son investigadas en La Plata en una causa aparte. En los tribunales porteños lo que se investiga es la venta de las acciones de la empresa Papel Prensa en el contexto «del ataque generalizado contra la población civil materializado por medio de la intervención del aparato represivo estatal de la dictadura».

Uno de los abogados que asesora a *Clarín* en la causa Papel Prensa presentó la interpretación que hace el grupo de la venta de las acciones. Gabriel Cavallo asegura que la venta fue legal y que el propio gobierno argentino así lo definió.

—Cuando terminó la dictadura, Alfonsín hizo un montón de cosas, una de ellas fue la de juzgar a los militares, otra fue de tratar de compensar los casos mas emblemáticos de desapariciones y apropiaciones de bienes de familias muy conocidas y que no habían desaparecido, pero que habían sido privadas de su libertad de manera ilegítima. Entre ellos, los Graiver. Un montón de gente cuyos bienes fueron apropiados durante la dictadura y que terminaron en una comisión que se llamaba Conarepa. Las familias iniciaron procesos en contencioso-administrativo y, en un momento, Alfonsín tomó la decisión política de transar esos procesos judiciales y devolverles a esas familias sus bienes. Papel Prensa —una de las empresas de los Graiver— se vendió como un activo más de la familia Graiver a una empresa que se llamaba Fapel, que era integrada por los diarios *Clarín*, *La Nación* y *La Razón*. Papel Prensa era del Estado nacional y de Graiver, que se la había comprado a su vez a otras tres empresas Doretti, Rey y Tauro.

Cuando Alfonsín toma esa decisión política de restituir los bienes, forma un expediente en el Ministerio de Economía donde se hace el análisis de los bienes que tenían. En el caso de la familia de Graiver, se firmaron tres convenios de los Graiver con el Estado nacional. El Estado analizó en ese momento la venta de Papel Prensa y la declaró válida e hizo un convenio para las empresas que habían desaparecido, por ejemplo *La Opinión*. Entonces ahí lo indemnizan. Las empresas que todavía estaban en funcionamiento cuando recuperaban su libertad se las devuelven.

—¿Y las empresas que habían sido vendidas?

—Papel Prensa se vendió en 1976, antes de que ellos fueran secuestrados, cobraron un dinero, esa parte se la llevaron en el momento en que se hizo esa operación, pero la operación era a plazos; entonces, para cuando los diarios tuvieron que pagar las otras cuotas, ya ellos estaban desaparecidos. Entonces, los diarios consignaron judicialmente el saldo y esa consignación de saldo se la quedó la Conarepa. Entonces, con Alfonsín lo que sucedió fue que les devolvieron a los Graiver ese saldo, más una compensación económica y un interés del 6% anual. Es decir que, en 1985, el Estado ya analizó la validez, el Estado en democracia analizó la validez de la operación, desde el punto de vista civil.

—¿Y cómo siguió?

—Paralelamente, Alfonsín dijo: «Bueno, veamos si se cometió delito», y le corrió vistas al fiscal Ricardo Molinas, de cuya honestidad no se puede dudar, y Molinas trabajó. En las conclusiones de su escrito dijo: «Con lo expuesto queda concluida esta investigación preliminar que, como se anticipó al comienzo, en modo alguno pone punto final a la cuestión», porque Molinas hace denuncias, considera que hay delito y dice: «Está probado que Graiver compra Papel Prensa con dinero de los Montoneros, y esos dineros de los Montoneros, está probado, vienen del secuestro de Born». De manera tal que lo que hizo Alfonsín de pagarles está mal, y lo que hizo el Estado argentino por la continuidad de los actos del Estado, encabeza la dictadura, es encubrimiento dice Molinas, y entonces termina denunciando Molinas a los militares por haber aprobado la venta que Doretti, Rey y Tauro le hicieron a Graiver con dinero de los Montoneros».

—¿Y sobre la operación posterior?

—Y sobre la operación posterior no dice nada, no denuncia a los diarios. Dice que es válida, es un comprador de buena fe a título oneroso y declara la nulidad parcial de los convenios firmados con Graiver. Ante esto, Jorge Born interpone una medida cautelar e impide que el Estado le pague a Graiver, eso provoca otro juicio, del cual nadie habla, y que termina en San Martín con Galimberti y «el Potro» Romero

Victorica como fiscal de Cámara de San Martín y la familia Graiver por Montoneros, donde se transa y se le devuelve a Jorge Born de los 72 millones de dólares que pagaba Alfonsín en total 17 millones de dólares a Born, dándole la razón.

Pese a la explicación de uno de los abogados de *Clarín*, en el marco de la pelea de gobierno con *Clarín*, también Papel Prensa fue objeto de presión. En septiembre de 2009 comenzó la escalada para intervenir Papel Prensa. El ex secretario de Comercio Interior, Guillermo Moreno, quien fue denunciado ante la Justicia por abuso de autoridad e intimidación, reunió a los representantes del Estado en la empresa y les advirtió: «Afuera tengo mis muchachos, expertos en partir columnas y hacerles saltar los ojos al que hable», según denunció el licenciado Carlos Collasso, representante del Estado en el Consejo de Vigilancia de Papel Prensa.

Moreno designaría como directora de Papel Prensa a Beatriz Pagliero, ex interventora del INDEC. Además se encargaría de desplazar a Eduardo Hecker, titular de la Comisión Nacional de Valores, organismo encargado de controlar Papel Prensa, y a Carlos Paseos, titular de la Sigen, el organismo encargado de designar a los miembros del Estado en la Comisión Fiscalizadora de Papel Prensa.

El ex secretario de Comercio Interior intervino la papelera mediante un Decreto de Necesidad y Urgencia y hasta mencionó la posibilidad de expropiar la empresa. El gobierno había elaborado un informe, inventado hechos que no ocurrieron y hasta manipulando testigos para tergiversar la historia.

El 12 de agosto de 2010, la escalada llegó a un punto límite: Moreno, desobedeciendo una orden judicial, irrumpió en la empresa exhibiendo guantes de box y casco protector. Descolocando a los miembros del directorio y en actitud violenta, gritaba: «Tengo guantes o casco. ¿Qué eligen? Hay para elegir».

El 24 de agosto de 2010, en un acto en Casa de Gobierno, la Presidenta anunció por cadena nacional el informe «Papel Prensa S.A. La verdad». Cristina anunciaba que enviaría el informe a la Justicia para que se investigara a los diarios por los delitos de lesa humanidad y, al mismo tiempo, enviaría al Congreso un proyecto de ley para convertir la producción y venta de papel para diarios en actividad de interés nacional.

Cavallo insiste en que la denuncia del entonces secretario de Comercio, Guillermo Moreno, es falsa «está hecha con un relato ficcional de Papaleo», porque, argumenta, las versiones de la viuda de Graiver fueron desmentidas por el hermano de su esposo, Isidoro Graiver, quien participó de la venta de la empresa.

«Lidia Papaleo, que únicamente declara de esta manera luego de que está con Moreno, porque antes en las otras 20 declaraciones que hizo, tanto en la época del Proceso como en democracia, jamás reclamó nada, de hecho cobró», advierten desde *Clarín*. Sin embargo, el gobierno avanzó y avisó que presentaría el informe de Papel Prensa, hizo una gran convocatoria y la expectativa era máxima. «Ese día ellos creyeron que iban a encontrar a un juez que iba a meter preso a Magnetto con todo eso ese día. De hecho nosotros también creímos que iban a detener a Magnetto ese día», cuentan en *Clarín*, pero recuerdan que el CEO de *Clarín* estaba muy tranquilo. Es una persona muy especial. Yo hubiera estado un poco nervioso, por esto mismo de que estás peleando contra el Estado. Pensamos que lo detenían ese día. No sabíamos cuánto iba a impactar la declaración de Isidoro Graiver y tantas otras que tenemos y que no hemos mostrado».

Es que mientras el gobierno preparaba los últimos retoques al informe y acomodaba las sillas en la Galería de los Patriotas Latinoamericanos de la Casa Rosada para el acto de las 18:30 en el que Cristina hablaría por cadena nacional durante una hora y cuarto, en *Clarín* ya se sabía que Isidoro Graiver

131

hablaría y daría su versión de los hechos. «Nosotros ya sabíamos qué iba a decir Isidoro, pero los dejamos ir hasta el último momento del precipicio. Para que hagan el papelón más grande que puedan hacer. Porque de eso se trata. Yo, con el Estado, peleo en inferioridad de condiciones. Esta es una pelea política, no judicial», aseguran en el Grupo y recuerdan: «Apareció Isidoro Graiver y dijo: "Es todo mentira". A la mañana de ese día, ellos tuvieron que arrancar a dos manos los capítulos del informe de Papel Prensa. Lo leés, no tiene ninguna lógica el informe porque afirmó un montón de cosas que Isidoro Graiver decía que eran falsas».

En junio de 2011 los abogados de Papel Prensa denunciaron penalmente a la Secretaría de Derechos Humanos por haber alterado, en una presentación ante Corazza, un dictamen del fiscal de investigaciones administrativas, Ricardo Molinas, que investigó la venta de Papel Prensa en los años ochenta. Según la denuncia, el gobierno había presentado una copia falsa con un agregado.

En septiembre de 2011, Magnetto inició formalmente la demanda contra los hermanos en la Justicia civil. El titular del Grupo *Clarín* le dio impulso al expediente pero no concurrió a ninguna de las audiencias ante un mediador privado que fue designado por él mismo, tal como lo establece el procedimiento civil.

El 22 de diciembre del 2011, en una sesión extraordinaria, el Senado aprobó la ley 26.736 que declaró de interés público la fabricación, producción y comercialización de papel de diarios. Obligando a que toda la demanda de papel de diarios fuera satisfecha con papel nacional, la ley establecía cupos de importación.

La compañía Papel Prensa tendría que fijar un precio igualitario del insumo para todos los medios del país. Además, debería garantizar no sólo el acceso para todas las empresas sino también la creación de un Consejo Federal y una

Comisión Bicameral, que deberán hacer cumplir las disposiciones que impone el proyecto. En uno de sus últimos artículos, la ley definió que la empresa Papel Prensa debería operar a pleno de sus capacidades operativas o de la demanda interna de papel y presentar cada tres años un plan de inversiones tendientes a satisfacer la demanda interna de papel de diarios.

El proyecto fue aprobado, tras casi seis horas de debate, por 41 votos positivos (37 de los kirchneristas y aliados, más el ex presidente Carlos Menem; el correntino del Frente Alianza Para Todos, José Roldán; el porteño ex «lilista», Samuel Cabanchik, y la peronista pampeana María Higonet). En contra votaron 26 legisladores de los bloques de la oposición, conformada mayormente por el radicalismo y el peronismo federal, mientras que se abstuvo el representante del Partido Renovador de Salta. Estuvieron ausentes los radicales Emilio Rached y Pablo Verani, el peronista pampeano Carlos Verna y la correntina del Partido Liberal, Josefina Meabe.

En 2012, la causa por la venta de las acciones de Papel Prensa contra el CEO de *Clarín* y Bartolomé Mitre, de *La Nación*, seguía sin resolverse. El juez encargado, Julián Ercolini, se encontraba recusado y el caso en Casación. Durante agosto y octubre, *Clarín* y *La Nación* sufrieron bloqueos de integrantes del Sindicato de Canillitas. La protesta del sindicato que conducía Omar Plaini pedía un aumento de la comisión que se cobra por la venta de los diarios en los quioscos. Los piquetes se instalaban en las puerta de las plantas impresoras, para impedir la entrada y salida de camiones y así trabar su distribución. Fue en ese momento cuando, para sorpresa de todos y del propio Grupo *Clarín*, salí personalmente a defender su posición. La discusión había llegado más allá del medio mismo: se estaba discutiendo la libertad de prensa en la Argentina. Hubiera salido con camiones impidiendo la publicación de *Ámbito*, *Perfil* o *Tiempo Argentino*.

Finalmente, el 2 de noviembre de 2012, la Cámara Federal de Casación Penal rechazó un recurso de queja promovido por la defensa de Héctor Magnetto y Bartolomé Mitre contra el fallo que declaraba la competencia del juez federal porteño Julián Ercolini, para intervenir la causa que investiga el traspaso de las acciones de Papel Prensa a *Clarín* y *La Nación* durante la dictadura militar. La causa aún sigue abierta y para los abogados de *Clarín* el argumento de la denuncia del gobierno es descabellado.

—Compras, que a veces pueden resultar legales en los papeles, no necesariamente son legítimas. Si el comparado te hostiga, no te deja trabajar, lo lleva a la quiebra y después lo compra. Sí, la verdad es que yo te vendí, pero ¿en qué condiciones te vendo?

—Bueno, sí, es un argumento, pero no es el argumento utilizado por el gobierno —asegura Gabriel Cavallo en su oficina de Retiro—. El argumento utilizado por el gobierno es que yo participé junto con la dictadura para que vos vayas presa, te torturen, a otro lo maten y a otro lo dejen medio loco.

—No es que aproveché mi posición dominante en el mercado para poder deprimirte económicamente y comprarte.

—Eso sí me podés decir, tal vez pasó, no lo sé. Pero muy distinto es eso a acusarte de un delito de lesa humanidad, que yo participé en connivencia con los altos mandos del ejército para sacarte por la fuerza los bienes de tu patrimonio.

El 13 de junio de 2013, Lidia Papaleo declaró ante el juez Ercolini y, esta vez, su relato fue distinto. La viuda de Graiver dijo que nunca participó de la administración de las empresas del grupo Graiver, ni siquiera después de la muerte de su esposo. Además se desligó de la venta responsabilizando a los administradores encargados de esas tareas y reconoció que las amenazas que recibieron en aquella época fueron del Grupo de Fuerza Montoneros.

Sin embargo, la causa sigue y ahora la Cámara debe definir si unifica las querellas y trabajan peritos contables de la compañía. Mientras tanto, el gobierno avanza. Parece decidido a terminar con *Clarín* y al mismo tiempo que espera y presiona por la aplicación total de la Ley de Medios, envía un proyecto de ley de expropiación al Congreso.

El 9 de mayo de 2013, el diputado Carlos Kunkel, junto a un grupo de diputados ultrakirchneristas, presentó una iniciativa para expropiar el 24% de las acciones del Papel Prensa, con el propósito de asegurarse la mayoría accionaria de la firma para el Estado. El porcentaje de las acciones del Estado es del 27,5%; de aprobarse la ley, pasaría a contar con el 51,5% del stock accionario, convirtiéndose así en el socio mayoritario de Papel Prensa. Lo seguiría *Clarín* con el 49% y *La Nación* con el 22,5%. El proyecto, además, incluía una asamblea de accionistas para proceder «a la remoción de la totalidad de los directores titulares y suplentes y de los síndicos titulares y suplentes y la designación de sus reemplazantes».

El proyecto lo firmaron Diana Conti, presidenta de la Comisión de Asuntos Constitucionales; Teresa García, secretaria parlamentaria del bloque oficialista, y Luis Cigogna, presidente de la Comisión de Legislación General. También acompañaron las diputadas Andrea García, Graciela Giannettasio, Gloria Bidegain, Gastón Harispe y Dulce Granados. El proyecto tiene estado parlamentario pero, hasta ahora, nunca se trató.

Magnetto, el enemigo público número uno

La campaña de descrédito montada por el gobierno contra el Grupo *Clarín* excedió cualquier límite y fue, de hecho, la campaña más agresiva y focalizada en la historia del periodismo argentino. La campaña K anti-*Clarín* fue más allá del

Grupo mismo: terminó siendo un ataque frontal a la libertad de prensa en el país.

Las páginas que siguen son, simplemente, una descripción cronológica de hechos objetivos. Mientras el gobierno no pudo llevar seriamente a los tribunales ni una sola de las acusaciones, esto sucedió en la Argentina después de aquella pelea de socios a la que nos referimos al comienzo del capítulo.

Abril 2008

1 En un acto en Plaza de Mayo, la presidenta Cristina Kirchner cuestiona la cobertura de los medios sobre el conflicto con el campo. Se refiere a los «generales multimediáticos». Critica un dibujo de H. Sábat y llega a sostener que contiene un «mensaje cuasi mafioso».

1 Desde el palco del acto oficial en Plaza de Mayo, Hugo Moyano exhibe un cartel con la frase «*Clarín* miente».

2 El Foro del Periodismo Argentino (FOPEA) rechaza y manifiesta su «preocupación por las declaraciones de la Presidenta, que consideró "un mensaje cuasi mafioso" la caricatura de un periodista».

3 ADEPA expresa su «preocupación» por el «creciente clima de suspicacias oficiales hacia la labor de la prensa».

7 La Presidenta anuncia la creación de un Observatorio de Medios con la pretensión de querer convertirlo en auditor oficial de las coberturas periodísticas.

9 En un programa de TN, un exaltado Luis D'Elía, líder de Federación de Tierra y Vivienda, lanza agresiones y falsas acusaciones contra el Grupo *Clarín*.

9 En un acto kirchnerista en Bernal, aparecen numerosos carteles con las frases: «Todo Negativo» y «*Clarín* miente», portados por militantes de La Cámpora, comandada por Máximo Kirchner.

10 En medio de la puja del gobierno y los dirigentes del campo, y ante las críticas oficiales a la prensa, surge la propuesta de cambiar la Ley de Radiodifusión.

11 Aparecen en las calles de Buenos Aires pintadas anti -*Clarín* firmadas por la Juventud Peronista y la agrupación La Cámpora.

11 La SIP declara que «si el gobierno (argentino) quiere que haya mayor pluralidad de voces, debería dejar de buscar métodos sutiles de control sobre los medios».

15 El COMFER, que conduce Gabriel Mariotto, emite una resolución por la cual ordena a todos los cable-operadores del país unificar la grilla de canales de noticias de una manera determinada, para favorecer a unos canales y perjudicar a otros.

21 Luis D'Elía, líder de Federación de Tierra y Vivienda, acusa a los medios de intentar «desestabilizar la democracia». «Los nuevos ejércitos de ocupación son los grupos concentrados de la comunicación, como el Grupo *Clarín*.»

24 La presidenta de la Nación acusa a *Clarín* de «desinformar». Vuelve a quejarse públicamente por artículos y títulos del diario sobre el conflicto con el campo.

25 Por primera vez, y en el marco de su objetivo de reformar la Ley de Radiodifusión, la Presidenta recibe a los miembros de las cámaras que agrupan a los directivos de medios de la Argentina.

25 ADEPA rechaza eventuales controles del gobierno sobre la radio y la TV en la futura Ley de Radiodifusión.

26 Gabriel Mariotto, titular del COMFER, se refiere a la nueva Ley de Radiodifusión como «la madre de todas las batallas».

28 Trasciende que la Presidenta se reunió con Moyano, Albistur y Mariotto para avanzar en el proyecto de la nueva Ley de Medios. Este tema no había sido objeto de ningún discurso durante la campaña electoral, ni había sido mencionado durante la gestión de Néstor Kirchner.

30 En el marco de un seminario en el cual participa, la Presidenta vuelve a criticar a *Clarín* por una cobertura periodística.

Mayo 2008

1 En un foro en la Facultad de Medicina, Luis D'Elía pide impulsar una Ley de Radiodifusión.

5 Denuncian la existencia de una banda de espionaje ilegal que interceptaba e-mails y comunicaciones telefónicas de políticos, empresarios, periodistas y directivos de medios de comunicación.

5 La presidenta de la Nación critica a *Clarín* por haber informado sobre el aumento de las cuotas en los colegios privados.

6 Se profundiza la campaña de afiches callejeros contra TN y *Clarín*, firmados por La Cámpora, JP Evita y la Juventud Peronista. Se calcula que entre 50 mil y 65 mil afiches son pegados por día en la Capital Federal y el conurbano (similar a lo que ocurre en épocas de elecciones). Una campaña de este tipo cuesta alrededor de 200 mil pesos diarios.

6 Ante coberturas periodísticas sobre el aumento en el precio de la nafta, la Presidenta responsabiliza a los medios de comunicación de generar miedo con respecto a una posible falta de combustibles.

6 En un acto oficial, la Presidenta critica nuevamente a la prensa.

7 En un acto en Malvinas Argentinas, la Presidenta sostiene: «La República Argentina es un país de todos y no de un grupo», en referencia al Grupo *Clarín*.

7 Sigue la pegatina de afiches: «*Clarín* miente»; «*Clarín* desinforma»; «*Clarín* presiona, *Clarín* quiere inflación». También pegan afiches contra TN: «Todo Negativo, Todo Negocio».

9 La Presidenta acusa a Papel Prensa de contaminar. Sin embargo, el representante del gobierno en la empresa había avalado días antes el parte oficial de Papel Prensa que negaba la contaminación. Ese parte se había difundido el 18 de abril, y en él se detallaba el proceso industrial que la planta realiza sin contaminar la salud y el medio ambiente.

9 Por un análisis de Julio Blanck, por aumento de cuotas en colegios privados, la Juventud Peronista llama a una conferencia de prensa, en la que denuncia «La pluma mercenaria y sin moral» del periodista de *Clarín*.

10 Hugo Moyano, líder de la CGT, acusa a *Clarín* —en un seminario en la Biblioteca Nacional— por la cobertura del asesinato del secretario general de la CGT en Rosario. «Es tan grande la impunidad de este medio que comete el disparate de sacarme una figura manchada con sangre y, después, las manos manchadas con sangre, es un disparate total.»

11 El CEO del Grupo *Clarín* y la directora del diario *Clarín* reciben amenazas a través de correos electrónicos que tienen fotos familiares obtenidas mediante piratería informática.

12 Nuevas acusaciones de Luis D'Elía: «El Grupo *Clarín* hoy está operando la censura y la desinformación».

13 En el marco de la Feria del Libro de Buenos Aires, un grupo de no más de 15 jóvenes arroja panfletos y lanza cánticos contra el Grupo *Clarín* en el stand del diario *Clarín* y en el stand de Radio Mitre.

13 La Presidenta declara que los medios siempre son «tremendistas». Vuelve a criticar las coberturas sobre el conflicto con el campo.

13 Con críticas a los medios masivos de comunicación, los intelectuales K, reunidos en Carta Abierta, denuncian un «clima destituyente» en el país y responsabilizan en gran parte a la prensa.

14 ADEPA exige al gobierno que investigue los casos de espionaje informático y ataques a medios opositores. Afirma que ahora se suman «nuevos motivos de alarma: la violación y difusión de correos electrónicos privados y los ataques personales contra editores y periodistas».

16 En el estadio del Club Almagro, donde asume Néstor Kirchner como presidente del PJ, se ven carteles y pancartas contra el Grupo *Clarín*.

16 La Sociedad Interamericana de Prensa (SIP) llama al gobierno a bajar el nivel de confrontación que mantiene con los medios de comunicación y periodistas para evitar la escalada de violencia que «a estas alturas ya está afectando profundamente la libertad de prensa del país».

Junio 2008

6 Se conocen nuevos alcances de Ia red de espionaje contra periodistas, directivos de medios y empresarios.

16 Luis D'Elía vuelve a acusar a *Clarín* de «golpista», al convocar a una marcha a favor del gobierno. «Queremos denunciar ante toda la sociedad argentina que estamos ante un golpe económico [...] El jefe de la conspiración es Eduardo Alberto Duhalde [...] Con Duhalde a la cabeza están el Grupo *Clarín* y los 4 jefes del campo en una clara actitud sediciosa».

17 En una conferencia de prensa, el ex presidente Néstor Kirchner reclama ecuanimidad en las coberturas sobre el conflicto con el campo. En 45 minutos, Kirchner critica once veces el papel de los medios. Apunta contra *Clarín*, *La Nación* y el Grupo Prisa. Al periodista de Radio Continental, Kirchner lo interpela: «¿Grupo Prisa, no?... Yo sé a qué te mandan a vos».

22 Hernán Arbizu, un prófugo da la Justicia norteamericana, ex empleado de JP Morgan, lanza una acusación falsa sobre operaciones financieras por parte de directivos del Grupo *Clarín*.

Julio 2008

13 El Foro del Periodismo Argentino (FOPEA) critica al ex presidente Néstor Kirchner por «el tono evidentemente burlón y despreciativo» que utiliza el líder del Partido Justicialista en las conferencias de prensa. Agrega que el ex Presidente «vinculó a la tarea profesional de los colegas, sin

mediaciones, a los intereses supuestamente espurios de las empresas que los contratan. El dato se torna más grave al considerar la ausencia absoluta de conferencias de prensa durante el mandato de Kirchner, modalidad que continúa en el gobierno de Cristina Fernández de Kirchner».

18 El diputado Carlos Kunkel vuelve a criticar a *Clarín*. Dice que el multimedio *Clarín* se asemeja al modelo de comunicación soviético, «donde hay una concentración informativa que pesa mucho y distorsiona la información que recibe la opinión pública».

21 El consejero nacional del PJ por la Juventud Peronista, José Ottavis, critica a los medios, a «la oposición y todos los que no quieren que este proceso siga adelante». «La Argentina se da cuenta de que un político es malo y dice: "Ahí va el ladrón", también se da cuenta cuando un canal de televisión miente o es Todo Negativo.»

21 Financiado por la pauta oficial de avisos del Estado, sale a la calle el diario *El Argentino*, propiedad del empresario kirchnerista Sergio Szpolski.

Agosto 2008

1 La Asociación por los Derechos Civiles (ADC) informa que el gobierno gastó —en el año 2007— 322.392.600 pesos en publicidad oficial, beneficiando a medios afines al gobierno. Es un 55% más de lo que había invertido en 2006.

13 El diputado Carlos Kunkel acusa al diario *Clarín* de mentir en relación con las notas sobre la crisis energética.

Septiembre 2008

4 Críticas de ONG y de la oposición por el uso discrecional de publicidad oficial que hizo Enrique Albistur, al frente de la Secretaría de Medios, privilegiando a medios afines al gobierno.

29 ADEPA advierte sobre la complicada relación entre los medios de comunicación y el Poder Ejecutivo Nacional y afir-

ma que «la libertad de prensa se ha visto ensombrecida durante este año por reiterados episodios dirigidos contra los medios de comunicación y provenientes del poder político. Este deterioro obliga a ADEPA a mantener una actitud de alerta y vigilancia».

OCTUBRE 2008

8 La SIP (Sociedad Interamericana de Prensa) asegura que aún está pendiente «una ley sobre el acceso a la información pública y otra sobre reglamentación técnica para distribución de la publicidad oficial». Afirma que estos temas, junto con legislación sobre radiodifusión, «son utilizados por el poder público para presionar y discriminar a medios y periodistas».

NOVIEMBRE 2008

25 El Sindicato de Camioneros bloquea por tres horas las plantas impresoras de *Clarín* y *La Nación* e impide la salida de los diarios.

27 La Cámara Empresaria de Medios de Comunicación Independiente (CEMCI) expresa el «más enérgico rechazo» al bloqueo de diarios y asegura que se trata de un «claro acto de censura».

27 La Asociación Empresaria Argentina (AEA) expresa su «firme condena» al bloqueo de camioneros y puntualiza que «acciones ilegales y coercitivas» como estas «lesionan el derecho a la libre circulación de bienes y personas… garantizado por la Constitución Nacional, alteran la paz social y atentan contra el clima de inversiones necesario para impulsar el empleo y la producción».

28 La Asociación Editora de Revistas (AER) condena el bloqueo de camioneros y sostiene que «la agresión» sufrida, además de ser «manifiestamente ilegal», produjo «una clara afectación a la libertad de prensa y a la circulación de publicaciones».

28 La Academia Argentina de Artes y Ciencias de la Comunicación repudia la «actitud patoteril» de los camioneros y afirma que «la libertad de prensa, la libertad de expresión y el derecho de ser informados pertenece a todos los habitantes de nuestro país y no puede admitirse que sea retaceada ni coartada en ningún caso y bajo ninguna circunstancia».

Diciembre 2008

4 Desde la Asociación de Editores de la Ciudad de Buenos Aires aseguran que el bloqueo de los camioneros a las plantas impresoras fue «un acto típicamente intimidatorio».

18 Se conocen nuevos datos sobre publicidad oficial: dentro del reparto de la pauta por provincia, los medios de Santa Cruz recibieron, entre enero y junio, casi 500 mil pesos, a pesar de ser, después de Tierra del Fuego, la provincia con menos habitantes.

19 Hugo Moyano se refiere con términos despectivos al artista H. Sábat: «¿Quién es este hombre? ¿Este es el gran hombre la cultura?» «Es un delincuente. Lo quieren hacer aparecer como el gran hombre de la cultura.»

20 Luis D'Elía acusa a *Clarín* de haber puesto a un periodista del diario «a escribir un libro lleno de inexactitudes y mentiras con el claro objeto de demonizarme». «Es un operativo para intentar quebrantar al kirchnerismo con un sector de las capas medias.»

Enero 2009

17 Se conoce que el 50% de la publicidad oficial que se destina a la provincia de Santa Cruz se concentra en el grupo de medios del ex secretario de Néstor Kirchner, Rudy Ulloa Igor.

Febrero 2009

1 Levantan el programa de Nelson Castro en Radio del Plata, propiedad de Electroingeniería, empresa contratista

del Estado y ligada al kirchnerismo. La causa fue el malestar de la empresa por una nota realizada en esa emisora que la involucraba en supuestas irregularidades.

4 La Sociedad Interamericana de Prensa (SIP) expresa su inquietud frente al levantamiento del programa de Nelson Castro, motivada por presuntas presiones del gobierno.

10 La Cámara en lo Contencioso Administrativo Federal ordena al gobierno nacional otorgarle al diario *Perfil* y a las distintas revistas de Editorial Perfil publicidad oficial en igual proporción a otras publicaciones similares. ADEPA y la SIP celebran el fallo.

10 Radio América, del Grupo CIE, es adquirida por Sergio Szpolski, empresario muy cercano al gobierno.

Marzo 2009

2 Producido por Diego Gvirtz, el canal estatal lanza el programa *6, 7, 8.* Con sesgo ultraoficialista y propagandístico, el programa se ocupa de estigmatizar e injuriar a quienes no adhieren al discurso oficial.

9 Al criticar la cobertura de *Clarín* en las elecciones de Catamarca, en las que perdió por 10 puntos, el ex presidente Néstor Kirchner exclama: «¿Qué te pasa, *Clarín?* ¿Estás nervioso». «¿Por qué estás tan nervioso *Clarín?* Utilizá el medio para informar y no desinformar a la gente, que ya se da cuenta de cómo son las circunstancias.»

12 A través de un comunicado, Luis D'Elía carga otra vez contra el Grupo *Clarín:* «En octubre es Kirchner o *Clarín*». «*Clarín* es el enemigo a vencer en las próximas elecciones.»

19 En un acto partidario en La Plata, la presidenta Cristina Kirchner presenta el proyecto de reforma de la Ley de Radiodifusión. El tema se mete de lleno así en la campaña electoral de las elecciones de junio.

21 La SIP llama la atención sobre «la promoción de iniciativas legislativas planteadas con espíritu de confrontación

que podrían conducir a fragmentar y debilitar el espacio de los medios de comunicación independientes».

29 Sin participación de los sectores de la industria de los medios, comienzan los foros de discusión del anteproyecto oficial para cambiar la Ley de Medios... convocados por el COMFER.

ABRIL 2009

8 Nuevos agravios del diputado Carlos Kunkel: «A mí no me molesta que el diario *Clarín* [...] tenga una actitud tan militante contra los intereses argentinos».

19 Durante el superclásico, hinchadas de Boca y de River muestran banderas similares: «*Clarín*, el fútbol es pasión, no un curro»; «*Clarín*, queremos fútbol gratis por tevé». Fue el propio Néstor Kirchner quien ordenó que se avanzara en esa acción llevada a cabo por dirigentes de la Juventud Peronista de la Capital Federal y de la agrupación juvenil La Cámpora.

21 Se difunde que la cifra que habrían cobrado los jefes de las barras de Boca y River por desplegar estas banderas contra *Clarín* asciende a cien mil pesos.

22 Tapa del diario *Crítica de la Argentina*: «Táctica Testigo de Jehová en la guerra contra *Clarín*. El gobierno toca timbre casa por casa para captar fieles contra la fusión Cablevisión-Multicanal».

23 Aníbal Fernández, entonces ministro de Justicia, se desentiende de la acusación en la que se lo mencionaba de estar involucrado en las banderas que colgaron los barras bravas contra el grupo *Clarín* por la transmisión del fútbol.

24 Luis D'Elía: «Hay sectores del *establishment* económico que tienen cierto ánimo destituyente, como día a día manifiesta el Grupo *Clarín*. [...] A mí me gustaría ver al señor Héctor Magnetto candidato, que es el gerente general del Grupo *Clarín*».

24 Carlos Kunkel: «Que se presente Héctor Magnetto como candidato y nos presentamos nosotros en cada uno de los lugares, y veremos si el pueblo argentino nos sigue respaldando para que continuemos con el rumbo».

25 La Asociación de Entidades Periodísticas Argentinas (ADEPA) denuncia al gobierno por haber puesto en marcha una persecución fiscal mediante la AFIP contra los medios gráficos y audiovisuales. El texto indica que se cierne una grave amenaza a la independencia económica y editorial de la prensa, la diversidad de voces y la libertad de expresión.

27 Carlos Kunkel: «Los jefes políticos de la oposición son los contadores Héctor Magnetto y José Antonio Aranda del Multimedios *Clarín*, que tratan de apretarnos para que no le demos a la Argentina una Ley de Medios. No lo van a lograr. *Clarín* ejerce un control de la comunicación a través de Papel Prensa».

28 Impiden al fotógrafo de *Clarín*, Carlos Carrión, hacer su trabajo durante un acto de Néstor Kirchner en San Nicolás. Cuando dice que trabaja en *Clarín*… Carrión es echado por custodios de las cercanías del palco.

Mayo 2009

2 En un encuentro sobre banda ancha y cable módem, los expertos advierten que al proyecto oficial de Radiodifusión anulará la competencia y retrasaría el avance de las nuevas tecnologías.

5 Se hace público que, entre los años 2003 y 2008, la inversión en publicidad oficial aumentó un 756%. El diario más beneficiado por la publicidad oficial del Estado es *Página/12*, con más de 29 millones de pesos recibidos en 2008.

5 La Asociación Internacional de Radiodifusión (AIR) cuestiona el proyecto oficial de radiodifusión por la amplia discrecionalidad que se pretende otorgar a la Autoridad de Aplicación, que será controlada por el gobierno de turno, y la falta de parámetros objetivos para otorgar y renovar licencias.

7 Aparecen pintadas con la leyenda «*Clarín* miente» en las persianas de la receptoría de *Clarín* en la calle Rodríguez Peña, en Capital.

14 Atacan once receptorías de *Clarín* en Capital y Gran Buenos Aires, con pintadas «*Clarín* miente», firmadas por la Agrupación JP Descamisados.

14 En una docena de receptorías de *Clarín* se realizan nuevas pintadas con aerosol firmadas por JP Descamisados.

24 Trasciende que el gobierno ya gastó más de 15 millones de pesos en propaganda oficial para publicitar la nueva Ley de Medios.

JUNIO 2009

11 Una polémica resolución de la Administración Federal de Ingresos Públicos permite destinar dinero traído al país a través del plan «de blanqueo» para invertir en medios de comunicación.

15 El ex presidente Kirchner vuelve a arremeter contra *Clarín*, en un acto en el Paseo La Plaza. Lo acusa de mentir y de poner en riesgo la paz social.

16 Un artículo del diario *The Wall Street Journal* afirma que, de aprobarla el Congreso, la Ley de Radiodifusión que impulsa el Ejecutivo «anulará la libertad de los medios».

18 Nuevas críticas de Néstor Kirchner: «*Clarín* no es un diario independiente. Es un diario opositor que tiene muchos intereses en la concentración monopólica y que está jugando fuertemente contra aquellos que queremos pluralizar y democratizar los medios».

30 Tras las elecciones, la oposición plantea debatir la Ley de Medios con la composición nueva de la Cámara de Diputados, a la luz de los resultados de las elecciones legislativas.

JULIO 2009

19 La Asociación Empresaria Argentina (AEA) reclama un marco institucional sólido y previsible, en el cual se respete la propiedad privada. Piden que no se afecte la libertad de prensa.

19 La Presidenta firma un decreto que autoriza al Estado a operar en la TV satelital. Los canales que se verán en el nuevo sistema son estatales o de línea oficialista. Los primeros beneficiarios serán los beneficiarios de planes sociales. Se repartirá un millón de decodificadores. El objetivo es usar este nuevo sistema para reproducir el relato oficial.

27 Por el decreto 984 se concentra la pauta oficial de todos los organismos del Estado en la Jefatura de Gabinete, con excepción de la AFIP. Así, el organismo queda a cargo desde la elaboración del mensaje hasta su distribución.

Agosto 2009

5 Designan a Beatriz Paglieri como reemplazante de Alberto Fernández en el puesto de directora estatal en Papel Prensa. Ligada al secretario de Comercio Interior, Guillermo Moreno, fue directora de Índice de Precios de Consumo (IPC) del INDEC.

11 En forma unilateral, la AFA decide rescindir el contrato que la unía con TSC (empresa del Grupo *Clarín*) para la difusión de partidos de fútbol codificado, a instancias de un nuevo acuerdo suscripto entre la entidad y el gobierno nacional. El Estado nacional invertirá 600 millones de pesos anuales por un plazo de diez años. El Grupo *Clarín* tenía firmado un contrato hasta el año 2014.

11 La Justicia llama a declarar al secretario de Medios de Comunicación del gobierno nacional, Enrique Albistur, por haber otorgado contratos para distribuir publicidad oficial en la vía pública a empresas supuestamente vinculadas con él y su familia.

14 La presidenta de la Nación usa la cadena nacional para hablar de los «fusilamientos mediáticos» de los que se considera víctima.

15 Después de la rescisión unilateral del contrato de televisación del fútbol por parte de la AFA, se realizan inspecciones de la AFIP en Torneos y Competencias (TyC), Televi-

sión Satelital Codificada (TSC) y Telered Imagen Sociedad Anónima (TRISA), que pertenecen al Grupo *Clarín* o son socias del Grupo.

16 La Asociación Empresaria Argentina emite un comunicado en el que cuestiona las intervenciones del Estado en el sector privado.

16 La Secretaría de Comercio Interior inspecciona Cablevisión por «comportamiento del precio del abono». La primera inspección había sido en 2008, antes de que aplicara la multa (500.000 pesos a Cablevisión y Multicanal) por supuesta violación de las leyes de Abastecimiento y Lealtad Comercial. Ambas inspecciones —con manifiesta arbitrariedad e improcedencia— fueron impugnadas por nulidad.

20 Las principales asociaciones que reúnen a las empresas editoras de diarios del país y la región se refieren «al sostenido deterioro de la libertad de expresión en América latina».

20 El gobierno y la AFA firman el contrato «Fútbol para Todos». Dice la Presidenta: «No es posible que solamente el que puede pagar pueda mirar un partido de fútbol, y que además te secuestran los goles hasta el domingo aunque pagues igual, como te secuestran la palabra o te secuestran las imágenes, como antes secuestraron y desaparecieron a 30 mil argentinos».

21 Fútbol para Todos: El jefe de Gabinete, Aníbal Fernández, asegura que el Estado «no va poner un peso». Señala que, «con una excelente comercialización», el Estado estaría en condiciones de «garantizar una suma bastante importante más allá de los 600 millones de pesos que establece el piso del contrato».

22 Más intimidaciones: durante tres días, un automóvil con tres personas a bordo permanece observando el frente del edificio donde vive el director de Relaciones Externas del Grupo *Clarín*.

24 Atacan con huevos y pintura la casa del gerente de Asuntos Públicos del Grupo *Clarín*.

25 Atacan la agencia *Clarín* en Rosario, la receptoría de Ciudadela, en la sede distribuidora del diario en Tucumán, y en una de las oficinas de *Clarín* Global en Buenos Aires.

25 El gobierno gira otros 302 millones de pesos para cubrir costo de televisar el fútbol. Las transferencias a AFA suman 18% del déficit fiscal acumulado en el año.

26 Según datos de Poder Ciudadano, el Ejecutivo gastó en publicidad oficial en los primeros seis meses del año, más de 622 millones de pesos, es decir un 243% más que al mismo período de 2008.

26 En una cena con intendentes del conurbano, el ex presidente Néstor Kirchner llama a dar batalla contra *Clarín*. «Tenemos que dar esta pelea contra el multimedios.»

26 Las calles de la Capital Federal y de ciudades del interior amanecen con nuevas pegatinas contra *Clarín*, muchas de ellas haciendo alusión a la decisión de la AFA de rescindir en forma unilateral el contrato con TSC.

27 En un acto en la Casa Rosada se presenta oficialmente el proyecto de la Ley de Medios, que es enviado al Congreso por la Presidenta. En el acto, la mandataria acusa a los medios de «extorsivos».

27 En una marcha en Plaza de Mayo, en apoyo al proyecto oficial de Radiodifusión, se distribuyen pasquines panfletarios y anónimos (bajo el nombre de «Portada») con acusaciones y agravios contra *Clarín*, y sus directivos.

28 Apuro oficial para tratar la Ley de Medios. El oficialismo limita la discusión del proyecto al enviarlo sólo a tres comisiones de la Cámara Baja. La oposición quiere que se debata en más comisiones.

29 ADEPA sostiene que la sanción de una ley tan estratégica, trascendente y de largo plazo, requiere de un debate institucional profundo y desapasionado.

29 La Iglesia pide que la Ley de Radiodifusión se debata después del recambio legislativo.

1 Aparecen en la ciudad de Buenos Aires carteles contra Jorge Rendo, director de Relaciones Externas del Grupo, similares a lo publicado días atrás por un periódico oficialista.

3 En La Plata, el ex presidente Néstor Kirchner mantiene un tenso diálogo con un periodista de *Clarín* cuando este le pregunta sobre su declaración patrimonial de bienes. «¿A vos quién te manda, Magnetto? Lamento que te utilicen para estas cosas. No me someto al poder monopólico de *Clarín*».

3 En medio de las audiencias públicas para debatir la Ley de Medios, el titular del COMFER, Gabriel Mariotto, anuncia la «denegación» del permiso para operar en conjunto a Cablevisión y Multicanal, pese a que la fusión ya estaba aprobada sin objeciones por ese organismo.

3 Comunicado de Cablevisión: «Llama poderosamente la atención que Mariotto se haya referido a supuestas decisiones administrativas sin haber dado traslado y ni siquiera notificado previamente a Cablevisión. La resolución aludida carece de toda lógica y sustento legal, ya que Cablevisión cumple estrictamente la ley, tanto en lo que se refiere a multiplicidad de licencias como a todos los demás aspectos (societarios y de contenidos)».

3 En las mismas audiencias por la Ley de Medios, Mariotto adelanta también el proyecto oficial de avanzar sobre Papel Prensa.

3 El kirchnerismo limita en Diputados discusión de Ley de Medios, el decidir hacer sólo tres únicas audiencias públicas, para poder así votar la ley en diez días.

7 Cablevisión emite una solicitada en la cual denuncia la «intencionalidad política» en la Resolución Administrativa del COMFER. «El COMFER, organismo intervenido por Gabriel Mariotto —funcionario sobre el cual pesan denuncias penales— pretende perjudicar a Cablevisión a través de una

resolución administrativa manifiestamente ilegal, arbitraria y abusiva», dice el texto de la solicitada.

7 La Comisión Nacional de Defensa de la Competencia ordena iniciar una auditoría para monitorear el cumplimiento de la normativa vigente en materia de radiodifusión. Para llevar adelante, el trabajo designó auditores y dispuso que tanto Cablevisión como Multicanal no puedan «remover o reemplazar activos físicos ni jurídicos».

7 El diario *El País*, de España, habla de «ley mordaza de los Kirchner», al referirse en un artículo a la Ley de Medios. «El matrimonio presidencial argentino maniobra para controlar los medios», dice la nota.

10 En el marco de esas mismas audiencias, Osvaldo Papaleo —hermano de Lidia, viuda del banquero David Graiver y accionista de Papel Prensa— formula una serie de declaraciones falaces acerca del traspaso accionario de la papelera y deja abierta la duda, en varias declaraciones periodísticas, acerca de si la familia Graiver debe volver a Papel Prensa. «*Clarín* compró Papel Prensa con la familia Graiver secuestrada», fue el título de la entrevista reproducida luego en todos los medios del Grupo Szpolski (*El Argentino*, *Veintitrés*, *Miradas al Sur*). Ese dato es completamente falso.

10 Se realiza en Buenos Aires el «Encuentro por la Libertad de Expresión». En un comunicado conjunto, las principales entidades de medios denuncian el «intervencionismo» del proyecto oficial de Ley de Medios. Expresan que el mismo vulnera la libertad de expresión y otros derechos y garantías constitucionales. Participan del Encuentro ADEPA, ARPA, ATA, ATVC, AIR, ADIRA, AEDBA, AAER, ACORCA, ABT, ADDE Y APEBAL.

10 La Iglesia pide racionalidad para debatir la Ley de Medios. Señala que la norma debe ser fruto de un acuerdo amplio y generoso.

10 En un inusual y sorpresivo despliegue, 200 inspectores se presentan en el edificio del diario y en varias empresas del

Grupo *Clarín*, en busca de información impositiva y previsional. También se realizan operativos por parte de la AFIP en domicilios particulares de directivos, síndicos y apoderados del Grupo *Clarín*. Las características particulares del operativo demuestran que el procedimiento no se inscribió dentro de los esquemas normales del organismo mencionado.

11 Gran repercusión en la prensa internacional del operativo de la AFIP en *Clarín*: la noticia se difunde en los grandes medios de todo el mundo.

12 La Sociedad Interamericana de Prensa (SIP) condena el operativo de la AFIP contra empresas del Grupo *Clarín*, al que considera «intimidatorio».

14 El secretario Guillermo Moreno convoca a una reunión a todos los representantes del Estado en Papel Prensa, en la cual amenaza con expropiar la papelera y ordena que se descalifique la gestión del directorio en los últimos diez años. Intima violentamente a los presentes para no revelar el contenido de sus dichos.

15 Siguen los ataques a varias agencias de *Clarín* ubicadas en el Gran Buenos Aires y en el interior del país.

17 Con la ausencia de la oposición, dan media sanción de la Ley de Medios. La oposición denuncia que el trámite de aprobación fue «irregular y escandaloso».

18 la Justicia suspende el rechazo del COMFER a la fusión de Cablevisión Multicanal. El Juzgado Nacional de Primera Instancia en lo Contencioso Administrativo considera que el organismo «no está facultado para actuar como lo hizo».

19 La Academia de Periodismo critica el proyecto oficial de Ley de Medios que impulsa el Ejecutivo. Advierte que la autoridad de aplicación no debe depender del poder político.

21 ADEPA denuncia la reiteración de agresiones y amenazas contra periodistas que «se están volviendo una práctica usual», en el país.

30 Papel Prensa: Carlos Collasso, miembro del Consejo de Vigilancia, narra las amenazas de Guillermo Moreno, y declara ante un escribano todo lo sucedido en la reunión con representantes del Estado, el 14 de septiembre. Desde ese día, Collasso tiene custodia permanente.

OCTUBRE 2009

10 Tras la suspensión abrupta y anticipada de las audiencias públicas que dejaron afuera, por ejemplo al Grupo *Clarín*, el Senado aprueba la Ley de Servicios de Comunicación Audiovisual.

11 De madrugada, en un trámite relámpago, el gobierno promulga la polémica Ley de Medios y la publica en el *Boletín Oficial*.

14 Ley de Medios: trasciende que minutos antes de que se votara y sin que la mayoría de los senadores lo supiera, se sumó una insólita fe de erratas porque había errores en dos artículos. Si se corregía en el recinto, el proyecto debía volver a Diputados.

14 La senadora correntina María Dora Sánchez, quien cambió su voto a último momento, reconoce que hubo presiones para votar la Ley de Medios.

16 Comienzan los apuros oficialistas por poner en marcha la autoridad de aplicación de la Ley de Medios. El oficialismo designa tres de los siete directores.

21 En un acto en La Plata, la Presidenta anuncia la firma de dos decretos para que la norma empiece a tener efectos prácticos. Uno dispone que el directorio comience a actuar el 10 de diciembre.

NOVIEMBRE 2009

3 El Sindicato de Camioneros bloquea las plantas de distribución de los diarios *Clarín* y *La Nación*. La medida tuvo como objetivo final presionar el traspaso de los choferes y

auxiliares al Sindicato de Camioneros. AEDBA consideró al bloqueo «el más grave ataque a la circulación de diarios desde el retorno de la democracia».

4 Continúa el bloqueo a las plantas impresoras. Crece el repudio de las entidades de medios.

4 Papel Prensa: Encuentro del directorio para votar los estados contables del tercer trimestre, algo usual en las empresas. Los accionistas privados —*Clarín* y *La Nación*— aprueban el balance. Cerioli, Paglieri y Gallo se niegan a firmar las actas.

6 La Comisión Nacional de Valores (CNV) —una repartición estatal autárquica, de carácter técnico, que regula a las empresas que cotizan en Bolsa (sin relación con la Secretaría de Comercio)— comienza a actuar selectivamente contra Papel Prensa, algo que no había sucedido en veinte años. Las actuaciones exceden una inspección regular y buscan obstaculizar administrativamente a la compañía.

6 Fútbol para Todos: Presionan a empresas para auspiciar las transmisiones. Ejecutivos de las compañías se quejan de las llamadas recibidas desde la Jefatura de Gabinete.

10 La Comisión Nacional de Valores (CNV) intima a Papel Prensa a presentar los estados contables.

11 Papel Prensa cumple con el reclamo de la CNV y aclara que faltaba la firma de los directores del Estado. Eduardo Hecker, al frente de la CNV, quiere conocer los motivos de esa falta y hace la observación pertinente. Moreno pide que se obvie ese punto.

11 El secretario Moreno le pide al ministro de Economía, Amado Boudou, que le exija la renuncia a Hecker, que finalmente deja su cargo.

12 El ministro Boudou confirma un plan oficial para avanzar sobre Papel Prensa y le da todo el poder de control a Guillermo Moreno.

17 Más represalias por la filtración de las amenazas de Moreno en la reunión del 14 de septiembre. La Sigen (Sindicatu-

ra General de la Nación) pide la renuncia de los síndicos Vidal y Turri en Papel Prensa. Carlos Pacios, titular de la Sigen, plantea su desacuerdo pero es infructuoso. Desde la Casa Rosada dan luz verde a Moreno: Pacios, quien se resistía a avanzar sobre la papelera y quien había resistido presiones para incrementar las auditorías internas, se tiene que ir. Diputados de la oposición y técnicos repudian el despido de Pacios.

20 El Estado nacional dispone 90 millones de dólares para que Canal 7 comience a transmitir TV Digital en el interior del país a partir del 2010.

20 La Cámara Federal ordena el juez Norberto Oyarbide reabrir la causa que involucra el secretario de Medios, Enrique Albistur, en el reparto arbitrario de la publicidad oficial.

20 La Presidenta designa a Daniel Reposo como jefe de la Sigen. Reposo venía desempeñándose como gerente de Prestaciones en la ANSES. Con la CNV y la Sigen bajo su órbita, Moreno tiene en sus manos ahora a los dos organismos del Estado con injerencia en Papel Prensa.

25 Las cifras difundidas por el gobierno reflejan que el Ejecutivo gastó un 257% más que la empresa TyC para televisar el fútbol.

25 Moreno denuncia a Papel Prensa. En su presentación ante la Justicia invoca el ejercicio de los derechos societarios correspondientes a las acciones que pertenecen al Estado y menciona la comisión de supuestas «irregularidades respecto de la instrumentación de dos reuniones consecutivas de directorio».

26 Moreno aludió a actos societarios que fueron realizados con consulta y consentimiento del auditor externo y de los síndicos estatales.

26 El ministro de Economía, Amado Boudou acusa a los diarios *Clarín* y *La Nación* de haber subadministrado la empresa y haber perjudicado al Estado. ADEPA, por su parte, denuncia la escalada oficial contra Papel Prensa. Esta nueva

fase parece orientada «a lograr una intervención gubernamental sobre una empresa cuyo capital es mayoritariamente
privado y que abastece a más de 170 diarios en todo el país».

Diciembre 2009

10 Acosado por la Justicia, renuncia el secretario de Medios, Enrique Albistur. Es acusado de enriquecimiento ilícito y por el reparto irregular de la pauta oficial.

12 El juez federal Octavio Aráoz Lamadrid denuncia que
está recibiendo presiones justamente desde que tiene a su
cargo las causas de *Clarín* (AFIP y Papel Prensa). El Consejo
de la Magistratura lo citó en una audiencia por mal desempeño. El juez que concursaba para ser juez federal titular renunció al concurso.

13 El secretario de Comercio, Guillermo Moreno, envía a
su pareja, la abogada Marta Cascales, a supervisar personalmente todas las actuaciones sobre Papel Prensa.

14 La Secretaría de Comercio Interior, a través de la
CNDC (Comisión Nacional de Comunicaciones), luego de
recibir un documento en que Cablevisión acreditaba el so-
brecumplimiento de los compromisos asumidos en 2007, dicta una resolución que suspende por 60 días la aplicación de
la ley 25.156 (que autorizaba la unión de las empresas de cable), por supuestos incumplimientos.

16 El juez federal de Salta, Miguel Antonio Medina, da lugar a un amparo solicitado por el Comité de Defensa al Consumidor, en relación con la Ley de Medios. El juez dicta una
medida cautelar en la que sostiene que la ley generará dis-
paridad entre los consumidores de las distintas localidades
del país. Suspende los límites que fija la norma a la acumula-
ción de licencias, frena el plazo de un año para vender empresas que exceden esos límites y le ordena al Ejecutivo nacional abstenerse de reglamentar la norma, lo que le daría
alcance nacional a su decisión.

18 La Cámara de Apelaciones en lo Civil y Comercial Federal resuelve suspender los efectos de la medida tomada el 14 de diciembre, que suspendía la resolución que permitió la fusión Multicanal-Cablevisión.

19 El juez federal en lo Civil y Comercial Eduardo Carbone hace lugar a una medida cautelar presentada por el Grupo *Clarín* y falla contra dos artículos de la ley 26.522. El magistrado ordena que se suspenda la aplicación de los artículos 41 y 161 tras sostener que los mismos conducen a un menoscabo de los derechos constitucionales de propiedad y de industria lícita.

20 Cierra en rojo la temporada de «Fútbol para Todos». Televisar el Apertura le provocó al Estado un déficit de 180 millones de pesos.

21 Julián Ercolini, nuevo juez de la «causa Albistur», pide que se amplíe la investigación sobre las presuntas irregularidades cometidas.

21 La jueza federal de Mendoza Olga Pura Arrabal da lugar a una medida cautelar para que no se aplique la Ley de Medios, tras una presentación efectuada por el diputado nacional Enrique Thomas. La denuncia se debió a presuntas irregularidades cometidas durante el tratamiento de la ley en la Cámara de Diputados de la Nación.

22 Néstor Kirchner asegura que no perdió en las elecciones de junio y vuelve a atacar a *Clarín*: «Los crispados no somos nosotros. Los crispados son ellos, *Clarín*, Magnetto, bastardeando las cosas que están escribiendo todos los días». Pide se retomen las causas de lavado de dinero contra *Clarín*.

27 Investigaciones periodísticas revelan la existencia de una supuesta «mesa paralela» dentro de la UIF para canalizar los reportes «sensibles» al poder y la recepción de una presunta orden de avanzar contra el Grupo *Clarín* con una denuncia, así como el reemplazo de decenas de técnicos por personal menos calificado.

28 Denuncias maniobras irregulares en la Unidad de Información Financiera (UIF). Bajo fuerte presión política, el organismo recibe la orden oficial de que se genere alguna denuncia que permita acusar a *Clarín* de lavado de dinero. El diario *La Nación* lo difunde en la nota: «Avances contra el Grupo *Clarín*».

29 Por una nota sobre el crecimiento de su patrimonio, el ex presidente Kirchner asegura: «Magnetto y el Grupo *Clarín* nos están persiguiendo a partir de sus intereses».

30 Ley de Medios: el juez Leopoldo Rago Gallo, titular del Juzgado Federal N° 2 de San Juan, suspende a instancias de un pedido del Grupo Uno lo establecido en los artículos 42, 43, 45, 46, 48 y 161. Y analiza la constitucionalidad de toda la norma.

Enero 2010

3 Involucran al Ministerio de Justicia en una operación contra *Clarín*. Se conoce que el ministro Julio Alak pidió a la titular de la Unidad de Información Financiera (UIF) que se focalice en el Grupo *Clarín* en temas de lavado de dinero.

5 Desobedeciendo a la Justicia, el gobierno avanza e intenta comenzar a aplicar la Ley de Medios, con el dictado de 4 resoluciones que se publican en el *Boletín Oficial*.

9 En medio de la disputa por el uso de reservas del Banco Central, Néstor Kirchner dispara: «¿Quiénes están al frente de la conspiración? El multimedios *Clarín*, el señor Magnetto, que no quiere la Ley de Medios, y que quiere que los argentinos voten y que gobiernen ellos».

10 Se conoce que el programa de Canal 7, *6, 7, 8*, que ataca a los medios críticos, le cuesta al Estado medio millón de pesos por mes, sin contar los sueldos.

12 La Presidenta muestra una tapa del diario *Clarín*. Con nuevas críticas, lo acusa de conspiración.

13 Designan a José Sbatella —un economista muy cercano al matrimonio presidencial— al frente de la Unidad de In-

formación Financiera (UIF). Se descabeza así la unidad anti-lavado y postula a un hombre sin experiencia en la materia. Sbatella reemplaza a Rosa Falduto, una experta en lavado que se había negado a una operación contra *Clarín*.

15 Pese a los fallos judiciales adversos, la Casa Rosada avanza con la Ley de Medios y formaliza la designación de otro director de la autoridad de aplicación, Claudio Schiffer.

16 Se pegan afiches en forma masiva en la vía pública contra *Clarín* acusando al Grupo de estar detrás de un plan de desestabilización institucional.

16 Nuevas descalificaciones de Aníbal Fernández: «Ya no me tomo el trabajo de leer *Clarín*, fue mi diario de cabecera durante cuarenta años, pero ahora sólo lo uso para envolver los huevos».

16 Trasciende que, en sus últimos días de existencia, el COMFER dictó más de 600 resoluciones en nueve días hábiles, aprovechando la ley anterior, beneficiando a algunos medios en desmedro de otros.

18 Designan a dos integrantes del Consejo Federal que creó la nueva Ley de Medios, pese a que la norma se halla suspendida por la Justicia.

24 En el programa oficialista *6, 7, 8*, del canal estatal, el ex presidente Néstor Kirchner acusa a *Clarín* de conspirar contra el gobierno.

Febrero 2010

2 El ministro de Economía, Amado Boudou, adelanta una investigación contra el Grupo *Clarín*, basándose en versiones falsas sobre fuga de capitales y blanqueo de fondos.

3 En una conferencia de prensa, la Presidenta intenta desviar la atención sobre de la compra de 2 millones de dólares por parte de su esposo, y la adjudica a una operación de prensa de *Clarín*. Acusa al Grupo de girar dólares al exterior en 2009 (fueron operaciones públicas y registradas, realizadas

para cumplir con obligaciones financieras o comerciales). La Presidenta alude a supuestas causas por «lavado de dinero, evasión e infracción a la ley penal cambiaria», valiéndose de la denuncia de un prófugo de la Justicia norteamericana condenado penalmente por fraude en los Estados Unidos

3 Mariano Obarrio, periodista del diario *La Nación*, es maltratado y acusado de falta de profesionalismo por la presidenta de la Nación, en el marco de una conferencia de prensa.

4 La Presidenta denuncia que TN la censuró en una conferencia de prensa en la que atacó a *Clarín* y sus directivos. TN transmitió la conferencia en su totalidad: no así Canal 7, que cortó la misma para transmitir un partido de fútbol.

10 El gobierno nacional apela la medida judicial que suspendió la Ley de Servicios de Comunicación Audiovisual. La medida había sido tomada por una jueza de Mendoza.

15 En un acto en El Calafate, la Presidenta convoca a no creer en los diarios. Denuncia «una suerte de operativo desánimo del sector mediático tendiente a debilitar a la Argentina y al gobierno». En relación con la compra de los 2 millones de dólares por parte de Néstor Kirchner: «Todo tiene que ver con una operación de *Clarín*». En relación a *Clarín* y *La Nación*, dice: «No sólo utilizan los medios de información para desinformar, ocultar que se hacen las cosas... que crece la industria. Eso es desinformar. Ahora han pasado a la segunda etapa: han pasado a inventar».

19 El jefe de Gabinete, Aníbal Fernández, culpa a *Clarín* de dar información errónea. «*Clarín* inventa todos los días algo perverso», en relación con una nota sobre el uso de los fondos públicos para financiar el «Fútbol para Todos».

20 Reclaman explicaciones por el «Fútbol para Todos». Intentan convocar a Diputados a Aníbal Fernández por un giro de 144 millones pesos reasignado del fondo de las provincias para pagar el fútbol.

3 Desde el Ministerio de Trabajo se excluye al periodista Ismael Bermúdez, de *Clarín*, de una conferencia de prensa, alegando que desde esa cartera no le agradaban sus notas.

4 Políticos, parlamentarios y periodistas repudian la discriminación contra el periodista Ismael Bermúdez, que no fue invitado a una conferencia de prensa «porque sus artículos son muy agresivos», según acusó el jefe de Prensa del Ministerio de Trabajo, Diego Mandelbaum.

4 La Secretaría de Comercio Interior dispone que las empresas de TV paga se deban someter a una fórmula para determinar el valor del abono que cobran a sus clientes. La Asociación Argentina de Televisión por Cable (ATVC) explica que «la insólita resolución 50/2010 impacta negativamente en las políticas comerciales de los servicios de TV paga, revive las peores prácticas del intervencionismo estatal en actividades privadas».

6 El titular del gremio de los judiciales, Julio Piumato, acusa a *Clarín* de «golpista».

8 Ley de Medios: Miguel Medina, juez federal de la provincia de Salta, dicta una medida cautelar suspendiendo la aplicación integral de la norma a instancias de una presentación de la diputada Beatriz Daher.

9 El secretario de Comercio Interior, Guillermo Moreno, se presenta en las oficinas de Papel Prensa, en Buenos Aires. Increpa al apoderado de la empresa.

22 La Sociedad Interamericana de Prensa denuncia «el hostigamiento permanente del poder gubernamental que se profundiza de manera alarmante en la Argentina».

22 En Cancún, en el marco de la asamblea del BID, la enviada especial de *Clarín* sufre el vacío informativo del ministro de Economía y su vocero, que la apartan de tener acceso a la información que sí dieron a otros colegas.

23 Unos 50 militantes de la JP Evita, la JP Descamisados y la Corriente Nacional Martín Fierro realizan un escrache

frente a *Clarín*. Después de dejar pintadas en las paredes, permanecen con antorchas y lanzando embates contra *Clarín*. La marcha fue anticipada durante la tarde por la web del periódico oficialista *El Argentino* y Radio Nacional.

23 La Asociación por los Derechos Civiles (ADC) presenta un amparo en Tribunales tras el rechazo del gobierno frente al pedido de acceder a la información pública referida a los gastos en pauta oficial.

25 La Cámara Federal de Mendoza confirma la suspensión de la Ley de Medios.

26 LTEPAL, la organización que nuclea a las asociaciones y principales empresas de TV paga de América Latina, repudia las «acciones intervencionistas y cercenadoras de derechos adquiridos que el gobierno argentino tiene con la industria del cable».

26 Héctor Timerman, entonces embajador en los EE.UU., critica a *Clarín* por una nota en la que se habla de la dirección periodística del diario *La Tarde* —que apoyó el golpe de Estado de 1976—, que él mismo dirigió.

28 Presión abierta a la Justicia: Firmada por «Fútbol para Todos», se emite —en el entretiempo de los partidos de fútbol— una publicidad que critica con nombre y apellido a los camaristas Graciela Medina y Ricardo Guarinoni, los dos jueces que revocaron la prohibición de aumentar el abono de la televisión por cable.

Abril 2010

1 Aníbal Fernández afirma que decidieron «no pasar publicidad (en el fútbol)… salvo la del nombre del propio campeonato, y dejar el resto de los tiempos para la publicidad oficial conforme lo estableció la Presidenta cuando firmó el contrato».

3 Al negar la existencia de la inflación, el ministro de Economía, Amado Boudou, lanza: «Se trata de una versión impulsada desde el diario *Clarín* y la oposición».

4 En medio de la investigación por su enriquecimiento patrimonial, el ex secretario de Transporte, Ricardo Jaime, denuncia sin pruebas a Omar Lavieri, el periodista de *Clarín*. El ex funcionario lee varios correos electrónicos apócrifos entre Lavieri y su yerno, quien —dijo— habría sufrido un supuesto intento de «extorsión» por parte del diario. Lavieri publica al día siguiente el intercambio de e-mails verdadero, dejando al descubierto la maniobra.

6 El gobierno presenta un recurso extraordinario en contra del fallo de segunda instancia que confirmó la suspensión de la nueva Ley de Radiodifusión, para que sea elevado a la Corte Suprema.

9 La Comisión Nacional de Defensa de la Competencia intima a Cablevisión a presentar información sobre qué medidas tomó para cumplir con la resolución del Ministerio de Economía para «desmembrarse».

10 Reunión del jefe de Gabinete, Aníbal Fernández, con un grupo de 200 blogueros K. «Reivindico de corazón la presencia fundamental de *6, 7, 8, Duro de Domar* y *Televisión Registrada*», dice el funcionario a la vez que promete financiamiento a los blogueros en su campaña contra *Clarín*. Fernández luce una remera con una imagen de burla sobre *Clarín*.

10 Convocada por el programa oficialista *6, 7, 8* (que transmite el canal estatal), se realiza una marcha al Obelisco a favor de la Ley de Medios. Se destacan los carteles contra periodistas de *Clarín* y TN.

15 Con apoyo oficial se realiza una marcha en Tribunales a favor de la Ley de Medios. En los discursos predominan los mensajes en contra del Grupo *Clarín*. Hebe de Bonafini habla de una Corte Suprema «decrépita».

15 Aparecen nuevos afiches callejeros anónimos contra periodistas del Grupo *Clarín* (con sus nombres y fotografías). Nadie se atribuye la autoría. Desde el oficialismo no se con-

dena el ataque, que obtiene el repudio de entidades de prensa y de la oposición.

17 ADEPA solicita al «gobierno de los argentinos que proteja a los periodistas» de la acción de grupos afines que, con sus mensajes públicos «sembrados al voleo» mediante la pegatina de carteles con fotografías, pueden generar «reacciones peligrosas» contra los señalados.

29 La Asociación de Madres de Plaza de Mayo realiza un polémico «juicio ético y político» contra periodistas que fueron «cómplices de la dictadura». La iniciativa cosecha toda clase de repudios.

Mayo 2010

2 Sistema de TV Digital del gobierno: anuncian que un millón de hogares recibirán decodificadores para ver el Mundial de Fútbol, junto a otras señales estatales y oficialistas.

8 El presidente de la Autoridad Federal de Servicios de Comunicación Audiovisual y jefe del COMFER, Gabriel Mariotto, asegura que cree que la Corte Suprema ordenará «una rápida aplicación» de la Ley de Medios.

11 Aníbal Fernández dice que una de las tiras cómicas de la contratapa («La Nelly», de Langer y Rubén Mira) de *Clarín* se usó para enviar un mensaje mafioso a la presidenta de la Nación. El argumento oficial es que en uno de los chistes, publicado el domingo, se habló del «cabo Sosa» y del «principal Carbone», dos nombres que coinciden con los de un custodio y un ex custodio de la Presidenta. Los autores de la tira cuentan que esos nombres de policías fueron usados por absoluta casualidad, y que son policías de sus barrios.

13 El ex presidente Néstor Kirchner presiona a la Corte para que destrabe la Ley de Medios. La norma —dice— está «paralizada por sectores de la Justicia que vienen de la dictadura».

14 La Sala 1 de la Cámara Civil y Comercial Federal confirma el fallo del juez Carbone que en diciembre pasado ha-

bía ordenado una medida cautelar que suspendía la aplicación de la Ley de Medios.

15 Del empresario kirchnerista Sergio Szpolski, sale un nuevo diario oficialista: *Tiempo Argentino.*

24 Un fallo judicial ordena al gobierno nacional informar por el manejo de las transmisiones del fútbol por TV.

31 Un grupo de ONG exige una ley para acceder a la información pública. Plantea las dificultades actuales para obtener datos de los organismos estatales.

Junio 2010

1 Intimidan al periodista Daniel Santoro mediante la intervención de sus correos electrónicos y su línea de teléfono.

1 Ricardo Etchegaray, titular de la Agencia Federal de Ingresos Públicos (AFIP), inicia una acción por daños y prejuicios contra Matías Longoni, el periodista de *Clarín.* Lo acusa de ser el autor de un plan sistemático para perjudicarlo. Longoni había investigado sobre la concesión irregular de subsidios por parte del Órgano Nacional de Control Comercial Agropecuario, la repartición estatal que encabezó Etchegaray antes de pasar a la AFIP.

15 La Corte Suprema de Justicia revoca una medida cautelar que había suspendido la Ley de Medios, por vicios en su sanción. No analiza el contenido de la norma. La aplicación de la ley sigue suspendida por otras cautelares.

16 El gobierno declara la caducidad de tres expedientes en los que titulares de licencias de TV por cable gestionaban la transferencia de esos permisos a favor de Cablevisión y Multicanal. Estos expedientes se suman a otros de similares características que fueron caducados semanas atrás. Se trata de trámites administrativos formales, por lo que la arbitrariedad estatal resulta más patente.

23 El Frente para la Victoria de la provincia de Santa Cruz se adjudica 15 pasacalles contra el redactor del diario *Clarín,*

Juan Cruz Sanz. Los pasacalles con la insignia «J. C. SANZ burro y esclavo de *Clarín*», se colocan en los puntos centrales de Río Gallegos, la ciudad natal del periodista y donde reside su familia.

24 El ex presidente Néstor Kirchner reacciona con duras descalificaciones hacia el CEO del Grupo *Clarín* ante la declaración que hizo el embajador Eduardo Sadous en la Cámara de Diputados. «Es evidente que al único que le importa promover eso es al delincuente de Magnetto que es el dueño de *Clarín*».

25 La Cámara Federal de Salta deja sin efecto la última suspensión general de la Ley de Servicios de Comunicación Audiovisual, por vicios en su sanción.

26 Nuevos agravios del jefe de Gabinete, Aníbal Fernández: «El peor de los favores que se le puede hacer a un país es el riesgo *Clarín*, del sinvergüenza de Magnetto. Es el peor de los venenos».

29 ADEPA expresa su preocupación por «las amenazas e intimidaciones que en los últimos días volvieron a recaer contra periodistas por el solo hecho de ejercer la tarea de investigar hechos de interés público e informar a sus lectores».

29 El gobierno dispone la creación de un Registro Público de Señales y Productoras de radio y televisión. Se avanza en la aplicación de la Ley de Medios a pesar de estar suspendidos varios artículos.

JULIO 2010

6 Se difunde que el primer año de «Fútbol para Todos» dejó pérdidas por 550 millones de pesos.

7 Sbatella, el titular de la UIF, efectúa una denuncia contra el Grupo *Clarín* sin asidero alguno. Se basa en la presentación efectuada ante la UIF por Hernán Arbizu, prófugo de la Justicia norteamericana (acusado de estafa) y quien ya ha actuado en connivencia con el gobierno. *Clarín* informa que

la salida a la Bolsa de la compañía se realizó en el marco de un proceso regular y transparente, en cumplimiento de todas las normativas locales e internacionales.

8 De manera sorpresiva, inspectores de la Comisión Nacional de Valores (CNV) se presentan en el diario *Clarín* pidiendo libros contables de los años 76 y 77 (aunque la ley obliga a guardarlos durante diez años). La noticia de la inspección es difundida por la agencia estatal Télam, antes de que esta tuviera lugar.

20 Se conoce el decreto que permite a Radio y Televisión Argentina «implementar un sistema de distribución de señales», con tecnología digital. Se trata del esqueleto para montar la infraestructura de dieciséis señales oficiales y cercanas al gobierno.

Agosto 2010

6 La Secretaría de Comunicaciones notifica a Cablevisión que debe «abstenerse» de seguir brindando servicios de conexión a Internet.

6 Cablevisión denuncia hostigamiento oficial contra la compañía por la medida abusiva tomada por el gobierno.

11 En un acto en Merlo, Néstor Kirchner fustiga a los medios y al Grupo *Clarín* en particular.

12 Guillermo Moreno, secretario de Comercio Interior, durante una asamblea de Papel Prensa, exhibe dos pares de guantes y un casco protector. Con la provocación, Moreno logra su cometido: bloquear cambios en la comisión fiscalizadora de Papel Prensa. «Acá no se vota», vocifera.

14 El embajador Héctor Timerman defiende a Moreno después de su última irrupción violenta en Papel Prensa.

19 A través de un anuncio del ministro De Vido, el gobierno intenta dar de baja el servicio de Internet que presta Fibertel. Quiere que en noventa días los usuarios cambien de operador.

19 Cablevisión denuncia la arbitrariedad de la medida, que carece de todo sustento legal.

20 Fibertel: Representantes de cinco fuerzas políticas anuncian proyecto de ley para anular medida. Denuncian plan del gobierno contra libertad de expresión.

20 Piden investigar a «Fútbol para Todos». El bloque de la UCR en el Senado denuncia que el programa le produjo pérdidas al Estado por más de 950 millones de pesos en su primer año de vigencia.

21 Jorge Fontevecchia, presidente de editorial Perfil, sale al cruce de los medios que responden al kirchnerismo, acerca de un informe donde se mencionan tres causas en las que se investiga el presunto lavado de dinero de Perfil, en diversas operatorias financieras. Una de las causas fue archivada por «inexistencia de delito» y las otras dos fueron dejadas sin efecto. Según Fontevecchia, esto es producto del apoyo público que realizó al CEO del Grupo *Clarín*.

22 El ministro De Vido declara: «Fibertel no existe más». Crece la repercusión internacional sobre esta arbitraria medida.

24 Plagada de datos erróneos, la presidenta Cristina Kirchner, en una cadena nacional de 72 minutos de duración, presenta un informe sobre Papel Prensa. Acusa a *Clarín* y *La Nación* de apropiarse ilegalmente de la compañía. Anuncia envío de un proyecto de ley para declarar de interés público la producción de papel de diarios.

25 La familia Graiver, que vendió la empresa Papel Prensa, declara que no hubo presiones ni delito en la operación de venta y que no tienen nada que reclamar. Desmienten contundentemente las versiones del gobierno.

25 Por presentar datos falsos sobre la historia de la empresa, y del propio contexto político de ese momento, se levantan duras críticas de la oposición y las entidades de medios contra el informe expuesto por la Presidenta.

26 ADEPA rechaza la avanzada del gobierno en contra de Papel Prensa. En una solicitada, la entidad lamenta «el daño institucional» que le provocó al país «la mediatizada comunicación por cadena nacional de una supuesta verdad que al minuto siguiente se evapora». «El intento de desprestigiar» a *Clarín* y *La Nación* «resulta inadmisible como procedimiento y condenable a la luz de la Constitución y las leyes».

28 Gabriel Mariotto, titular de la Autoridad Federal de Servicios de Comunicaciones Audiovisuales, inicia sumarios contra Cablevisión, ante lo que calificó como «una serie de irregularidades» en varias de las licencias que explota la empresa (que involucran a 1,2 millón de abonados de 11 localidades). Se trata de licencias que la compañía había devuelto oportunamente.

29 Tras acceder a los expedientes, Cablevisión frena administrativamente la intimación por diez días. La empresa señala que, luego de la integración Cablevisión y Multicanal, el Grupo *Clarín* optó por quedarse sólo con una licencia en cada ciudad, lo que ahora no avalan las autoridades.

31 El oficialismo impide que la comisión de Defensa del Consumidor de la Cámara de Diputados analice las medidas tomadas por el gobierno contra Fibertel.

Septiembre 2010

1 Mediante el decreto 1.225/2010 publicado en el *Boletín Oficial*, el Poder Ejecutivo reglamenta la Ley de Medios desobedeciendo fallos judiciales que suspenden varios artículos.

1 Autorizan, según publica el *Boletín Oficial*, un aumento del 40% de las partidas de la Secretaría de Medios para propaganda oficial. Es un nuevo refuerzo de 151 millones de pesos.

1 La Cámara Nacional de Apelaciones en lo Comercial dispone el cese de la intervención de Papel Prensa.

2 Las paredes alrededor del Congreso amanecen tapizadas con afiches contra nueve legisladores: «Felicitaciones a

nuestros empleados del mes». La supuesta firma de los carteles se le atribuye a *Clarín*.

2 Boudou ataca duramente el fallo de la Cámara Nacional de Apelaciones en lo Comercial que dispuso por unanimidad el fin de la intervención judicial en Papel Prensa.

2 El gobierno aumenta 40% su presupuesto para propaganda, con un nuevo refuerzo de 151 millones de pesos a la Secretaría de Medios.

3 Al cuestionar nuevamente la orden de levantar la intervención estatal sobre Papel Prensa, Boudou habla de «justicia exprés».

7 Se conoce que el gobierno destina hasta 780 veces más pauta oficial a medios cercanos al oficialismo que a los opositores, según reflejan las cifras difundidas por la Jefatura de Gabinete.

8 Mariotto, titular de la Autoridad Federal de Aplicación de la Ley de Servicios de Comunicación Audiovisual advierte que podrían «perder la licencia» las empresas de cable que no respeten la nueva grilla de programación.

10 Débora Giorgi, ministra de Industria y Turismo, hace echar de una rueda de prensa a la corresponsal de *Clarín* en Brasil. En la conferencia sí había otros dos medios argentinos.

14 Papel Prensa: el secretario de Comercio Interior, Guillermo Moreno, amenaza con que va a «llevar a los sindicatos con la intención de que hagan huelgas y manifestaciones».

20 Aparecen en la vía pública afiches firmados por la agrupación JP Evita con la frase: «Kirchner o Magnetto».

21 Papel Prensa: el gobierno presenta una querella por supuesta «apropiación ilícita» contra *Clarín* y *La Nación*, desmentida por pruebas contundentes.

21 Fibertel: El oficialismo vuelve a eludir un debate en la Comisión de Comunicaciones de Diputados. El secretario de Comunicaciones falta a la reunión.

24 ADEPA advierte que la prensa nunca había sido «tan degradada» durante la democracia como «en los últimos tiempos».

25 El juez Oyarbide pretende involucrar a una periodista de *La Nación* y a otro de *Clarín* (Gerardo Young) en una investigación que abrió contra diputados, senadores y periodistas por supuesta violación del secreto de Estado.

27 Tras los ataques de Cristina Kirchner al juez federal de La Plata, Elvio Sagarra, por la medida cautelar que este dictó a favor de los usuarios de Fibertel, Néstor Kirchner se suma a las críticas contra el magistrado.

27 El titular de la Autoridad Federal de Servicios de Comunicación Audiovisual, Gabriel Mariotto, se muestra contrariado por la medida cautelar tomada a favor de Fibertel.

27 La Secretaría de Defensa del Consumidor, que depende de Guillermo Moreno, envía un e-mail a usuarios de Fibertel para que abandonen la empresa.

28 Marcha frente a Tribunales para presionar a los jueces de la Corte Suprema. El discurso más duro es el de la titular de Madres de Plaza de Mayo, Hebe de Bonafini, quien llamó a «tomar el Palacio» si finalmente la Corte vota en «contra del pueblo». Dice que los jueces eran «cómplices de la dictadura»; que si la Corte no sacaba la ley había que «arrancársela»; «*Clarín* y *La Nación* van a decir que generamos violencia, pero la violencia la generan ellos. ¡Me cago en *Clarín* y *La Nación*!»

28 En el marco de la marcha a Tribunales por la Ley de Medios, aparecen pancartas con las fotos de varios periodistas con la leyenda «Yo estoy a favor de los Monopolios».

29 Para intentar justificar el ataque a la Corte Suprema de Justicia de la Nación, voceros del oficialismo aluden a supuestas reuniones entre miembros de dicho Tribunal y directivos del Grupo *Clarín*, que fueron desmentidas.

30 Bonafini vuelve a criticar a la Corte y acusa a Lorenzetti de recibir «dineros y sobres».

30 Usuarios denuncian campaña del Ministerio de Economía que, a través de instructivo remitido a clientes de Fibertel, convocan a dejar la empresa y buscar otro proveedor.

30 Aparecen en dos receptorías de avisos de *Clarín* (la de Ciudadela y Villa Riachuelo) pintadas contra el diario y el CEO de la empresa, Héctor Magnetto. También hubo pintadas similares en un local de Cablevisión, en Morón. En Tucumán, jóvenes que marchan a favor de la Ley de Medios pintan y tiran huevos contra el frente del diario *La Gaceta*. Tiran panfletos firmados por el PJ.

30 El gobierno apela el fallo que suspendió la caducidad de la licencia de Fibertel. A través del Ministerio de Planificación, el gobierno apela la medida cautelar dictada por el juez Elvio Sagarra, que suspendió la caducidad de la licencia de Fibertel.

30 ATVC (Asociación Argentina de Televisión por Cable) considera el reordenamiento de la grilla de canales como «una clara muestra de avance en dirección a silenciar a los cables como instrumento de libertad de expresión».

OCTUBRE 2010

1 El Juzgado Federal N° 2 de Bahía Blanca suspende la aplicación de la nueva grilla por considerar que afecta a los consumidores y a la libre expresión.

1 Ex empleados de Canal 13, en el día en que se conmemoran los 50 años, realizan un acto en las instalaciones del Sindicato de Canillitas, para denunciar falsas irregularidades en la compra del canal por parte del Grupo *Clarín*.

1 El Overseas Press Club of America le envía una carta a la presidenta Cristina Kirchner para pedirle que «reconsidere su campaña contra los diarios *Clarín* y *La Nación*».

3 Tras el fallo que suspende la aplicación de la nueva grilla de cable, la presidenta Cristina F. Kirchner critica desde su cuenta de Twitter a la Justicia.

4 La Asociación Mundial de Periódicos y Editores de Noticias solicita a la Presidenta «poner fin a los ataques de su gobierno contra los medios independientes».

4 Papel Prensa: en una entrevista televisiva, Isidoro Graiver, hermano de David Graiver, quien fue el principal accionista de Papel Prensa, niega presiones para vender la empresa.

5 Primer día de paralización de la planta Papel Prensa. La medida es fogoneada por funcionarios del gobierno, en el marco de la embestida contra los accionistas privados de la papelera.

5 Argumentando que el plazo de un año es «sorpresivo, breve y fatal», la Corte Suprema de Justicia decide mantener la medida cautelar que suspende el plazo de un año para el desprendimiento de medios. Desde Twitter, la Presidenta critica el fallo de la Corte Suprema y nuevamente arremete contra *Clarín*.

6 Respaldo de distintas voces de la sociedad a la decisión judicial sobre la Ley de Medios. Coinciden en que el fallo se ajusta al derecho.

6 La Federación Argentina de Colegios de Abogados rechaza intentos de «presionar o intentar politizar el funcionamiento de la Justicia a través de sus jueces».

8 El ex presidente Néstor Kirchner afirma que «el jefe de la oposición en la Argentina no es ningún jefe político, sino Magnetto y *Clarín*. Confiamos en que el año que viene sea el fin del monopolio y de la concentración mediática».

9 Sigue bloqueada y paralizada la planta de producción Papel Prensa. ADEPA asegura que «de mantenerse esta situación podría afectarse la edición de algunos medios, particularmente aquellos de menor envergadura económica». Distintos medios alertan que se ve amenazada la impresión de sus ediciones.

9 El semanario británico *The Economist* critica los ataques del gobierno contra el Grupo *Clarín* y asegura que «los Kirchner buscaron desintegrarlo».

9 El ministro de Economía, Boudou, compara a los periodistas enviados de *La Nación* y *Clarín*, a la asamblea del FMI en Washington, como aquellos «que ayudaban a limpiar las cámaras de gas del nazismo».

10 Unánime rechazo y desaprobación a las declaraciones de Boudou por parte de políticos, periodistas y dirigentes de entidades judías.

10 Los accionistas privados de Papel Prensa responsabilizan al gobierno por el conflicto gremial que paraliza la producción de la planta y vinculan la medida de fuerza con el intento oficial por lograr el control de la empresa.

11 El titular de la DAIA condena las declaraciones de Boudou contra los periodistas de *Clarín* y *La Nación* y exige que se retracte.

12 La Asociación de Teleradiodifusoras Argentinas (ATA), que nuclea a los canales de TV abierta de todo el país, demanda judicialmente la inconstitucionalidad de 40 artículos de la Ley de Medios.

13 El ministro Boudou se disculpa frente a la DAIA por haber utilizado una «metáfora inapropiada». Asegura que no se disculpará «de ninguna manera» frente a los periodistas.

13 Continúa el bloqueo a Papel Prensa. Impiden que salga un camión destinado a abastecer al diario *Crónica*.

14 La escasez de papel pone en riesgo a los diarios del interior. Entidades periodísticas alertan sobre los efectos del paro. 250 diarios, nucleados en las entidades, piden una rápida solución.

15 El Ministerio de Trabajo de la provincia de Buenos Aires dicta la conciliación obligatoria en el conflicto gremial que mantiene paralizada la planta Papel Prensa. El gremio deberá abstenerse durante ese tiempo de realizar cualquier medida de acción directa que pueda tener impacto sobre la empresa.

15 Trasciende que el gobierno lanzará una nueva empresa estatal de telecomunicaciones. La nueva red unirá a

las 48 estaciones digitales terrestres que el Gobierno anunció que se harán para abastecer al sistema de TV Digital Terrestre.

18 Cinco días después del incidente, el embajador Héctor Timerman critica los dichos de Boudou: «Fue una frase que no se tendría que haber dicho».

18 La oposición y un grupo de ONG piden regular la pauta oficial de avisos estatales para la campaña electoral del año 2011.

18 ADEPA expresa su repudio a los «reiterados agravios» a periodistas y a medios por parte de funcionarios nacionales y hace referencia puntualmente al uso de la red social Twitter, que «ha multiplicado las ironías injuriosas».

19 Avance oficialista para controlar el papel de diarios. El kirchnerismo apoya una iniciativa de Proyecto Sur con fuerte sesgo estatista. Logra un ajustado dictamen de comisión en Diputados. Para la oposición se busca «un monopolio estatal». Especialistas consideran inconstitucional el proyecto por avanzar sobre el derecho de propiedad, la libertad de comercio y la libertad de prensa. La Constitución Nacional prohíbe el dictado de leyes sobre prensa.

19 La Presidenta afirma que sería importante «nacionalizar los medios» de comunicación para que adquieran «conciencia nacional y defiendan los intereses del país». Aclara que no se refiere a «estatizar». Agrega: «No seamos giles y no nos dejemos engañar».

23 Durante y después de la televisación estatal de Fútbol para Todos, se emite un polémico spot publicitario firmado por la Comisión Nacional de Comunicaciones, en el cual se invita a los usuarios a dar de baja a Fibertel. Es el segundo spot de este tipo.

24 La presidenta de la Nación fustiga a los medios que publicaron fotos de ministros de su Gabinete con el barrabrava acusado de matar al joven Mariano Ferreyra. Vía Twitter,

dice que *Clarín* y *La Nación* son «caranchos mediáticos». Critica también la nota de un columnista de *Página/12*.

24 ADEPA expresa su preocupación por la intención de la mandataria Cristina Fernández de «nacionalizar los medios de comunicación para que adquieran conciencia nacional y defiendan los intereses del país». «¿Nacionalizar o kirchnerizar la prensa independiente?», se pregunta la entidad a través de una solicitada publicada en los diarios.

25 La Sociedad Interamericana de Prensa (SIP) expresa su preocupación por la propuesta del oficialismo y Proyecto Sur sobre Papel Prensa. Advierte que la misma viola principios sobre libertad de prensa.

NOVIEMBRE 2010

4 El secretario de Comercio, Guillermo Moreno, pide que la Auditoría General de la Nación investigue a Papel Prensa.

5 Ley de Medios: DirecTV retira de su grilla al canal cultural (a) para dar lugar a la señal de noticias CN23, propiedad del empresario «K», S. Szpolski.

8 El presidente de la Sociedad Interamericana de Prensa critica la «política de antagonismo» del gobierno argentino. «No es compatible con las normas de una democracia plena.»

9 La Asociación Internacional de Radiodifusión cuestiona la actitud del gobierno argentino respecto de los medios de comunicación privados.

10 La Sociedad Interamericana de Prensa (SIP) se pronuncia sobre las situaciones que afectan la libertad de expresión en la Argentina. Formula severos reclamos a través de las conclusiones generales y mediante tres resoluciones específicas sobre el país, que fueron aprobadas por unanimidad: una, de medios públicos, publicidad oficial y Ley de Medios; otra sobre Papel Prensa, y la tercera referida a los «ataques a medios y periodistas».

13 Otro fallo judicial ordena la continuidad de Fibertel. La Justicia de Salta acepta un amparo presentado por consumidores.

21 Más cuestionamientos al reparto de la publicidad oficial. Una radio denuncia que en las planillas elaboradas por el gobierno figuraba 1,4 millones de pesos que no le habían otorgado.

23 El ministro de Trabajo, Tomada, anuncia una sanción por 1.347.000 pesos a Artes Gráficas Rioplatense (AGR), subsidiaria del Grupo *Clarín,* por «violar sistemáticamente la libertad sindical».

25 El titular de la agencia estatal Télam, Martín García, declara que los periodistas profesionales «son como las prostitutas: escriben mentiras en defensa de los intereses de quienes les pagan». «Los militantes en cambio, escribimos la verdad al servicio del pueblo.»

27 Ley de Medios: La Justicia mantiene la suspensión del artículo 161, que fija un plazo de un año para desinvertir.

30 Allanan la sede de Papel Prensa para obtener libros de comercio y formularios administrativos que el Juzgado podría haber obtenido pidiéndoles a los accionistas privados o al interventor.

DICIEMBRE 2010

1 Fibertel: la Justicia ordena al gobierno retirar, de los canales 7, 9, Crónica y 26, una publicidad oficial emitida en «Fútbol para Todos», dirigida a los usuarios contra Fibertel. Para la Justicia, la publicidad «desacredita», «denigra» y «desmerece» a la marca.

3 Con nuevas designaciones, Télam profundiza su perfil oficialista. Son desplazados los periodistas «profesionales» que ocupaban los principales cargos de la agencia estatal. Los reemplazan «periodistas militantes».

13 Una asamblea del Sindicato de Camioneros demora la salida de los diarios de las plantas impresoras de *Clarín* y *La Nación.* La acción para obstaculizar la distribución de ambos diarios se anuncia como una represalia por una serie de no-

tas que publicaron *Clarín* y *La Nación* sobre los negocios vinculados con Hugo Moyano y su entorno familiar.

13 Cinco delegados gremiales se encadenan a los portones de la planta de Artes Gráficas Rioplatense, impidiendo la entrada de insumos y la salida de productos. Los delegados reconocen públicamente que lo que buscaban es impedir la salida de la revista *Viva*.

17 Fin de la intervención en Papel Prensa. La Sala C de la Cámara Nacional de Apelaciones rechaza dos recursos extraordinarios del gobierno para que la planta siga bajo la coadministración de la Justicia. La Cámara señala que algunos de los argumentos presentados por el gobierno (a través de la fiscal del Estado) vendrían a «emular la estructura de controles económicos impuestos en el Reich alemán durante el régimen nazi».

18 La edición de *Viva* del domingo 19 de diciembre, que debe acompañar al diario *Clarín* ya está impresa, pero por el bloqueo es imposible retirarla para su distribución. Lo mismo sucede con la revista *Rumbos*.

19 Tras siete días de protesta, los militantes del gremio camionero y simpatizantes kirchneristas que apoyaban un reclamo sindical levantan el bloqueo en AGR. Se conoce que el bloqueo fue alentado por el canciller Héctor Timerman, quien estuvo en el lugar.

20 Cablevisión advierte que la resolución que «pretende imponer» la grilla de ordenamiento televisivo de la TV por cable «no resulta aplicable a la compañía por mantenerse vigente su suspensión judicial».

20 La Cámara de Apelaciones de La Plata revoca un fallo de primera instancia acerca de la caducidad de la licencia de Fibertel. La medida judicial no se encuentra firme. Cablevisión recuerda que «sigue brindando legalmente su servicio de Internet». Reitera que los derechos de sus usuarios «se encuentran plenamente garantizados por la Justicia», a través de varios fallos en todo el país.

21 La Justicia comercial decide que el secretario de Comercio, Guillermo Moreno, no pueda volver a desempeñarse como representante del Estado en Papel Prensa. Los camaristas tuvieron en cuenta «las situaciones de agresión y violencia física» por parte del funcionario.

ENERO 2011

4 Falsa acusación financiera sobre Lucio Pagliaro, accionista del Grupo *Clarín*, en el marco de una nueva campaña de difamación de funcionarios nacionales y medios oficialistas. Se pretende vincular con «lavado de dinero» una operación que fue informada por declaración jurada.

4 Publicidad oficial: se difunde que, en 2010, el gobierno gastó 107 millones de pesos en los cinco principales canales de TV abierta. El 67,5% de ese monto fue destinado a Canal 9, que tiene en su programación espacios abiertamente kirchneristas. Canal 13, líder en rating, sólo recibió el 5%.

5 La oposición pide que se investigue la distribución de la publicidad oficial en los medios.

5 Registros que llegan hasta septiembre de 2010 muestran que el Estado gastó 835 millones de pesos en el Fútbol para Todos. Se calcula que cuando se tengan los registros de diciembre, la cifra llegará hasta 928 millones de pesos.

6 El ministro de Economía, Amado Boudou, acusa a los diarios *Clarín* y *La Nación* de «perjudicar la producción nacional y el trabajo de los argentinos».

7 Ante la escasez de billetes y combustible, el jefe de Gabinete, Aníbal Fernández, acusa a *Clarín*, *TN* y *La Nación* de «multiplicar el conflicto».

11 Designan a Juan Manuel Abal Medina como secretario de Comunicación Pública. La nueva secretaría tendrá independencia financiera y estará al frente del Consejo de Coordinación de Políticas de Comunicación, encargado de admi-

nistrar la publicidad oficial. También podrá intervenir en el programa Fútbol para Todos.

11 Dura advertencia del presidente de la Autoridad Federal de Servicios de Comunicación Audiovisual, Gabriel Mariotto, a los jueces: amenaza con el juicio político a los jueces que dicten medidas contra la Ley de Medios. Lo hace en un reportaje dado a *Página/12*.

11 Legisladores de la oposición y juristas critican a Mariotto por sus declaraciones. «El gobierno no duda en apretar a los jueces», aseguran.

11 En un duro comunicado, el Colegio de Abogados de la Ciudad de Buenos Aires califica de «inadmisibles las declaraciones vertidas» por el funcionario Mariotto.

11 Revelan que en el año 2011, la televisación del fútbol costaría al gobierno unos 1.300 millones de pesos.

13 El procurador general de la Nación, Esteban Righi, denuncia al camarista Roberto Garibotto quien dispuso que se levante la intervención en Papel Prensa.

14 Nuevas descalificaciones de Aníbal Fernández. Tras la publicación de que la televisación del fútbol pasaría a ser manejada por la nueva Secretaría de Comunicación Pública, el jefe de Gabinete dice que «*Clarín* miente y pone a burros a leer los decretos».

14 Cincuenta manifestantes kirchneristas y del gremio de camioneros, que responden a Hugo Moyano, bloquean las plantas impresoras de *Clarín* y *La Nación*. Lejos de solidarizarse o pronunciarse a favor de la libre circulación de las publicaciones, el canciller Héctor Timerman ironiza sobre el tema y lo compara con el bloqueo a un casino o a una fábrica de chocolates.

15 Con respecto a 2010, el gobierno aumenta en un 84% su presupuesto para propaganda oficial. La Secretaría de Comunicación Pública manejará 470,8 millones de pesos destinados sólo a la publicidad oficial. Desde 2003 la publicidad oficial creció ya un 1,300%.

15 ADEPA afirma que los bloqueos a *Clarín* y *La Nación* «sumados a la pasividad estatal» fueron «de los más graves atentados a la libertad de prensa que se hayan registrado recientemente en el país».

15 El titular de la Asociación Empresaria Argentina, Jaime Campos, asegura que «tales acciones transgreden el ordenamiento institucional de nuestra República y lesionan el ambiente de tranquilidad y respeto a la actividad de las empresas, necesario para el desarrollo económico y la creación de empleos».

16 La SIP condena el bloqueo a los diarios y le pide al gobierno que actúe y sancione este tipo de acciones.

17 ADEPA manifiesta su «consternación» por el cierre del Canal 4 de Posadas y considera que la resolución judicial es un exceso.

19 Publicidad oficial: revelan que entre enero y noviembre de 2010, el gobierno destinó el 47% del presupuesto de publicidad oficial a dos medios afines, el grupo hiperoficialista Szpolski y el diario *Página/12*.

21 Tras los bloqueos a la planta impresora de *Clarín*, el juez civil Gastón Polo Olivera dicta un nuevo fallo que prohíbe el bloqueo a la misma y protege al establecimiento de este tipo de acciones. Argumenta que se atenta contra la libertad de expresión.

24 La organización de defensa de los derechos humanos Human Rights Watch denuncia que el gobierno argentino interviene en el sistema judicial del país y critica la falta de transparencia en el reparto de la publicidad oficial.

26 Remueven al director de Comunicación Social del Ministerio de Defensa por haber enviado una carta de felicitación al diario *La Nación* con motivo de su 141° aniversario.

26 El gobierno rechaza la resolución planteada por Cablevisión respecto de los miembros del directorio de la Auto-

ridad Federal de Servicios de Comunicación Audiovisual. El planteo de la empresa argumentaba, entre otras cosas, parcialidad y «amistad» con el Poder Ejecutivo.

27 Militantes del gremio de los camioneros bloquean dos distribuidoras de diarios. La medida afecta la circulación de *Clarín, La Nación, Crónica, Popular, Página/12, La Prensa, Ámbito Financiero* y *Buenos Aires Herald*. Por primera vez, más de 100.000 diarios no se pueden distribuir en la zona sur y norte del Gran Buenos Aires.

27 Masivo repudio al nuevo bloqueo de Moyano por parte de ADEPA y de dirigentes políticos de todo el arco opositor.

27 El Estado llama a licitación para comprar 2.000 aparatos para medir la audiencia en televisión y radio. El gobierno creará su propio organismo medidor de audiencias.

28 Campaña contra Artear. El titular de la SIGEN, Daniel Reposo, acusa falsamente al Grupo *Clarín* de «apropiarse irregularmente» de Canal Trece, a través de una operación fraudulenta. Se trata de una ofensiva para intentar cuestionar la titularidad de Canal Trece, 21 años después de que fue privatizada, en el marco de un concurso público y abierto, cuyos resultados fueron analizados y avalados por la Fiscalía Nacional de Investigaciones Administrativas.

31 Gabriel Mariotto, titular de la AFSCA, pide a varias emisoras FM que difundan un mensaje de fuerte contenido político en el que llama a fortalecer la militancia y a levantar «casas compañeras» en todo el país.

31 En el marco de la campaña de ataques contra Cablevisión, la Autoridad Federal de Servicios de Comunicación Audiovisual aprueba 86 sanciones a la empresa, por supuesto incumplimiento de la intervención compulsiva en la grilla del cable. Cablevisión señala que las sanciones son «claramente arbitrarias e ilegales, ya que a la fecha están vigentes distintos fallos de la Justicia que obligan a Cablevisión a no modificar la grilla». La empresa cuestiona además el carác-

ter selectivo de la medida, ya que la grilla oficial que intenta imponer el gobierno no se encuentra vigente en ningún operador de TV paga.

Febrero 2011

1 En un comunicado, la Asociación de Editores de Diarios de la Ciudad de Buenos Aires expresa su más enérgico rechazo a los últimos bloqueos producidos a la distribución de publicaciones. Y exigen a las autoridades que investiguen los hechos.

1 Nuevo canal oficialista. El gobierno suma un nuevo canal a la plataforma de canales kirchneristas de la TV estatal.

2 El gobierno anuncia sanciones selectivas a Cablevisión, Shell y Techint, por ajuste de precios en medio del recrudecimiento generalizado de la inflación.

2 El ministro de Economía, Amado Boudou, dice que no permitirá el aumento de Cablevisión, al cual lo considera «injustificado», pese a que fue menor de la inflación del período.

2 Inspectores de la Secretaría de Comercio Interior concurren a las oficinas de Cablevisión acompañados por cámaras de Canal 7.

2 Cablevisión considera que el gobierno nacional vuelve a revelar una animadversión manifiesta y un trato discriminatorio hacia la compañía, frente a otras empresas del sector y el resto de las actividades económicas. Explica que el aumento obedece al incremento generalizado de costos. Y que su porcentaje es menor a otros servicios. Y también que cumplió con todas las normativas legales y administrativas acerca de la oportunidad y comunicación de dicho ajuste.

3 Cánticos hostiles contra *Clarín* y *La Nación* y a favor de Moyano, se escuchan en el lanzamiento de un proyecto para pintar escuelas, que se realiza en el Ministerio de Desarrollo

Social. En el acto participan tres ministros y militantes de La Cámpora, JP Evita, Descamisados, etcétera.

3 En una conferencia de prensa, en la que no admitió preguntas, el ministro de Economía, Boudou, se refiere a Papel Prensa con información falsa e imputaciones maliciosas. Habla de «administración fraudulenta y asociación ilícita». Insiste con la «virtual» estatización de la papelera.

3 Dura réplica de los socios privados de Papel Prensa: «El ministro apela a denuncias que ya han sido desestimadas por la Justicia a través de sucesivos y contundentes fallos de la Cámara de Apelaciones en lo Comercial». Para los diarios *Clarín* y *La Nación*, el funcionario una vez más se refirió a Papel Prensa con el objetivo de presionar a otros poderes del Estado.

3 Convocada por la AFSCA, se realiza una audiencia pública para elegir los eventos deportivos y culturales a transmitir en la televisión abierta. Los derechos de la mayoría de los eventos son de exclusividad de los canales de cable. Diputados de la oposición denuncian que se usarán como nuevas plataformas de la publicidad oficial.

7 Embestida contra Papel Prensa: en una nueva falsa acusación, el titular de la Comisión Nacional de Valores, Alejandro Vanoli, señala que la empresa está bajo investigación por haberse detectado irregularidades en balances y procedimientos. Llega a hablar de irregularidades societarias y delitos contables.

8 Medios oficialistas difunden información falaz sobre supuesta ocupación ilegal de los terrenos de Canal Trece. Todos los terrenos del canal están a su nombre, excepto por una pequeña fracción, cuya demora en escritura se debe a un conflicto entre el gobierno porteño y el nacional.

9 Se conoce el decreto por el cual el gobierno concentrará la distribución de toda la pauta publicitaria. A partir de ahora toda la publicidad del Estado nacional estará en ma-

nos del secretario de Comunicación Pública, Juan Manuel Abal Medina.

9 Sin presentar pruebas ni argumentos válidos, el titular de la SIGEN, Daniel Reposo, advierte que el Grupo *Clarín* podría perder la titularidad de la licencia de Canal Trece. El canal responde con un comunicado en el que desmiente cada una de las acusaciones oficiales.

9 A pesar de que Cablevisión presenta toda la información requerida por la Secretaría de Comercio Interior por el último ajuste del abono, esta anuncia sanciones a la empresa.

9 El gobierno anuncia la creación de un organismo para regular la publicidad privada que las empresas y personas realizan en los medios. La idea apunta a atemorizar a los empresarios para que no anuncien en los medios críticos y sacarle financiamiento a la prensa independiente.

9 Mariotto, titular de la AFSCA, anuncia su intención de transmitir por TV abierta torneos deportivos y artísticos en formatos similares a los de Fútbol para Todos. Según el funcionario, más allá de quienes sean titulares de los derechos.

10 El gobierno lanza una licitación pública para armar una medidora oficial del rating de los canales de la TV abierta y las señales de TV paga, pese a que existan mediciones auditadas y avaladas por toda la industria. Esta iniciativa no existe en ningún país del mundo y genera sospechas por la manipulación de cifras de organismos públicos.

11 Empieza el torneo de fútbol, al que se le pone el nombre de «Néstor Kirchner», que se emitirá por los canales de TV oficialistas. El torneo demandará un aporte anual de 690 millones de pesos por parte del Estado y no contará con auspiciantes privados.

14 Un aviso de TV de casi cuatro minutos, en el que se busca exaltar la figura del ex presidente Kirchner, se emite tres veces en cada partido de «Fútbol para Todos», lo que equivale a dos horas del mismo aviso por fin de semana.

14 El diario *La Nación* publica que el gobierno desembolsará la suma de 1.800 millones de dólares para sus proyectos de TV digital, banda ancha y la «Televisión para Todos».

14 Durante 2011, año electoral, el gobierno planea distribuir doce nuevas señales de TV en la ciudad de Buenos Aires. El proyecto del gobierno no incluye señales de los operadores privados, sólo canales oficialistas.

15 «El espacio para un ejercicio de un periodismo equilibrado e imparcial se vio reducido de modo significativo», sostiene sobre la Argentina el Comité para la Protección de los Periodistas (CPJ) en su informe anual. Dice también que «*Clarín* ha sido víctima de hostigamiento oficial».

15 El secretario de Medios, Juan Manuel Abal Medina, designa al bloguero K Santiago Álvarez, como nuevo gerente de noticias de Canal 7. También designan en el área de contenidos a otros dos jóvenes blogueros vinculados con la agrupación kirchnerista La Cámpora. Los tres rondan los 30 años y tienen muy poca experiencia en medios. Cobraron importancia dentro del kirchnerismo al militar contra el Grupo *Clarín*.

16 Avanza el proyecto político y comunicacional: el gobierno inaugura una nueva planta de TV digital en La Rioja.

16 Se conoce que el aviso-homenaje a Kirchner le cuesta al gobierno entre 3 y 5 millones de pesos por fin de semana. Nunca en la TV argentina se había emitido una pieza tan extensa (222 segundos) y que se pasara con tanta insistencia.

18 Con información plagiada de un blog oficialista, la agencia del Estado Télam, publica un insólito «cable-homenaje» por el cumpleaños de la Presidenta, en el que se burla y se critica a la oposición. La agencia también cambia su portada en Internet con la leyenda «Télam. Agencia de noticias del pueblo argentino». La ilustra con un dibujo del ex presidente Kirchner, vestido como el personaje del Eternauta.

19 El gerente periodístico de Télam, Gabriel Fernández, envía un e-mail a todos los periodistas de la agencia en el que

responsabiliza al presidente Martín García, por la efemérides de la Presidenta publicada el día anterior.

19 En París, el ministro de Economía, Amado Boudou, se niega a conceder una entrevista a *Clarín* que ya había sido pautada por su vocero. Además, maltrata verbalmente al cronista del diario, a quien hizo esperar por horas para luego no darle el reportaje. «No doy entrevistas a *Clarín*», dice el funcionario.

21 La oposición critica la falta de imparcialidad y el uso propagandístico de la agencia Télam. La Comisión Gremial Interna de la misma condena «el bochornoso episodio». Piden al Directorio explicaciones más precisas, ya que «los episodios han afectado gravemente el prestigio de la agencia».

21 La Autoridad Federal de Servicios de Comunicación Audiovisual autoriza a la provincia del Chaco a tener su propio canal de TV. El gobernador de esa provincia, Jorge Capitanich, es uno de los directores de la AFSCA. Chaco es la primera provincia en ser autorizada a tener su propio canal de aire.

21 La Auditoría General de la Nación (AGN), que depende del Congreso, acude a la Justicia para que destrabe los obstáculos que encuentra en organismos del Estado cuando pide información esencial para el control de su gestión. La AGN habla de «inaudita mordaza» al acceso a la información.

22 Basándose en información falsa, el gobierno nacional vuelve a denunciar al directorio de Papel Prensa por hechos que la Justicia ya desestimó. Se conocen más desmanejos en la agencia Télam: su presidente Martín García intenta subir al portal de la agencia un texto que dice: «Debo decir que si Télam es la Agencia de Noticias de la República Argentina, mal que le pese al multimedios *Clarín*, naturalmente lo es del Pueblo Argentino. Y a mucha honra». El gobierno desautoriza publicar ese cable.

24 En un link de la web de Télam se puede leer: «Felices 65 años de la agencia nacional y popular creada por Pe-

rón». La firma dice: «Martín García ("nac y pop")», como es el nombre de su portal kirchnerista.

24 El gobierno nacional lanza el programa *Deportes para Todos*, que transmitirá por TV abierta las competencias deportivas cuyos derechos tenían los canales de cable TyC Sports, Fox Sports, ESPN y ESPN+.

25 El empresario ultraoficialista Sergio Szpolski vende el 50% de su grupo de medios, Grupo 23, a Matías Garfunkel. Pese a su baja penetración en el mercado, el Grupo 23 es uno de los principales beneficiarios de la pauta oficial. Sus medios son férreos defensores del gobierno y críticos contra los diarios independientes.

25 Se difunde periodísticamente que el Grupo Szpolski tiene aceitados vínculos con la SIDE y que sus medios suelen utilizar *papers* redactados por agentes de este organismo.

25 Por haber cuestionado el polémico cable por el cumpleaños de la Presidenta, echan al gerente periodístico de Télam, Gabriel Fernández. Lo reemplaza Alberto Emaldi, quien ocupa un cargo jerárquico en el diario ultra K *Tiempo Argentino*.

26 Nuevo hostigamiento del gobierno nacional contra *Clarín*: la Lotería Nacional Sociedad del Estado ordena suspender la promoción «El número de la Suerte» un juego organizado por *Clarín* para sus lectores. El mismo día en el que el diario lanzó la promoción el gobierno modificó el régimen legal de promociones. Esta medida exigía nuevos requisitos e intentaba aplicarlos en forma retroactiva. El juego ya se había realizado en el año 2010 con las mismas bases y condiciones y con el mismo nombre. Ni el gobierno ni la Lotería Nacional habían hecho objeciones.

26 Se conoce un documento oficial que contradice las propias versiones del gobierno que acusaban a Fibertel de ser una empresa monopólica. El documento oficial elaborado en el año 2010 por la Comisión Nacional de Defensa de

la Competencia sostiene que Fibertel es un operador minoritario en un mercado controlado por Telecom y Telefónica y que es absolutamente necesario para asegurar la competencia con las telefónicas.

27 En un spot propagandístico emitido durante el programa «Fútbol para Todos», el gobierno vincula la presidencia de Cristina Fernández de Kirchner con la «Argentina feliz».

28 La Cámara Federal ordena suspender la resolución del gobierno, por la que había declarado la caducidad de Fibertel. El fallo indica que permitirá que nuevos usuarios contraten el servicio, ya que Fibertel seguirá existiendo.

MARZO 2011

1 Tras la resolución de la Cámara Federal a favor de la vigencia de Fibertel, el ministro de Planificación, Julio de Vido, desacredita el fallo judicial e inexplicablemente su ministerio sostiene que la licencia sigue suspendida, desobedeciendo a la Justicia.

1 Por unanimidad, la Corte Suprema de Justicia confirma un fallo que obliga al Ejecutivo a no discriminar en la distribución de la pauta oficial y exige mantener un equilibrio razonable entre los distintos medios, como garantía de la libertad de expresión.

3 Basándose en información falsa, el secretario de Comercio, Guillermo Moreno, ratifica una denuncia contra los accionistas privados de Papel Prensa por presunto vaciamiento de la empresa.

3 El periodista Joaquín Morales Solá denuncia en la Justicia que es víctima de una campaña de desprestigio profesional y de persecución personal por parte de la ex SIDE, de funcionarios del gobierno y de medios de comunicación públicos y privados financiados por el Estado.

4 La Cámara Federal Penal porteña revoca una resolución por la cual se había ordenado archivar una denuncia realiza-

da por el Grupo *Clarín* por violación de secretos fiscales respecto de sus empresas y directivos. Fue como consecuencia de la difusión pública de datos de una investigación llevada adelante contra el Grupo por parte de la Unidad de Información Financiera (UIF).

7 Télam, la agencia de noticias estatal, y el diario oficialista *Tiempo Argentino* encabezan una operación mediática para intentar difamar públicamente a dos jueces que fallaron en causas vinculadas a Fibertel y Cablevisión. Con ánimo de amedrentar, publican datos falsos y pertenecientes a su vida privada.

9 Mediante una resolución ilegal, la Secretaría de Comercio Interior pretende fijar el precio del servicio que brinda Cablevisión. La compañía rechaza la medida por ser arbitraria y discriminatoria. A través de un comunicado, la empresa informa que impugnará esta medida tanto en sede administrativa como judicial y que llevará adelante las acciones civiles y penales correspondientes.

9 El gobierno avanza con su propia medidora del rating de TV: abre la licitación para crear una nueva empresa dedicada a ese fin, sostenida con fondos públicos, algo inédito en el mundo.

10 La Asociación Mundial de Periódicos y Editores de Noticias (WAN IFRA) critica la presión del gobierno sobre los medios. Tomando como ejemplo el hostigamiento oficial hacia *Clarín*, la entidad cuestiona la estrategia de descrédito contra los diarios y la red propagandística oficial.

10 Más señales oficialistas: el gremio de la construcción (UOCRA) lanza «Construir TV», el primer canal sindical en la plataforma de televisión digital estatal.

11 Con el ánimo de amedrentar y disciplinar, la Dirección Nacional de Comercio Interior impone multas de 500 mil pesos a dos empresas consultoras por difundir en los medios cifras de la inflación contrarias a las que publica el INDEC.

14 La senadora Norma Morandini cuestiona las cifras de publicidad oficial y afirma que la Jefatura de Gabinete falsea datos y esconde gastos. Toma como casos emblemáticos la publicidad oficial en el Torneo Clausura, la alteración de datos en el primer semestre de 2010 y el cambio en la metodología en la presentación de datos.

14 Otro avance contra quienes contradicen al INDEC: Comercio Interior intima a otras consultoras y a la Asociación de Dirigentes de Empresas por supuestas «inexactitudes y debilidades metodológicas verificadas en las mediciones que realizan en torno a la evolución de los precios».

14 Comienzan a verificarse los temores por la aplicación arbitraria de la Ley de Medios. Por decreto, el gobierno declara la extinción de la licencia de la radio LT9 de Santa Fe (de la empresa Ondafé S.A. desde 1968). Aduce que el plazo de otorgamiento se encontraba vencido y faculta a la autoridad de aplicación (AFSCA) a llamar a concurso público para su adjudicación. Dispone que Ondafé S.A. siga con las transmisiones del servicio hasta tanto el nuevo licenciatario inicie sus emisiones regulares. El director de la AFSCA, Gabriel Mariotto, designa a un interventor en Ondafé S.A. hasta que se «normalice» su situación. El interventor es un hombre del riñón político del oficialismo.

15 La Sala E de la Cámara Nacional en lo Civil confirma un fallo de primera instancia que había desestimado un planteo del presidente de Aerolíneas Argentinas, Mariano Recalde, por el que solicitó el derecho a réplica por publicaciones realizadas en el diario *Clarín*, en mayo último, sobre supuestos pagos de sobreprecios en reparaciones de aeronaves. La Justicia rechaza la petición argumentando que toda la información publicada era correcta.

15 Desde su cuenta en Twitter, el canciller Héctor Timerman ataca a la directora del diario *Clarín*.

16 Más presión a la Justicia: El secretario general de la Unión de Empleados de Justicia y dirigente de la CGT, Julio Piumato, denuncia ante el Consejo de la Magistratura a los camaristas que fallaron a favor de la empresa Fibertel.

18 El Sindicato de Camioneros embiste ferozmente contra la prensa al amenazar con bloqueos y protestas en las puertas de los medios de comunicación en caso de que publiquen información que afecten al líder de ese sindicato, Hugo Moyano. El anuncio se realiza en una conferencia de prensa, en la que abundaron amenazas a los periodistas.

18 El acto de coacción y presión contra los periodistas no merece el inmediato rechazo de las autoridades nacionales, que guardan silencio ante una nueva amenaza contra la libre circulación de los medios.

18 Los periodistas Jorge Lanata, Luis Majul y Joaquín Morales Solá denuncian, en una entrevista concedida a la revista *Noticias*, un operativo oficial para censurarlos e intimidarlos, que incluye persecución y hostigamiento por parte de los organismos del Estado.

18 Sin prueba alguna, el diario oficialista *Tiempo Argentino* acusa en una nota a *Clarín* de ser el responsable del pedido de información de la Justicia suiza sobre Hugo Moyano.

19 En una entrevista al diario oficialista *Tiempo Argentino*, el hijo de Hugo Moyano, Pablo, asegura tras el pedido de información de la Justicia suiza: «Esta es una operación de *Clarín* jugando para intereses antipueblo».

19 El jefe de Gabinete, Aníbal Fernández, acusa al CEO del Grupo *Clarín* de «actuar de mala fe» y a los periodistas de *Clarín* de «alcahuetes» por la publicación en el diario del exhorto de la Justicia suiza.

19 A través de un comunicado, ADEPA rechaza las intimidaciones del gremio de Camioneros. Para la entidad, constituyen «uno de los episodios más graves para la libertad de expresión de los que se tenga memoria en democracia» y se

inscriben «dentro de la creciente degradación institucional y cívica que está asolando a nuestra sociedad».

21 La amenaza de paro y de bloqueo a los medios de comunicación lanzada por la CGT es justificada por el jefe de Gabinete, Aníbal Fernández, quien nuevamente vuelve a atacar al CEO del Grupo *Clarín*. Durante un acto, el canciller Héctor Timerman acusa al diario *La Nación* de ser cómplice de la última dictadura militar.

22 Julio Piumato, titular del gremio de los judiciales, denuncia al Centro de Información Judicial por ser «canal de una vergonzosa operación política», al haber divulgado la información sobre el exhorto de la Justicia suiza sobre las causas que podrían involucrar a Hugo Moyano. Los siete jueces de la Corte Suprema salen a respaldar de manera «total y unánime» a la agencia de noticias judicial.

23 En un acto en la ciudad de Río Grande, la presidenta Cristina Fernández de Kirchner dijo que la población es «bombardeada mediáticamente».

24 En un acto en el Luna Park, Luis D'Elía y el titular de la Autoridad de Aplicación de la Ley de Medios, Gabriel Mariotto, respaldan las transmisiones de una emisora ilegal (Radio Cooperativa), que no tiene frecuencia asignada en el dial y que interfiere actualmente a emisoras que funcionan de acuerdo con el marco legal vigente.

24 Durante la marcha en recordación del último golpe militar, aparecen carteles en el centro porteño, contra periodistas y comunicadores.

24 Manifestantes del Movimiento Evita y la Juventud Sindical realizan un escrache sobre la Autopista 25 de Mayo, frente a los estudios de Canal Trece y TN. Despliegan una bandera que plantea «complicidad con la dictadura militar».

26 Poco antes de la medianoche, un grupo de manifestantes (que no llegaban a cincuenta personas), con apoyo de militantes del gremio de Camioneros, se agolpa en las puertas de

la planta impresora de *Clarín, Olé* y *La Nación* e impiden la salida de los diarios. Argumentan un problema sindical inexistente, como motivo de la protesta. *Clarín* registra la denuncia en la Comisaría 30ª. El gobierno permanece en la inacción y ni siquiera condena el hecho. Esta nueva embestida se lleva adelante a pesar de la existencia de fallos judiciales que ordenan impedir nuevos bloqueos a las plantas impresoras.

26 Antes de que ocurra, la agencia Télam anticipa el bloqueo: a las 22:53 emite un cable informando que pasadas las 22:30 «trabajadores de Artes Gráficas Rioplatenses (AGR), acompañados por organizaciones sociales y políticas», se manifestaron en la sede de la planta impresora.

27 De madrugada, levantan el bloqueo al diario *La Nación* que puede comenzar a distribuirse. Sigue el bloqueo en *Clarín* y *Olé*.

27 Por el bloqueo, por primera vez en 65 años, el diario *Clarín* no puede salir a la calle. Tampoco se puede distribuir el diario *Olé*. Se trata de la quinta vez que una protesta interrumpe el acceso a la planta. Y la primera que logra impedir totalmente la circulación.

27 El diario *Clarín* emite un comunicado: «En democracia, algunos impidieron que nuestros lectores puedan informarse y el gobierno no hizo nada para evitarlo».

27 Al mediodía se levanta el bloqueo en el diario *Clarín*. Crecen las manifestaciones de repudio por parte de la oposición, y las entidades de medios del país y la región, que denuncian que se trata de la mayor violación a la libertad de prensa ocurrida desde 1983, año del retorno de la democracia al país.

27 Políticos, empresarios, hombres de la cultura, el deporte y el espectáculo condenan el piquete a la planta impresora del diario *Clarín*, que se extendió por doce horas e impidió la salida de *Clarín* y *Olé* en Capital y en el Gran Buenos Aires. La prensa internacional se hace eco de este nuevo atropello.

28 El diario *Clarín* vuelve a circular normalmente y llega a los quioscos. A modo de repudio por el bloqueo sufrido, sale a la calle con una doble primera plana: una primera página en blanco y, luego la apertura habitual con la información del día.

28 Luego del piquete que impidió la libre circulación de *Clarín* y *Olé*, el abogado Monner Sans denuncia a la ministra de Seguridad, Nilda Garré, por «violación de los deberes de funcionario público» y «desobediencia» a una orden judicial.

28 La Asociación de Editores de Diarios de la Ciudad de Buenos Aires (AEDBA) emite una solicitada en la que repudia el bloqueo a las distribuidoras de *Clarín* y *La Nación*.

28 La Justicia le pide al gobierno que explique por qué no evitó el bloqueo al no cumplir la orden judicial, del 21 de enero pasado, cuando le pidieron que garantizara las medidas necesarias para impedir cualquier tipo de acciones de ese tipo a la planta donde se imprimen *Clarín* y *Olé*.

28 El ministro de Trabajo, Carlos Tomada, justifica el bloqueo repitiendo la tesis oficial de que se trató de un conflicto laboral, y no de un ataque a la libertad de expresión.

28 En un comunicado, la ministra de Seguridad, Nilda Garré, sostiene que cumplió con la orden que le había dado un juez civil de evitar los bloqueos que impiden la libre circulación de los diarios, y que intentó comunicarse con la fiscalía a cargo del doctor Cearras sin resultado.

28 La empresa AGR emite una solicitada en la que explica que el bloqueo a su planta no fue por un conflicto laboral. «Sólo motivaciones personales y políticas explican las maniobras de extorsión a las que se ve sometida nuestra empresa», señalan.

28 La Asociación de Magistrados y Funcionarios de la Justicia Nacional (AMFJN) sostiene que el bloqueo a los diarios *Clarín*, *Olé* y *La Nación* «no puede ser encuadrada como una

simple manifestación sindical, porque afecta pilares esenciales de la vida republicana y democrática».

28 La CGT respalda el bloqueo que impidió la distribución del diario *Clarín*, y rechaza que se haya atentado contra la libertad de expresión o de prensa.

28 Fuerte rechazo de las cámaras empresarias. La Unión Industrial Argentina, la Asociación Cristiana de Dirigentes de Empresas, la Asociación Empresaria Argentina, la Sociedad Rural, la Cámara Argentina de Anunciantes y la Asociación Dirigentes de Empresas, entre otras, condenan enérgicamente el bloqueo.

28 La Sociedad Interamericana de Prensa evalúa enviar una misión especial para investigar el grave episodio del domingo.

28 La Iglesia denuncia un fuerte ataque a la libertad de expresión y «un hecho de intolerancia que atenta contra la paz social».

29 El ministro de Educación, Alberto Sileoni, anuncia que impulsará una «acción de amparo» contra Cablevisión para que modifique su grilla.

29 El fiscal federal Carlos Cearras desmiente que el Ministerio de Seguridad haya intentado comunicarse con él durante el bloqueo a *Clarín*. Pide que le envíen el detalle de las supuestas llamadas hechas a su fiscalía.

29 Diputados opositores citan a la ministra de Seguridad, Nilda Garré, para que dé explicaciones sobre su accionar durante el bloqueo a la planta distribuidora del diario *Clarín*. La ministra no se presenta.

29 Siguen las manifestaciones de rechazo. El Comité para la Protección de los Periodistas (CPJ), la Academia Argentina de Artes y Ciencias de la Comunicación, el Comité Mundial de Libertad de Prensa de Freedom House, el presidente de la Asociación Nacional de la Prensa de Chile y el diario *La Vanguardia* se solidarizan con los diarios *Clarín*, *Olé* y *La Nación* y rechazan el bloqueo.

29 En medio de una fuerte polémica y apoyada por sectores kirchneristas, la Facultad de Periodismo y Comunicación Social de la Universidad de La Plata le entrega al presidente de Venezuela, Hugo Chávez, un premio «por su contribución a la libertad de prensa en América latina». Durante el acto se escucharon cantos contra *Clarín*. Sólo se permitió el ingreso al mismo de medios estatales. Chávez llama a combatir a las dictaduras mediáticas y a votar por Cristina Kirchner.

29 En una conferencia de prensa, brindada por los presidentes de Argentina y Venezuela, la presidenta Cristina Kirchner acusa a una periodista de *La Nación* de ser ella quien cuestionó el polémico premio a Hugo Chávez.

30 Acompañado por dirigentes del gobierno, el líder de la CGT, Hugo Moyano, convoca a una manifestación por el Día del Trabajador. Dice que en la marcha «se verá claramente si los trabajadores le creen a *Clarín* o a Moyano».

30 El Senado declara su «repudio y rechazo» al bloqueo a *Clarín* y condena «la metodología» que impidió la circulación del diario el domingo 27.

30 Por el bloqueo que impidió la salida de *Clarín*, la SIP confirma que enviará una misión a la Argentina y pedirá audiencia con la presidenta Cristina Kirchner.

30 Para justificar su inasistencia al Congreso, la ministra Garré descalifica a los diputados que la citaron diciendo que «son funcionales a *Clarín*».

31 Por su inacción ante el bloqueo a *Clarín*, la policía se justifica argumentando que llamó al fiscal Cearras a un número equivocado.

31 Por impedir la salida de la revista *Viva*, en diciembre de 2010, los seis trabajadores que se encadenaron durante seis días a la planta de impresión AGR acordaron una *probation* con la Justicia, a través de la cual realizarán tareas comunitarias.

31 Diputados oficialistas intentan dilatar la interpelación de la ministra Nilda Garré.

31 Representantes de medios gráficos, radiales, digitales y televisivos se reúnen en ADEPA y piden «que no se repitan los atropellos» a la prensa. «Impedir la circulación de un diario es un delito penal», declaran.

31 El secretario de Comunicación Pública, Abal Medina, y el ministro del Interior, Florencio Randazzo, reciben a directivos de ADEPA.

31 En una charla en una universidad, Diego Gvirtz, productor del programa ultraoficialista 6, 7, 8, que se emite por la TV pública, dice que el pluralismo es una «hipocresía».

31 La Delegación de Asociaciones Israelitas Argentinas (DAIA) condena el bloqueo a los diarios *Clarín* y *La Nación*.

31 La ex directora del IPC del INDEC, Graciela Bevacqua, dice que «el bloqueo a *Clarín* y tratar de silenciar a las consultoras afectan la libertad de expresión». Asegura que con la intervención del organismo el gobierno «pretende acallar voces disidentes».

31 El secretario de Comercio, Guillermo Moreno, intima a Cablevisión a fijar su tarifa en 109 pesos. La empresa rechaza la resolución por arbitraria y discriminatoria, dado que no se han dado medidas similares con otras empresas del sector. Anuncia que llevará el caso a la Justicia.

ABRIL 2011

1 Después de la inacción policial frente al piquete que impidió la salida de diarios, un fiscal ordena a la Policía evitar nuevos bloqueos al diario *Clarín*.

1 Pese a que la empresa editora de *Clarín* no tiene conflictos gremiales, el ministro del Interior, Florencio Randazzo, insiste en que el bloqueo al diario se trató de un conflicto sindical.

1 Se conoce que el productor del programa ultraoficialista 6, 7, 8, Diego Gvirtz, planea producir una versión latinoamericana del ciclo. El programa se emitiría en el canal Telesur.

1 El redactor jefe de la revista *Veintitrés*, Diego Rojas, denuncia que los dueños del diario oficialista *Tiempo Argentino* le censuraron una nota que era crítica con la relación de los funcionarios del gobierno y el sindicato de la Unión Ferroviaria.

2 El gobierno —instado por el fallo de la Corte Suprema a realizar un igualitario reparto de la publicidad oficial— pauta en el diario *Perfil* un aviso que no guarda proporción con la competencia y en el que ataca expresamente a la editorial que edita el diario.

3 Se difunde un video en el que el delegado de AGR, Luis Siri, intenta extorsionar a la empresa pidiéndole 9 millones de pesos para terminar con el conflicto y para que no haya más bloqueos a los diarios. Siri ratifica que cuenta con el apoyo del gobierno y de Moyano en la estrategia de los bloqueos. AGR realiza una denuncia por extorsión.

3 A una semana del piquete a *Clarín*, distribuidores afines a Moyano bloquean dos diarios en la provincia de Córdoba, *La Voz del Interior* y *Día a Día*. ADEPA habla de un efecto contagio. La Asociación de Diarios del Interior de la República Argentina expresa su rechazo hacia quienes «obstaculizaron la salida normal» de esos diarios.

3 La oposición le pide a la Justicia que avance en la investigación sobre los vínculos entre el gobierno, Hugo Moyano y el delegado de AGR, Luis Siri.

4 La fiscal de Instrucción, Marcela Sánchez, pide que se investigue la denuncia de *Clarín* por extorsión e imputa al delegado de AGR, Luis Siri, por ese delito.

4 El titular de la SIP, Gonzalo Marroquín, se refiere a los bloqueos a los periódicos en la Argentina. Habla de su preocupación por si estas acciones «están siendo promovidas para limitar la circulación de los diarios y afectar su credibilidad».

4 Luego del aviso pautado en el diario *Perfil* por el gobierno, ADEPA emite un comunicado en el que acusa al gobierno de burlarse de la Corte Suprema.

4 El titular de la AFSCA, Gabriel Mariotto, advierte que Cablevisión puede perder su licencia.

5 El juez federal, Ricardo Bustos Fierro, suspende la resolución dispuesta por la Secretaría de Comercio Interior que buscaba fijar el precio del abono del cable, aplicado discriminatoriamente por el gobierno contra Cablevisión.

5 El subsecretario de Estado para Asuntos Hemisféricos de los Estados Unidos, Arturo Valenzuela, condena «las tácticas para lesionar la libertad de prensa» en la Argentina.

5 Legisladores de la oposición denunciaron ante la OEA «la sistemática campaña de acoso a los medios de prensa independientes».

5 Pese a que el domingo 27 de marzo, manifestantes bloquearon la planta de distribución del diario *Clarín*, impidiendo su total distribución, y la policía no actuó, el jefe de Gabinete, Aníbal Fernández, dice que no haber salido «fue una decisión empresarial del Grupo *Clarín*». La ministra Garré y el manifestante Siri habían confirmado que el bloqueo imposibilitó la salida del diario.

6 El juez Polo Olivera, el mismo juez que en enero le había ordenado a la ministra de Seguridad impedir el bloqueo a *Clarín*, denuncia a la funcionaria por inacción.

6 El titular de la AFSCA, Gabriel Mariotto, dice que las medidas cautelares dictadas por la Justicia tienen como objetivo «cumplir con el grupo monopólico *Clarín*».

6 La presidenta Cristina Kirchner inaugura dos plantas transmisoras de TV digital abierta en Córdoba. Referentes de la oposición aseguran que militantes kirchneristas cambiaron decodificadores de TV de alta definición a cambio de que la gente fuera al acto.

6 Avanza el proyecto mediático del gobierno: formaliza acuerdos con treinta universidades para que reciban licencias para televisión.

7 Impulsadas por el gobierno, asociaciones cercanas al oficialismo piden a los usuarios de Cablevisión que no pa-

guen sus facturas y que abonen el precio que fijó Guillermo Moreno.

7 En la apertura de la Reunión de Medio Año de la SIP, se presenta el informe sobre la situación de la prensa en la Argentina, el cual advierte sobre la creciente ola de agresiones. Desde la comisión para la Libertad de Expresión de la entidad, se condena la «neutralización de la prensa independiente a través de la cancelación de licencias de radio y televisión, y sobre todo, el entorpecimiento sistemático de la distribución de la prensa gráfica, como ocurrió en los últimos meses en la Argentina».

7 El rector de la Universidad de Tucumán denuncia que el gobierno local hace un uso propagandístico de la TV universitaria de esa provincia.

8 El presidente de la SIP, Gonzalo Marroquín, dice que los gobiernos de la Argentina, Ecuador y Venezuela se encuentran embarcados en «una práctica que se repite de un país a otro y que parece parte de un plan estratégico para ir terminando con la prensa independiente».

8 El Departamento de Estado de los Estados Unidos presenta su informe sobre la situación de los derechos humanos en el mundo y en el capítulo dedicado a la Argentina resalta la corrupción, la distribución arbitraria de la publicidad oficial y el intento del gobierno por apoderarse de Papel Prensa.

8 El titular de la AFSCA, Gabriel Mariotto, acusa al Grupo *Clarín* de pretender «cambiar a este gobierno y de poner a uno que defienda sus intereses y que vuelvan los términos de la ley de la dictadura».

8 Un informe publicado en la revista *Noticias* acusa al gobierno de no cumplir con el fallo de la Corte Suprema sobre publicidad oficial y no anunciar en la revista desde hace siete años.

9 Al finalizar la reunión de medio año, la SIP emite dos resoluciones sobre la Argentina. En la primera, reclama por

la «inacción de las autoridades» frente a los bloqueos a los diarios. También denuncia el uso indebido por parte del gobierno, «de los medios de comunicación del Estado, como medios de propaganda oficial y de apoyo explícito a su gestión». La segunda resolución condena la arbitraria distribución de la publicidad oficial y la asignación de las frecuencias de radio y TV por cable según criterios políticos. La entidad reclama el cese de las prácticas intervencionistas y discriminatorias ejercidas en el marco de la aplicación de la Ley de Servicios de Comunicación Audiovisual.

10 Una lectora del diario *Clarín* denuncia que tras haber enviado una carta al diario solidarizándose por el último bloqueo que sufrió el diario, comenzó a recibir e-mails amenazándola y agraviándola.

11 En un encuentro con militantes tuiteros, el ministro da Economía, Amado Boudou, vuelve a criticar al diario *Clarín*.

11 Mediante la empresa ARSAT (Empresa Argentina de Soluciones Satelitales), el Estado lanza una licitación para comprar quince Unidades Transportables de Televisión Digital Terrestre.

12 Mediante un decreto, el Gobierno de la Ciudad de Buenos Aires establece que el bloqueo a diarios y el hostigamiento a periodistas es una contravención y debe ser impedida por las fuerzas de seguridad.

12 El secretario de Comercio Interior, Guillermo Moreno, organiza una convocatoria en las puertas de Cablevisión para protestar contra el precio del abono. La insólita convocatoria se realiza cuando al gobierno ha autorizado aumentos del abono de la TV por cable de otros operadores, y de telefonía celular y en otros servicios. La marcha es fogoneada por los medios estatales y los medios afines al gobierno. La convocatoria fracasa, asistiendo no más de treinta militantes oficialistas.

12 Otro lector de *Clarín* asegura que luego de que una carta de opinión suya fuera publicada en el diario, recibió por e-mail infundadas críticas y acusaciones de «golpista y desestabilizador».

12 El ministro de Economía, Amado Boudou, lanza su campaña para jefe de Gobierno porteño y en su discurso ataca al Grupo *Clarín*.

13 Secundado por sindicalistas, el ministro de Trabajo, Carlos Tomada, cuestiona el decreto que establece que el bloqueo a diarios y el hostigamiento a periodistas constituye un delito.

13 La Secretaría de Comercio Interior realiza una presentación contra el juez federal Ricardo Bustos Fierro, quien había suspendido la resolución arbitraria que fijaba el abono de Cablevisión.

14 El jefe de Gabinete, Aníbal Fernández, presenta su libro *Zonceras argentinas y otras yerbas* y ataca fuertemente al CEO del Grupo *Clarín*, Héctor Magnetto.

15 En una entrevista en la que se le preguntó sobre el arbitrario reparto de la pauta oficial, el ministro del Interior, Florencio Randazzo, reconoce que hay medios de comunicación «al servicio del gobierno».

15 El gobierno dicta un decreto por el cual les prohíbe a los políticos pautar publicidad en radio y televisión durante el año electoral. Diputados y senadores de la oposición remarcaron que el gobierno podrá seguir gastando más de un millón y medio de pesos por día ya que el decreto no regula la publicidad oficial.

15 La Comisión Interamericana de Derechos Humanos (CIDH) alerta sobre los ataques a la prensa que «impiden el debate» y toma como ejemplos los insultos oficiales a periodistas de *Clarín* y *La Nación*.

16 El ministro de Educación, Alberto Sileoni, el secretario de Medios, Juan Manuel Abal Medina, y el titular de la AFS-

CA, Gabriel Mariotto, organizan un acto en el que incitan a chicos a manifestarse contra Cablevisión.

16 El gobierno suma a los canales de aire Telefe y Canal 9 a la TV Digital Terrestre. Estos se suman a otras señales de orientación oficialista, como C5N y CN23, que se incorporaron sin concurso ni licitación.

17 El jefe de Gabinete, Aníbal Fernández, califica al CEO del Grupo *Clarín*, Héctor Magnetto, como «un personaje siniestro».

17 Durante la transmisión de Fútbol para Todos, el gobierno difunde una publicidad contra Cablevisión. Utiliza información falaz e incita a los clientes de le empresa a no pagar sus facturas, pese a que las mismas están validadas por la Justicia.

18 Papel Prensa: El fiscal federal Guillermo Marijuán pide la indagatoria de Guillermo Moreno por amenazar a accionistas de la empresa durante una asamblea de la firma.

19 Abogados de la empresa Covelia, vinculada con Hugo Moyano, amenazan con iniciarles un juicio penal y civil a los periodistas de *Clarín*, *Perfil* y *La Nación* que investigan las irregularidades de la empresa.

19 Otro canal se suma al universo kirchnerista. El moyanista Grupo Olmos firma un convenio para hacerse cargo de la administración del canal de noticias Crónica TV.

19 El canal CN23, ultraoficialista, realiza un programa especial desde la puerta de Cablevisión para exigirle a la empresa que incorpore el canal a la grilla, pese a que se trata de un canal privado y hay otros en lista de espera, ya que la grilla está completa.

24 Referentes de la oposición advierten que por la nueva reglamentación se permite que haya publicidad oficial durante casi toda la campaña electoral, mientras que los candidatos opositores deberán conformarse con los pocos minutos que les otorgue en forma gratuita el Ministerio del Interior.

25 A través de dirigentes del moyanismo trasciende que para el acto por el Día del Trabajador, la CGT diseñó cuatro afiches para convocar a la concentración, con el slogan «Se está con *Clarín* o con Moyano».

26 Basándose en un fallo judicial inaplicable y de carácter individual, el ministro de Economía, Amado Boudou, llama a la gente a no pagar el abono de Cablevisión. La empresa aclara que la Justicia ya ha ratificado la validez de la actualización de los abonos, al declarar nulas las resoluciones impuestas por Guillermo Moreno, que pretendían fijar el precio del cable.

26 El diario *La Nación* publica un editorial en el que denuncia restricciones a la libertad de expresión en la Argentina. «Desde el seno del gobierno, se ha construido y se alimenta un aparato de difusión y propaganda cuyo funcionamiento constituye una agresión al pluralismo». Toma como ejemplos el uso propagandístico del fútbol, la reglamentación de la ley electoral que «elimina el derecho de los partidos políticos a divulgar con libertad sus ideas» y la utilización de Canal 7 y de Télam como centros de propaganda.

27 La Comisión Nacional de Valores (CNV) pide a la Justicia la suspensión de la decisión de los accionistas privados de Papel Prensa (*Clarín* y *La Nación*) de excluir de ese órgano a los representantes del Estado. La Cámara Comercial ya había ratificado la decisión de los accionistas privados de Papel Prensa. Los ex directivos en Papel Prensa por parte del Estado pretenden irrumpir en una reunión de directorio de la compañía, pese a que fueron relevados por la Justicia.

28 Al presentar un informe sobre libertad de expresión en la Argentina, ADEPA denuncia que «en los últimos meses se profundizaron los ataques que ha venido sufriendo el ejercicio de la actividad periodística y que afecta a la libertad de expresión». El presidente de la asociación, Daniel Dessein, declara que «la prensa atraviesa un período de gravedad».

28 El gobierno decide transferir todas las tenencias accionarias, de títulos y de moneda extranjera, que pertenecían al patrimonio del ex Banco Nacional de Desarrollo a la agencia Télam.

29 En el acto por el Día del Trabajador, Hugo Moyano ataca a los medios y en especial a *Clarín*.

29 La Unidad Fiscal Federal de La Plata emite un dictamen en el que le solicita al juez Arnaldo Corazza que se declare incompetente en la causa promovida por el Estado nacional por la compraventa de Papel Prensa, y pide que pase a la Justicia federal de la ciudad de Buenos Aires.

29 Durante la Junta de Directores de ADEPA, el CEO de Editorial Perfil, Jorge Fontevecchia, advierte que «el autotitulado periodismo militante pago por el Estado contribuye a destruir la idea de una objetividad posible en el periodismo y por ende la idea misma de periodismo puro».

Mayo 2011

3 Una misión de la Sociedad Interamericana de Prensa llega a la Argentina para comprobar «en terreno» los ataques a la prensa que se cometen en el país. El presidente de la entidad encabeza la delegación.

4 En una reunión con representantes de la SIP, el secretario de Comunicación Pública, Juan Manuel Abal Medina, entrega documentación con numerosas falsedades en la que se acusa al Grupo *Clarín* de ser «un obstáculo» para la libertad de prensa.

4 Luego de reunirse con el gobierno y con la oposición, la SIP manifiesta su «profunda preocupación» por la libertad de prensa en el país. El titular de la entidad, Gonzalo Marroquín, insiste en que «el Estado tiene que garantizar que los medios circulen y que los periodistas puedan cumplir con su labor».

4 Dudas sobre la propiedad de Canal 9. Ante una pregunta del presidente de la SIP, el secretario de Comunicación Pú-

blica, Abal Medina, asegura que Canal 9 fue vendido. Fuentes de la emisora lo desmienten. Aunque la ley le impide a una empresa extranjera ser dueña de más del 30% de un medio nacional, el canal (favorecido escandalosamente con el reparto de la publicidad oficial) está en manos del mexicano Ángel Remigio González González.

4 Trasciende que el gobierno planea lanzar un nuevo canal en su plataforma de Televisión Digital. El proyecto estaría a cargo de la productora ON TV (Llorente/Villarruel) y de la empresa Electroingeniería, contratista del Estado, y muy cercana al kirchnerismo.

5 Al finalizar su misión en el país, la SIP presenta un crítico informe en el que le reclaman a la Presidenta que cesen los ataques a los medios. Denuncia «un deterioro constante» de la libertad de prensa en el país respecto de la anterior visita en 2005 y una «estrategia gubernamental para el control de la información».

5 Insólita presión por parte de un grupo de periodistas afines al gobierno que tratan de copar la conferencia de prensa ofrecida por la SIP, que asumen una posición militante en defensa del gobierno y en contra del Grupo *Clarín*. Una actitud similar habían tenido durante la mañana al presentarse en el hotel donde se aloja la delegación.

5 Periodistas oficialistas entregan al titular de la SIP, Gonzalo Marroquín, una solicitada en la que denuncian con información falsa e inexacta a empresas pertenecientes al Grupo *Clarín*.

5 Durante la presentación de un libro de su autoría, el jefe de Gabinete, Aníbal Fernández, critica al diario *Clarín*, al canal TN y al CEO del Grupo *Clarín*, Héctor Magnetto.

6 El copresidente de la Comisión de Libertad de Prensa e Información de la SIP, Claudio Paolillo, cuestiona el discrecional manejo de la publicidad oficial que se registra en el país.

7 En una nota publicada en el diario *La Nación*, el periodista Jorge Fernández Díaz denuncia que el gobierno ve al periodista como un enemigo: «Ninguna otra fuerza política en la democracia moderna hizo tanto como el kirchnerismo para convertir al periodista profesional en un enemigo del Estado».

8 En un debate sobre la actualidad de los medios, los periodistas Nelson Castro, Magdalena Ruiz Guiñazú, Hugo Alconada Mon y Pablo Sirven, analizan el riesgo que conlleva la pretensión de anular el pensamiento crítico. Se refieren también a la difamación pública que sufren los periodistas que piensan distinto del gobierno.

9 El diario oficialista *Tiempo Argentino* publica información falsa sobre una inexistente maniobra financiera realizada por el Grupo *Clarín*. Lo publicado se basa en los dichos de un ex ejecutivo de JP Morgan, prófugo de la Justicia de los EE.UU.

9 Aparecen en la ciudad de Buenos Aires carteles anónimos contra la firma Cablevisión.

10 Durante un debate en el Congreso, el ministro de Economía, Amado Boudou, ataca a la Justicia por haber suspendido dos resoluciones que pretendían fijar el precio del cable.

10 Diputados de la oposición presentan un proyecto de ley para agravar las penas a quienes impidan le distribución de diarios.

11 El titular de la SIP, Gonzalo Marroquín, envía una carta a la presidenta Cristina Kirchner, en la que le pide que garantice respeto y tolerancia «a todos los medios» y muestra su preocupación «por el debilitamiento de la libertad de prensa» en el país.

12 En una reunión pública con su equipo técnico, el ministro de Economía, Amado Boudou, ataca al CEO del Grupo *Clarín*.

13 Fútbol para Todos: Trasciende que el gobierno destinó, en sólo tres meses, 90 millones de pesos en avisos.

Presidencia aparece como el mayor anunciante con casi el 60% total de la pauta. En segundo lugar quedó el sponsor principal, Iveco. Luego siguen el Homenaje a Néstor Kirchner; Aerolíneas Argentinas; Banco Nación; Mercado Central; Inca: Memoria, Verdad y Justicia Acto de Conmemoración; Deporte para Todos y Argentina Turismo. Es decir, todos estatales.

13 La Justicia rechaza el pedido del gobierno para levantar la medida cautelar que suspende para Grupo *Clarín* la aplicación de la «cláusula de desinversión» de la Ley de Medios Audiovisuales. Y fija hasta diciembre de 2013 «el plazo razonable» para resolver la cuestión de fondo. El fallo se ubica en la misma línea de lo determinado por la Corte Suprema de Justicia.

15 La Asociación Internacional de Radiodifusión muestra su preocupación por la situación de la libertad de prensa en la Argentina. La entidad sostiene que «como nunca antes desde el advenimiento de la democracia, en 1983, la Argentina está padeciendo serias restricciones —directas e indirectas— al normal funcionamiento de los medios de comunicación».

15 El titular de la SIP, Gonzalo Marroquín, advierte que «en la Argentina están tomando una actitud para controlar la prensa y para limitar la libertad de expresión del pueblo».

16 Papel Prensa: La Justicia rechaza un nuevo planteo oficial que buscaba la intervención de la empresa. La medida permite reponer en sus funciones a los directores estatales, que habían sido removidos en agosto de 2010.

16 El jefe de Gabinete, Aníbal Fernández, oficializa su participación semanal en el noticiero *Baires Directo*, que se emite por Telefe.

18 El gobierno competirá con tres empresas privadas en el campo de las telecomunicaciones. Trasciende que destinará 3.000 millones de pesos para convertirse en el principal operador. Pretende ampliar el sistema de TV digital oficial y ar-

mar una red de fibra óptica que lleve Internet de banda ancha gratis a todo el país.

19 Un artículo publicado por el diario *El Cronista Comercial* sostiene que la estrategia que delineó el gobierno reside en «estrangular a *Clarín*» después de las elecciones presidenciales de octubre. La nota también revela el pensamiento del secretario de Comercio, Moreno: *Clarín* es «la batalla que considera más importante el gobierno de Cristina Kirchner».

19 La Asociación Argentina de Televisión por Cable (ATVC) acusa al gobierno de «avanzar» contra esta industria de manera «abusiva y desembozada». También cuestiona la falta de límites a las telefónicas extranjeras que operan en el país, lo que reduce la falta de competencia en el mercado de las telecomunicaciones.

23 Libertad de expresión: Una comisión del Congreso de los Estados Unidos se refiere a los ataques al periodismo independiente en la Argentina. Su presidente, Adam Schift, denuncia que «por espacio de más de dos años el gobierno argentino ha desplegado una guerra creciente contra aquellos medios que le son críticos».

23 El juez Gastón Polo Olivera, mediante una medida cautelar, prohíbe que se realicen bloqueos frente a la planta impresora del diario *La Nación*.

26 Críticas a la Ley de Medios: El productor independiente de TV regional, Nahuel Gonzalo Abregú, publica una nota en la que denuncia que la nueva norma obliga a las productoras independientes del interior del país a depender de la pauta del gobierno. Critica el recorte que se hizo del espacio para publicidad comercial.

26 El fiscal general de Investigaciones Administrativas de la provincia del Chaco, Héctor Miró, le exige al gobernador de la provincia, Jorge Capitanich, que renuncie al directorio de la AFSCA ya que afirma que el cargo de gobernador tie-

ne «la más absoluta incompatibilidad con cualquier otro cargo o empleo público o privado».

26 El diputado nacional de la UCR y candidato a gobernador por La Rioja, Julio Martínez, denuncia que el canal estatal de su provincia lo censura y no le deje pautar publicidad.

28 La Asociación Nacional de Diarios de Brasil (ANJ) le otorga al diario *Clarín* el Premio a la Libertad de Prensa. El premio es porque *Clarín* «simboliza los problemas que enfrenta la prensa argentina para ejercer su misión de hacer un periodismo independiente, de calidad, sin sumisión a los gobiernos». La presidenta de la ANJ, Judith Brito, expresa que «la Argentina está pasando por un proceso preocupante de reversión de su tradición democrática». El sentido de este premio es transmitirle a la prensa argentina solidaridad por las presiones «que viene sufriendo».

28 En un acto partidario realizado en el Ministerio de Economía, el secretario de Comercio. Guillermo Moreno, asegura que si el kirchnerismo continúa en el gobierno, el CEO del Grupo *Clarín*, Héctor Magnetto, irá preso.

30 La Cámara Federal de Mar del Plata suspende la aplicación de una resolución dictada por Guillermo Moreno que establecía el precio a los abonos de la TV por cable.

31 En un acto en la ex ESMA, en el que participa el ministro Boudou y Hebe de Bonafini, los periodistas de *Clarín*, *La Nación*, *Perfil*, Telefe, TN, DyN, El Trece y varios otros son echados de la ceremonia. En el lugar están presentes todos los medios del multimedio oficial.

31 La Corte Suprema rechaza planteos del Estado nacional, presentados por la Secretaría de Comercio Interior, contra medidas cautelares a favor de las empresas Cablevisión y DirecTV. Los recursos que presentaron los abogados del Estado eran en contra de las medidas cautelares que favorecieron a ambas compañías y que les permitieron ajustar sus tarifas.

2 El ministro de Economía, Amado Boudou, incrementa un 117,5% el presupuesto de gastos de la agencia oficial Télam respecto a los de 2010. Los gastos de la agencia previstos para 2011 serán de 321,3 millones de pesos.

2 «Periodismo militante»: Revelan que el gerente periodístico de Télam, Alberto Emaldi, es al mismo tiempo jefe de redacción del diario ultra K, *El Argentino.*

3 En una actividad de campaña, el candidato kirchnerista a jefe de Gobierno porteño, Daniel Filmus, prohíbe el ingreso a periodistas de *Clarín,* la agencia DyN y la revista *El Parlamentario.* Sólo permite el acceso a los periodistas de la agencia oficial Télam.

6 En el marco de un debate público organizado en la Casa del Bicentenario, el secretario Legal y Técnico, Carlos Zannini, atacó al Grupo *Clarín* y a su CEO, Héctor Magnetto.

6 El Foro de Periodismo Argentino (Fopea) manifiesta su preocupación por un posible acto de intimidación al periodista Sergio Schneider, colaborador de *Clarín* en la provincia del Chaco. Su hijo menor sufrió un presunto intento de secuestro.

7 En el Día del Periodista, la presidenta Cristina Kirchner critica otra vez a los medios: «Hoy es el día del radar y del periodista, tendríamos que desarrollar un radar que detectara operaciones periodísticas».

7 El diputado radical Ricardo Gil Lavedra denuncia que en el país «se hostiga a quienes osan criticar al oficialismo» y que «crece sin medida una prensa adicta paga por el gobierno». Lo hizo en una columna publicada en *Clarín* («Pésima época para la prensa independiente»).

7 En el Día del Periodista, diversos referentes de la profesión denuncian las agresiones a la prensa. Magdalena Ruiz Guiñazú declara: «Me alarma lo que pasa: estamos en una situación de belicosidad». Según Luis Majul, «nunca desde

1983 los periodistas no oficialistas tuvimos tantos inconvenientes».

7 Medios oficialistas convocan a una concentración en la puerta del diario *Clarín*.

7 Desde su cuenta de Twitter, el gerente de Medios Gráficos de Télam, Juan Manuel Fonrouge, define a los periodistas como unos «frustrados» que «tienen la contradicción entre el ser y el querer ser». Saluda sólo a los «periodistas militantes de los intereses nacionales y populares, sin discriminar a los militantes de la pavada y la billetera».

7 El gobierno aumenta el presupuesto en publicidad oficial. Reasigna partidas por un total de 8,5 millones de pesos. En 2010, la Casa Rosada gestó cerca de 1.500 millones de pesos en publicidad oficial, incluyendo los más de 900 millones del Fútbol para Todos.

7 Luego de que se revelara que el ex apoderado de la fundación Madres de Plaza de Mayo es investigado por presunto lavado de dinero, la titular de la fundación, Hebe de Bonafini declara que «los periodistas de los grandes medios son pura basura».

7 El gobierno abre la importación de TV para atender el plan LCD para Todos. Los televisores vendrán con el sintonizador de la TV digital estatal incorporado.

8 La UCR denuncia «discriminación en el acceso a la difusión pública» de la propaganda electoral. Según el titular del radicalismo, Ángel Rozas, el gobierno «no tiene límites» y lleva a cabo «una acción impúdica en el uso de todos los medios oficiales a su alcance» para difundir «propaganda oficial».

9 Intimidación a empresarios. La Unidad de Información Financiera incluye en forma arbitraria a todos los máximos dirigentes del ámbito empresario en una lista de personas sujetas a investigación por lavado de dinero y corrupción.

9 La empresa de cable Supercanal, de fuertes vínculos con el kirchnerismo, presenta una falsa denuncia contra Ca-

blevisión en la provincia de Mendoza. Cablevisión no opera en Mendoza, por lo que no hay motivo para presentar allí la demanda.

10 El fiscal federal Carlos Rívolo pide investigar la compra de Radio del Plata por la empresa kirchnerista Electroingeniería. Según Rívolo, Electroingeniería utilizó dinero adelantado de la publicidad oficial para comprar la emisora. Entre 2008 y 2009, los pagos de la agencia Télam a Radiodifusora del Plata se incrementaron en un 308,5%.

11 Un informe del diario *La Nación*, revela que el empresario kirchnerista Cristóbal López planea comprar Radio 10, radio líder en audiencia.

14 Amparada por el gobierno, la Comisión Nacional de Valores multa con 450 mil pesos a los directores privados de Papel Prensa.

14 Por temor a recibir nuevas sanciones de parte del gobierno, ocho consultoras privadas acuerdan que sea la oposición parlamentaria la que divulgue las cifras de la inflación.

15 ADEPA difunde un comunicado en el que repudia la «persecución a las consultoras». Para la entidad, sancionarlas por difundir resultados de una investigación es también otro ataque a la libertad de expresión.

15 El fiscal federal Gerardo di Masi pide investigar al secretario de Comercio, Guillermo Moreno, por abuso de autoridad al multar a las consultoras que difundan índices de inflación distintos a los que publica el gobierno.

16 Papel Prensa: Abogados de *Clarín* y *La Nación* denuncian que el gobierno presentó a la Justicia documentos adulterados. La secretaria de Derechos Humanos presentó una supuesta copia del dictamen de la Fiscalía Nacional de Investigaciones Administrativas (FIA), de 1988. Pero la misma contiene agregados que no están en el dictamen original. En aquel documento, el titular del organismo, Ricardo Molinas, había considerado a los diarios (*Clarín, La Nación* y *La*

Razón) como «compradores de buena fe». Pero en el presentado por el gobierno aparecen dos párrafos agregados con la intención de ir contra los diarios.

16 El empresario de medios, Raúl Moneta —ex menemista y actual K—, es procesado por el juez federal Martínez de Giorgi por extorsionar a accionistas de Cablevisión. Se trata de una maniobra que puso en marcha para apoderarse de parte del paquete accionario. Moneta es propietario de las radios Rock & Pop, Metro, Blue, AM Belgrano, AM Libertad y FM San Isidro y de las revistas *El Federal* y *El Guardián*.

16 El titular de la AFSCA, Gabriel Mariotto, amenaza a Cablevisión con quitarle la licencia que le permite operar.

17 En medio del escándalo por lavado de dinero y administración fraudulenta de los fondos públicos recibidos por las Madres de Plaza de Mayo, la Facultad de Periodismo de la Universidad de La Plata le entrega a Hebe de Bonafini un premio por «sus aportes a le comunicación». Durante el acto se escuchan cantos contra *Clarín* y contra los medios.

18 El periodista Luis Majul denuncia en su libro *Él y Ella* que su productora, La Cornisa Producciones S.A., recibió amenazas por parte del titular de la AFIP, Ricardo Echegaray. En su libro, también cuenta cómo el organismo encargado de cobrar los impuestos ha perseguido a *Clarín* y *Perfil*.

19 Después de que el diario *Clarín* publicara que el ministro de Planificación, Julio De Vido, era el responsable de controlar las obras llevadas a cabo por la Fundación Madres de Plaza de Mayo, el funcionario ataca a *Clarín* y recomienda a los lectores de *Clarín* seguir la información oficial.

19 En una entrevista al diario *El Cronista*, Daniel Dessein, vicepresidente de la SIP, afirma que «la de Cristina Kirchner es la gestión más dura contra la libertad de prensa».

20 El diario oficialista *BAE* revela que el Instituto Nacional de Cine (INCAA) está produciendo un programa unitario sobre el caso Papel Prensa.

21 Haciendo uso de la cadena nacional y con duras críticas a los medios, la presidenta Cristina Kirchner asegura que buscará la reelección presidencial en octubre.

21 El gobierno anuncia que licitará 220 nuevas señales para televisión abierta pero no especifica las normas que deben respaldar ese llamado a concurso. Según un informe del diario *El Cronista*, grupos afines al gobierno tendrán varias de las señales y los dueños de Canal 13 no podrán participar de la licitación.

22 En un acto en la Legislatura bonaerense, el titular de la AFSCA, Gabriel Mariotto, asegura que «la reelección de Cristina será la verdadera Ley de Medios».

23 Polémico fallo en favor del grupo Vila-Manzano. Ratifican a la jueza que Cablevisión cuestionó por sus lazos con la firma mencionada. La Cámara Federal de Mendoza avala que la jueza Olga Pura de Arrabal continúe interviniendo en una causa promovida por Supercanal, a pesar de que los hijos de la magistrada trabajan para esa empresa y de que el mayor de ellos es ahijado de uno de sus directores.

24 ADEPA emite un comunicado en el que repudia la «pretensión de un fiscal federal de allanar la sede del diario *La Nueva Provincia* con el objeto de incautar registros y documentación periodística del archivo del diario».

25 Un artículo publicado en la revista *Noticias*, revela que las esposas de Julio De Vido y Guillermo Moreno producen un ciclo en la señal de noticias América 24 y un micro de cocina en Telefe. El micro de cocina dura menos de diez minutos y es auspiciado por más de ocho empresas, todas controladas por el secretario de Comercio, Guillermo Moreno.

25 La presidenta Cristina Kirchner impone a Gabriel Mariotto como compañero de fórmula de Daniel Scioli en la candidatura por la gobernación de Buenos Aires. Mariotto, actual titular de la AFSCA, fue uno de los impulsores de la

Ley de Medios, el Fútbol para Todos y uno de los funcionarios que más embistió contra el Grupo *Clarín*.

28 Al ser abordado por un periodista del diario *La Nación*, el ministro de Economía y candidato a vicepresidente por el kirchnerismo, Amado Boudou, responde: «¿Para qué vamos a hablar con ustedes si después escriben y construyen lo que quieren? Sigan, sigan así que les va bien. Sigan inventando lo que quieran».

29 Por un artículo publicado en el diario *Clarín*, el jefe de Gabinete, Aníbal Fernández, califica al periodista Nicolás Wiñazki como un «pedazo de tarado».

29 La Justicia investiga la incorporación de documentos adulterados en la causa Papel Prensa. El gobierno había presentado una copia de un dictamen de 1988 con agregados que no estaban en el original.

30 Advertencia del gobierno de Estados Unidos por las presiones a los medios. Se conoce un informe oficial en el que se condenó el deterioro de la libertad de expresión, como consecuencia de presiones oficiales contra medios de prensa.

30 Denuncian que en plena campaña electoral, Mariotto —titular de AFSCA y candidato a vicegobernador bonaerense— manejara el otorgamiento de las licencias de 287 nuevos canales digitales. La oposición critica este «nivel sofisticado de clientelismo».

30 La Secretaría de Comercio Interior prorrogó por otros dos meses la norma que obliga a la empresa Cablevisión a mantener el precio del abono básico en 109 pesos, pese a que las resoluciones en las que se sustenta la medida están suspendidas por la Justicia porque vulneran la libertad de comercio.

Julio 2011

1 Por la publicación de una nota en la que se informaba que la Cancillería no estaba dando respuesta al exhorto sui-

zo para investigar a Hugo Moyano, el canciller Héctor Timerman difunde un comunicado en el que ataca al diario *Clarín*.

2 Monopolio estatal en la transmisión de señales digitales: El diario *Perfil* revela que quienes accedan a una licencia de TV digital, deberán pagar 24 mil pesos mensuales a la empresa estatal Arsat para que esta pueda transmitir sus señales, ya que los canales no tendrán poder de transmisión.

5 El canciller Héctor Timerman vuelve a atacar a *Clarín* por las trabas a la investigación sobre Moyano: «Hay una campaña de *Clarín* y *La Nación* para desestabilizar mi conducción de la Cancillería».

6 Luis Pardo Sainz, presidente de la Asociación Internacional de Radiodifusión (AIR), declara que en Argentina los «medios estatales son gestionados como propaganda» y que la nueva Ley de Medios les permite únicamente a los medios estatales tener cobertura nacional.

7 Patovicas que responden al secretario de Comercio Interior, Guillermo Moreno, amenazan a un kiosquero del Mercado Central para que no descargue *Clarín* ni ningún producto relacionado con el diario. La amenaza llega tras un informe de *Clarín* sobre el estado de abandono del predio.

11 Por la derrota del FPV en las elecciones de la ciudad de Buenos Aires, el jefe de Gabinete, Aníbal Fernández, culpa a los medios: «Lo que es vergonzante, bochornoso y revulsivo es la actitud de Magnetto, *Clarín*, *La Nación* y *Perfil* que han ocultado la falta de gobierno en la ciudad de Buenos Aires».

11 Presentan un proyecto de ley para regular la cadena nacional, ante el uso discrecional y «autoritario» de este medio por el gobierno nacional. El autor del proyecto es Gerardo Milman.

11 Militantes kirchneristas lanzan un buscador oficialista: *www.buskador.com.ar*. Afirman que allí no se podrá leer noticias publicadas en los medios que ellos consideran «opositores».

13 Por orden del secretario de Comercio, Guillermo Moreno, prohíben la venta del diario *Clarín* en el Mercado Central de Buenos Aires y clausuran dos puestos de diarios que funcionan en el lugar. Se trata de una represalia por un informe publicado en el diario *Clarín* en la que se hacía referencia al funcionamiento del predio.

13 ADEPA emite un comunicado en el que denuncia como un hecho de censura la prohibición de vender el diario *Clarín* en el Mercado Central: «Es un gravísimo atentado contra la libertad de expresión e información de los lectores».

14 Reabren los kioscos de diarios en el Mercado Central pero se mantiene la prohibición de vender los diarios *Clarín*, *Olé* y *Muy*, todos editados por el Grupo *Clarín*. Referentes de la oposición repudian el ataque.

14 Revelan que la agencia estatal de noticias Télam, habría pagado 12,5 millones de pesos por un edificio de 11 pisos. El mes pasado el gobierno duplicó el presupuesto para este año a Télam, al pasar de 147,7 millones de pesos que obtuvo en 2010 a 321,3 millones de pesos para este año.

14 En respuesta a una columna publicada por el periodista Ceferino Reato en el diario *Perfil*, el jefe de Gabinete, Aníbal Fernández, publica en el diario oficialista *Tiempo Argentino*, una dura réplica titulada «Operación Mercenario Reato, digo. Barato». En ella describe al periodista como una «auténtica porquería».

15 Por la prohibición de vender los diarios *Clarín*, *Olé* y *Muy* en el Mercado Central, la SIP condena la «continua y sistemática campaña contra el diario *Clarín*».

17 Diputados opositores de distintos partidos presentan una denuncia penal contra el secretario de Comercio Interior, Guillermo Moreno, por la clausura de un puesto de diarios del Mercado Central en el que se vendían ejemplares de *Clarín*, *Olé* y *Muy*, todos editados por el Grupo *Clarín*.

18 El gremio de los canillitas reclama que se pueda vender «todas las publicaciones» en el Mercado Central y exige que se determine «quiénes son los responsables de esta arbitrariedad».

18 Sigue la ofensiva del gobierno, con otra denuncia sin sustento: La ANSES presenta una demanda contra el Grupo *Clarín* por supuestas violaciones inexistentes a la Ley de Sociedades Comerciales.

19 Un grupo de intelectuales kirchneristas agrupados en Carta Abierta culpan al diario *Clarín* por haber difundido las frases críticas que manifestaron contra la campaña del candidato Daniel Filmus, cuando estas habían circulado con anterioridad y masivamente a través de YouTube.

19 ONG, gremios, sindicatos y organismos de derechos humanos difunden un comunicado en el que expresan su malestar por el alto costo para acceder a un canal de TV digital. Pese a que un tercio del espectro está destinado a las organizaciones civiles sin fines de lucro, estas deben pagar entre 60 y 200 mil pesos para licitar una señal, y después abonar 24 mil pesos por mes.

19 El ministro de Planificación Federal, Julio De Vido, culpa a los medios por la escasez de combustible: «Hay campañas mediáticas que llevan a que la gente concurra masivamente a cargar combustible». Los transportistas de carga rechazan la excusa oficial y dicen que la situación es muy crítica.

20 El periodista Luis Majul denuncia ante la Cámara de Diputados una persecución política del gobierno para restringir su libertad de expresión, a través de la suspensión de toda la publicidad oficial que recibía su productora y mediante la presión de los inspectores de la AFIP, por orden de su director, Ricardo Etchegaray.

20 El diario *La Nación* publica un artículo titulado «Cablevisión, en la mira del gobierno», en el que asegura que por

orden de la presidenta, Cristina Kirchner, la AFSCA decidió acelerar un proceso administrativo para dejar a Cablevisión sin sus licencias de televisión paga.

21 Un informe presentado por Poder Ciudadano revela que hay más gastos en publicidad oficial de los que el gobierno declara. Según Poder Ciudadano, se gastaron 69,5 millones de pesos en los canales de televisión abierta de Capital Federal, entre mayo y junio de este año. Esa cifra es un 69% más que lo informado por el gobierno para todo el primer semestre de 2010 y sería cinco veces más si se proyectara el gasto de mayo y junio a todo el primer semestre de 2011.

23 El diario oficialista *Página/12* publica un adelanto de la biografía «autorizada» de Cristina Kirchner. En ella, la Presidenta lanza falsas acusaciones contra *Clarín*.

24 El juez federal en lo Civil y Comercial, Edmundo Carbone, ordena suspender la aplicación del artículo 30 de la Ley de Medios, que abría sin restricciones el negocio de la TV paga a las empresas cooperativas. El juez argumentó que «es probable que, a mérito de la exenciones impositivas impuestas por ley, una cooperativa obtenga ventajas que le permitan sostener un precio por el servicio que ha de prestar».

25 Siguen las represalias por una investigación de *Clarín*: Las ambulancias del Mercado Central aparecen con dos calcomanías: «*Clarín* miente» y «Cristina 2011».

26 En una carta abierta a la presidenta Cristina Kirchner publicada en el diario *La Nación*, Alberto Fernández, el ex jefe de Gabinete de los gobiernos de Néstor y Cristina Kirchner, refuta las declaraciones de la Presidenta sobre la Ley de Medios y su relación con el Grupo *Clarín*: «Déjeme informarle que no tuve ni tengo vínculos políticos, profesionales o económicos con el Grupo *Clarín*».

26 Fútbol para Todos: Por decisión del gobierno, la Asociación de Fútbol Argentino anuncia cambios en los torneos de fútbol. Los equipos que juegan en la categoría de

la B Nacional pasarán a jugar en Primera A. Trasciende que el gobierno le pidió a la AFA que River jugara en Primera «porque necesita el rating para el programa Fútbol para Todos».

27 Un informe de *Clarín* revela que la presidenta Cristina Kirchner lleva 540 días sin dar una conferencia de prensa y un año sin dar una entrevista. La última se la concedió al diario oficialista *Página/12*.

28 El juez federal, Alejandro Noboli, dicta un fallo en el que les ordena a las autoridades del Mercado Central que «no impidan» la circulación de los diarios *Clarín*, *Olé*, *Muy* y *La Razón* en el predio.

28 Reunidos en un panel por el Council of the Americas, expertos en medios y libertad de expresión coinciden en que la situación en América Latina «es peor» que la que se vivía hace diez años. Sostienen que en la Argentina se utilizan «medios indirectos» de presión y que se «clasifican» a los periodistas de acuerdo a su cercanía con el gobierno.

28 Diez medios comunitarios le reclaman a Gabriel Mariotto, titular de la AFSCA, que baje el precio de los pliegos en los concursos para los canales de TV digital. También cuestionan el costo del depósito para la garantía y la tarifa mensual de AR-SAT.

28 Por orden del gobierno, la Asociación del Fútbol Argentino cancela de forma unilateral el contrato que tenía con la empresa Trisa, del Grupo *Clarín*, por los derechos de televisación de los partidos de la B Nacional. El contrato cancelado otorgaba a Trisa los derechos de TV de la B Nacional hasta 2014. Esta es la segunda vez en dos años que, por orden del gobierno, la AFA rescinde un contrato por derechos de TV.

29 Un informe de la SIP revela que 2011 es el año más trágico en dos décadas para la prensa latinoamericana. También se hace referencia a las restricciones a la prensa en la Argentina.

29 En plena campaña electoral, la AFSCA suma más de 51 millones de pesos a su presupuesto. El presidente del organismo, Gabriel Mariotto, es candidato a vicegobernador por el kirchnerismo.

31 El ministro del Interior, Florencio Randazzo, acusa a «los medios» de ser los artífices de la derrota del oficialismo en la Capital Federal.

31 Luego de conocer que al presupuesto de la AFSCA se le incrementaron más de 51 millones de pesos, la diputada radical y presidenta de la Comisión de Libertad de Expresión, Silvana Giúdici, le pide a Gabriel Mariotto que renuncie a la presidencia de la AFSCA: «El gobierno le da más recursos públicos a Mariotto en plena campaña electoral para que aumente su hostigamiento a los medios independientes».

AGOSTO 2011

2 Papel Prensa: La Justicia hace lugar a una medida cautelar presentada por el gobierno para apartar de sus cargos a los consejeros de vigilancia nombrados por los accionistas de capital privado.

2 El gobierno autoriza a Teledifusora S.A., empresa cercana el kirchnerismo, a ofrecer TV por cable en la ciudad de Buenos Aires.

3 ADEPA difunde un comunicado en el que cuestiona los ataques y declaraciones «injuriosas» del gobernador K, Juan Manuel Urtubey, al diario *El Tribuno*. El gobernador había acusado al periódico de estar a favor de «los narcotraficantes».

4 Luego de recibir el premio SIP a la Libertad de Prensa, el periodista Robert Cox asegura en una entrevista que «el periodismo militante es desinformar con motivos políticos».

5 La Cámara Federal de Salta ratifica un fallo que suspende en forma parcial la Ley de Medios. Mantiene la medida cautelar que permite que un operador tenga más de una se-

ñal audiovisual de producción propia, y más de 24 licencias de TV paga, porque no involucran espectro y ayudan a ampliar la diversidad y la competencia.

5 La Cámara Nacional Electoral ordena al gobierno que dé mayor transparencia al reparto de los espacios de publicidad entre los partidos políticos para sus campañas.

5 Un juez dicta una medida cautelar para que Cablevisión incluya en su grilla al canal de noticias ultraoficialista CN23.

10 El diario *La Nación* denuncia que el gobierno prepara una ficción televisiva con el objetivo de «demonizar a Papel Prensa». El guión se basará en la versión del gobierno sobre los hechos.

10 Candidatos a diputados por la Coalición Cívica denuncian que el INCAA otorgó subsidios para hacer 10 miniseries en TV abierta, con la condición de que la mitad de la tanda publicitaria sea pauta oficial.

12 La CNV dispone sanciones de hasta 200 mil pesos a ejecutivos representantes del capital privado de Papel Prensa y una multa de 50 mil pesos al presidente y síndico de la empresa.

13 Revelan que por orden de las autoridades del Mercado Central, todos los empleados deberán usar una gorra con la leyenda «*Clarín* miente».

16 Luego de las elecciones primarias, el presidente de la AFSCA, Gabriel Mariotto, asegura que los medios «fueron los grandes derrotados». Reclama al juez Carbone que resuelva pronto la causa que impide aplicar al Grupo *Clarín* la cláusula de desinversión de la Ley de Servicios de Comunicación Audiovisual.

16 Luego de conocerse los resultados de las elecciones primarias, la ciudad de Buenos Aires aparece empapelada con carteles descalificativos contra la señal de noticias TN.

17 En el marco de las presiones que Mariotto le hizo a la Justicia por la Ley de Medios, abogados del Grupo *Clarín* acla-

ran: «Es el gobierno el que dilata permanentemente el proceso judicial, con el objetivo que se agote el plazo de la medida cautelar y el juez no llegue a dictar sentencia sobre la causa de fondo».

18 La AFSCA decide postergar para después de las elecciones presidenciales de octubre los concursos para crear 220 nuevos canales de TV digital, que iban a comenzar el 22 de agosto.

18 Mapa de medios K: Comienzan las transmisiones del canal digital 360 TV, solventado por el grupo Electroingeniería, empresa de fuertes vínculos con el gobierno.

19 La Cámara Federal porteña ordena reabrir una investigación para determinar si el ex secretario de Medios K, Enrique Albistur, favoreció con la asignación de pauta oficial a Radio del Plata, que fue adquirida por Electroingeniería.

20 En declaraciones radiales el jefe de Gabinete, Aníbal Fernández, critica con dureza al CEO del Grupo *Clarín*, Héctor Magnetto.

21 El diario *Perfil* publica una nota titulada «El gobierno planea endurecer su embestida contra *Clarín*», en ella informa que obligaran al Grupo a vender parte de sus empresas y forzarán a Cablevisión a bajar sus abonos.

22 El canciller Héctor Timerman renueva su ataque contra la prensa y acusa a algunos medios de ser «destituyentes».

23 La Corte rechaza un recurso de queja de Papel Prensa, referido a una resolución del secretario de Comercio, Guillermo Moreno, que había fijado condiciones para su comercialización del papel. La Corte reiteró que sólo interviene en sentencias definitivas.

25 Sistema de medios oficial: La presidenta Cristina Kirchner anuncia la instalación de nuevas estaciones de TV digital y entrega el decodificador de TV digital número 600.000 para hogares y el 3.000 para instituciones.

25 Edmundo Rebora, presidente de la Asociación de Radiodifusoras Privadas Argentinas (ARPA), pide que la AFSCA regularice las radios «en forma urgente», ya que el 58% de las radios en el país «son ilegales».

25 El periodista Luis Majul denuncia ante los miembros de ADEPA que tanto su productora de contenidos periodísticos como él mismo fueron perseguidos por la AFIP y que le fue quitada la publicidad oficial para sus productos.

26 La Asociación de Radiodifusoras Privadas Argentinas (ARPA) publica una solicitada en la que denuncia la ilegalidad existente en el mercado radiofónico.

26 Para garantizar la igualdad de los partidos políticos, la Asociación por los Derechos Civiles le solicita a la Justicia que dicte una medida cautelar que ordene la suspensión de la publicidad oficial del Poder Ejecutivo en medios audiovisuales durante la próxima campaña electoral.

26 El ministro de Planificación Federal, Julio De Vido, asegura que en 2012 la cobertura de la TV digital alcanzará a la totalidad del territorio argentino y que este año se prevé una inversión de 2.300 millones de pesos en TV digital.

26 Por publicar su declaración jurada, el ministro de Economía, Amado Boudou, critica a los medios y acusa a los diarios *Clarín* y *La Nación* de hacer algo «muy berreta».

27 La presidenta de la Comisión de Libertad de Expresión, Silvana Giudici, le reclama a la AFSCA que controle el uso de frecuencias de radiodifusión y ordene el espectro radial de todo el país.

27 Un juez le concede a la ANSES una medida cautelar contra el Grupo *Clarín*, por inexistentes irregularidades en asamblea de accionistas, del mes de abril.

27 Invitado a un programa de TV en Telefe, en la que resulta ganador de una moto, el ministro de Economía y candidato a vicepresidente por el kirchnerismo, Amado Boudou, le dedica su premio a *Clarín*: «Muchachos de *Clarín*, (la mo-

tocicleta) no va en la declaración jurada porque la gané hoy. No mientan más, no hace falta, yo no me desdije, lo que dije es que ustedes mentían».

28 El diario *La Nación* publica un artículo en el que afirma que el secretario de Comercio, Guillermo Moreno, habría declarado en una reunión con empresarios que el CEO del Grupo *Clarín*, Héctor Magnetto «se vería obligado a abandonar el país durante los próximos cuatro años». La nota señala que para la Presidenta, el conflicto que el gobierno mantiene con *Clarín* «ha pasado a ser un asunto visceral».

28 El diario *Folha de São Paulo* publica un artículo titulado «Cristina reaviva fricciones con la prensa argentina» en el que advierte que la Presidenta «prevé profundizar» medidas contra los medios.

29 El diputado kirchnerista, Carlos Kunkel, vuelve a injuriar al CEO del Grupo *Clarín*: «El poder de Magnetto no comenzó con nosotros, comenzó sobre la sangre de los desaparecidos y la tortura de la familia Graiver».

30 Nuevo avance contra Cablevisión: La Secretaría de Comercio Interior prorrogará por otros dos meses la norma que obliga a la empresa a fijar su factura en 109 pesos.

30 En una conferencia de prensa, el ministro del Interior, Florencio Randazzo, acusa a los diarios *Clarín* y *La Nación* de «atentar contra la democracia». Fue por sus notas sobre irregularidades en el escrutinio de las primarias. Días atrás, el ministro le había anticipado a un periodista de *La Nación* que iba a «masacrar a los medios». ADEPA emite un comunicado en el que repudia los dichos de Randazzo y advierte que constituyen una «injuria que desconoce el rol de la prensa».

30 El coordinador de AFSCA, Luis Lázzaro, llama a «profundizar la aplicación» de la Ley de Servicios de Comunicación Audiovisual.

31 El ministro del Interior, Florencio Randazzo, redobla sus ataques a los diarios *Clarín* y *La Nación* acusándolos de

condicionar a «todos los gobiernos de la democracia». Por su parte, el jefe de Gabinete, Aníbal Fernández, respalda los dichos del ministro: «Muchas veces, cuando se dicen tantas mentiras del otro lado, no les gusta que un ministro les cuente las cosas en la cara. Es un tema terminado».

31 Funcionarios del gobierno profundizan sus ataques a la prensa: El candidato a vicepresidente y ministro de Economía, Amado Boudou, dice: «*Clarín* y *La Nación* realizaron un análisis sesgado, con muchas mentiras, creando un clima de crispación». El secretario de Comunicación Pública, Juan Manuel Abal Medina, asegura que «los diarios atacan el sistema democrático».

31 Referentes de la oposición critican los dichos de Randazzo. El gobernador de Santa Fe y candidato a presidente, Hermes Binner, le pide al oficialismo que «no culpe al periodismo de todo lo que pasa». El diputado Gil Lavedra sostiene: «Me da la impresión de que el gobierno quiere uniformidad de voces».

Septiembre 2011

4 Un artículo publicado por *La Nación* («Una ley en señal de ajuste») denuncia que la Ley de Medios no cumplió con las expectativas planteadas por varios de sus impulsores. Entre ellos menciona a las cooperativas, los cableoperadores pymes y los canales de TV comunitarios. La nota revela que la AFSCA promueve una aplicación selectiva de la ley para castigar a los medios críticos. Y que durante dos años el gran avance del oficialismo en el mapa mediático nacional se dio al margen de lo que dice la norma.

4 Militantes kirchneristas lanzan una red social dedicada exclusivamente a exaltar la figura de la presidenta Cristina Fernández de Kirchner.

8 En una encuesta de FOPEA realizada a periodistas, el 84% de los consultados califica en términos negativos la relación del gobierno con la prensa.

8 Crece el mayor multimedio oficialista: a costa del subsidio oficial, que le provee la publicidad del gobierno, el Grupo Szpolski anuncia el lanzamiento de un diario deportivo para competir con el diario *Olé*, del Grupo *Clarín*.

8 El ministro de Economía y candidato a vicepresidente, Amado Boudou, califica al titular de la AFSCA, Gabriel Mariotto, como «quien acompañó a la Presidenta para enfrentar a la corporación que más le quiere poner el pie en la cabeza a los argentinos, que se llama Grupo *Clarín*».

8 La Asociación de Telerradiodifusoras Argentinas (ATA) difunde una nota en la que le reclama a la AFSCA que aclare sobre qué bases y criterios se distribuyen las frecuencias radioeléctricas.

11 Un informe del diario *Perfil* revela que el gobierno aumentó 190% la publicidad oficial en los primeros siete meses de 2011, con respecto al mismo período del año anterior. El diario oficialista *Tiempo Argentino* aumentó el 662,9% sus ingresos mientras que *Clarín* obtuvo un 68,5% menos de publicidad con respecto a 2010.

12 El presidente del Mercado Central, Carlos Martínez, vuelve a atacar al diario *Clarín* y declara «*Clarín* miente y desvirtúa información».

12 El ministro de Educación, Alberto Sileoni, y el presidente de Télam, Martín García, firman un convenio por el cual se establece que todos los alumnos y docentes de las escuelas públicas beneficiarios del Programa Conectar Igualdad, recibirán en sus netbooks cables de la agencia estatal.

14 La Comisión Nacional de Valores (CNV) impide la realización de una asamblea de Papel Prensa en la que se iba a tratar la donación de un terreno para una escuela en la localidad de San Pedro.

15 Papel Prensa: el juez comercial Fernando Durao dicta una medida de «no innovar» que le permite a la empresa

realizar las asambleas de accionistas que habían sido suspendidas por la CNV.

15 Publicidad oficial: La Asociación por los Derechos Civiles y la ONG Poder Ciudadano cuestionan el uso electoral de la pauta publicitaria oficial.

16 Luego de que el ex apoderado de la Fundación Madres de Plaza de Mayo, Sergio Schoklender, fuera a declarar a la Cámara de Diputados por estar sospechado de haber malversado fondos públicos, el ministro de Planificación Federal, Julio De Vido, asegura que la citación de Schoklender al Congreso fue una «operación mediática del Grupo *Clarín*».

17 Un informe del diario *La Nación* revela que el empresario K, Cristóbal López, compró un diario en la provincia de Chubut y planea comprar la firma que crea los contenidos de Canal 9 de Comodoro Rivadavia y de una radio.

17 El diario *Perfil* revela que las esposas da Guillermo Moreno y de Julio De Vido producen una serie de ficción basada en el relato construido por el gobierno sobre Papel Prensa.

17 «Ficción para Todos»: El gobierno financia una serie de ficciones que serán distribuidas por las pantallas da Canal 9, Canal 7, América y Telefe. El Estado les brinda a las productoras un promedio de 125 mil pesos por capítulo y se queda con la mitad de la tanda.

19 Pese a que una de las promesas que traía la nueva Ley de Servicios de Comunicación Audiovisual era el acceso total de los medios comunitarios a una licencia de radiodifusión, el diario *La Nación* publica una nota en la que asegura que las emisoras de TV «comunitarias» siguen sin poder acceder a una licencia y a una frecuencia de televisión «para seguir existiendo».

19 Luego de que el diario *Clarín* publicara que el vicecanciller D'Alotto había viajado a Armenia para participar de un acto empresarial, Cancillería difunde un comunicado acusan-

do a *Clarín* de mentir: D'Alotto visitó Armenia «para presidir reuniones de diálogo político».

19 Papel Prensa: La Comisión Nacional de Valores solicita con «urgencia» la nulidad del fallo de la Justicia que habilita la convocatoria a las asambleas invocadas por *Clarín* y *La Nación*.

20 Durante la inauguración de la «Casa Néstor Kirchner», el ministro de Economía y candidato a vicepresidente, Amado Boudou, ataca al Grupo *Clarín* y declara: «Los representantes sólo se deben a su pueblo y no a la tapa de ningún diario».

20 El ministro de Economía Boudou y distintos referentes del oficialismo presentan un libro que recopila «los mejores discursos de la Presidenta» en el año del Bicentenario. Durante la presentación se escuchan cánticos contra *Clarín* y el secretario general de La Cámpora declara: «Ningún monopolio resiste tres gobiernos populares».

21 Un informe del diario *El Cronista* revela que, faltando un mes para las elecciones presidenciales, la presidenta Cristina Kirchner lleva gastados 9 millones de pesos en campaña y que todavía dispone de 16 millones de pesos más. Esto la convierte en la candidata que más gastó en las primarias y la que dispone de más fondos del Estado para usar antes de las elecciones.

21 El juez Alejandro Catania envía un exhorto a distintos diarios argentinos en el que les pide «suministrar la nómina, dirección y teléfonos» de periodistas, editores y redactores que hayan publicado «noticias vinculadas a índices inflacionarios» a partir del año 2006.

22 ADEPA expresa su «grave preocupación» a la orden del juez Catania a diferentes medios de prensa para identificar a los periodistas que desde 2006 escribieron artículos «sobre las mediciones de inflación distintas a las del INDEC». Por su parte, diputados de la oposición denuncian este hecho como una «amenaza a la libertad de expresión».

23 Más repudios: La SIP, Poder Ciudadano y la Asociación por los Derechos Civiles condenan el inusual pedido de información del juez Catania.

24 Según la última declaración jurada que el titular de la AFSCA, Gabriel Mariotto, presentó ante la Oficina Anticorrupción, durante 2010 el funcionario duplicó sus ingresos. Los mismos tienen como fuente su trabajo al frente del organismo y como docente universitario.

26 Papel Prensa: El secretario de Comercio Interior, Guillermo Moreno, presiona al juez comercial Fernando Durao: «Si no dicta una medida cautelar para suspender la asamblea, es porque usted es amigo del abogado de la empresa». Pese a las presiones, el juez rechazó el pedido para suspender la asamblea.

26 Luego de que el diario *Clarín* publicara información sobre los índices de inflación, las paredes del INDEC aparecen empapeladas con carteles contra el diario. Las autoridades del instituto brindan una conferencia de prensa en la que acusan a *Clarín* de «mentir».

27 Diputados de la oposición piden el juicio político del juez en lo penal y económico, Alejandro Catania, luego de que solicitara información sobre los periodistas que escriben sobre los índices de inflación.

28 El secretario Guillermo Moreno adelanta que denunciará al juez Femando Durao, quien mediante una medida cautelar ordenó que se realicen con normalidad las asambleas en Papel Prensa.

28 Durante las «Jornadas Internacionales de Cableoperadores y Señales Audiovisuales», las diputadas Patricia Bullrich, Silvana Giudici y el especialista en medios Henoch Aguiar cuestionan la aplicación de la Ley de Medios. «Esta ley tiene dos años, pero no camina, apenas gatea», sentencia Aguiar.

28 El Colegio de Abogados de la Ciudad de Buenos Aires rechaza los ataques y presiones del secretario de Comercio, Guillermo Moreno, al juez Fernando Durao.

29 El secretario de Comercio Interior, Guillermo Moreno, envía tres cartas a los representantes de *Clarín* y *La Nación* en Papel Prensa en la que los acusa de intentar «apropiarse» de la empresa con un «espurio pacto de sindicación».

29 Durante un encuentro entre políticos y empresarios de la TV por cable, el presidente de ATVC, Walter Burzaco, se refirió a los ataques contra empresas de TV por cable: «Mientras ingresan servicios de forma ilegal, a nosotros nos multan, intentan regularnos el precio y nos persiguen para voltearnos licencias».

30 La AFSCA prorroga por 60 días la aplicación del artículo 161 de la nueva Ley de Medios, que obliga forzadamente a los medios a desinvertir en sus operaciones. Se trata de una medida para beneficiar a los grupos cercanos al oficialismo que no poseen medidas judiciales que suspenden la Ley de Medios.

Octubre 2011

1 «Ficción para todos»: La revista *Noticias* publica un informe en el que revela que el gobierno destinó 200 millones de pesos para producir ficciones y documentales que sostengan el «relato» oficial. Una de las ficciones es «El Pacto», que reproduce la versión falsa del gobierno sobre la adquisición de Papel Prensa.

3 Desde la terraza de la sede del cuestionado Instituto de Estadísticas y Censo (INDEC) lanzan un globo aerostático con la frase «*Clarín* miente».

3 El gobierno lanza «Panorama Argentino», micro seudoinformativo que se emite por canales púbicos y exhibe las construcciones de obras públicas hechas por el Estado.

4 Editorial Perfil reclama ante la Justicia que el gobierno cumpla con el fallo de la Corte Suprema que le había obligado a entregarle publicidad oficial. Desde marzo hasta la fecha, el gobierno sólo le asignó 8 publicidades.

4 El Canal 10 de televisión abierta de Salta se queda sin transmisión por la caída de su antena. Representantes de la emisora consideran que se trata de un hecho intencional y lo denuncian como el cuarto atentado en lo que va del año contra la empresa.

5 Ofensiva contra *Clarín*: El edificio del INDEC amanece con una bandera que ocupa los últimos cuatro pisos con la frase «*Clarín* miente». Por la tarde una avioneta sobrevuela la Capital Federal y el conurbano bonaerense replicando el mismo mensaje por altoparlantes.

5 Durante la 49° Asamblea General de ADEPA, su presidente Daniel Dessein advierte que en la Argentina «no hay plena vigencia de la libertad de prensa». Cita como ejemplos los bloqueos a los diarios, la persecución a las consultoras que miden los índices inflacionarios y la falta de acceso a la información sobre el uso de los recursos públicos.

5 La Asociación Internacional de Radiodifusión (AIR) cuestiona a los gobiernos de Argentina, Venezuela, Ecuador y Bolivia por la «actitud pública, hostil y agresiva en contra de los medios privados independientes, que no les son afines».

5 La página web del INDEC publica notas en las que fustiga a diarios y economistas críticos. Una de las notas se titula «*Clarín* miente, ex profeso o por ignorancia».

6 Al cierre de su 49° Asamblea General, ADEPA presenta un documento sobre libertad de prensa en el que alerta sobre los ataques del gobierno contra los medios. «Pese a que todavía se puede decir formalmente lo que se piensa, quien lo hace queda expuesto a la represalia y persecución».

6 Crece el multimedio oficial: El ministro de Planificación, Julio de Vido, inaugura tres nuevas estaciones de televisión digital terrestre.

6 El diario *La Nación* publica una nota en la que alerta sobre la intención del gobierno de declarar de interés público

la producción de papel e intervenir en la propiedad de Papel Prensa.

9 Con críticas a *Clarín*, el secretario de Medios y Comunicaciones, Juan Manuel Abal Medina, les rinde un homenaje a los legisladores que votaron a favor de la Ley de Servicios de Comunicación Audiovisual.

10 En una inocultable presión pública a otro poder del Estado, el presidente de la AFSCA, Gabriel Mariotto, declara que el juez Edmundo Carbone es «plausible» de juicio político por dictar una medida cautelar para el Grupo *Clarín*.

11 El gobierno destina 2.500 millones de pesos para subsidiar la TV Digital Estatal (TDA), sistema que cuenta con 23 canales y llega a más de 3 millones de usuarios. Lo revela un informe del diario *El Cronista*.

11 Un artículo publicado por el diario *La Nación* asegura que el canciller Héctor Timerman eligió profundizar sus ataques contra la prensa y en especial contra *Clarín* para agradar con su discurso a la presidenta Cristina Fernández de Kirchner.

11 Mediante un comunicado, el ministro de Planificación Federal, Julio de Vido, exalta los beneficios de la TV digital por sobre los del cable y sostiene que las críticas a este sistema «son funcionales a *Clarín*».

12 El diario oficialista *BAE* publica un artículo en el que asegura que el gobierno instalará la TV Digital Abierta (hegemonizada por canales oficialistas) en el transporte público.

12 En un acto partidario, el ministro de Economía, Amado Boudou, acusa con nombre y apellido a periodistas y directivos de los diarios *Clarín* y *La Nación* de ser «profetas del odio y del fracaso».

13 En un artículo en *La Nación* («Dos años de Ley de Medios con menos democracia»), el periodista Adrián Ventura asegura que desde que se dictó la ley «el gobierno logró

achicar el espacio en el que se mueven los medios independientes».

13 ADEPA y diputados de la oposición repudian los ataques del ministro de Economía, Amado Boudou, a periodistas y directivos de *Clarín* y *La Nación*.

14 El Foro de Periodismo Argentino (FOPEA) denuncia que en una conferencia de prensa del ministro de Economía, Amado Boudou, hubo agresiones por parte de sus custodias contra varios periodistas que cubrían el acto.

14 La diputada Patricia Bullrich presenta un proyecto de ley para impulsar un proceso de selección profesional de los miembros de los directorios de los medios de comunicación estatales.

15 El diario oficialista *Crónica* revela que el Estado planea iniciar una acción penal contra los directores del sector privado de Papel Prensa.

16 En una entrevista concedida al diario *La Nación*, el especialista en medios Henoch Aguiar cuestiona el uso político de la norma: «La Ley de Medios se aplica sólo como herramienta política de corto plazo».

16 La Asamblea Anual de la Sociedad Interamericana de Prensa (SIP) dicta dos informes en los que condena las restricciones a la prensa argentina. Los informes señalan que en el 2011 «se multiplicaron los ataques y las restricciones» a la prensa por parte del gobierno.

17 El titular de la SIP, Gonzalo Marroquín, asegura que «Cristina busca perpetuarse en el poder» y que por esa razón apunta a «controlar la información».

18 La SIP le exige al gobierno argentino que ponga fin a la «escalada de agresiones contra los medios».

20 Sigue creciendo el multimedio oficial: El empresario K, Cristóbal López, compra el sitio digital *Minutouno.com*.

21 Mediante trabas en la Aduana, el gobierno frena la entrada de libros y una colección de CD que se reparten en forma opcional con las publicaciones del Grupo *Clarín*.

23 Luego que se conociera los resultados de la elección presidencial, el canal oficialista de noticias CN23 titula «La tienen adentro» en referencia a los opositores de Cristina.

24 Luego del triunfo de Cristina Kirchner en las elecciones presidenciales, el secretario de Comercio, Guillermo Moreno, concurre a la Plaza de Mayo y dedica la victoria al Grupo *Clarín* y a su CEO, con cánticos injuriosos.

24 El diario oficialista *Tiempo Argentino* publica en su contratapa una foto del CEO del Grupo *Clarín*, Héctor Magnetto, al momento de efectuar su voto y titula: «El fin de una época».

25 ADEPA le envía a la presidenta Cristina Fernández de Kirchner una carta felicitándola por el triunfo obtenido en las últimas elecciones y le pide que «en esta nueva etapa se profundice la calidad institucional y que las libertades de expresión y de prensa se desarrollen en plenitud».

29 El diario *Perfil* publica un artículo en el que asegura que uno de los objetivos del gobierno para enfrentar al Grupo *Clarín*, es avanzar contra Cablevisión.

31 Nueva presión a la Justicia: el titular de la AFSCA, Gabriel Mariotto, le exige a la Corte Suprema que se expida sobre la aplicación del artículo 161 de la Ley de Medios para el Grupo *Clarín*. Le pide que ponga un plazo a la cautelar, desconociendo que dicho plazo ya fue definido por la Cámara de Apelaciones.

31 El secretario de Comercio, Guillermo Moreno, prorroga hasta fin de año el tope impuesto para el abono de Cablevisión, pese a que el mismo fue dejado sin efecto por la Justicia. Revelando una clara animadversión, el funcionario ni atinó siquiera hacer lo propio con otros operadores de TV paga.

31 Molesto con el comportamiento del mercado cambiario y la presión sobre el dólar, en declaraciones radiales el ministro de Economía, Amado Boudou, acusa a los diarios

Clarín y *La Nación* de «generar climas extraños» y a *Clarín* en particular de ser «enemigo del conjunto de los intereses de los argentinos».

NOVIEMBRE 2011

2 La SIP difunde un comunicado en el que condena «los atentados contra medios y periodistas en Argentina».

3 Se estrena la ficción «El Pacto» que reproduce la versión falsa del gobierno sobre la adquisición de Papel Prensa financiada con fondos públicos y producida por la esposa de Guillermo Moreno.

3 El presidente de la AFSCA, Gabriel Mariotto, se reúne con intendentes y dirigentes provinciales y los presiona para que se comprometan a «apoyar el reclamo para que se ponga en plena vigencia» la Ley de Medios. Lo hace en medio de presiones a la Justicia por los artículos suspendidos por su inconstitucionalidad.

3 Jóvenes kirchneristas avanzan en el manejo de medios públicos. Juan Fonrouge, militante de La Cámpora, es designado como gerente de Medios Gráficos en Télam.

3 Durante una conferencia organizada por FOPEA en la que disertaban los periodistas Jorge Lanata, Magdalena Ruiz Guiñazú y Gabriel Michi, un grupo de desconocidos les arrojan piedras y les gritan: «Aguante 6, 7, 8».

4 Luego de las agresiones sufridas, el periodista Jorge Lanata asegura que «es el poder político el que estimula estas cosas» y demuestra su preocupación por el «aval tácito» que se hace desde el gobierno.

6 Atentan contra el diario *La Verdad* de Junín, desconocidos prenden fuego la rotativa y el cableado. Según Ornar Bello, director del diario, asegura que es la «conclusión de una serie de amenazas» que el diario sufre desde hace un año.

7 Revelan que Hugo Moyano, titular de la CGT, se presentará a la licitación para una señal de la televisión digital terrestre.

7 La Cámara Federal procesa al empresario de medios K Raúl Moneta por haber intentado extorsionar a los antiguos accionistas de Cablevisión.

8 En la provincia de Misiones, el periodista Alejandro Barrionuevo es agredido con golpes de puño por atacantes desconocidos. Según el periodista, el ataque tendría relación con una serie de denuncias que él había hecho sobre «manejos oscuros» en la empresa de energía provincial.

8 Por falta de oferentes, la AFSCA resuelve postergar los concursos para crear 220 canales de televisión digital.

9 El diario *La Nación* publica un editorial titulado «Un cobarde ataque a la prensa» en el que asegura que las agresiones a los periodistas Jorge Lanata y Magdalena Ruiz Guiñazú son «el fruto del clima hostil alentado por el oficialismo».

9 Mediante un comunicado, la Unión Cívica Radical repudia el ataque a los periodistas Lanata y Ruiz Guiñazú: «Este hecho no es un caso aislado, sino un episodio más de la intolerancia oficial contra los periodistas independientes».

10 El Sindicato de Trabajadores de Prensa (Sitrapren) denuncia que en un año la agencia estatal Télam duplicó la cantidad de contratados. Según un comunicado del sindicato, desde que el polémico Martín García se hizo cargo de la agencia estatal, se pasó de 553 personas en planta permanente y 58 contratados a 641 y 134, respectivamente.

10 Amado Boudou vuelve a atacar a los medios. Durante la inauguración de las oficinas de una empresa, el vicepresidente electo afirma: «Algunos sectores de la prensa siempre buscan jorobar al gobierno y generar preocupación en los argentinos».

13 El presidente de Télam, Martín García, anuncia que la agencia estatal producirá para antes de fin de año un noticiero de media hora que se emitirá tres veces por día. También, pretende lanzar un canal online en su página web para que sea replicado por los más de 3.000 portales asociados.

13 Un informe del diario *Clarín* revela que el área de Comunicación del Ministerio de Desarrollo Social arma un mapa de medios y los clasifica por orientación política. De los 449 medios que releva, a 202 los considera «kirchneristas», a 230 como «coincidentes con el gobierno», a 16 como «neutrales» y a 1 como «opositor».

13 Mapa de Medios K: el director de Comunicación del Ministerio de Desarrollo Social, Federico Mantelli, insulta y amenaza al periodista de *Clarín* que reveló la existencia del mapa a través de su cuenta de Twitter.

Mapa de Medios K: Dirigentes opositores cuestionan la clasificación de medios con orientación política con respecto al gobierno que elaboró el Ministerio de Desarrollo Social. La diputada Laura Alonso considera que es «muy grave que el Ejecutivo haga un mapa de amigos/enemigos con la plata del Estado».

17 El diario *La Nación* publica un editorial titulado «La radio en cadena virtual» en el que asegura que el gobierno «sigue avanzando en la construcción de un megaholding de medios oficialistas» y que es en la radiofonía donde más se hace notar la «obsesión por disciplinar los contenidos».

18 La CNV declara «irregulares e ineficaces» las decisiones adoptadas en forma legítima en la reunión del directorio de Papel Prensa del 3 de octubre pasado y rechaza a Guillermo González Rosas como presidente de la compañía y a Alberto Maquieira como vice.

19 Un informe de la revista *Noticias* revela que el gobierno intenta instalar el «mito» de Néstor Kirchner y que para eso las carteras de Cultura y de Comunicación Pública funcionarán como la «Central del Relato Kirchnerista» dónde se concentrará «la redacción de las buenas noticias y la distribución de la propaganda oficial».

20 Durante el taller denominado «Cocinando Política», la presidenta de Madres de Plaza de Mayo, Hebe de Bona-

fini, sentencia: «TN y *Clarín* nos envenenan la comida día a día». Al terminar el taller, un periodista del diario *Libre* intenta entrevistarla y Bonafini le responde: «Yo con la gente de *Perfil* no hablo. Son una mierda y me da pena que trabajes ahí».

21 El gobierno crea el Instituto de Revisionismo Histórico Argentino e Iberoamericano con el fin de instalar una versión de la historia afín al relato gubernamental. Estará conformado por funcionarios y periodistas oficialistas.

22 Por falta de ofertas, la AFSCA vuelve a postergar los concursos de la TV digital.

23 El Grupo Veintitrés, de fuertes vínculos con el gobierno, lanza un nuevo portal de noticias durante un evento del que participan varios ministros del Gabinete Nacional como Amado Boudou y Carlos Tomada.

23 Javier Sierra, director de Proyectos del Comité Mundial de Libertad de Prensa de Freedom House, asegura que Argentina retrocedió en los ranking de Libertad de Prensa debido al hostigamiento que sufren periodistas y medios críticos del gobierno.

24 La asamblea de periodistas del diario *Página/12* repudia la «censura» en dos artículos del periodista Darío Aranda en la que se eliminaron párrafos críticos sobre el gobernador K Gerardo Zamora.

25 Durante una entrevista al diario *El Cronista*, el director periodístico de la editorial Perfil, Gustavo González, sentencia: «El kirchnerismo siempre intentó cooptar a los medios».

25 Luego de que el diario *Clarín* informara que con la quita de subsidios a las empresas de servicios las tarifas iban a sufrir un aumento, el vicepresidente Amado Boudou acusa al diario de mentir: «Yo he visto algunas tapas del diario *Clarín* que no tienen nada que ver con la realidad sobre aumentos, y en realidad no hay aumentos, sino un gradual redireccionamiento».

30 Mediante una resolución arbitraria y discriminatoria, la Secretaría de Comercio Interior fija el precio del abono básico de la empresa Cablevisión en 116 pesos. Lo hace pese a una prohibición judicial y sin aludir a ninguna otra empresa del sector, lo que hace más flagrante la arbitrariedad.

DICIEMBRE 2011

1 Tal como pasó en *Página/12*, los periodistas de la agencia estatal Télam denuncian censura en una nota donde se cuestionaba al gobernador K Gerardo Zamora. En consecuencia, los periodistas deciden crear una comisión de seguimiento de casos de censura en Télam.

2 Los ministros Julio De Vido y Amado Boudou convocan a una conferencia de prensa en la que atacan a los diarios *Clarín* y *La Nación* por la cobertura dada a la eliminación de los subsidios a los servicios públicos. Cada dicho de los ministros es aclamado, con risas y aplausos, por funcionarios de sus carteras.

3 Cablevisión presenta una queja ante la AFSCA en la que acusa padecer «un trato discriminatorio» de sus funcionarios al verse afectada y alcanzada por normas que no le son exigidas a sus competidoras. En lo que va del año, Cablevisión tuvo 488 sanciones por parte de AFSCA.

3 Poder Ciudadano presenta un informe preparado por el investigador Martín Becerra en el que revela que el gobierno triplicó en dos años el gasto en publicidad. En el año 2010, el gobierno gastó 1.225 millones pesos en publicidad, convirtiéndose en el mayor anunciante de la Argentita.

4 El ministro de Planificación Federal, Julio De Vido, ataca al diario *Clarín* por la cobertura dada al incremento de la tarifa de los peajes.

5 Un informe del diario *Clarín* revela que el gobierno profundiza la aplicación selectiva de la Ley de Medios. AFSCA pasó de dictar 61 sanciones contra medios pertenecientes al

Grupo *Clarín* en 2009, a 531 este año. El 70% de las sanciones dictadas en el 2011 fueron para medios del Grupo *Clarín*. Mientras tanto, a los medios adictos les extiende el plazo para que puedan adaptarse a la Ley de Medios.

5 Cristina Fernández de Kirchner vuelve a presionar a la Justicia por la Ley de Medios. Durante un acto de entrega de licencias de radio FM a municipios, la Presidenta reclama por la aplicación del artículo 161 de la ley que se encuentra suspendido por una orden judicial: «Todavía tenemos pendiente el artículo 161 (sobre) desinversión de los monopolios».

5 La presidenta de la asociación Madres de Plaza de Mayo, Hebe de Bonafini, anuncia que le realizará un «juicio ético y político» al Grupo *Clarín*.

6 Nueva embestida contra Papel Prensa: La Sindicatura General de la Nación (SIGEN) denuncia penalmente a los directivos privados de la empresa.

6 Voceros de la Corte Suprema de Justicia se distancian del reclamo de la presidenta y aseguran que «no es cierto» que la Justicia esté parando la aplicación de la Ley de Medios.

7 Invitado a disertar en un foro organizado por el Banco Mundial y el Ministerio de Economía, el vicepresidente electo, Amado Boudou, vuelve a cargar contra la prensa: «Le imponen a la sociedad temas de agenda que no les son propios».

8 A dos días de la reasunción de la presidenta Cristina Fernández de Kirchner, la ciudad de Buenos Aires aparece empapelada con afiches que dicen: «Chau, *Clarín*. Ningún monopolio resistirá tres gobiernos populares».

8 El gobierno llama a sesiones extraordinarias para que el Congreso sancione a libro cerrado un paquete de leyes entre las que se encuentra un proyecto de ley para ejercer el control pleno del papel de diario y de la empresa Papel Prensa. Empresarios y políticos se pronuncian en contra de la iniciativa.

9 Revelan que la fiesta de fin de año de la agenda estatal Télam costará 500.000 pesos. El presidente de la agencia,

Martín García, bautiza a la fiesta como «Fiesternauta» en homenaje al ex presidente Néstor Kirchner.

9 Un informe del diario *El Cronista* revela que el Estado lleva invertidos en el programa estatal «Fútbol para Todos» 2.817 millones de pesos. Del total de ese monto, 2.071 millones de pesos son en conceptos de derechos y 745 millones de pesos en pauta publicitaria.

11 Alfredo Scoccimarro asume como secretario de Comunicación Pública. Manejará un presupuesto de 1.200 millonesde pesos por año y será el encargado de distribuir la publicidad oficial.

12 El gobierno libera una partida de 225 millones de pesos para incrementar el contrato del Fútbol para Todos firmado con la Asociación del Fútbol Argentino.

12 ADEPA publica una solicitada en la que pide ser recibida por la Cámara de Diputados para manifestar su posición ante el proyecto oficial de control del papel de diario.

13 En Diputados, 5 comisiones dominadas por el oficialismo dan dictamen al proyecto que reclama la presidenta Cristina Fernández de Kirchner para controlar el papel de diario. Ningún sector de la oposición apoya el proyecto. La presión oficial sobre el proyecto se revela en el tratamiento exprés del mismo: el dictamen es aprobado en pocas horas en una reunión de comisiones conjuntas.

13 Ningún jefe de las comisiones en las que se trató el proyecto de control del papel de diario recibe a las entidades de prensa, como ADEPA. Tampoco reciben a los diarios accionistas de Papel Prensa, *Clarín* y *La Nación*.

14 La Asociación de Diarios del Interior (ADIRA) y la Cooperativa de Provisión de la Prensa Argentina (COOPAL) desmienten a diputados oficialistas, quienes habían dicho que los diarios del interior apoyaban el proyecto oficial de control del papel de diario. Fernando Cuello presidente de ADIRA explica: «Nunca fuimos a apoyar el proyecto oficial».

14 La SIP emite un fuerte documento en el que condena el avance oficial sobre Papel Prensa y alerta sobre la amenaza que esto implica sobre la libertad de expresión en el país.

14 La Asociación Internacional de Radiodifusión (AIR) señala que «observa con grave preocupación las peligrosas consecuencias que tendría para la libertad de expresión en Argentina, la aprobación de un proyecto de ley para regular la producción y comercialización de papel para periódicos que impulsa el gobierno».

14 La agencia estatal Télam comienza a distribuir historietas kirchneristas para los diarios. Según el presidente de la agencia, Martín García, el objetivo es «recuperar para los lectores el relato de aventuras con una mirada social en consonancia con el modelo de país en la Patria Grande impulsado por el gobierno de Néstor y Cristina Kirchner».

15 El diario *La Nación* publica un editorial titulado «Hacia un grave e inadmisible despojo» en el que sostiene que «nunca un gobierno elegido por el voto popular había avanzado tanto como este ni con mayor hostilidad contra la libertad de prensa».

15 Sin respiro, Diputados aprueba el proyecto kirchnerista que busca controlar la producción, venta e importación del papel para diarios. La oposición vota en contra del proyecto ya que advierte que es inconstitucional y que se busca la confiscación de Papel Prensa. En un inédito trámite exprés, lo trata una comisión del Senado esa misma noche.

15 El presidente de Arte Gráfico Editorial Argentino (*Clarín*), Saturnino Herrero Mitjans, solicita ser recibido por el presidente del Senado, Amado Boudou, para dar a conocer «información relevante sobre el mercado de papel en la Argentina y el mundo» en el marco de la ley que interviene en la producción e importación del papel de diario. Boudou se niega a recibirlo.

15 Durante el encuentro anual de ADEPA, el presidente de la entidad, Carlos Jornet, denuncia que el proyecto oficial

para controlar el papel de diario «es una violación al artículo 32 de la Constitución Nacional, que prohíbe al Congreso federal dictar leyes que restrinjan la libertad de imprenta».

15 El politólogo Natalio Botana alerta que en Argentina existe un «Estado ideológico que baja línea, dividiendo el campo político entre amigos y enemigos».

16 Andrés Gil Domínguez, profesor titular de derecho constitucional de la UBA, publica una columna en el diario *Clarín* en la que manifiesta que el proyecto oficial que declara de interés público la producción de papel de diario «implica una expropiación encubierta» de la empresa Papel Prensa.

16 Luego de que *Clarín* revelara que el presidente de la agencia Télam, Martín García, planeaba gastar 500.000 pesos en la fiesta de fin de año, deciden cancelarla.

16 El diario *La Nación* publica un informe del periodista Adrián Ventura en el que da cuenta de la situación del mercado de papel para diarios en Argentina: «Papel Prensa les vende ese insumo a 440 diarios, incluidos medios alineados con el gobierno. Pero además el papel se puede importar libremente, sin aranceles y a un precio inferior al que ofrece Papel Prensa.

16 El jefe de Gabinete porteño, Horacio Rodríguez Larreta, rechaza el proyecto de ley que busca intervenir Papel Prensa: «Atenta contra la libertad de prensa».

16 Pintadas contra *Clarín*: La agencia *Clarín* de San Miguel amanece con pintadas en contra del diario y a favor de la Ley de Medios. Llevan la firma de la Juventud Peronista.

17 La ONG Nuevos Derechos del Hombre (NDH) afirma que el proyecto que persigue controlar la fabricación y la importación del papel para diarios significa «una nueva restricción a la libertad de expresión, toda vez que el gobierno pasará a ser el árbitro de la distribución de papel y esto perjudicará a los pocos medios que no son oficialistas, como *Clarín* y *La Nación*».

17 El diario *El País* de España publica una nota en la que advierte que la ley que declara de «interés público» el papel de diario en la Argentina tiene como verdadero fin controlar a la empresa Papel Prensa.

17 Mediante una solicitada, la Asociación de Diarios del Interior de la República Argentina (Adira) le reclama al gobierno que garantice la libre importación de papel, sin cupos ni aranceles.

18 Constitucionalistas argentinos aseguran que el proyecto de ley que declara de interés público el papel de diario viola el artículo 32 de la Constitución Nacional Argentina y el artículo 13 del Pacto de San José de Costa Rica.

18 A través de un comunicado, la Asociación Nacional de Diarios de Brasil (ANJ) sostiene que es «inadmisible» el proyecto del gobierno argentino para controlar el papel ya que representa una «evidente amenaza a la libertad de prensa».

18 El presidente de ADEPA, Carlos Jornet, advierte que el proyecto oficial sobre producción, venta y comercialización de papel de diario «terminará en la Justicia» debido a que burla a la Constitución Nacional y a diversos pactos internacionales.

19 Arbitrario reparto de la Publicidad oficial: Revelan que aumentó cerca de un 70% la plata que el gobierno destina a gráfica y TV durante 2011. Los diarios oficialistas *Tiempo Argentino* y *Página/12* reunieron casi la mitad de toda la pauta oficial en diarios de Capital pese a haber quedado tercero en el rating, Canal 9 (que emite programas abiertamente kirchneristas) recibió 63,6 millones de pesos, mientras que Canal 13 (del Grupo *Clarín*), líder en audiencia, recibió 525.000 de pesos.

19 El procurador general de la Nación, Esteban Righi, le recomienda a la Corte Suprema de Justicia levantar la medida cautelar que mantiene suspendido para el Grupo *Clarín* el artículo 161 de la Ley de Medios.

19 El Colegio de Abogados de la Ciudad de Buenos Aires alerta sobre «un ataque orientado a cercenar la libertad de expresión, con el claro objetivo de imponer un modo autoritario de ejercicio del poder». Es la «profundización del relato único de vertiente oficial».

19 El diario inglés *The Sunday Times* publica un duro artículo sobre la gestión de Cristina Fernández de Kirchner en el que alerta sobre sus planes «para nacionalizar el único proveedor de papel de diario en lo que es visto como un complot para controlar los medios y amordazar a los críticos».

19 El diario *El Día* de La Plata expresa en su editorial que el plan oficial para apoderarse de Papel Prensa representa «una nueva intervención estatal que abre la puerta a una injerencia peligrosa».

20 Medio centenar de gendarmes ocupan la sede de Cablevisión (empresa del Grupo *Clarín*) por tres horas. Es por orden del juez mendocino Walter Bento (incompetente ya que Cablevisión no opera en la provincia), a raíz de una denuncia del grupo mediático Vila-Manzano, aliado al gobierno, titular de concesiones oficiales en petróleo, energía, obra pública y juego de azar y principal beneficiario de publicidad oficial del interior del país.

20 ADEPA emite un comunicado rechazando «la metodología empleada» en el operativo contra Cablevisión. La UCR también emite un comunicado en el que le exigen al gobierno «que cesen de inmediato las maniobras tendientes al cercenamiento de la libre manifestación de las ideas».

20 Cablevisión: Abogados de la empresa revelan que la resolución firmada por el juez Bento cita de manera textual tres párrafos de otra causa de Vila-Manzano.

20 Cablevisión: Medios de todo el mundo se hacen eco de la noticia. La BBC relaciona lo ocurrido a «una agudización de los ataques del gobierno al Grupo *Clarín*». El diario

El Mundo dice: «el gobierno argentino interviene una empresa de televisión del Grupo *Clarín*».

20 Durante su discurso de cierre en la asamblea del Mercosur la presidenta Cristina Fernández de Kirchner sentencia que los medios «están deseando que nos vaya mal».

20 La Asociación Empresaria Argentina (AEA) le envía una carta a los 72 senadores rechazando el proyecto de control sobre el papel de diarios.

20 La Secretaría de Derechos Humanos insiste en su pedido de que se cite a declaración indagatoria a los accionistas de *Clarín* y *La Nación* en el marco de su objetivo de criminalizar, rescribiendo la historia, la adquisición de Papel Prensa.

21 El periodista Joaquín Morales Solá plantea en su columna del diario *La Nación* que con episodios como el allanamiento a Cablevisión y el intento de estatizar Papel Prensa lo que se pone en juego «es la libertad».

21 El diario *La Nación* revela que los accionistas del Grupo Vila-Manzano mantienen una fluida relación con el jefe de Gabinete, Juan Manuel Abal Medina.

21 Diputados de la oposición llevarán la queja por Cablevisión ante la Corte y la OEA. También denunciaron al juez Bento ante el Consejo de la Magistratura.

21 Cablevisión recusa al juez mendocino Walter Bento por no tener competencia para tramitar el juicio en Mendoza, porque la compañía y Supercanal —que inició la causa— tienen ambas sede en Capital Federal. Además, Cablevisión no opera en Mendoza.

21 Cablevisión: cámaras de seguridad de la empresa registraron que Alessio Aguirre, director de una empresa de espionaje e investigaciones, participó del allanamiento a la empresa.

21 Por pedido de la AFIP, el juez Carlos Folco embarga en 160 millones de pesos al diario *La Nación*. La AFIP le había ocultado al juez un fallo previo de la Corte Suprema que lo impedía.

21 Papel Prensa: La Asociación Nacional de la Prensa de Chile, el Consejo de la Prensa Peruana y la Asociación Ecuatoriana de Editores de Periódicos muestran su preocupación por el proyecto de ley para controlar el papel para diarios.

22 El oficialismo logra imponer en el Senado la ley para controlar el papel de diario. El proyecto habilita al Estado a avanzar sobre la empresa Papel Prensa. La oposición cataloga a la ley de «inconstitucional».

22 El presidente del Senado, Amado Boudou, vuelve a cargar contra los diarios *Clarín* y *La Nación*. Los acusa de ir en contra del libre acceso al papel y de atacar a la democracia.

22 Para la SIP y ADEPA la sanción de la ley que controla el papel de diario forma parte de la avanzada del gobierno contra los medios.

22 El diario *Folha de São Paulo* critica en su editorial a la presidenta Cristina Fernández de Kirchner, a quien responsabiliza por una «campaña contra la prensa» materializada en la «persecución» del grupo periodístico *Clarín*.

22 El diario *La Nación* denuncia a la AFIP ante la Corte Suprema por inhibir sus bienes sin decir que existía un amparo del alto tribunal que lo impedía.

22 Luego de ser sancionada la Ley Antiterrorista, el titular de la UIF, José Sbatetta, sostiene que se puede acusar a los medios de comunicación de actos terroristas.

22 La presidenta de la asociacion Madres de Plaza de Mayo, Hebe de Bonafini, realiza en la Plaza de Mayo un «juicio ético» al Grupo *Clarín*.

22 Cablevisión denuncia al juez Walter Bento ante el Consejo de la Magistratura por «manifiesta incompetencia y abuso de autoridad».

22 Cablevisión: Legisladores del Frente Amplio Progresista señalan que hay un ánimo «revanchista» del gobierno contra quien disienta.

22 La Organización que nuclea a las Asociaciones y Empresas de Telecomunicaciones para América Latina (TEPAL) emite un comunicado en el que manifiesta su «rechazo» a la intraversión efectuada a Cablevisión.

22 Publicidad oficial: Durante 2011, el gobierno triplicó los gastos en publicidad en los diarios del interior. Los medios más beneficiados fueron los medios adictos al gobierno, como el diario *Uno* del Grupo Vila-Manzano que pasó de recibir 1 millón de pesos en 2010 a recibir 5,5 millones de pesos en 2011. El diario *Los Andes* del Grupo *Clarín* pasó de recibir 577.000 pesos en 2010 a 69.000 pesos en 2011.

23 Más repercusiones por Papel Prensa. La Red Mundial de Editores, SIP, WAN-IFRA y Freedom House emiten sendos comunicados alertando sobre «una campaña gubernamental contra la prensa independiente». Las entidades esperan que la Justicia declare la inconstitucionalidad de la nueva normativa.

23 Bajo el título «Atentado a la libertad», el radicalismo emite un duro comunicado en el que denuncia los «desvíos autoritarios del gobierno» y sentencia que «para quienes gobiernan, todo poder es insuficiente».

23 La SIP y ADEPA reclaman que termine el embargo al diario *La Nación*.

25 El coordinador de la AFSCA, Luis Lázaro, defiende la intervención de Cablevisión utilizando los mismos argumentos que esgrime el grupo Vila-Manzano.

26 Pese a que el Grupo Vila-Manzano posee 25 licencias más de las que permite la ley, el gobierno le otorgó dos licencias más para dar servicio de cable.

26 Diarios de Brasil y España comparan al gobierno de Cristina Fernández de Kirchner con el de Hugo Chávez. El diario *O Estado de São Paulo* publica un editorial titulado «A democradura argentina» en el que asegura que «a la transformación del país en una versión austral de la democracia chavista le que-

da un único obstáculo. Son los sectores de la prensa que no se arrodillaron». Por su parte, el diario *El País* de España titula su editorial como «La ley Fernández» en el que sentencia: «Una excesiva concentración de poder en un mandatario ha sido malo en cualquier país [...] como es el caso de un gran amigo de la señora Fernández, el presidente Hugo Chávez».

26 El jefe de Gobierno porteño, Mauricio Macri, critica al gobierno por los constantes ataques a la prensa.

27 Cablevisión: El diario *La Nación* revela que Gendarmería no contaba con la autorización escrita de un juez para allanar la empresa.

27 Los diputados Federico Pinedo, Patricia Bullrich y Eduardo Amadeo presentan un pedido de juicio político contra el juez de Mendoza, Walter Bento, por su «desempeño irregular» en la causa Cablevisión-Supercanal.

27 Un informe de la Fundación LED revela que en un año crecieron 34% los ataques a la libertad de expresión. En tanto, el gobierno incrementó la pauta oficial en un 3.200% desde 2003.

28 Según el diario oficialista *BAE*, el secretario de Comercio Interior, Guillermo Moreno, le adelantó a ese medio que pretende prorrogar hasta el mes de marzo el congelamiento del abono de Cablevisión.

28 El subsecretario de Obras Públicas, Abel Fatala, ataca a Daniel Santoro, periodista de *Clarín*, a través de su cuenta de Twitter: «Un pelotudo pagado por el Grupo *Clarín* como Daniel Santoro, en forma liviana, puede escribir qué pasa con los funcionarios kirchneristas».

28 El juez tributario Carlos Folco desoye un fallo de la Corte Suprema y ratifica la inhibición general de bienes del diario *La Nación*.

29 Cablevisión: El fiscal Fernando Gabriel Alcaraz sostiene que el juez Walter Bento no era competente para entender en la causa de Supercanal contra Cablevisión.

29 A través de una resolución publicada en el *Boletín Oficial*, el secretario de Comercio Interior, Guillermo Moreno, fija en 116 pesos la factura de Cablevisión para los meses de enero, febrero y marzo de 2012.

30 El diputado de la UCR, Ricardo Alfonsín, publica una columna en el diario *La Nación* titulada: «Lo que inquieta al gobierno es el periodismo libre».

30 Un informe de la revista *Noticias* revela que la relación entre el dueño de Supercanal, José Luis Manzano, y el gobierno es «cada vez más fluida» y que el empresario tiene reuniones con Cristina Fernández de Kirchner, Juan Manuel Abal Medina y el operador Juan Carlos Mazzon. Según *Noticias*, Manzano se define a sí mismo como «peronista K».

30 Siete diputados de la oposición denuncian al gobierno ante la Comisión Interamericana de Derechos Humanos (CIDH) de la OEA. La denuncia tiene eje en la intervención a Cablevisión y la inhibición de bienes del diario *La Nación*.

30 Sin dar explicaciones, Canal 9 y América, ambos de fuertes vínculos con el gobierno y este último de Vila-Manzano, se niegan a emitir unos avisos publicitarios hechos por Cablevisión sobre la intervención a la empresa.

30 Personal del juzgado federal N° 11 se presenta en Cablevisión con un pedido de información vinculado al allanamiento ilegal del 20 de diciembre. Disimulados con trajes de calle, efectivos de Gendarmería se hacen presentes.

ENERO 2012

3 Por orden del gobernador de Chubut, Martín Buzzi, la señal de televisión provincial deja de emitir los contenidos provistos por Artear (empresa audiovisual del Grupo *Clarín*) y comienza a transmitir contenidos del Canal 7, Encuentro y Paka Paka, todos canales del Estado nacional.

3 Avanzada contra el Grupo *Clarín*: Por orden del gobierno, el Ejército no le renueva a Radio Mitre el contrato de al-

quiler de un predio donde la radio tenía su antena transmisora. La medida resulta arbitraria ya que otras radios mantienen sus equipos transmisores en el mismo predio.

4 Eduardo Seminara, director del AFSCA, ofrece una entrevista al diario *La Capital* de Rosario, perteneciente al Grupo Vila-Manzano, en la que respalda la ofensiva contra Cablevisión utilizando los mismos argumentos y datos falsos que Supercanal en la intervención.

4 La diputada Patricia Bullrich rechaza el desalojo de la antena principal de Radio Mitre y advierte que con esta acción «continúa la guerra del gobierno contra los medios de prensa y la libertad de expresión».

4 Mientras la presidenta Cristina Fernández de Kirchner es operada, manifestantes kirchneristas acampan frente al hospital con imágenes religiosas y banderas al mismo tiempo en que entonan canciones contra el diario *Clarín*.

6 En diálogo con el diario *El Cronista,* la escritora y ensayista Beatriz Sarlo sentencia: «La prensa en manos del kirchnerismo es como darle una navaja a un mono».

6 El empresario de medios K. Sergio Szpolski, llama al periodista de *Clarín* Alejandro Afie y lo amenaza: «Vos de mí no vas a publicar más, vas a vivir en Tribunales» [...] «Te voy a perseguir hasta el fin del mundo, incluyendo escraches. Voy a investigarte a vos, a tus hermanos y a tus padres, voy a ir contra todos y te voy a hacer mierda».

7 Tras las amenazas de Sergio Szpolski, periodistas, constitucionalistas y políticos de la oposición se solidarizan con el periodista Alejandro Alfie. Ningún funcionario del gobierno nacional se comunica con el periodista.

7 Sergio Szpolski vuelve a llamar al periodista de *Clarín* Alejandro Alfie y lo vuelve a amenazar con ponerle un «bozal legal» y con «repartir en el colegio» de sus hijos la denuncia que el empresario le iba a hacer.

7 Luego de que distintos medios informaran que podría haber un aumento en los boletos del subte y el colectivo, el

secretario de Transporte, Juan Pablo Schiavi, considera a la difusión de esta información como «terrorismo mediático».

8 Luego de que se diera a conocer que durante la operación a la presidenta Cristina Kirchner no se le encontró cáncer, la Unidad Médica Presidencial difunde un comunicado en el que califica a la cobertura del diario *Clarín* como «malintencionada».

8 El juez subrogante de Mendoza Alfredo Rodríguez, también de fuertes vínculos con el Grupo Vila-Manzano, rechaza el pedido de Cablevisión de que se habilite la feria judicial de enero y se revise la polémica intervención de la compañía. Pese a que la medida establece el desguace de la compañía en 60 días, el juez considera que no hay urgencia en el pedido de Cablevisión y que no se ha acreditado el perjuicio de la empresa.

9 Medios oficialistas: El diario *Crónica*, alineado con el gobierno, publica un editorial en el que acusa a los diarios *Clarín* y *Perfil* de desearle cáncer a la presidenta Cristina Kirchner.

9 El secretario general de la Presidencia, Oscar Parrilli, afirma que hubo un acuerdo para mudar la antena de Radio Mitre. En la emisora desmienten los dichos del funcionario y aclaran que debieron trasladarla por la decisión del gobierno nacional de no renovarle el alquiler y pedirle al Ejército nacional que desalojara el predio. Otras emisoras de radio y televisión siguen transmitiendo desde el mismo lugar.

10 El diario *El Cronista* informa que, de aplicarse textualmente la nueva ley del control del papel de diario, Papel Prensa perdería 62 millones de pesos por año ya que cada tonelada de papel se vendería a 200 pesos por debajo del valor real de producción.

10 El periodista Andrés Oppenheimer publica una columna en el diario *La Nación* titulada «El regreso de la censura» en la que enumera las medidas tomadas por los gobiernos

de Argentina, Ecuador, Venezuela, Nicaragua y Panamá para acallar a los medios independientes de cada país.

10 Un informe del diario *Clarín* revela que el gobierno gastó 735,8 millones de pesos en publicidad durante el 2011.

11 El periodista Alejandro Alfie denuncia al dueño del mayor multimedio kirchnerista, Sergio Szpolski, por amenazarlo luego de la publicación de un artículo periodístico en el diario *Clarín*. La fiscal dispone una protección «de ronda domiciliaria» para el periodista y su familia.

12 La UCR presenta ante la Comisión Interamericana de Derechos Humanos un informe en el que denuncia que en el 2011 el gobierno tomó medidas que «amenazan de manera preocupante el ejercicio del derecho a la libertad de expresión».

12 Julio María Sanguinetti, ex presidente de Uruguay, publica una columna en el diario *El País* de España sobre la situación que atraviesa la libertad de prensa en América Latina titulada «Se alarga la sombra populista». En el apartado que le dedica a la Argentina menciona el embargo al diario *La Nación*, la intervención en Cablevisión, la sanción de la ley que declara de interés público la producción de diario y la persecución política y judicial que recibieron los hermanos Noble Herrera, hijos de la directora del diario *Clarín*.

12 Sergio Szpolski incorpora Radio Uno a su multimedio kirchnerista. Su grupo es el más beneficiado por la publicidad oficial.

12 Fuentes de AFSCA revelan que los dueños de Canal 9, Grupo Telefónica, Grupo Moneta y Grupo Veintitrés no presentaron su plan de desinversión pese a que la ley establecía como fecha límite el 2 de enero. Todos estos medios tienen un fuerte vínculo con el gobierno nacional.

12 Papel Prensa pide la recusación de la jueza en lo Comercial María Cristina O'Reilly, tras considerar que incurrió en un prejuzgamiento al habilitar la feria judicial de enero a

pedido del secretario de Comercio Interior, Guillermo Moreno, en abierta contradicción con un acuerdo alcanzado entre todos los accionistas de la compañía, en su propio juzgado, hace apenas tres meses atrás.

13 El vicepresidente Amado Boudou y el vicegobernador de la provincia de Buenos Aires, Gabriel Mariotto, ordenan desconectar todos los servicios de televisión por cable e internet de Cablevisión y Fibertel en los senados de la Nación y de la provincia de Buenos Aires.

14 La diputada Patricia Bullrich presenta un proyecto en la Cámara de Diputados, pidiendo al Poder Ejecutivo nacional que informe sobre las maniobras realizadas por el secretario de Comercio Interior, Guillermo Moreno, en la administración de Papel Prensa S.A.

16 Mediante una resolución publicada en el *Boletín Oficial,* la Secretaría de Comercio Interior obliga a Cablevisión a restablecer el servicio a aquellos clientes que no pagan el abono vigente y pretenden ampararse en otra resolución del organismo que conduce Guillermo Moreno rechazada por la Justicia en dos fallos de Cámaras Federales. Comercio Interior amenaza con aplicarle a Cablevisión la Ley de Abastecimiento que contempla sanciones que van desde multas económicas hasta penas de arresto para sus directivos igualmente. Voceros de la empresa aclararon que la misma no cortó el servicio.

17 El Ministerio de Economía designa a Guillermo Moreno como el encargado de controlar la producción, comercialización e importación del papel para diarios. Será el encargado de manejar el registro de fabricantes de papel para diarios y podrá aplicar multas de hasta 325 millones de pesos.

18 Gerardo Milman, vicepresidente de la Comisión de Libertad de Expresión de la Cámara de Diputados, publica una columna en el diario *La Nación* titulada «Un nuevo monopolio de la mano de Moreno» en la que critica la decisión del

gobierno de darle a Moreno el control de un insumo clave para la prensa como es el papel de diario.

18 El diario *El Mundo* de España publica una nota titulada «Estocada a la libertad de prensa en Argentina» en la que hace referencia a la reciente decisión del gobierno de delegar en Guillermo Moreno el control sobre la producción, comercialización e importación del papel de diario.

18 Papel para diarios: Mediante un comunicado, ADEPA destaca que «sin duda, el nuevo avance gubernamental sobre el abastecimiento de este insumo a través del establecimiento de cupos para la producción y la importación, configura una amenaza a la libertad de expresión, en tanto este mecanismo puede ser usado como herramienta de presión editorial o censura indirecta, algo expresamente vedado por la Constitución Nacional y la Convención Americana de Derechos Humanos».

19 La Justicia salteña resuelve que la causa de Supercanal contra Cablevisión debe tramitarse en esa provincia ya que el conflicto se originó en Salta y Cablevisión no opera ni tiene domicilio en Mendoza.

19 Un comunicado de la SIP califica de «grave riesgo y retroceso» para la libertad de prensa en Argentina, la imposición de cupos a la importación de papel para periódicos.

19 Advierten que la agencia oficial Télam incorporó casi 200 empleados en un año. El Sindicato de Trabajadores de Prensa (Sitrapren) se declara en «estado de alerta» y cuestiona el gasto en personal que considera difícil de sostener.

20 Papel para diarios: El gobierno emite una Resolución que establece que todas las empresas que pretendan exportar o importar papel a partir del 1º de febrero deberán pedir una autorización previa a la Secretaría de Comercio Interior. También establece que Papel Prensa deberá presentar el Primer Plan de Inversiones el 29 de febrero ante la misma secretaría. Ese plan tendrá que satisfacer «la totalidad de la demanda interna de papel para diarios».

22 El diario *La Nación* publica un editorial titulado «Se cierra el círculo» en el que asegura que «la reglamentación de la ley sobre papel para diarios confirma la intención oficial de condicionar a los medios independientes».

22 El ministro de Planificación, Julio De Vido, critica la cobertura dada por el diario *Clarín* a la renuncia voluntaria de subsidios a los servicios: «El multimedio *Clarín* es tan perverso que cuestiona una actitud positiva para que fracasen nuestras políticas». La nota en cuestión destacaba el bajo nivel de adhesión de la gente a la medida.

23 El informe anual de Human Rights Watch advierte sobre la presión que reciben por parte del gobierno los periodistas argentinos que «informan sobre la evolución de la economía» en el país desde 2007.

23 El vicepresidente Amado Boudou encabeza un acto de entrega de viviendas en el que a los beneficiarios se les entrega, junto a las llaves de la casa, un decodificador y una antena para poder sintonizar de forma inmediata la señal de la Televisión Digital Abierta.

24 La Asociación de Diarios del Interior (ADIRA) rechaza la imposición de cupos a la importación por parte del secretario de Comercio Interior, Guillermo Moreno, y sostiene que es «imprescindible» que se levanten todas las restricciones.

25 En su primera aparición pública tras la operación de tiroides, la presidenta Cristina Kirchner muestra la cicatriz y dice: «Si me pongo un pañuelo, mañana *Clarín* decía "esta no se operó"».

25 Según un relevamiento del sitio *DiarioJudicial.com*, el juez Walter Bento fue en el año 2011 uno de los dos jueces más denunciados ante el Consejo de la Magistratura. Por su parte, diputados de la oposición habían presentado un pedido de juicio político contra Bento por su «desempeño irregular» en la causa de Supercanal contra Cablevisión.

25 En la ciudad de Santa Cruz, un grupo de jóvenes agrede físicamente al periodista radial Mariano Martínez. El periodista afirma que los agresores pertenecen al kirchnerismo y que mientras lo golpeaban le decían que si no le gustaba el actual gobierno municipal «podía irse del pueblo».

26 Diputados de la oposición piden integrar los directorios de la AFSCA, Canal 7 y Radio Nacional y aseguran que el gobierno bloquea la presencia de las minorías opositoras para usar los medios estatales como si fueran gubernamentales. El diputado del PRO Federico Pinedo sostiene que «AFSCA es un organismo absolutamente controlado por el kirchnerismo, cuya única finalidad es la persecución a los medios que no se alinean con el gobierno».

26 FOPEA repudia la egresión a golpes al periodista Cristian Acuña, corresponsal del diario *La Arena*, en la localidad pampeana de Victorica, por parte del hijo del viceintendente. El hecho ocurrió tras una conferencia de prensa del viceintendente Juan Benedicto Gandini en la que buscó refutar información de *La Arena*.

28 La revista *Noticias* publica una nota sobre el empresario de medios K Sergio Szpolski en la que revela que el empresario cobró 238 millones de pesos en publicidad oficial sólo del gobierno nacional desde 2003 hasta mediados de 2011.

28 Molesto por la cobertura que el diario *Clarín* le dio a la quita de subsidios al combustible para el transporte de pasajeros, el ministro de Planificación Federal, Julio De Vido, ataca al diario: «Mienten para defender los sobreprecios de las petroleras porque se identifican con sus prácticas abusivas».

30 Un informe del diario *Clarín* revela que el gobierno creó la Dirección de Seguimiento y Monitoreo con el fin de hacer un «seguimiento y monitoreo» en diarios, sitios web, emisoras de radio y televisión.

30 Por orden del secretario de Comercio Interior, Guillermo Moreno, reparten en centros turísticos barriletes y alfajores con la frase «*Clarín* miente».

31 El gobierno decide estatizar la televisación de las carreras de TC. En consecuencia, la Asociación de Corredores de Turismo Carretera (ACTC) rescinde el contrato de la transmisión de carreras por TV que había firmado hasta diciembre de 2015 con la empresa Carburando (de la que el Grupo *Clarín* es accionista). Revelan que el gobierno le pagará a la ACTC 400 millones de pesos.

31 ADEPA repudia la agresión al periodista de La Pampa, Cristian Acuña, por parte de familiares de un funcionario público de Victorica, localidad de esa provincia.

Febrero 2012

1 TC para Todos: Alberto Marina, gerente general de Carburando, asegura que «el gobierno invertirá en trasmitir el TC más del triple que nosotros». El Estado planea desembolsar 400 millones de pesos por cuatro años de contrato mientras que Carburando le pagaba a la ACTC 30 millones de pesos anuales.

1 Diputados de distintos bloques critican la estatización de la televisación del TC. Gerardo Milman del GEN sostiene que «la ruptura entre ACTC y las empresas vinculadas al Grupo *Clarín* es otro paso más en el juego de pinzas de acorralar al grupo y apropiarse de horas de pantalla popular para hacer propaganda oficial».

1 La diputada Patricia Bullrich presenta un pedido de informes en la Cámara de Diputados para saber «por qué el gasto en publicidad oficial subió 26 veces desde 2003».

2 Publicidad oficial: Crece exponencialmente la participación en los medios afines al gobierno. El diario *La Nación* revela que los diarios del Grupo Vila-Manzano recibieron un 920% más de pauta oficial que en 2010 y los del Grupo Szpolski un 128 por ciento.

5 El diario *Página/12* publica una entrevista al vicepresidente Amado Boudou en la que acusa a los diarios *Clarín* y *La Nación* de ser «corporaciones mediáticas» que «buscan frenar el esfuerzo de 40 millones de argentinos que lidera la Presidenta».

7 Cablevisión: Dos fallos judiciales cuestionan la intervención. La Cámara Federal Civil y Comercial de la Capital Federal advierte que existen varios fallos judiciales previos —de 2009, 2010 y 2011— que ratifican la validez de la fusión de Cablevisión y la vigencia de la licencia de Fibertel. Asimismo, el Juzgado N° 2 de Córdoba hace lugar a una medida cautelar solicitada por empleados de Cablevisión en defensa de su fuente laboral, afirmando que la misma puede verse comprometida por la decisión tomada por el juez que dispuso la intervención.

7 El diario *La Nación* informa que el secretario de Comercio, Guillermo Moreno, convida a todo aquel que entra a su oficina con un café y un alfajor con la leyenda «*Clarín miente*».

7 Santiago Álvarez, gerente de noticias de Canal 7 y militante de La Cámpora, remplaza a Martín García como director de la agencia estatal de noticias Télam. En el lugar de Álvarez asume Carlos Figueroa, otro militante de la agrupación kirchnerista.

8 Un editorial del diario *La Nación* titulado «El costoso aplauso del populismo» revela que el gobierno destina 2.400 millones de pesos anuales al mantenimiento de los medios estatales, la publicidad oficial y el Fútbol para Todos.

10 El American Institute of Enterprise (AEI) alerta sobre el retroceso de la libertad de expresión en la Argentina. Cuestiona las políticas utilizadas para la distribución de la pauta oficial «en favor de órganos de difusión afines» al pensamiento oficial y los esfuerzos por expropiar bienes de medios independientes.

11 Un informe de la revista *Noticias* revela que los medios del Grupo Vila-Manzano recibieron 35.877.062 de pesos en publicidad oficial durante el primer semestre de 2011. Durante el mismo período de 2010, los mismos medios recibieron 5.307.493 de pesos.

11 El gobierno propone a Santiago Aragón y a Ignacio Saavedra para presidir el AFSCA. Aragón responde directamente a Gabriel Mariotto y Saavedra es un militante de La Cámpora.

13 Derecho a la información: Economistas nucleados en el grupo Fénix, de la Facultad de Ciencias Económicas de la UBA, expresan en un documento que «no puede obtenerse fácilmente información sobre los padrones de beneficiarios de ayuda social, la distribución de la publicidad oficial, los informes de la SIGEN o los avances producidos en el plan energético del país».

15 Durante un festival de música en la ciudad de El Calafate, Amado Boudou sube al escenario a tocar su guitarra luciendo una remera con la frase «*Clarín* miente».

15 Molesto por la cobertura que hizo el diario *Clarín* sobre la adjudicación de subsidios a empresas, el ministro de Planificación, Julio De Vido, ataca al diario: «*Clarín* parece otra vez obstinado en no entender o malinterpretar las cosas para llevar confusión a la gente».

17 Un particular denuncia al periodista Julio Bazán acusándolo de «maniobras ilícitas» durante la cobertura que el periodista hizo sobre el conflicto minero en la provincia de Catamarca. Días atrás, la gobernadora de la provincia, Lucía Corpacci, dijo que «donde estaba un medio nacional fue donde se registraron hechos violentos».

21 Una nota publicada en el diario *Clarín* revela que por orden del hijo de la presidenta, Máximo Kirchner, un amigo suyo de la infancia será el encargado de distribuir la publicidad oficial. Para monitorear la emisión efectiva de esos

avisos, la Subsecretaría de Comunicación Pública contrató a más de 40 militantes de La Cámpora.

21 Revelan que la Agencia Periodística de Buenos Aires, dependiente de la Universidad de La Plata, funciona como una usina de la actividad del vicegobernador bonaerense Gabriel Mariotto.

21 Luego de que el diario *Clarín* publicara que intendentes del conurbano le reclamaban al gobierno por obras nuevas, el secretario de Obras Públicas de la Nación, José López, ataca al diario: «Se ve que *Clarín* habla con fantasmas, porque no recibimos ningún reclamo por obras de parte de ningún intendente».

21 Libertad de prensa: Luego de que equipos periodísticos denunciaran haber sido víctimas de agresiones durante la cobertura de las protestas antimineras en Catamarca, ADEPA pide a las autoridades provinciales y nacionales «que garanticen el libre ejercicio de la función periodística y, por extensión, el derecho ciudadano a la información».

22 Un informe del diario *El Cronista* anuncia que el gobierno invertirá en 2012 más de 1.000 millones de pesos en deportes. Esta cifra incluye 875 millones de pesos para transmitir el fútbol y 100 millones de pesos para transmitir el TC.

23 El Comité para la Protección de Periodistas difunde su informe sobre la situación de la prensa en 2011 y en el capítulo sobre la Argentina menciona el manejo parcial y distorsivo de la TV pública, el desequilibrio en la distribución de la pauta oficial y el control gubernamental sobre la producción, importación y distribución del papel para diarios.

23 Mediante un artículo titulado «No me mientas, Argentina», la revista inglesa *The Economist* anuncia que dejará de publicar en sus ediciones las estadísticas del INDEC al considerarlas desconfiables. Entre los argumentos afirma que el organismo ha sido intervenido y que las consultoras privadas

que difunden información contraria a la del INDEC son amenazadas, perseguidas y multadas.

23 El diario *La Nación* informa que durante una reunión con empresarios el secretario de Comercio Guillermo Moreno decoró el salón con globos con la frase «*Clarín* miente» y aseguró que algún día el CEO del Grupo *Clarín*, Héctor Magnetto, estará en el banquillo de los acusados.

25 Un informe publicado por la revista *Noticias* revela que el hijo de la presidenta, Máximo Kirchner, posee en su oficina una foto en la que aparecen el director de Relaciones Externas del Grupo *Clarín*, Jorge Rendo, el columnista del diario *La Nación* Carlos Pagni y otros empresarios. Según la publicación, a todo aquel que entre a su oficina Máximo Kirchner le muestra la foto y le dice: «Aquí están, mírenlos… éstos son los enemigos de la Argentina».

25 Nuevamente el ministro de Planificación, Julio De Vido, vuelve a criticar la cobertura del diario *Clarín*. Molesto porque el diario publicó que había habido diferencias en la redacción de un documento en la reunión del Organismo Federal de Estados Productores de Hidrocarburos, De Vido sentenció: «*Clarín* otra vez miente, dado que el documento fue consensuado entre todas las partes».

26 Automovilismo para Todos: El editorial del diario *La Nación* asegura que la estatización de las transmisiones de las carreras de TC por parte del gobierno tiene como objetivo «hacer propaganda» y «perjudicar al Grupo *Clarín*».

26 El vicepresidente Amado Boudou presenta al Automovilismo para Todos. Cuando los periodistas presentes intentan hacerle alguna pregunta sobre política, el vicepresidente responde en seco: «*Clarín* miente».

26 Durante una entrevista en el programa *6, 7, 8*, el ministro de Gabinete, Juan Manuel Abal Medina, sentencia: «Nunca le pusimos freno para pelear con las corporaciones. Lo hicimos con el Grupo *Clarín* y ahora con YPF».

29 Invitado al programa *6, 7, 8*, el vicepresidente Amado Boudou se niega a responder sobre las imputaciones que se le hacen en el caso Ciccone diciendo: «No sigo la agenda del Grupo *Clarín* y de los diarios *La Nación* y *Perfil*».

MARZO 2012

1 Durante la ceremonia de inauguración de las sesiones del Congreso, el secretario de Comercio, Guillermo Moreno, arroja globos con la frase «*Clarín* miente» y reparte alfajores con la misma leyenda.

2 El gobierno oficializa la designación de Santiago Aragón, hombre de Mariotto, y del dirigente de La Cámpora Ignacio Saavedra al frente de la AFSCA. Ambos representan a los sectores más hostiles con la prensa crítica.

2 El fiscal federal Jorge Di Lello imputa por abuso de autoridad al interventor que el juez federal mendocino Walter Bento designó el año pasado en la empresa Cablevisión. La imputación alcanza a dos abogados que lo acompañaron en el procedimiento y a los gendarmes que actuaron ese día.

2 El jefe de Gabinete, Juan Manuel Abal Medina, acusa al jefe de Gobierno porteño, Mauricio Macri, de ser «un mal intérprete de Magnetto», en referencia al CEO del Grupo *Clarín*.

3 Con el título de «Vigilar a la prensa», un editorial del diario *La Nación* acusa al gobierno de tener una «obsesión» por controlar todo lo que publica la prensa.

3 La Cámara Federal porteña exige que el juez federal Claudio Bonadío siga investigando la actuación de seis funcionarios de la Comisión Nacional de Valores en la causa Papel Prensa para determinar si cometieron el delito de «abuso de autoridad» contra la empresa AGEA, editora del diario *Clarín*.

4 A través de un comunicado, el ministro de Planificación, Julio De Vido, vuelve a quejarse por la cobertura que el dia-

rio *Clarín* hizo sobre el aumento de las tarifas de luz: «ya van más de 15 tapas donde colocan porcentajes llamativos como títulos catástrofe para alarmar a la gente».

4 El diario *Perfil* revela que Carlos Figueroa, director de contenidos del noticiero de Canal 7, participa de una murga kirchnerista en la que varias estrofas de sus canciones están dedicadas a *Clarín*.

5 En medio de un acto, la presidenta Cristina Kirchner compara las frases usadas por el ex dictador Jorge Rafael Videla con los reclamos de ciertos «analistas y editorialistas políticos» de los medios de comunicación para que la oposición se uniera en su contra en los últimos comicios.

6 En su discurso de apertura del año judicial, el presidente de la Corte Suprema, Ricardo Lorenzetti, destaca que «no se puede perseguir desde el Estado al que piensa diferente» y señala que «la publicidad oficial también puede afectar la libertad de expresión».

6 Durante un viaje oficial a Angola, el secretario de Comercio, Guillermo Moreno, reparte globos con la frase «*Clarín* miente».

6 El juez federal Roberto Marinelli multa al Estado por no cumplir con un fallo de la Corte Suprema que disponía otorgar publicidad oficial a los medios de la editorial Perfil, en una proporción que respete «un equilibrio razonable» con otros diarios y revistas.

7 En un raid mediático que incluye entrevistas a radios, canales de televisión y diarios, el vicepresidente Amado Boudou acusa con nombre y apellido a periodistas de los diarios *Clarín* y *La Nación* de tener «actitudes destituyentes» y los califica de «operadores políticos encubiertos». Pese a que hay una investigación judicial abierta, para Boudou todo lo vinculado a la ex Ciccone se trata de «una gran operación mediática montada» por *Clarín* y *La Nación*.

7 Con la presencia de autoridades del gobierno, un grupo de diarios oficialistas lanza en un acto la Asociación Fe-

deral de Editores de la República Argentina (AFERA). Entre sus miembros se destacan los diarios del Grupo 23, el Grupo Olmos y el Grupo Ámbito, todos ellos beneficiados con la publicidad oficial.

7 El presidente de la Corte Suprema, Ricardo Lorenzetti, vuelve a instar al gobierno a cumplir con el fallo que lo obliga a pautar en la editorial Perfil, al asegurar que «la sentencia hay que cumplirla, no es un tema opinable».

8 Con el fin de defender su rol en la investigación que lleva a cabo la Justicia por el presunto tráfico de influencias en el caso Ciccone, el vicepresidente Amado Boudou es entrevistado en el programa oficialista *6, 7, 8*, e insiste con descalificar a los periodistas y a los medios que investigan el tema.

8 El gobierno invierte 6,5 millones de pesos para realizar las primeras pruebas piloto de su propia medidora de audiencia.

11 A través de un comunicado, el titular de la AFIP, Ricardo Etchegaray, cuestiona a los diarios *Clarín* y *La Nación* por el tratamiento dado a la investigación de la causa Ciccone.

12 Durante un acto oficial, la presidenta Cristina Kirchner califica al periodista de *Clarín* Osvaldo Pepe como «nazi» y a Carlos Pagni de *La Nación* como «antisemita». Fue luego de que ambos periodistas publicaran por separado dos columnas en las que se analizaba a la agrupación política La Cámpora.

13 Osvaldo Pepe le responde a la Presidenta mediante una columna publicada en *Clarín* titulada «Señora Presidenta, estuvo injusta».

13 A menos de un año de su lanzamiento, Editorial Perfil deja de publicar el diario *Libre*. Desde la editorial difunden un comunicado en el que critican al gobierno por «la discriminación con los avisos oficiales que sufren todos los medios de la editorial Perfil» y aducen que esa práctica contribuyó con el cierre del diario.

14 «Ni nazi, ni antisemita» es el título del editorial de *La Nación* en el que se cuestiona con dureza los calificativos usados por la Presidenta para describir a los periodistas Osvaldo Pepe y Carlos Pagni: «Nada de lo que escribieron los periodistas de *Clarín* y *La Nación* justificaba tamaña reacción de violencia verbal de la Presidenta».

14 Publicidad oficial: En medio de un acto, la presidenta Cristina Kirchner defiende los montos y la forma en la que se distribuye la publicidad oficial. Acusa al gobierno de la Ciudad de comportarse en forma similar al gobierno nacional y critica a la Justicia: «Los jueces sólo miden al gobierno nacional y eso es lo más curioso», en referencia al fallo de la Corte Suprema que multó a la Casa Rosada por no pautar en los medios de Editorial Perfil. La Presidenta también asegura que «sin la publicidad oficial muchos medios no podrían sobrevivir» y reconoce que la pauta del gobierno representa el 10% de la torta publicitaria. Convirtiéndolo en el principal avisador del país.

14 La presidenta Cristina Kirchner vuelve a criticar dos artículos del diario *Clarín* y un editorial del diario *La Nación* al que acusa de hacer una interpretación «muy benévola» de la Shoah. También cuestiona al gobernador de la provincia de Buenos Aires, Daniel Scioli, por pautar publicidad en Radio Mitre, del Grupo *Clarín*.

14 Cortan en forma abrupta el programa *Longobardi en Vivo*, en el que el ex jefe de Gabinete, Alberto Fernández, hacía un análisis crítico del gobierno. Según el periodista de la CNN Alberto Padilla, quien aguardaba en el estudio del programa para ser entrevistado, los productores del canal le aseguraron que quien ordenó el corte fue el ministro Julio De Vido por pedido de la presidenta Cristina Kirchner.

15 *La Nación* titula su editorial «El avance de la censura», en el que asegura que la interrupción abrupta de la entrevista a Alberto Fernández se trató de «un acto de censura directa».

15 A cargo de la presidencia y durante un acto oficial, Amado Boudou intenta vincular al CEO del Grupo *Clarín* con una supuesta mafia: «La principal mafia en la Argentina es la que tiene por cabecilla al señor Héctor Magnetto que todos los días busca condicionar las decisiones del Estado para reflotar su poder económico».

15 El senador Juan Carlos Romero presenta un proyecto de declaración por el cual «rechaza y lamenta» todo obstáculo a la libertad de expresión, en referencia a las presiones a los periodistas.

15 ADEPA repudia los agravios sufridos por los periodistas Osvaldo Pepe y Carlos Pagni por parte de la presidenta Cristina Kirchner.

16 Ciudadanos silban al vicepresidente Amado Boudou durante su discurso en el acto por el aniversario del ataque a la Embajada de Israel. Luego del acto, el vicepresidente sentencia «Magnetto, mafioso, vos podés mandar por la radio a que nos silben. Pero por cada uno que nos silbe habrá 100 que nos apoyen» y remata «poné la cara porque te sale mal mafioso».

16 Diputados de distintos bloques repudian la acusación de «muy nazi» que la presidenta Cristina Kirchner hizo sobre la nota de Osvaldo Pepe. Gerardo Milman del GEN y nieto de víctimas del Holocausto declara: «Sé qué hicieron los nazis con mis abuelos y mis tíos. Y está clarísimo que no tiene nada que ver con las cosas que Pepe escribe».

17 Embestida contra *Clarín*: Por orden del secretario de Comercio Interior, Guillermo Moreno, las entradas para la carrera de autos Gran Premio Mercado Central llevan la leyenda «*Clarín* miente».

17 En una entrevista concedida a la revista *Debate*, el vicepresidente Amado Boudou vuelve a acusar al CEO del Grupo *Clarín*, Héctor Magnetto, de ser el responsable de la investigación que la Justicia está llevando para determinar su responsabilidad en el caso Ciccone.

17 La revista *Noticias* revela que desde La Cámpora se dictan clases y se reparte un manual elaborado por la agrupación con la idea de instruir a sus militantes. Entre los puntos que trata el manual hay críticas a los «medios hegemónicos», se especifican las bondades de la ley que regula el precio del papel de diario y se contrastan los artículos de los diarios considerados «opositores» con los artículos de los diarios oficialistas.

18 Durante la transmisión del programa Fútbol para Todos el relator del partido de Boca-San Martín de San Juan anuncia en reiteradas oportunidades que al finalizar el encuentro comenzará el programa *6, 7, 8*, en el que se analizarán «los ataques antisemitas de *Clarín* y *La Nación*».

19 Conferencias de prensa: El jefe de Gabinete, Juan Manuel Abal Medina, justifica la inexistencia del diálogo con periodistas por parte de los funcionarios del gobierno diciendo que no dialogan porque trabajan: «A los comentaristas que dicen que no damos conferencias de prensa o que hablamos poco, les digo que no se preocupen. Si hablamos poco es porque estamos trabajando». Para ese momento, la Presidenta llevaba 9 cadenas desde el 1° de marzo.

20 La presidenta Cristina Kirchner entrega el decodificador 1 millón de la TV digital. La TDT ya llega al 75% de la población y su programación tiene solamente canales que son abiertamente kirchneristas.

20 En una comunicación por videoconferencia, la presidenta Cristina Kirchner y el presidente de Venezuela Julio Chávez oficializan el acuerdo mediante el cual Argentina le venderá 13 estaciones de TV digital y equipos.

20 Conferencias de prensa: la presidenta Cristina Kirchner justifica la falta de ruedas de prensa diciendo «como tenemos que trabajar mucho no podemos hablar tanto». En la misma sintonía, el jefe de Gabinete, Abal Medina, declara: «Si tuviéramos que desmentir las noticias de *Clarín,* estaríamos sin trabajar, sería una cosa imposible».

21 Ley de Medios: la Cámara Federal de Córdoba revoca una medida cautelar de un juez de primera instancia que ordenaba no aplicarle a Cadena 3 las restricciones de la Ley de Medios.

21 «Vamos a construir una democracia audiovisual» fue la frase elegida por el secretario de Comunicación Pública, Alfredo Scoccimarro, para clausurar el Encuentro Latinoamericano de Telecomunicaciones, Cultura e Inclusión Digital Patria Grande Conectada, que se realizó en el predio del gobierno Tecnópolis.

21 Diputados de la UCR presentan un proyecto de ley para regular las transmisiones por Cadena Nacional. En 2011, año electoral, y sin que hubiera necesidades de urgencia que realmente lo ameriten, la Presidenta utilizó más de treinta veces este recurso, una de ellas fue para anunciar su decisión de presentarse a la reelección de su mandato.

22 La mayoría kirchnerista en la Legislatura de Santa Cruz bloquea un pedido para tratar sobre tablas dos proyectos para que el gobernador Peralta informe sobre contrataciones de publicidad oficial por un millón de pesos a dos productoras desconocidas.

22 La Academia Nacional de Periodismo considera «preocupante la escalada de agresiones contra hombres de prensa», cuya última expresión fue contra los periodistas Carlos Pagni y Osvaldo Pepe.

22 Por disposición del secretario de Comercio Interior, Guillermo Moreno, restringen el ingreso al país de libros, revistas y todo material impreso. La Secretaría de Comercio aduce que el objetivo de esta medida es controlar que este tipo de mercaderías no utilicen durante su proceso de impresión tintas con un contenido de plomo superior el 0,06 por ciento.

22 La Fundación LED, dedicada a la defensa de la libertad de expresión, objeta las descalificaciones de la Presidenta

a los periodistas Carlos Pagni y Osvaldo Pepe: «la descalifica-
ción y estigmatización del periodismo independiente expresan una intolerancia hacia el disenso y las diferencias de opinión e ideas, que son consustanciales al pluralismo que debe
regir en una sociedad democrática», declara la titular de la
entidad Silvana Giudici.

25 Publicidad oficial: El Centro de Implementación de
Políticas Públicas para la Equidad y el Crecimiento (Cippec),
acusa el gobierno de abusar de la publicidad oficial durante
la campaña presidencial de 2011. El Ejecutivo nacional tuvo
el 55% de la publicidad oficial en todos los medios. En campaña subió 65% el tiempo para sus avisos y al 69% la semana previa al comicio.

25 «Cristina planifica una nueva ofensiva contra Boldt y
Clarín» es el título de una nota del diario *Perfil* en la que asegura que un alto funcionario del gobierno le dijo al diario
que «este es el año en el que vamos a dejar sin el juego a Boldt
y sin el cable a *Clarín*».

26 Según el diario oficialista *Tiempo Argentino,* la mayoría
de los intendentes «apuestan a que la penetración de la Televisión Digital Abierta sea competencia exclusiva de Cablevisión». En sintonía con las exigencias del gobierno nacional,
17 distritos denunciaron a Cablevisión buscando imponer
una tarifa discriminatoria dispuesta en forma arbitraria por
la Secretaría de Comercio Interior.

27 Libertad de expresión: durante un seminario en
EE.UU. organizado por la SIP, Gustavo Mohme, presidente de la Comisión de Libertad de Prensa e Información de
la SIP declara: «Acabo de regresar de la Argentina y he visto
cosas lamentables. Hay un Poder Ejecutivo que establece las
verdades casi como por decreto».

29 El ministro del Interior, Florencio Randazzo, culpa a
los diarios *Clarín* y *La Nación* de querer desgastar al gobierno porque ambos diarios investigan el presunto tráfico de

influencias de Boudou en el caso Ciccone: «Se trata de una operación que han iniciado algunos medios, como *Clarín* y *La Nación,* para desgastar al gobierno».

29 En su informe sobre libertad de prensa, ADEPA le pide al gobierno diálogo y tolerancia con los medios de prensa: «La sociedad argentina necesita más diálogo, más republicanismo, para fortalecer su democracia».

29 Más de un centenar de periodistas de distintos medios y orientaciones le envían una carta al jefe de Gabinete, Juan Manuel Abal Medina, en la que reclaman que los funcionarios del gobierno realicen conferencias de prensa y recuerdan que desde el 1º de marzo la Presidenta habló nueve veces y nunca admitió preguntas.

29 Dos senadores norteamericanos critican en forma enfática las presiones sobre la prensa en Argentina. El senador republicano Marco Rubio y el senador demócrata Robert Menéndez denuncian en forma conjunta las tácticas «diabólicas» y poco «visibles» que está instrumentando el gobierno argentino para controlar a los medios de prensa.

30 Molesto por cómo *Clarín* informó sobre el bloqueo al ingreso de libros al país, el secretario de Cultura, Jorge Coscia, dedicó una serie de descalificaciones a la cobertura del diario y a sus lectores: «*Clarín* son 200 mil lectores, pero ¿cuántos oyentes hay que están determinados por el titular de *Clarín*? Hay que ser muy idiota para no darse cuenta que Argentina está mejor, hay que ser muy imbécil, hay que ser muy retrasado mental para no darse cuenta de que la Argentina está en un camino muy distinto. Yo como lector tengo que ser muy idiota para leer ese diario todos los días».

30 Juan Manuel Abal Medina critica la carta que los periodistas le enviaron en reclamo de conferencias de prensa: «Endiosan determinado tipo de metodología simplemente para molestar».

30 Cablevisión: la Secretaría de Comercio Interior fija en forma discrecional y arbitraria el abono básico mensual del servicio de Cablevisión en 123 pesos para el período de abril a septiembre. El monto resulta inferior al que otras compañías de cable ya están cobrando a sus clientes.

31 El Club Político Argentino que preside el politólogo Vicente Palermo cuestiona la relación del gobierno con la prensa y advierte que «la democracia exige que el gobierno escuche las opiniones contrarias, rinda cuentas, no cercene la información y responda las críticas recibidas».

Abril 2012

3 José Antonio Romero Feris, ex senador y ex gobernador de Corrientes, publica una columna en el diario *Clarín* titulada «La libertad de expresión está bajo amenaza», en la que asegura que «es muy escasa la voluntad de todo el gobierno de hacer conocer al pueblo los resultados de su gestión».

5 Un informe de la revista *Noticias* da cuenta de todos los objetos que el secretario de Comercio Interior, Guillermo Moreno, produjo con la leyenda «*Clarín* miente»: helicópteros, aviones, globos, alfajores, botellas de agua, remeras, gorras, gigantografías, barriletes y hasta un gran premio de automovilismo.

5 El diario *La Nación* publica una columna del profesor en periodismo de la George Washington University, Silvio Waisbord, titulada «El valor de las conferencias de prensa» en la que cuestiona la negativa del gobierno a someterse a las preguntas de los periodistas y asegura que «la democracia necesita de las conferencias de prensa».

5 Luego de que el juez que investiga la causa Ciccone ordenara un allanamiento a uno de sus departamentos. Amado Boudou habla durante 45 minutos en el Senado sin aceptar preguntas. Durante su exposición acusa al juez de ser una «agencia de noticias», descalifica a los periodistas que inves-

tigan el caso acusándolos de «esbirro» y asegura que el CEO del Grupo *Clarín*, Héctor Magnetto, es el líder de una mafia que tiene como objetivo descalificar a las instituciones». Mediante un comunicado el Grupo *Clarín* rechaza las acusaciones «disparatadas y maliciosas» que el vicepresidente hizo contra el diario y su CEO.

5 Diputados, ministros y funcionarios del gobierno salen en defensa de Amado Boudou y respaldan sus dichos. El jefe de Gabinete, Juan Manuel Abal Medina, sentencia: «Nunca este gobierno va a dejar que las mafias y las corporaciones empresarias y mediáticas lo condicionen».

5 Revelan que a un mes de iniciadas las sesiones del Congreso, todavía no se constituyó la Comisión Bicameral de Medios, cuya primera tarea sería designar a los directores de la oposición en la AFSCA, Canal 7 y Radio Nacional. El jefe del bloque kirchnerista y titular de esa Bicameral, Agustín Rossi, se resiste a constituir la comisión.

6 Un informe del diario *Clarín* revela que el diario gratuito *El Argentino*, del grupo kirchnerista Veintitrés y uno de los que mayor publicidad oficial recibe, no presentó nunca sus balances en la Inspección Nacional de Justicia aunque tiene la obligación de entregarlos en forma anual. Tampoco existe Información que explique cómo se financia, cuánto factura, quiénes son sus directivos, cuántos empleados tiene ni qué porcentaje de sus ingresos son por publicidad oficial.

8 A partir de una experiencia propia con un funcionario nacional, el periodista Jorge Fernández Díaz revela en el diario *La Nación* que desde el gobierno se «filtran falsedades a los medios» para que estos las publiquen y luego «presionan a dirigentes para que se desdigan» con el fin de «desprestigiar a los medios».

8 El columnista de *Página/12* Horacio Verbitsky, que suele contar con acceso privilegiado a la presidencia, asegura que la presidenta Cristina Kirchner avaló todas las acusacio-

nes que Amado Boudou realizó durante su discurso el 5 de abril en el Senado.

9 Un fallo de la Justicia sostiene que fue ilegal la intervención de Cablevisión que el juez mendocino Walter Bento realizó el pasado 20 de diciembre y qué también fue ilegítima la actuación de la ministra de Seguridad, Nilda Garré, al usar la Gendarmería para el allanamiento en las instalaciones de la empresa.

9 La Relatoría Especial para la Libertad de Prensa de la Comisión Interamericana de Derechos Humanos presenta su informe sobre 2011 en el que critica los ataques del gobierno argentino a la prensa. Entre los temas que menciona el informe se encuentran la distribución irregular de la pauta oficial, la ley que regule el papel para diarios y la embestida contra medios no oficiales.

10 Tras las acusaciones hechas por el vicepresidente Amado Boudou durante su exposición en el Senado el 5 de abril, el titular de la Procuración General de la Nación, Esteban Righi, se ve obligado a renunciar. En su lugar, la presidenta propone al titular de la SIGEN, Daniel Reposo, quién es síndico en Papel Prensa y en agosto de 2010, junto a Guillermo Moreno, increpó a los accionistas privados de la empresa con guantes de box.

12 La Fundación Libertad de Expresión + Democracia (LED) envía un informe a la ONU en el que detalla las restricciones impuestas por el gobierno argentino a la libertad de expresión. El informe menciona la distribución arbitraria de la publicidad oficial como una medida de «censura indirecta» y advierte sobre «presiones a medios de comunicación y periodistas».

13 Un informe del diario *Clarín* revela que el mayor multimedios kirchnerista, Grupo Veintitrés, no pagó los aportes de la seguridad social durante al menos el último año de parte de sus periodistas y empleados. Otro dato que revela el in-

forme es que Sergio Szpolski, quien se hace llamar dueño del grupo, no figuraría en los papeles como accionista de ninguna empresa del grupo.

14 La Unidad de Información Financiara (UIF) avanza contra los directivos del Grupo *Clarín*. Presenta una denuncia sin sustento en la Justicia por el presunto delito de lavado de dinero.

15 El canciller Héctor Timerman vuelve a atacar a la prensa. Cuestiona las portadas de *Clarín* y de *La Nación* que indicaban que durante la reunión entre Barack Obama y Cristina Kirchner había habido planteos y preocupación de Estados Unidos por las trabas comerciales. Timerman dijo que le habían mostrado las tapas a Obama, y que este se «sorprendió». Ambos diarios habían publicado extractos de un comunicado emitido por la Casa Blanca que decía que Obama había expresado el «interés de trabajar en temas constructivos en una agenda variada con Argentina, pero también expresando su preocupación en relación con ciertos asuntos comerciales».

18 Durante una conferencia de prensa sobre la libertad de expresión en el mundo en el Foreing Press Center de Washington, el subsecretario adjunto para la democracia, los derechos humanos y trabajo de los EE.UU., Michael Posner, dice que le preocupa la situación de la prensa en la Argentina y reconoce que se le planteó al gobierno la actitud con *Clarín*.

20 Al cerrar el 6º Congreso de Pensamiento Nacional en la ciudad de Tandil, Gabriel Mariotto declara: «la oposición a la que estábamos acostumbrados es aquella que renegaba de sus propios pensamientos, para asumir la editorial del diario *Clarín* y saltar a defender lo que plantea Magnetto».

21 En la Asamblea bianual de la SIP las autoridades de la entidad presentan un informe muy crítico sobre la situación de la prensa en Argentina. Gustavo Mohme, titular de la comisión para la Libertad de Prensa de la SIP, declara: «Detrás de una deliberada confrontación del gobierno ar-

gentino contra medios como *La Nación*, *Clarín* o *Perfil*, subyace un proceso de limitación de las libertades ciudadanas, muy serio».

21 Previo al partido de fútbol, un sector de la barra de River Plate desplegó una bandera financiada por el oficialismo con la frase «*Clarín* miente».

21 Acompañado por ministros y funcionarios, el vicepresidente Amado Boudou inaugura el stand del gobierno en la Feria del Libro con críticas a *Clarín*: «Ni una, ni dos, ni tres tapas de *Clarín* nos harán callar». El jefe de Gabinete, Abal Medina, también aprovecha su discurso para criticar al Grupo *Clarín*: «A la enorme diversidad de autores se le correspondía, a la inversa, un monopolio de la realidad».

22 Luego de recibir el Premio Chapultapec 2012 a la Libertad de Expresión en la asamblea bianual de la SIP, Enrique Krauze destina gran parte de sus discurso a analizar la situación de la prensa en Argentina: «Argentina parece haber vuelto a los tiempos en los que las opiniones distintas o adversas a la Casa Rosada debían acallarse o suprimirse».

23 La SIP finaliza su asamblea bianual presentando un documento en el que considera que los gobiernos de Argentina, Bolivia, Ecuador, Nicaragua y Venezuela «están ensañados» con los periodistas y medios que tienen una visión crítica de la gestión oficial. También se afirma que el gobierno argentino «utiliza los medios del Estado para perseguir y difamar a la prensa independiente».

23 El jefe de Gabinete, Juan Manuel Abal Medina, junto al secretario de Comunicación Pública, Alfredo Scoccimarro, reciben en audiencia a los representantes de AFERA la asociación que nuclea a todos los diarios oficialistas, entre ellos *Tiempo Argentino*, *Ámbito Financiero*, *Diario Popular* y *Crónica*.

24 Cablevisión: la fiscal contravencional porteña, Marcela Solano, cita a declaración indagatoria al espía que estuvo en el allanamiento a la empresa en diciembre de 2011.

24 Invitado a presentar el libro de Aníbal Fernández en la Feria del Libro, Amado Boudou aprovecha para cuestionar el rol de *Clarín* y acusar al CEO del Grupo *Clarín*, Héctor Magnetto, de querer «una democracia tutelada».

25 Autoridades del Senado restringen el acceso a periodistas para evitar que durante la votación del proyecto para expropiar YPF se crucen con el vicepresidente Amado Boudou.

26 Se amplía de manera alarmante la red de medios oficialistas. El empresario kirchnerista Cristóbal López le compra a Daniel Hadad el canal de noticias C5N, Radio 10 y cuatro FM, todos bien posicionados en sus segmentos. Esta transacción viola la Ley de Medios dictada por el propio gobierno en varios puntos (intransferibilidad de licencias, multiplicidad e incompatibilidad por ser titular de concesiones públicas).

26 Un informe revela que los medios de Sergio Szpolski están a nombre de empleados y parientes. Su ex chofer figura como presidente del diario *Miradas al Sur*, su secretaria figura como directora en varias sociedades y el sobrino de ella como presidente de *Tiempo Argentino*. En 2011 los medios del Grupo Szpolski recibieron 125 millones de pesos en publicidad oficial.

26 La presidenta de la Comisión de Relaciones Exteriores de la Cámara de Diputados de los Estados Unidos, Ros Lehtinen, critica en el Capitolio los excesos del gobierno argentino con la prensa: «Kirchner intenta manipular la distribución de la publicidad oficial para recompensar a aquellos que responden de manera positiva a sus políticas y para castigar a los medios de prensa que son críticos de su gobierno».

27 Diputados presentan proyectos en el Congreso para cuestionar la venta de los medios de Daniel Hadad al empresario K Cristóbal López, porque se expande el «amigopolio K» a través de una operación prohibida por la Ley de Servicios Audiovisuales. Para Margarita Stolbizer del GEN «la compra representa una fuerte violación de las normas que regulan la actividad».

27 Durante un acto en Vélez dónde la única oradora fue la presidenta Cristina Kirchner, el secretario de Comercio, Guillermo Moreno, repartió calcomanías con la frase «*Clarín* miente» y el vicepresidente, Amado Boudou, usó un buzo con la misma frase.

28 Durante una visita oficial a Corrientes, el vicepresidente Amado Boudou vuelve a criticar a los medios al considerar que los diarios *Clarín, La Nación* y *Perfil* «están siempre en contra de las cuestiones de los argentinos».

29 Un informe del diario *Perfil* dice que la AFSCA no intervendrá en la venta de los medios de Daniel Hadad a Cristóbal López pese a que viola la ley ya que el organismo prefiere mantener la irregularidad y así poder tener amenazados a los empresarios mediáticos.

29 El diputado socialista Roy Cortina cuestiona la expansión del grupo de medios de Cristóbal López al considerar que «vulnera la Ley de Servicios de Comunicación Audiovisual y pone en evidencia cómo el gobierno la aplica según se trato de medios alineados o no».

29 Control del papel de diarios. En un acto de tinte oficialista, Guillermo Moreno crea la Comisión Federal Asesora para la Producción y Uso Sustentable de Pasta Celulosa y Papel para Diarios. Durante el discurso inaugural Moreno vincula a los socios privados de Papel Prensa con crímenes de lesa humanidad.

Mayo 2012

2 Los periodistas acreditados en la Casa de Gobierno son encerrados por custodios de la Presidenta que bloquean la puerta de la Sala de Prensa cuando la mandataria camina por el sector. Al advertirle al secretario general de la Presidencia, Oscar Parrilli, este responde: «Hagan una queja a la SIP».

2 En un inusual raid mediático, La embajadora argentina en Londres, Alicia Castro, ataca al diario *Clarín* por La co-

bertura que hizo sobre un encuentro que ella mantuvo con el canciller británico William Hague.

2 Entidades periodísticas de América Latina se reúnen por el Día de la Libertad de Prensa y cuestionan en forma unánime la ley que controla el papel de diario en Argentina, el uso de la publicidad oficial como mecanismo para asignar premios y castigos, así como «la creación de un sistema de medios oficiales y paraoficiales para deslegitimar la crítica, hacer propaganda política y limitar el acceso a la información pública».

2 El bloque de diputados radicales emite un comunicado en el que expresa su «profunda preocupación» por la venta de los medios de Daniel Hadad al empresario kirchnerista Cristóbal López, «que viola de modo manifiesto» varios aspectos de la Ley de Medios audiovisuales. El comunicado agrega que estos hechos desmienten «los alegados propósitos de fomentar la pluralidad de voces» que invocó el kirchnerismo para sancionar esa ley.

2 Se conoce que tras la venta de sus medios a Cristóbal López, Daniel Hadad se comprometió a no tener radios ni canales de TV hasta diciembre de 2015, año en el que termina el mandato presidencial de Cristina Kirchner.

3 Según un informe presentado por el Foro de Periodismo Argentino (FOPEA) Las agresiones a periodistas en Argentina crecieron un 12% en 2011 con respecto al año anterior.

5 Un informe de la revista *Noticias* titulado «Va por todo» asegura que la presidenta Cristina Kirchner planea ir a fondo contra los medios de comunicación». Según la publicación la presidenta «pidió fórmulas alternativas para asestar un golpe aleccionador al Grupo *Clarín* antes de fin de año» y cita en off the record a un funcionario del gobierno quien afirma que al Grupo *Clarín* «algo grande le vamos a sacar, no se la van a llevar de arriba».

6 El diario *La Nación* publica un informe sobre el aparato mediático montado por el gobierno al que titula «La red de medios que teje el relato» en el que asegura que «este potente conglomerado mediático está empezando a acorralar a la crítica y a la disidencia».

6 En el marco de la estatización de YPF el ministro de Planificación Julio De Vido vuelve a atacar injustificadamente al diario *Clarín*: «*Clarín* hubiera preferido que YPF siguiera en manos de Repsol.

6 Embestida contra periodistas: La Secretaría de Inteligencia del Estado (SIDE) inicia una campaña contra los periodistas Daniel Santoro y Guillermo López que es reproducida por todos los medios del Grupo Veintitrés. La SIDE acusa falsamente a ambos periodistas de haber sido señalados por el FBI como espías rusos y de haber colaborado con Irán en el atentado a la AMIA.

7 Una investigación del periodista Jorge Lanata pone al descubierto la existencia de al menos 400 perfiles falsos en la red social Twitter que forman parte de una estructura creada por el oficialismo para hostigar a periodistas, difundir mensajes y alabar las medidas del gobierno. Luego de que se conociera esta información muchos de estos «falsos usuarios» cesaron su actividad en Twitter, cambiaron la descripción de sus perfiles o dieron de baja la cuenta.

7 Un informe del diario *Clarín* revela vínculos entre funcionarios de la SIDE y el Grupo Veintitrés. El gerente general del multimedios, Juan José Gallea, fue director financiero de la SIDE y quien maneja los asuntos legales del grupo, Darío Richarte, fue subjefe de inteligencia del organismo. Entre la SIDE y el Grupo Veintitrés se montaron varias operaciones contra periodistas no alineados al gobierno como el caso de Daniel Santoro y Guillermo Lobo.

7 Mediante un comunicado el Foro de Periodismo Argentino (FOPEA) se solidariza con los periodistas Daniel Santo-

ro y Guillermo Lobo «frente a la operación de desprestigio montada en su contra desde una página web y un semanario.

7 Nuevo desplante a periodistas. Durante el cóctel de apertura del Council of the Americas el vicepresidente Amado Boudou les niega el saludo a los enviados de *Clarín* y *La Nación*.

8 Durante la Conferencia del Consejo de las Américas el vicepresidente Amado Boudou sentencia: «los medios mienten y hacen operaciones».

8 El gobierno crea la señal de televisión digital DeporTV. De esta manera el Estado ya suma 8 señales propias.

8 El secretario de Comercio, Guillermo Moreno, luce durante una rueda de negocios con empresarios brasileros un pin con la leyenda «Papel Prensa-La Verdad».

9 El gobierno inicia una nueva operación mediático-política contra el Grupo *Clarín*. El kirchnerismo a través de la Unidad de Información Financiera (UIF) impulsa una causa en la que pretende generar dudas sobre las sociedades de *Clarín*, a las que acusa por supuesto lavado de dinero. Para darle difusión a la denuncia el diario oficialista *Tiempo Argentino* titula en tapa «Piden abrir una nueva causa para investigar a *Clarín* por «lavado». La nota remite a la sociedad GSCA Investment —100% de Grupo *Clarín*—, que recibió un crédito del banco Credit Suisse International. *Clarín* y todas sus sociedades mantienen relaciones con dicha entidad bancaria desde hace unos 20 años. Por eso, llama la atención que se presente como algo pretendidamente oscuro, una información presentada y auditada públicamente en los balances de la compañía. *Clarín*, así como todas sus sociedades, cotizan en Bolsa y tienen todos los balances a disposición del público, auditados y aprobados por una de las principales consultoras internacionales como es Price Waterhouse Coopers.

10 Daniel Reposo, candidato del gobierno para ocupar el cargo de Procurador General de la Nación, falsea datos

en su currículum vitae y acusa a los diarios *Clarín* y *La Nación* de «perseguirlo» y «desprestigiarlo» por haber revelado el hecho.

11 Uno de los líderes de la barra brava de River Plate reconoce que responde a Guillermo Moreno: «Guillermo Moreno es mi inmediato superior». En más de un partido la barra de River desplegó banderas contra el diario *Clarín*.

11 El periodista Alejandro Alfie revela que en los últimos tres años el Grupo Veintitrés libró cheques sin fondo por 7,7 millones de pesos. Pese a que el Código Penal establece que librar cheques sin fondos es un delito de defraudación, el gobierno destinó, en 2011, 125 millones de pesos en publicidad oficial a doce de las empresas que conforman el Grupo Veintitrés.

11 Intelectuales y diputados de distintos bloques se solidarizan con el periodista Daniel Santoro por la campaña en su contra montada por el multimedios de Sergio Szpolski.

13 Reunidos en un estudio de televisión, más de 100 periodistas de distintos medios le piden a la presidenta Cristina Kirchner y a los funcionarios de su gobierno que brinden conferencias de prensa. El 15 de agosto de 2011 la Presidenta brindó su última conferencia de prensa a la que sólo pudieron acceder medios extranjeros.

16 Senadores de la UCR denuncian que el kirchnerismo no les permite acceder a los medios de comunicación públicos y designar a sus representantes ente el AFSCA, Canal 7 y Radio Nacional.

17 El presidente de Radio y Televisión Argentina, Tristán Bauer, y los ministros de Educación, Alberto Sileoni, y de Ciencia, Lino Barañao, anuncian el lanzamiento de tres nuevos canales de televisión digital terrestre: DeporTV, Diputados TV y Arpeggio.

17 El secretario de Comercio, Guillermo Moreno, decora el avión en el que una comitiva de empresarios argenti-

nos viaja a Angola con globos, llaveros y lapiceras con la frase «*Clarín* miente». Parte de la comitiva que acompaña a la presidenta Cristina Kirchner en su viaje a Angola se encarga de repartir medias con la frase «*Clarín* miente» entre chicos pobres del país africano. El hecho se conoce luego de que se hiciera pública una foto en la que Mauricio Benítez, un militante kirchnerista que forma parte de la comitiva oficial, posa junto a niños descalzos que sostienen el par de medias.

18 El diario *La Nación* titula uno de sus editoriales «La venta de Hadad» en el que da a entender que el empresario se vio «forzado» por el gobierno a venderle sus medios al empresario kirchnerista Cristóbal López.

18 Un grupo de periodistas nucleados en el grupo Conferencia de Prensa difunde el documento «El pueblo no puede saber de que se trata» con eje en el bloqueo del gobierno al acceso a la información pública. Según los periodistas de Conferencia de Prensa, la información parcial, sesgada o ausente es un problema para las mujeres y hombres de prensa, pero sobre todo para la ciudadanía, obligada a juzgar hechos que sólo conoce parcialmente».

18 El diputado Ricardo Gil Lavedra y el senador Luis Naidenoff, en calidad de jefes de bloques de la UCR en el Congreso, interponen un amparo contra la AFSCA, con el fin de que la venta de los medios del Grupo Haddad, a manos del empresario kirchnerista Cristóbal López, se declare «nula de nulidad absoluta por violar de modo palmario» la Ley de Medios y por «lesionar principios de raigambre constitucional que protegen la libertad de expresión».

18 Un informe presentado por la ONG Poder Ciudadano revela que el gobierno aumentó un 40% su inversión en publicidad oficial entre 2010 y 2011 y que de todos los organismos Presidencia fue el que más fondos destinó a anunciar. El informe también enumera los medios que recibieron mayor cantidad de pauta quedando en primer lugar Grupo Szpols-

ki con 42,3 millones de pesos, Telefe con 37 millones de pesos, Canal 9 con 24 millones de pesos, América TV con 22 millones de pesos, *Página/12* con 18 millones de pesos, *Diario Popular* con 10,5 millones de pesos y C5N con 6,5 millones de pesos.

19 Nuevamente el ministro de Planificación Julio De Vido se muestra molesto por la cobertura que los medios hacen sobre temas que involucran a su cartera. En declaraciones a la agencia estatal, Télam, De Vido asegura que una nota publicada por el diario *La Nación* es «tendenciosa y falaz» y «agravia el sentido común».

19 En el marco del plan «Mi TV Digital» diputados y funcionarios del Ministerio de Planificación entregan 1.000 decodificadores en el municipio bonaerense de José C. Paz.

22 El vicegobernador de la provincia de Buenos Aires y ex titular del AFSCA, Gabriel Mariotto, asegura que el Grupo *Clarín* «tiene aproximadamente 300 licencias de cable». La afirmación es falsa, el Grupo *Clarín* a través de Cablevisión cuenta con 158 licencias para distribuir cable, mientras que DirecTV o las telefónicas llegan a 2.200 ciudades con una sola licencia.

22 Un fallo de la Corte Suprema de Justicia considera razonable el plazo de tres años para la vigencia de la medida cautelar que mantiene suspendido para el Grupo *Clarín*, el artículo 161 de la Ley de Medios, a su vez modifica el cómputo de ese plazo. El Grupo *Clarín* emite un comunicado en el que informa que la medida cautelar «acompaña un juicio de fondo» que plantea la «inconstitucionalidad de diversos artículos de la Ley de Medios y se encuentra en pleno trámite» y recuerda que es el «Estado nacional quien viene buscando demorar de manera sistemática el avance de ese juicio de fondo, apelando a trabas procesales».

22 El gobierno aprueba el presupuesto de 881 millones de pesos anuales para Canal 7 y Radio Nacional, con un défi-

cit de 811 millones de pesos porque sólo tendrá ingresos de 70 millones de pesos.

22 El Canal 10 de Río Negro levanta del aire las transmisiones de *Telenoche*, el noticiero de Canal 13, que pertenece al Grupo *Clarín*. La medida coincide con que en ese canal tampoco se puede ver el ciclo de Jorge Lanata *Periodismo para Todos*. Según un trabajador del canal, «llegó una directiva de arriba que dice que no quieren que se emita nada contra el gobierno».

22 Tras el fallo de la Corte Suprema, José Crettaz escribe en el diario *La Nación* una nota titulada «El gobierno no les exige a otros medios el cumplimiento de la norma». En ella especifica que «una decena de grandes empresas de medios incumplen varios artículos de la Ley de Medios y aunque no tienen vigente protección judicial alguna, el gobierno no inició ningún expediente para obligarlos a ajustarse a la norma».

23 Entidades y referentes de todo el arco político cuestionan fuertemente la aplicación selectiva de la Ley de Medios. La Asociación Internacional de Radiodifusión (AIR) emite una resolución que «condena la continua y sistemática política de hostigamiento a los medios que no le son afines y la aplicación discrecional de normas».

24 A raíz del fallo de la Corte Suprema, Adrián Ventura escribe una columna en el diario *La Nación* titulada «Menos medios, menos libertad» en el que advierte, entre otras cosas, que el artículo de la Ley de Medios que limita la extensión del cable a 24 localidades es arbitraria y tiene como único fin «desguazar a Cablevisión».

24 En un encuentro informal con periodistas en el que se le pregunta por la ausencia de conferencias de prensa en su gobierno, la presidenta Cristina Kirchner sentencia: «Para información oficial están mis discursos. Yo no voy a hablar contra mí misma».

24 Al ser interpelada por un periodista que le consulta por las medias que funcionarios de su gobierno repartieron en Angola con la frase «*Clarín* miente», la presidenta Cristina Kirchner se alza el pantalón dejando al descubierto sus medias y responde: «Yo uso estas».

24 La secretaria de Estado de los EE.UU., Hillary Clinton, presenta el informe anual sobre la situación de los derechos humanos en el mundo. El capítulo dedicado a la Argentina incluye por primera vez un capítulo sobre la situación de la prensa. El informe menciona el bloqueo a los diarios *Clarín* y *La Nación*, la orden a los empleados del Mercado Central de usar uniformes con la leyenda «*Clarín* miente» y el abuso administrativo en Papel Prensa, entre otras cosas.

25 Agresión a la prensa. Un periodista del diario *La Nación* intenta acercarse a la presidenta del Banco Central, Mercedes Marcó del Pont, cuando es interceptado por el diputado Carlos Kunkel quien comienza a agraviarlo y a cuestionarlo: «¿Por qué no le haces un reportaje a Magnetto (CEO del Grupo *Clarín*)?» «No entiendo por qué, por la plata que te pagan, defendés a tus patrones como Magnetto y Saguier (directivo de *La Nación*)». «¿Por qué defendés a los Saguier y escribís lo que ellos te dicen?» «Yo hace 50 años que me juego la vida y vos deberías jugártela como yo». «¡Vos sólo te jugás por tus patrones!»

25 En una entrevista concedida al diario oficialista *Página/12*, el subsecretario de la Presidencia, Gustavo López, amenaza que si para el 7 de diciembre el Grupo *Clarín* no presenta un plan de desinversión «el AFSCA puede ordenarle de oficio lo que debe vender».

28 Periodistas latinoamericanos se solidarizan mediante un comunicado con Daniel Santoro por la campaña de desprestigio iniciada por el Grupo Szpolski que lo presenta como un espía ruso. «Admiradores de la calidad humana y la labor de Santoro le damos nuestro apoyo en momentos en

que es víctima de una campaña de injuria, difamación y desgaste, como pocas veces se vio en democracia».

28 El senador Aníbal Fernández sentencia: «Muchos de los actores de la oposición son funcionales a lo que dice el CEO del Grupo *Clarín*, Héctor Magnetto». «Lo que dice Magnetto ellos lo dicen y buscan agraviar permanentemente.»

29 En su declaración a la Justicia por la denominada causa «Circuito Camps», Lidia Papaleo vuelve a intentar asociar su detención ilegal con la venta de las acciones de la empresa Papel Prensa. Sin embargo, esta transacción se realizó cinco meses antes de dicha detención. Por esa afirmación falsa, el CEO del Grupo *Clarín* la había demandado por calumnias e injurias.

30 Una lectora envía una carta al diario *La Nación* relatando que durante un vuelo de Aerolíneas Argentinas un amigo de ella le pidió a una azafata los diarios *Clarín* y *La Nación* y ella le respondió: «Tenemos prohibido en todos los vuelos de Aerolíneas Argentinas tener esos dos matutinos a bordo».

30 El jefe de Gabinete, Juan Manuel Abal Medina, se presenta en el Senado para dar su informe mensual. Ante una pregunta de un senador relacionada con el caso Ciccone, Abal Medina responde: «No quiero ocupar el tiempo en una operación mediática del Grupo *Clarín* que se cae por sí sola y no tiene interés para los argentinos».

30 Con elogios a su línea editorial y a sus periodistas, la presidenta Cristina Kirchner encabeza los festejos por el 25º aniversario del diario *Página/12* y evita mencionar a su fundador, el periodista Jorge Lanata.

31 La presidenta Cristina Kirchner admite la aplicación selectiva de Ley de Medios. Según la mandataria, el gobierno decidió no aplicar la cláusula de desinversión de la Ley de Medios, que venció el 28 de diciembre pasado, porque si no «hubiéramos acentuado más» la presencia del Grupo *Clarín*. En otras palabras, la Presidenta reconoce que el gobierno

aplica la ley a su gusto y como un sistema de premios y castigos. Desconoce además, como lo señaló la Corte Suprema de Justicia, que el artículo 161 debió haberse aplicado a quienes no lo impugnaron el 31 de diciembre de 2011.

Junio 2012

1 La revista *Noticias* titula un informe «La ofensiva final contra Magnetto» en el que explica el plan del gobierno para atacar al Grupo *Clarín*. Según la revista, desde el gobierno se analiza expropiar Papel Prensa, intervenir Cablevisión y alentar falsas denuncias contra los directivos de la empresa.

2 Tras el fallo de la Corte Suprema de Justicia y la distorsión en la información surgida de los medios oficialistas, el abogado del Grupo *Clarín*, Luis María Novillo Linares, publica una columna en el diario *Perfil* titulada «Ley de Medios, libertad de expresión y dilaciones del Estado». En ella aclara que el fallo no hace referencia al juicio de fondo, donde se debate la inconstitucionalidad de algunos artículos, lo que plantea la Corte es la temporalidad de las medidas cautelares.

4 Papel Prensa: Al salir de la audiencia testimonial en la causa en la que la Justicia Federal de La Plata investiga las detenciones ilegales durante la dictadura dentro del denominado Circuito Camps, Isidoro Graiver, hermano de David Graiver, reitera que «no recibimos absolutamente ninguna amenaza para vender Papel Prensa a *Clarín*, *La Nación* y *La Razón*. Ninguna amenaza de ningún tipo» y asegura que además «nunca tuve un comentario por parte de Lidia ni de nadie». Llamativamente, durante la audiencia que tuvo lugar en La Plata, Graiver no fue consultado ni por el Tribunal ni por las partes sobre Papel Prensa. Tampoco sobre los dichos de Papaleo, cuyo cambio de discurso fue simultáneo a la ofensiva kirchnerista contra los accionistas de la papelera.

5 Una patota que responde al intendente de Malvinas Argentinas, Jesús Cariglino, ataca a periodistas de *Crónica*, Té-

lam y *Tiempo Argentino*. Representantes de todo el arco político y de entidades periodísticas repudian el hecho.

7 Mediante una carta, Daniel Reposo baja su candidatura a procurador general. Critica a los diarios *Clarín* y *La Nación*, a quienes acusa de haber propiciado un «ataque feroz, desproporcionado y mentiroso» en su contra y fustiga al radicalismo por «hacer seguidismo de la opinión e intereses del Grupo *Clarín*». El gobierno propone a Alejandra Gils Carbó para ocupar el cargo de procurador general.

7 Publicidad oficial: un informe del periodista Alejandro Alfie revela que en un año, los grupos de medios alineados con el gobierno duplicaron sus ingresos por publicidad oficial.

11 Para entrevistar a manifestantes contrarios al gobierno nacional, los cronistas del programa oficialista *6, 7, 8,* disfrazan su micrófono con el logo de la CNN.

12 Un juez de La Plata aplica una multa de 75.000 pesos diarios a la firma Cablevisión por no cobrar el precio impuesto por la Secretaría de Comercio. Este precio está anulado por la Cámara Federal.

13 La periodista Romina Manguel escribe una columna en el diario *La Nación* titulada «La banalización del Holocausto» en la que critica al gobierno por todas las comparaciones banales que hizo entre los nazis y los periodistas argentinos.

14 Miles de personas se concentran en la Plaza de Mayo para protestar contra el gobierno nacional, de los 7 canales de noticias que hay en Argentina sólo uno transmite la protesta, los otros 6, que están alineados con el gobierno, evitan darle espacio a la manifestación.

14 Por disposición de La Cámpora, reubican a los periodistas acreditados en la Legislatura bonaerense con el objetivo de ubicarlos lejos del bloque kirchnerista y así evitar posibles registros fotográficos que puedan comprometer a los diputados de su partido.

15 Bajo la modalidad de video en demanda, el gobierno inaugura la plataforma Contenidos Digitales Abiertos, un portal en el que se almacenan las ficciones y documentales financiados por el gobierno.

16 Un empresario español relata que al visitar el despacho de Guillermo Moreno vio alfajores con la leyenda «*Clarín* miente».

16 Una investigación de la revista *Noticias* revela que la hija de la candidata del gobierno a la Procuración, Alejandra Gils Carbó, es empleada de la agencia estatal Télam y dirige un portal de internet sobre derecho y economía en el que subía en forma periódica los capítulos de la miniserie *El Pacto*, ficción que fue producida por la mujer de Guillermo Moreno y que relataba una historia falaz sobre la adquisición de Papel Prensa por parte de los accionistas privados.

18 Queda expuesta la aplicación selectiva de la Ley de Medios. Pese a que la AFSCA no autorizó las transferencias de las licencias de los medios de Daniel Hadad a Cristóbal López, los nuevos directivos confirman a Javier Romero como responsable de contenidos del grupo. Romero hasta el momento trabajaba como columnista del programa oficialista *Duro de Domar* y se dedicaba a analizar todos los artículos publicados por los diarios que el gobierno considera enemigos.

18 Con «el fin de brindarle a la ciudadanía pluralidad de voces», la diputada de la UCR Laura Montero les solicita a las autoridades de Canal 7 un espacio en la programación del canal para realizar desde la oposición un programa que cuente con un presupuesto similar al de *6, 7, 8*.

19 Referentes de los principales medios del ex grupo Hadad se oponen a la designación de Javier Romero como responsable de contenidos de los medios del grupo. El periodista Oscar González Oro publica en su Facebook: «O este personaje nefasto sin ningún tipo de dignidad o nosotros». Marcelo Longobardi sentencia: «No estoy para comisarios po-

líticos», y Eduardo Feinmann dice: «Romero es *6, 7, 8, Duro de Domar* y Gvirtz. No cuenten conmigo».

20 El titular del gremio de camioneros, Pablo Moyano, revela: «Cuando teníamos conflictos con Techint, *Clarín* o *La Nación*, el gobierno alentaba esos paros».

21 El gobierno porteño denuncia que una antena de Radio América perteneciente al grupo Szpolski/Garfunkel usurpa un terreno municipal y le exige el traslado.

21 Papel Prensa: Al recibir la insignia de caballero de la Legión de Honor por parte del gobierno francés, Julio César Strassera, el fiscal en el juicio a la Junta Militar, afirma que «los derechos humanos y los crímenes de lesa humanidad se están usando políticamente para enjuiciar a gente que ya estaba a salvo» y asegura que no hubo presiones del gobierno militar a la familia Graiver para que vendieran Papel Prensa: «Es totalmente forzada esa interpretación». «Lidia Papaleo nunca dijo que Papel Prensa había sido vendida bajo presión. No lo dijo. Lo dice ahora».

22 Según el diario oficialista *El Argentino*, el 75% de la población total del país ya cuenta con la cobertura de la TDA. Este sistema sólo transmite canales con una línea editorial alineada con el gobierno.

24 El gobierno difunde un spot de 2.05 minutos durante el programa Fútbol para Todos en el que llama «mentirosos» a varios dirigentes de la oposición porque afirmaban que la Ley de Medios atentaba contra la libertad de expresión. Silvana Giudici, una de las afectadas, le reclama al jefe de Gabinete, Juan Manuel Abal Medina, un espacio de la misma duración para poder defenderse.

25 Un informe del periodista Leonardo Mindez revela que el presupuesto 2012 para la Secretaría de Medios, encargada de supervisar la producción, difusión y control del relato oficial, es de 1.279 millones de pesos, superando en un 10% al presupuesto del Ministerio de Industria y dupli-

cando el presupuesto del Ministerio de Turismo. La Secretaría suma 140 empleados de planta y más de un centenar de contratados.

25 Según datos oficiales del INDEC, los mayores aumentos salariales en el último año «se verificaron en el sector Medios de Comunicación del Estado (52,8%)».

25 Florencio Randazzo, ministro del Interior, intenta vincular el paro convocado por Hugo Moyano con el CEO del Grupo *Clarín*, Héctor Magnetto.

26 Un informe de *El Cronista* revela que el gobierno lleva gastados más de 1.900 millones de pesos para televisar el Fútbol para Todos.

26 Papel Prensa: en declaraciones a la Justicia el canciller Héctor Timerman vuelve a intentar vincular la venta de Papel Prensa con crímenes de lesa humanidad: «El silencio de los diarios *La Nación, Clarín* y *La Razón* durante lo ocurrido durante la dictadura fue premiado con la empresa Papel Prensa».

28 Echan al gerente general del Grupo Veintitrés, Juan José Gallea, luego de que se difundiera en *Clarín* que había sido director financiero de la SIDE durante el gobierno de la Alianza. Gallea seguirá trabajando para el multimedio de Sergio Szpolski desde el estudio jurídico del ex subjefe de la SIDE en la misma gestión Darío Richarte, quien se encarga de los temas legales del grupo.

29 Publicidad oficial: El periodista Alejandro Alfie revela que el gobierno gastó 164 millones de pesos en publicidad oficial entre enero y mayo de este año, un 80% más que el año anterior. Los diarios más beneficiados fueron los oficialistas. *Tiempo Argentino* obtuvo 30,8 millones de pesos, un 120% más que en 2011, y *Página/12* recibió 21,7 millones de pesos, un 38% más que el año anterior.

29 Impulsado desde el gobierno, el fiscal Miguel Osorio solicita investigar al Grupo *Clarín* por presuntas operaciones

de lavado de activos en una de sus empresas. El Grupo *Clarín* califica como un «disparate» esta nueva denuncia y rechaza la acusación.

30 Durante la Cumbre del Mercosur realizada en Mendoza, los periodistas acreditados son confinados a un centro de prensa vallado y sin acceso a funcionarios. Tampoco hay taxis ni transporte a mil metros a la redonda.

Julio 2012

1 El periodista Jorge Lanata emite su programa desde la provincia de Tucumán, donde por órdenes del gobierno provincial el canal de aire que emite la programación de Canal 13 no puede transmitirlo. La producción del programa asegura que durante toda su estadía en la provincia fueron perseguidos por dos autos y que quienes los hospedaron recibieron presiones.

1 Durante un acto partidario, el vicepresidente Amado Boudou sentencia: «Al hacer una crítica lo que buscan es, en realidad, no cambiar cosas en las que pudimos habernos equivocado, sino tirar abajo lo construido en todos estos años».

3 En una entrevista al diario *Clarín*, el ex titular de la Comisión Interamericana de Derechos Humanos (CIDH), Santiago Cantón, asegura: «No se puede aceptar ni una campaña "*Clarín* miente" ni el reparto arbitrario de la publicidad oficial».

3 Alumnos de la Escuela Normal de San Miguel de Tucumán inician una protesta pidiendo libertad de acceso a la información crítica del gobierno. Fue en medio de un acto de entrega de netbooks que encabezaba la propia ministra de Educación de la provincia, Silvia Rojkes.

3 Inspectores de la AFIP relevan la panadería que tiene la dueña del comedor comunitario desde donde se transmitió el 1 de julio el programa de Jorge Lanata, *Periodismo para Todos*, en la provincia de Tucumán.

4 Al presentar su informe de gestión en la Cámara de Diputados, el jefe de Gabinete, Juan Manuel Abal Medina, vuelve a culpar a los medios y en especial a *Clarín* de «querer erosionar» al país y al gobierno.

4 Sin reunir pruebas y en tiempo récord, el gobierno y el Grupo Vila-Manzano logran que la mayoría kirchnerista del Consejo de la Magistratura desestime todas las denuncias contra el juez Walter Bento, por su actuación en el allanamiento que hizo a Cablevisión y la contratación de su esposa para que haga horas extras en el juzgado que subroga en Mendoza.

Los diputados que presentaron una de las causas contra Bento cuestionan la estrategia de cerrar las causas. «Varios de los miembros del Consejo de la Magistratura actúan como un bloque oficialista, cuando en realidad es un organismo que debe impartir justicia», argumenta el diputado Federico Pinedo.

8 Revelan que desde que Amado Boudou asumió la presidencia del Senado el canal Senado TV sigue paso a paso las actividades del vicepresidente, cuando no hay actividad en el Congreso repite todos los actos de la Presidenta y no se permite la participación de dirigentes de la oposición.

9 El diario *La Nación* revela que en sólo tres años el gobierno lleva invertido en el Fútbol para Todos 4.000 millones de pesos. Incluye el contrato con la AFA, la publicidad oficial y la producción del programa.

9 La Secretaría General de Presidencia abre la licitación para la provisión de diarios y revistas para dependencias de la Casa Rosada. En total planea comprar 72.097 ejemplares en un año, la mayoría de medios alineados con el gobierno: 15.842 serán de *Página/12*, 14.430 de *Tiempo Argentino*, 3.798 de *La Nación*, 3.525 de *Clarín* y 416 de *Perfil*.

10 Televisión para Todos: El gobierno nacional a través del Canal Encuentro pone al aire la serie «Alta en el cielo» que exalta la gestión K en Aerolíneas Argentinas.

10 Pese a que es de público conocimiento la venta ilegal de los medios de Daniel Hadad al empresario kirchnerista Cristóbal López y luego de que ambas partes lo hayan confirmado, Santiago Aragón, titular del AFSCA, dice desconocer la operación: «Para nosotros, como todo lo que se publica en los medios sin que se presenten los papeles en el organismo, ese supuesto acuerdo tiene carácter de versión. Ni más ni menos».

11 La presidenta Cristina Kirchner anuncia por cadena nacional que, a raíz de una nota publicada en *Clarín* que mostraba la opinión de un agente inmobiliario sobre el impacto del cepo cambiario en el mercado de bienes raíces, le pidió al titular de la AFIP que investigue al autor de esas opiniones.

11 Luego de que Hugo Moyano oficializara su ruptura con el gobierno nacional, el senador Aníbal Fernández lo llama «perrito faldero de Magnetto», en referencia al CEO del Grupo *Clarín*.

11 La senadora María Eugenia Estenssoro afirma que en las provincias de Tucumán, Río Negro, San Juan y Mendoza, el programa de Jorge Lanata *Periodismo para Todos* no se transmite por «decisiones políticas» y le pide al Senado que «se exprese sobre el acto de censura».

12 La AFIP le suspende el CUIT a la inmobiliaria cuyo dueño habló con *Clarín* sobre el parate de las ventas en el sector.

12 Un informe de la Fundación LED registra 144 agresiones a periodistas y medios en el primer semestre de 2012, el doble que todos los registrados en 2011.

13 El AFSCA crea una Comisión de análisis y asesoramiento de los procesos de adecuación de la Ley de Medios. Reconoce así que está incumpliendo la Ley de Medios y el fallo de la Corte, que le exigía que todos los grupos que no fueron a la Justicia estuvieran adecuados el 28 de diciembre de 2011.

14 Tras las represalias que el gobierno tomó contra un empresario inmobiliario por haber hablado con la prensa, ADE-

PA emite un comunicado en el que alerta sobre el uso del poder para callar a la crítica. La entidad dice que «lamenta que cada vez con mayor frecuencia el ejercicio de la libertad de expresión en el país se halle sujeto a la represalia estatal con fines de estigmatizacion y silenciamiento».

15 Cadena nacional: *Clarín* revela que la presidenta Cristina Kirchner en lo que va del año utilizó 11 veces la cadena nacional, pero más de la mitad de las veces fue al margen de la Ley de Medios, que dispone su uso para casos «graves, excepcionales o de trascendencia institucional».

17 Durante una conferencia sobre la libertad de prensa en América Latina desarrollada en el Congreso de los EE.UU., el periodista John Dinges y Karin Deutsch Karlekar, directora de Freedom House, coinciden en criticar al gobierno argentino por su «hostigamiento» contra los diarios *Clarín*, *La Nación* y *Perfil*.

19 Luego de que la presidenta Cristina Kirchner usara 3 veces en una misma semana la cadena nacional, diputados de diferentes bloques presentan distintos proyectos para regular el uso de este recurso.

21 El diario oficialista *Tiempo Argentino* revela que diputados kirchneristas presionan a la Auditoría General de la Nación (AGN) para que antes de fin de año concluya la revisión de cuentas de Papel Prensa.

23 Luego de las críticas recibidas por el uso indiscriminado de la cadena nacional, la presidenta Cristina Kirchner aprovecha un acto oficial para referirse varias veces a una supuesta «cadena nacional del miedo y el desánimo» que «cada media hora da títulos de catástrofe y de horror» y hace una interpretación distorsionada del fallo de la Corte Suprema al asegurar que el 7 de diciembre será la «fecha en que finalmente deberá cumplirse una vez por todas la Ley de Medios».

23 El AFSCA anula el concurso de 220 canales para la televisión digital.

24 Durante un acto político en la provincia de Santiago del Estero, la presidenta Cristina Kirchner vuelve a atacar a los medios al hablar de «la cadena nacional del pesimismo» y la contrasta con lo que ella considera «la cadena nacional de la construcción».

25 Luis María Novillo Linares, abogado del Grupo *Clarín*, publica una columna en el diario *El Cronista* titulada «El impostado discurso del gobierno ante el fallo de la Corte sobre la Ley de Medios», en la que desmiente la idea que el gobierno intenta instalar a través de sus medios y voceros de que el 7 de diciembre el Grupo *Clarín* deberá desprenderse de las licencias que adquirió en forma legal.

25 Sosteniendo en su mano un ejemplar del diario *Clarín* y haciendo alusión a un artículo del diario *La Nación*, la presidenta Cristina Kirchner aprovecha un acto en la Casa Rosada para acusar al Grupo *Clarín* de perjudicar a los jubilados mediante la cotización de sus acciones y luego identifica con nombre y apellido a directivos de *Clarín*, *Perfil* y *La Nación* como «el comando en jefe de la cadena nacional del miedo y el desánimo».

25 Mediante un comunicado, el Grupo *Clarín* rechaza las acusaciones de la Presidenta.

25 La Inspección General de Justicia (IGJ) avala una denuncia de la ANSES contra el Grupo *Clarín* y suspende la inscripción de los directores del Grupo *Clarín* en el registro público de comercio.

25 El Espacio Abierto de Televisoras Populares, Alternativas y Comunitarias cuestiona las demoras en el otorgamiento de licencias de la Televisión Digital Abierta (TDA) por parte del AFSCA: «Luego de tres años de aprobada la Ley de Servicios de Comunicación Audiovisual y a casi un año del primer infructuoso llamado a concurso para las organizaciones sin fines de lucro, nada ha cambiado la realidad de los medios alternativos, populares y comunitarios».

26 Pese a que el artículo 161 de la Ley de Medios no está vigente para el Grupo *Clarín*, el gobierno a través del AFSCA envía una «cédula de notificación» a Canal 13 y a otros medios del grupo buscando iniciar el proceso de aplicación de dicho artículo.

26 Fútbol para Todos: el gobierno amplía las partidas de gastos para 2012 y resuelve destinar 205 millones de pesos para el Fútbol para Todos. La medida se toma porque en menos de 7 meses ya tenía prácticamente agotada la partida de 698 millones de pesos dispuesta para todo 2012. Ahora el gasto total autorizado para el año es de 903 millones de pesos.

26 La diputada Margarita Stolbizer califica de «baja transparencia y alta discrecionalidad» la aplicación que hace al gobierno de la Ley de Medios y presenta un pedido de informes al AFSCA para que informe cuáles son las empresas que se presentaron «en tiempo y forma» al proceso de adecuación establecido en la ley.

27 Dirigentes de distintos bloques políticos advierten que el gobierno busca quedarse con medios del Grupo *Clarín*, sin respetar un fallo de la Corte. «En otra violación a la ley, el gobierno se anticipa a los tiempos de la Justicia, en una actitud intimidatoria y persecutoria a la libertad de expresión», afirma el diputado Gerardo Milman (FAP), vicepresidente de la Comisión de Libertad de Expresión de la Cámara de Diputados. Para el jefe de la bancada del Pro, Federico Pinedo, este «es un tema legal, no político. El órgano estatal puede pedir información, pero no aplicar una norma suspendida por la Justicia».

28 Un informe del diario *Clarín* revela que dos funcionarios del AFSCA prestan servicios a través de una productora a Telefónica, empresa que debe adecuarse a la Ley de Medios y a la cual el AFSCA no intimida. La comisión que implementó la adecuación a la Ley de Medios está encabezada por un di-

rigente de La Cámpora, Fernando Pérez, que maneja la empresa Tiempo Beta, cuya principal empresa cliente es Telefónica; el socio de Pérez en la productora es Ignacio Saavedra, director del AFSCA.

30 El periodista Luis Majul publica una columna en el diario *El Cronista* titulada «Cristina está feliz» en la que asegura que la presidenta Cristina Kirchner «tomó la decisión de atacar a fondo al Grupo *Clarín* y hacer todo lo posible para que el 7 de diciembre próximo dejen de funcionar la señal de cable Todo Noticias y Radio Mitre».

30 Luego de que el diario *Clarín* revelara que en varias oportunidades se autorizó a presos a asistir a actos políticos del kirchnerismo, la presidenta Cristina Kirchner utiliza un acto en la Casa Rosada para fustigar al diario y justificar las salidas transitorias de los presos a actos militantes. Muestra dos gigantografías que reproducen tapas recientes de *Clarín* y acusa al diario de no ser parcial y de haber encubierto la fuga de un preso del servicio penitenciario bonaerense por haberlo puesto como segundo título de importancia en la tapa del diario.

30 El coordinador general del AFSCA, Fernando Pérez, elimina de Internet los datos que lo vinculan a Tiempo Beta, luego de que *Clarín* revelara que esa productora trabaja para Telefónica, la empresa española que tiene nueve canales de TV abierta fuera de la Ley de Medios, incluyendo el Canal 11 (Telefe).

31 Un informe de *El Cronista* revela que, a tres años de haber sido sancionada la Ley de Medios, el mapa mediático permanece igual que antes de que la ley se sancionara. Pese a que la norma se encuentra vigente para todos los grupos mediáticos que no acudieron a la Justicia, el gobierno no la aplica y abiertamente manifiesta su intención de aplicársela únicamente al Grupo *Clarín*. Según el informe, «voceros de distintos medios alcanzados por la ley reconocieron estar en

infracción aunque admitieron que en estos años nunca fueron presionados para cumplir».

31 El periodista de *Clarín* Juan Cruz Sanz denuncia que por orden de la presidenta Cristina Kirchner fue censurado en el canal C5N. Sanz iba a participar como columnista político en un nuevo programa de la emisora, pero por presión del gobierno los directivos del programa le pidieron a Sanz «15 días para negociar con ella», en referencia a la Presidenta. No recibieron la autorización y la participación del periodista de *Clarín* no se concretó.

31 El jefe de Gabinete, Juan Manuel Abal Medina, acusa a diputados de la oposición de seguir «la agenda mediática del Grupo *Clarín*», luego de que un grupo de legisladores realizara una visita a distintas cárceles con el fin de investigar el uso de presos para actos partidarios.

Agosto 2012

2 Cristina Fernández de Kirchner usa por 70 minutos la cadena nacional. Desde la Bolsa de Comercio anuncia el pago de la última cuota del Boden 2012, critica a economistas y alude al rendimiento de las acciones del Grupo *Clarín*.

2 Cuatro hombres amenazan con «hacer boleta» a distribuidores del diario platense *Hoy*. Durante la agresión, les dicen que dejen de «basurear» a la Presidenta.

3 Militantes de la agrupación kirchnerista Tupac Amaru agreden en Jujuy a un equipo de trabajadores del programa *Periodismo para Todos* conducido por Jorge Lanata. Durante el ataque, el equipo sufre la sustracción de una cámara y de material periodístico. ADEPA y diputados opositores condenan la agresión.

3 La Cámpora avanza en el manejo estatal de los medios. Fabián Rodríguez, bloguero K, es nombrado nuevo gerente periodístico de Télam.

3 Diputados de distintos bloques piden explicaciones al gobierno ante la censura sufrida por el periodista de *Clarín*

Juan Cruz Sanz, a quien se le prohibió participar como columnista en un programa de C5N, propiedad del empresario K Cristóbal López. La orden habría llegado desde la Secretaría de Comunicación Pública de la Nación.

4 Se conoce que el presupuesto del Programa Fútbol para Todos se incrementó en 205 millones de pesos para 2012.

4 En un encuentro del Comité Coordinador de Organizaciones de Libertad de Prensa en Chile, las principales organizaciones representativas de la prensa gráfica y audiovisual en todo el mundo condenan la política de «hostigamiento» y «discriminación» del gobierno de Cristina Kirchner hacia los medios de comunicación «no afines».

6 La Administración Nacional de la Seguridad Social (ANSES) denuncia al Grupo *Clarín* ante la Justicia Comercial, pidiendo la anulación de la asamblea de accionistas del Grupo desarrollada en abril pasado.

7 De acuerdo a una presentación de la Autoridad Federal de Servicios de Comunicación Audiovisual (AFSCA), un juez federal ordena a Cablevisión el pago de una multa de 20.000 pesos diarios por no modificar su grilla de canales. La empresa explica la ilegitimidad de la disposición de la AFSCA, aún no constituida.

7 El ministro de Planificación, Julio de Vido, dice que *Clarín* «silencia información» y realiza «aprietes» con sus notas.

9 Por cadena nacional y con mucho enojo, la presidenta Cristina Fernández de Kirchner pide una Ley de Ética Periodística y sugiere que los periodistas declaren su patrimonio al igual que los políticos. Además, dice que *Clarín* quiere desprestigiar la imagen de YPF y acusa al periodista de TN Marcelo Bonelli de corrupción.

10 El Jefe de Gabinete, Juan Manuel Abal Medina, acusa a *Clarín* de desconocer la ley. Lo hace en el edificio de la TV Pública, en un acto con representantes de la Embajada de Japón.

10 El Foro de Periodismo Argentino (FOPEA) condena el pedido de la Presidenta de generar una Ley de Ética Periodística. La entidad señala que una norma de este tenor «implicaría casi penalizar comportamientos no delictuales, poniendo en riesgo el derecho a la libre expresión».

12 El programa *Periodismo para Todos* muestra cómo La Cámpora entra en las escuelas para realizar tareas de adoctrinamiento con los alumnos.

12 Se da a conocer la existencia de avances del gobierno y del grupo Vila-Manzano para volver a intentar tomar la empresa Cablevisión del Grupo *Clarín*. Uno de los ejecutores de este plan es el juez mendocino Walter Bento, el mismo que allanó ilegalmente la sede de Cablevisión el 20 de diciembre de 2011, con más de 50 gendarmes.

12 Diputados de la oposición consideran como «un escándalo institucional» el posible intento del Juez Bento para intervenir Cablevisión.

13 A pedido del Grupo Vila-Manzano, de estrecha cercanía con el gobierno, el juez federal de Mendoza Walter Bento ordena intervenir Cablevisión y desplazar a todo su directorio. Los empleados de la empresa se manifiestan en defensa de sus puestos de trabajo.

13 El diario *Clarín* informa que el gobierno planea gastar unos 3.800 millones de pesos para sostener el «relato» oficialista. La cifra, según datos oficiales y del mercado, abarca el estimado para publicidad oficial —incluido el Fútbol para Todos—, Canal 7 y Radio Nacional, TV digital y Télam.

14 La Sala II de la Cámara Civil y Comercial Federal dispuso que el juez Bento es «incompetente» y se suspende la intervención a Cablevisión.

14 Guillermo Moreno produce un nuevo escándalo, esta vez en el despacho de una jueza: insulta a los gritos a un asesor legal de Papel Prensa, se refiere al Grupo *Clarín* como «el enemigo» y celebra la intervención de Cablevisión, que rápidamente fue anulada por la Justicia.

14 La Justicia ordena al gobierno nacional cumplir con el fallo de la Corte Suprema que lo obliga a establecer criterios públicos y equitativos de distribución de la publicidad oficial. La demanda fue iniciada por *Perfil*.

16 Paredes de la ciudad de Buenos Aires amanecen empapeladas con afiches contra los periodistas del Grupo *Clarín*, Marcelo Bonelli y Nelson Castro. Se los acusa de «mafiosos» y «coimeros».

17 Se conoce que avanza en el Congreso un proyecto del senador Aníbal Fernández para que los canales de televisión de aire del interior «incluyan en las grillas de programación» a *6, 7, 8, TVR* y *Duro de Domar*, entre otros programas, casi todos oficialistas.

17 El Foro de Periodismo Argentino (FOPEA) denuncia que el intendente de Sancti Spiritu —Santa Fe— golpeó y amenazó de muerte al periodista Hernán García, director de una FM, que cuestionaba la falta de transparencia en el gobierno local.

18 Con la tolerancia de las autoridades y la pasividad de la fuerza pública, se produce un nuevo bloqueo a las plantas de impresión de los principales diarios del país (*Clarín* y *La Nación*). La medida desproporcionada responde a un reclamo del Sindicato de Vendedores de Diarios y Revistas.

19 El gobierno vuelve a utilizar la tanda publicitaria del Fútbol para Todos para cuestionar a quienes considera como sus enemigos. Esta vez, le tocó el turno al gobernador de Córdoba que realiza un reclamo por una deuda millonaria con la Caja de Jubilaciones provincial.

19 ADEPA condena el bloqueo a las plantas impresoras de los diarios *Clarín* y *La Nación*, al que considera un acto de censura. Reclama la actuación de las autoridades para que estas medidas no se reiteren.

20 El diario *La Nación* da a conocer un informe en el que se describe cómo la Unidad de Información Financiera (UIF) «frena» investigaciones relacionadas con funcionarios y allegados al gobierno; e impulsa otras contra el Grupo *Clarín* y contra el sindicalista Hugo Moyano.

21 Nuevamente el grupo Vila-Manzano, cercano al gobierno, intenta ingresar en Cablevisión, desconociendo un fallo judicial de la Cámara Civil y Comercial porteña. Enrique Anzoize, el interventor nombrado en diciembre pasado por un polémico juez mendocino, intenta fallidamente entrar a la sede de la empresa.

21 ADEPA repudia el ataque sufrido por el periodista Silvio Novelino en la ciudad Bernardo de Irigoyen, de la provincia de Misiones. Se sospecha que el ataque está vinculado a las denuncias de corrupción que viene realizando, ligadas a la gestión del concejo deliberante de su localidad.

21 La Sociedad Interamericana de Prensa (SIP) califica como una «transgresión a la libertad de prensa» el bloqueo a las plantas de impresión de los diarios que llevó a cabo el gremio de canillitas el último fin de semana, y señala que «esas acciones violan preceptos de acuerdos internacionales avalados por el Estado».

22 En el marco del debate en la Cámara Baja, que finalizó con la expropiación de la empresa Ciccone Calcográfica, la diputada ultrakirchnerista Diana Conti vuelve a atacar a *Clarín* para defender al vicepresidente Boudou, comprometido en el escándalo por la impresión de billetes.

23 En declaraciones radiales, el senador Aníbal Fernández califica de «hiena que ríe y come carne podrida» al periodista de *Clarín*, Nicolás Wiñazki.

24 El reconocido cineasta Eliseo Subiela recibe la visita de la AFIP en su escuela de cine, luego de protestar públicamente por la negativa del gobierno de venderle los dólares necesarios para representar al país en el extranjero.

25 Otra vez el gobierno usa el espacio de la tanda publicitaria de Fútbol para Todos con fines políticos. Esta vez, el

relato se aplica para defender al vicepresidente Boudou en el marco del escándalo Ciccone, y decir que se trata de una «operación».

27 La presidenta Cristina Fernández de Kirchner hace una nueva incursión en cadena nacional. Esta vez, la usa para inaugurar, vía teleconferencia, un pabellón cultural del país en Venecia. Así, amplía su record de transmisión oficial, subiendo a 14 el número de veces que se dirige a la Nación en cadena nacional.

27 Juan Manuel Abal Medina, jefe de Gabinete de la Nación, habla del 7 de diciembre como el día que «la ley será igual para todos», desconociendo los procesos administrativos y judiciales que pueden tener lugar luego del cese de la medida cautelar solicitada por *Clarín*.

27 En represalia por informar aumento de precios, la entidad Consumidores Libres, que lidera el ex diputado Héctor Polino, es suspendida por tiempo indeterminado por la Subsecretaría de Defensa del Consumidor. ADEPA habla de «política persecutoria».

27 Julio De Vido, ministro de Planificación, califica de «operación mediática» a un informe de la prensa que informa sobre la existencia de sobreprecios en las obras de remodelación del edificio del Ministerio de Desarrollo Social de la Nación.

28 Un informe muestra cómo los organismos de control con mayoría K (AGN, Comisión Revisora de Cuentas del Congreso, etc.) ponen freno a las investigaciones que podrían salpicar la gestión del gobierno. Sin embargo, impulsan investigaciones en torno a Papel Prensa y otros expedientes para perjudicar a quienes consideran enemigos políticos.

28 Se difunde información que prueba la presencia de empleados del Grupo Vila-Manzano en el intento de allanamiento «judicial», que se quiso realizar fallidamente el 21 de agosto en Cablevisión.

28 La Corte Suprema ordena a la Justicia de Mendoza que se abstenga de tomar resoluciones en relación a Cablevisión.

29 La presidenta Fernández de Kirchner utiliza otra vez la cadena nacional. Ahora anuncia la creación de un polo de producción audiovisual en la Isla Demarchi.

29 El Secretario de Comercio Interior, Guillermo Moreno, vuelve a interrumpir una asamblea de accionistas de Papel Prensa, con un show de gritos, imitaciones y reparto de llaveros con leyendas anti *Clarín*.

29 El vicepresidente Amado Boudou cuestiona las críticas por el ingreso de La Cámpora a las escuelas, y vuelve a atacar a los diarios *Clarín* y *La Nación*, acusándolos de no haber denunciado la propaganda de la dictadura militar en la década del 70.

29 Alejandra Gils Carbó presta juramento como Procuradora General de la Nación. Fue la candidata del oficialismo al puesto. Se había opuesto a la fusión de Cablevisión y Multicanal.

30 El periodismo sufre restricciones para presenciar el debate en una comisión del Senado en la que se debatió el traspaso de los depósitos judiciales del Banco Ciudad al Nación. Por reglamento, estas reuniones son de acceso público.

Septiembre 2012

1 El periodista radial de la localidad formoseña de Ing. Juárez, Aníbal Palma, denuncia haber sido golpeado y torturado con una picana. El acusado es un empresario de medios cercano al entorno del gobernador K Gildo Insfrán.

2 La Justicia ordena la reanudación de la Asamblea Ordinaria y Extraordinaria de Papel Prensa que había quedado trunca debido el escándalo que protagonizó Guillermo Moreno.

2 El secretario de Transporte de la Nación, Alejandro Ramos, ataca a los medios de comunicación que, según menciona, se oponen a la posibilidad de que los adolescentes de

16 años puedan votar, intentando introducir a la prensa también como enemigo del nuevo proyecto electoral K.

2 La Procuradora General de la Nación, Alejandra Gils Carbó, embate contra Cablevisión al asegurar que el Poder Judicial no puede ser «indiferente ante la entronización de un conglomerado monopólico de medios que amenaza la democracia».

3 En una entrevista publicada por el diario *Página/12*, el vicegobernador bonaerense Gabriel Mariotto se refirió al CEO del Grupo *Clarín*, Héctor Magnetto, acusándolo de haber «gobernado la Patria» en representación de las corporaciones.

3 La Presidenta de la Nación se presenta en cadena nacional por 17° vez en el año. Lo hace en ocasión de la cena de conmemoración por el Día de la Industria y es transmitida en horario central de TV.

5 El gobierno anuncia que intervendrá ahora en el negocio de la telefonía móvil, con cerca del 25% del espectro radioeléctrico destinado a prestar servicios de telefonía celular.

6 El diario *La Nación* informa que, desde que se lanzó la TV Digital Abierta hace tres años, el Estado lleva invertido 3.000 millones de pesos. El servicio sólo llega a un millón de hogares.

6 La Presidenta de la Nación carga contra los medios al justificar sus intervenciones en cadena nacional. Dice que su uso es «para contar las cosas que les quieren ocultar» y que «Ellos (por los medios) vienen violentando todas las leyes».

6 El gobierno convoca a operadores de telefonía celular e informa que, en su incursión en el mercado de los celulares, también participará de la emisión de las señales de televisión digital oficial.

8 Agustín Rossi, presidente del bloque Frente para la Victoria en Diputados, cuestiona a *Clarín* en un acto en La Pampa, y justifica el uso sistemático de la cadena nacional.

9 Se da a conocer el aumento de recursos y de la estructura administrativa que se ocupa de la propaganda oficial. Desde 2008, el área duplicó los contratos temporarios, y el crédito para propaganda presupuestado para 2012 ya fue superado en casi 100 millones de pesos.

9 Entrevistado por el diario *Perfil*, el empresario de medios K, Daniel Vila declara: «La Ley de Medios fue pensada para combatir a *Clarín* […] espero que la batalla la gane el kirchnerismo». Pese a que el Grupo Vila-Manzano se encuentra por fuera de la Ley de Medios es uno de los multimedios que recibe más plata de la pauta oficial.

9 En el programa oficialista *Bajada de Línea* conducido por Víctor Hugo Morales, la diputada K Juliana Di Tullío asegura que la participación de *Clarín* en la papelera «le significó convertirse en dueño de muchos de los diarios» a raíz de supuestas prácticas «extensivas». La afirmación es falaz y carece de sustento.

10 Se conoce la existencia de una escuela de periodistas «militantes» financiada por el Ministerio de Trabajo de la Nación.

11 En declaraciones a Radio del Plata, Gustavo López, subsecretario general de la Presidencia, dice que en diciembre el gobierno podría aplicar el uso de la fuerza pública contra el Grupo *Clarín* para hacer cumplir la Ley de Medios K.

12 Por 18° vez en lo que va del año, la Presidenta se dirige a la Nación a través de la cadena oficial para anunciar el aumento de las asignaciones familiares. En su discurso, también recordó sugestivamente que el prócer argentino Domingo F. Sarmiento cerró durante su presidencia los diarios *La Nación* y *La Prensa*.

12 La Agencia Federal de Ingresos Públicos —AFIP— reparte en sus delegaciones de todo el país una encuesta para conocer la preferencia de los contribuyentes en relación a los medios de comunicación y a determinados periodistas.

13 Decenas de miles de argentinos se movilizan pacíficamente en las principales ciudades del país para expresar su repudio a diferentes políticas del gobierno de Cristina Kirchner. TN y Canal 13 son los primeros canales de televisión que dan cuenta de la movilización. El resto de los canales o bien elude o bien minimiza la cobertura.

14 Al día siguiente de los cacerolazos, el jefe de Gabinete Juan Manuel Abal Medina, al igual que otros funcionarios, vincula falazmente a *Clarín* con la organización de las protestas espontáneas que se realizaron en las principales ciudades del país.

16 Abal Medina critica la transmisión televisiva de los cacerolazos realizada por TN, y habla de la «impotencia» de un sector mediático, que «intenta articular» la protesta porque «no toleran una Argentina igualitaria».

16 Se conoce la propuesta del gobierno para nombrar a Martín Sabbatella al frente de la Autoridad Federal de Servicios de Comunicación Audiovisual (AFSCA). El candidato tiene el aval de La Cámpora.

18 En el acto de presentación del Informe Mosconi, Kicillof y Abal Medina vuelven a embestir contra los medios. Mientras el viceministro de Economía acusa a los «monopolios mediáticos» de inventar, Abal Medina llama «maleducados» a los medios no adeptos al gobierno. «Los insultos se terminarán con la Ley de Medios el 7 de diciembre», dice el jefe de Gabinete.

19 El secretario de Comercio Interior Guillermo Moreno se ve nuevamente envuelto en un escándalo. Esta vez, insultó y ordenó expulsar de la sala en la que estaban reunidos representantes de varias organizaciones, a la presidenta de una asociación de defensa de los derechos de consumidores. No es la primera vez que se ataca a este tipo de organizaciones que demuestran su preocupación por la inflación y por la falsificación oficial de estadísticas al respecto.

19 El ministro de Planificación Julio De Vido acusa a *Clarín* de «desinformar», a raíz de una nota en la que se da cuenta de las observaciones que realiza la Auditoría General de la Nación acerca de sobreprecios en la compra de combustibles.

22 El gobierno nacional utiliza la tanda publicitaria del Fútbol para Todos para exhibir un spot contra el Grupo *Clarín* repleto de agravios, amenazas e inexactitudes judiciales. Se dice que el 7 de diciembre habrá un llamado a licitación para adjudicar a nuevos dueños las licencias del Grupo *Clarín*.

23 Representantes de distintos partidos políticos condenan el ataque K al Grupo *Clarín*. Lo mismo sucede por parte de constitucionalistas, abogados y entidades representativas del sector empresarial. Se cuestiona la modalidad y el contenido del mensaje, también el uso de recursos públicos para agraviar a un medio de comunicación.

24 La Sociedad Interamericana de Prensa (SIP) y la Asociación Internacional de Radiodifusión (AIR) se suman a la ola de repudios por las amenazas del gobierno de quitarle licencias audiovisuales al Grupo *Clarín* el 7 de diciembre.

25 El kirchnerismo organiza el lanzamiento de una nueva publicación de distribución gratuita que fue bautizada *Unidos y Organizados*.

25 A pesar de haber dicho en mayo que a partir de diciembre comenzaba a correr un año para la implementación del artículo 161 de la Ley de Medios, el vicegobernador Mariotto, autor de la ley, dice ahora que «se equivocó» y que la implementación es el mismo día del cese de la medida cautelar.

26 En la inauguración de la Cátedra sobre Argentina en la Universidad de Georgetown, frente a un grupo de estudiantes, Cristina Fernández de Kirchner ataca a la prensa nacional y dice que «los periodistas argentinos gritan y hacen escándalos si no les gusta la respuesta».

27 En una conferencia con estudiantes en Harvard, la Presidenta ataca al Grupo *Clarín*, habla de la Ley de Medios y acusa a los periodistas de escribir las preguntas que le realizan los alumnos.

27 Diputados nacionales y la Asociación de Profesionales de la Salud denunciaron que Canal 13 y Todo Noticias sufrieron censura cuando en el noticiero *Telenoche* se iba a pasar un informe sobre el Hospital de la Madre y el Niño, que fue inaugurado el año pasado por la presidenta Cristina Fernández pero todavía no funciona.

28 El reelecto presidente de ADEPA, Carlos Jornet, reclama un trato igualitario con todo el periodismo por parte de los gobernantes y rechaza que la crítica de la prensa a las autoridades sea calificada como «destituyente».

30 En la tanda del Fútbol para Todos se muestra otra pieza publicitaria dirigida a golpear a los medios. En la nueva propaganda, se adjudica al diario *Clarín* una estrategia para formular las preguntas de los estudiantes de la Universidad de Harvard.

OCTUBRE 2012

1 Martín Sabbatella es confirmado por la Presidenta al frente de la Autoridad Federal de Servicios de Comunicación Audiovisual (AFSCA), el ente creado para el control de los medios. Su candidatura había sufrido impugnaciones, especialmente por su falta de antecedentes en materia de medios. Sabbatella anuncia que el 7 de diciembre todas las empresas de medios audiovisuales deberán tener presentado y aprobado por él su plan de desinversión, sin necesidad de que esté terminado el proceso.

1 La Secretaría de Comercio Interior prorroga hasta diciembre el abono básico mensual del servicio de televisión paga de Cablevisión, congelando así los precios del servicio de esta compañía y no de todo el sector.

1 Se conoce que, por pedido del Poder Ejecutivo, la Comisión Parlamentaria Mixta Revisora de Cuentas aprobó ins-

truir a la Auditoría General de la Nación (AGN) para que realice una auditoría en Papel Prensa S.A., confirmando que el gobierno concibe a los órganos de control como instrumentos de presión y persecución.

1 La mayoría kirchnerista en el Consejo de la Magistratura fracasa en su primer intento de aprobar una terna ampliada de candidatos a jueces para el fuero Civil y Comercial Federal porteño. Entre los juzgados vacantes se encuentra el que tramita los planteos judiciales del Grupo *Clarín* contra dos artículos de la Ley de Medios por considerarlos inconstitucionales.

2 La maniobra kirchnerista para imponer un juez propio en el juzgado que tramita los planteos judiciales del Grupo *Clarín* sobre la Ley de Medios suma más rechazos por parte de diputados de distintos espacios políticos e integrantes del Consejo de la Magistratura.

3 El movimiento K Unidos y Organizados distribuye panfletos en los que acusa al Grupo *Clarín* de estar detrás de la organización de las protestas que Gendarmería y Prefectura encabezan contra el gobierno nacional.

4 En una nueva embestida sobre los órganos de control de las cuentas públicas, el oficialismo intenta descabezar la Auditoría General de la Nación al promover la destitución de Leandro Despouy.

4 El legislador K Juan Cabandié denuncia que detrás de los reclamos salariales de efectivos de la Prefectura y la Gendarmería hay un intento de «poner en juego la democracia» y responsabiliza por esto al Grupo *Clarín* y al diario *La Nación*.

4 En el marco del conflicto con Gendarmería y Prefectura, aparecen pintadas contra *Clarín* en varias provincias.

4 Ley de Medios: El gobierno intenta otra vez imponer e su candidata, María Lorena Gagliardi, alterando la mayoría del Consejo de la Magistratura.

5 El ministro de Justicia, Julio Alak, vincula el secuestro de Alfonso Severo, testigo en la causa por el asesinato de Mariano Ferreyra, con la Ley de Medios. Asimismo, en una clara muestra de intromisión sobre la Justicia, anuncia que recusará al juez subrogante Raúl Tettamanti, quien resultó designado en el juzgado que trata la causa del Grupo *Clarín* por la inconstitucionalidad de dos artículos de la Ley de Medios.

7 Durante la 38° Peregrinación Juvenil a Luján, militantes kirchneristas reparten panfletos atacando al Grupo *Clarín* entre los fieles que participan de la procesión.

9 Ley de Medios: Por presión del gobierno, renuncia el juez Raúl Tettamanti.

10 En cadena nacional, y en ocasión del tercer aniversario de la sanción de la Ley de Medios, la Presidenta de la Nación acusa al Grupo *Clarín* de no cumplir la ley y de querer colocarse por encima de los tres poderes del Estado.

11 La Red Mundial de Editores (GEN, Global Editors Network) propone una protesta mundial por los ataques contra la prensa en la Argentina.

11 Durante un acto en Tecnópolis, el secretario de Legal y Técnica de la Nación, Carlos Zannini, asegura que el Grupo *Clarín* «prefiere voltear a un gobierno antes que cumplir con una ley que nació de un reclamo social».

11 El kirchnerismo deja sin quórum la sesión del Consejo de la Magistratura al no lograr la mayoría para aprobar a su candidato, María Lorena Gagliardi.

12 Julio Alak informa que el gobierno recusará a Roberto Torti, el nuevo juez subrogante nombrado por la Cámara en lo Civil y Comercial Federal para cubrir el Juzgado N° 1, donde está la causa por la desinversión del Grupo *Clarín*.

15 La Sociedad Interamericana de Prensa (SIP) alerta por arbitrariedades y por intentos de control a los medios en la Argentina.

15 El ministro de Justicia, Julio Alak, amenaza con acciones penales y pide que intervenga la Corte Suprema de Justicia en el conflicto del Consejo de la Magistratura.

16 La Corte dice que no va a mediar en el conflicto que se desató en el Consejo, y que no es competencia suya designar jueces para cubrir las vacantes en los juzgados del fuero Civil y Comercial Federal donde se tramita el juicio por la Ley de Medios.

16 La procuradora General, Alejandra Gils Carbó, denuncia penalmente a consejeros no alineados con el kirchnerismo del Consejo de la Magistratura porque no aprueban la terna de jueces que promueve el gobierno.

17 El presidente del AFSCA, Martín Sabbatella, amenaza con que el 7 de diciembre el organismo que dirige «va a actuar de oficio» para «darle cumplimiento» a la Ley de Medios Audiovisuales.

17 El gobierno apura el trámite en el Senado de un proyecto para reglamentar el *per saltum* y lograr así que la Corte tome el caso de la Ley de Medios. Este recurso debe usarse únicamente en los casos en los que corra peligro la gobernabilidad.

17 El vicepresidente, Amado Boudou, se refiere al «7D» como el día en el que se terminará el «cepo cultural».

17 La Comisión de Disciplina y Acusación del Consejo de la Magistratura cita a Recondo y a ocho camaristas por una denuncia hecha por un funcionario del gobierno por presuntas irregularidades en la designación de jueces subrogantes en ese fuero.

17 En otra maniobra para tratar de digitar un juez, el gobierno envía al Senado un listado de jueces únicamente para la Cámara de Apelaciones del fuero federal en lo Civil Comercial, donde se dirime la causa sobre la Ley de Medios, obviando lo dispuesto por la ley que ordena hacerlo para todos los fueros.

18 En defensa del proyecto de ley para reglamentar la polémica figura del *per saltum*, el senador kirchnerista Marcelo Fuentes, integrante del Consejo de la Magistratura y titular de la comisión de Asuntos Constitucionales, defiende en forma desafiante la postura oficial: «si esto es presionar, bienvenida la presión».

18 Sin ninguna fundamentación y con el objetivo de reglamentar el *per saltum* el senador kirchnerista Miguel Ángel Pichetto afirma que «lo que ocurre con la Ley de Medios es un tema de gravedad institucional».

18 «Los jueces no cederemos a ninguna presión», señala el presidente de la Corte Ricardo Lorenzetti, respondiendo así al avance del oficialismo sobre la Justicia en la causa por la Ley de Medios.

20 La asociación K Unidos y Organizados realiza una volanteada en la ciudad de La Plata con consignas anti *Clarín*.

21 El ministro de Planificación, Julio De Vido, cuestiona una investigación de *Clarín* que denuncia los negocios millonarios sin control de la empresa estatal ARSAT. De Vido dice que este tipo de notas «demuestra la necesidad de terminar con la concentración monopólica de los medios de comunicación».

22 Estados Unidos recomienda a la Argentina en el Consejo de Derechos Humanos de las Naciones Unidas, «respetar e implementar las decisiones de la Corte Suprema sobre los artículos no resueltos de la Ley de Medios».

23 El diputado kirchnerista Carlos Kunkel acusa a directivos de *Clarín* de «repartir sobres» en el Congreso.

25 Frente a militantes y funcionarios K, el vicepresidente Boudou pide a «*Clarín* y *La Nación*, déjennos en paz, y dejen de rompernos los huevos».

28 Durante la tanda publicitaria del Fútbol para Todos, se emite un spot que defiende al piquetero Luis D'Elía y ataca al programa de Jorge Lanata y al Grupo *Clarín*.

29 Integrantes del Sindicato de Canillitas impiden en la madrugada la normal distribución de *Clarín* y *La Nación* al bloquear las salidas de las plantas impresoras. Omar Plaini, titular del gremio, dice: «Sabemos que el gobierno en esto nos está acompañando».

29 La SIP y ADEPA condenan los bloqueos a las plantas impresoras de *Clarín* y *La Nación* y destacan la pasividad oficial frente a esta medida extrema.

30 La Asociación Internacional de Radiodifusión (AIR) anuncia que enviará una misión oficial a la Argentina, el 7 de diciembre, para monitorear in situ la actitud del gobierno contra el Grupo *Clarín*. Se suma así a una decisión similar que tomó hace dos semanas la SIP.

31 El INDEC niega los pedidos de acreditación a periodistas de *Clarín* y *La Nación* en una jornada de análisis de los resultados del Censo 2010. «*Clarín* miente, *Clarín* es persona no grata», le responden al redactor del diario que quiso anotarse en el evento.

31 El secretario general de la Presidencia, Oscar Parrilli sale al cruce de una nota publicada por *Clarín* sobre refacciones en Casa de Gobierno, y dice que «quienes publican en ese pasquín mienten y difaman. Solamente la locura de Magnetto por la Ley de Medios puede hacerle decir a estos escribas lo que dicen», agrega el funcionario.

31 En tiempo récord, el Senado aprueba el proyecto del per saltum.

31 En Diputados, luego de un discurso escandaloso, cargado de desmesura y agravios, el camporista Andrés Larroque acusa a los legisladores no oficialistas de ser «zombies manejados por *Clarín*».

NOVIEMBRE 2012

1 En el marco de un discurso escandaloso en la Cámara Baja, el diputado camporista Andrés Larroque acusa a

los legisladores no oficialistas de ser «zombies manejados por *Clarín*».

4 Durante la tanda publicitaria del Fútbol para Todos, el gobierno pone al aire un nuevo spot contra *Clarín* en el que se cuestionan declaraciones del CEO del Grupo, Héctor Magnetto.

5 Sale a la luz un video en el que se puede ver a empresarios argentinos y al secretario de Comercio Interior Guillermo Moreno en el avión que los lleva a Vietnam para participar de una misión comercial. Se los escucha gritando consignas K y «jugando» en pleno vuelo con globos con la leyenda impresa «*Clarín* miente».

5 La agrupación de abogados Será Justicia repudia la actitud de acoso del gobierno hacia un grupo de jueces a los que les corresponde intervenir en la causa del Grupo *Clarín* por la Ley de Medios.

5 Por orden de Julio Alak, la procuradora Gils Carbó denuncia al juez De las Carreras, camarista Civil y Comercial. El juez integra la Sala I de la Cámara que deberá resolver un pedido de ampliación del plazo de la medida cautelar que tiene suspendida para el Grupo *Clarín* la aplicación del artículo 161 de desinversión de la Ley de Medios.

7 Se dan a conocer los principales resultados del Informe Anual de FOPEA sobre los ataques a periodistas y medios. En lo que va del año ya se registraron 130 agresiones contra periodistas en todo el país. Representa el 51% más que los registrados en el mismo período del año anterior.

8 En una solicitada publicada en los principales diarios del país, más de quinientos políticos, pensadores, escritores, abogados, constitucionalistas y ex jueces expresan su repudio por el ataque del gobierno al Poder Judicial, en especial a los responsables del fuero Civil y Comercial Federal, en el que se debate la Ley de Medios por la que el gobierno pugna por un fallo favorable.

8 La mañana del día previsto para los cacerolazos y la protesta popular contra el gobierno, aparecen carteles en la vía pública que atacan a *Clarín* y a su CEO, Héctor Magnetto.

8 Cientos de miles de personas llenan las calles de las ciudades más importantes del país para manifestarse en contra de ciertas políticas del gobierno. Entre las principales consignas, está el pedido por respeto a la Constitución, independencia del Poder Judicial y libertad de prensa e información.

9 La Presidenta de la Nación busca minimizar la masiva protesta popular del día anterior, apelando a la ironía e incluso a alguna chicana. Afirma que en el país existe una «formidable maquinaria de ocultamiento, de manipulación y de mentira».

11 En su reunión en Cartagena, el Foro Iberoamérica emite una declaración en la que condena los ataques oficiales a medios y periodistas independientes en el país, además de apoyar la independencia del Poder Judicial y rechazar las presiones contra los tribunales en relación con la causa de la Ley de Medios.

12 Nicolás Cherei, funcionario del AFSCA, asegura que desde el organismo van a controlar las líneas editoriales de los medios.

14 Haciendo una interpretación falaz del fallo de la Corte Suprema, Martín Sabbatella brinda una conferencia de prensa en la que abundan las críticas al Grupo *Clarín* y amenaza con avanzar de oficio sobre los bienes y las licencias de los medios que no presenten un plan de desinversión antes del 7 de diciembre.

14 La Cámara de Diputados aprueba el per saltum que se convierte en ley. El diputado K, Agustín Rossi, deja en claro la aplicación que puede tener la nueva ley, al referirse al caso de *Clarín* en el cierre del debate, antes de someter el proyecto a votación.

14 En esa misma sesión, la diputada Diana Conti reconoce: «No me importa que esta ley tenga nombre y apellido». Se refiere a la principal crítica que le hacen desde la oposición advirtiendo que el apuro del oficialismo por el per saltum se vincula a la causa del Grupo *Clarín* por la aplicación del artículo 161 de la Ley de Medios.

19 El diputado bonaerense por el Frente para la Victoria Fernando Navarro acusa a *Clarín* de apoyar a los «enemigos de la patria».

19 Crecen las sospechas por la aplicación selectiva de la Ley de Medios. Pese a que en los balances y las páginas web de Telefónica y de Telefe se explícita el vínculo que existe entre ambas empresas, Martín Sabbatella niega que Telefónica tenga canales de televisión en Argentina y por lo tanto deba adecuarse a la ley.

20 El jefe de Gabinete, Juan Manuel Abal Medina, se refiere a la protesta nacional que paralizó el país y acusa a *Clarín* de estar por detrás del reclamo y la movilización.

21 Aníbal Fernández minimiza la protesta del día anterior y acusa a *Clarín* de actuar en complicidad con el sindicalista Hugo Moyano.

24 La TV Pública pone al aire en horario central una serie sobre *Clarín*, que persigue el objetivo político de tergiversar la historia del Grupo, siguiendo el relato falaz del gobierno.

26 Trasciende una orden de Moreno a empresarios supermercadistas sobre los medios para publicar sus avisos y promociones: «Hay que poner menos avisos en *Clarín* y más en *Tiempo Argentino*», dice.

27 Manifestantes se convocan frente a Tribunales para pedir por una Justicia independiente. Trabajadores y técnicos de la empresa Cablevisión bloquean la circulación frente a Tribunales, donde la Corte tiene previsto comenzar su acuerdo semanal en el que podría tratar un planteo del Gru-

po *Clarín* que le solicita por «privación de justicia» la extensión de la medida cautelar.

27 La Corte Suprema emite un fallo en el que le ordena al juez Horacio Alfonso «el inmediato dictado de la sentencia definitiva». Indica asimismo que «la falta de un pronunciamiento final como el indicado dentro de un plazo razonable implica una clara denegación de Justicia».

28 La ONG Fútbol en Paz en la Argentina denuncia al jefe de Gabinete, Juan Manuel Abal Medina, por los ataques a opositores y a empresas privadas que tienen lugar en el espacio publicitario del programa Fútbol para Todos, en la Televisión Pública. Según la denuncia, entre las «víctimas» de las propagandas está el Grupo *Clarín*.

28 La Corte ratifica al juez federal Carlos Villafuerte Ruzo, en una causa contra el secretario de Comercio, Guillermo Moreno, por presunto «hostigamiento» contra directivos de Papel Prensa. Moreno había pedido el apartamiento del juez, quien debía resolver por una denuncia en su contra realizada por un gerente de Papel Prensa, a raíz de un episodio ocurrido en esa empresa.

29 La SIP le hace llegar una nota al presidente de la Corte Suprema de Justicia, Ricardo Lorenzetti, en la que le expresa su «preocupación» por los anuncios públicos del Ejecutivo que, «al margen de las decisiones judiciales, avanzará en la aplicación de dos artículos de la Ley de Medios, cuya constitucionalidad aún discute ese órgano del Estado».

29 En un escrito firmado por seis jueces y el secretario general de la Cámara Civil y Comercial Federal, se advierte a la Corte Suprema que las presiones desatadas por el gobierno, afectan su independencia, la administración de justicia y las futuras causas que lleguen a sus manos y en las que sea parte el Estado.

30 Se da a conocer que la AFSCA habría modificado los procedimientos establecidos para aquellos grupos que no

presenten su adecuación voluntaria a la Ley de Medios antes del 7 de diciembre para avanzar «de hecho» sobre las licencias del Grupo *Clarín*.

30 La Iglesia Católica difunde un comunicado en el que advierte sobre el peligro de las divisiones sociales y las amenazas a la libertad de expresión por parte del gobierno. Distintos referentes del gobierno critican el comunicado. El senador Aníbal Fernández declara: «Parece que hay vocación de presentar el documento antes del 7 de diciembre».

30 Diputados de distintos partidos políticos presentan en la Cámara de Diputados un pedido de ampliación del juicio político contra el Ministro de Justicia y Derechos Humanos de la Nación, Julio Alak, por presionar a la Justicia.

DICIEMBRE 2012

1 En el marco de la campaña oficial de hostigamiento a la Justicia, la Asociación Empresaria Argentina (AEA) emite un comunicado en el que pide respeto a la ley y fallos imparciales y destaca la importancia de la independencia entre los poderes del Estado.

1 A contramano de la decisión que tomó la Corte pocos días antes, en declaraciones a Radio 2 de Rosario, el titular de la AFSCA, Martín Sabbatella, insiste en que el gobierno avanzará de hecho sobre las licencias audiovisuales del Grupo *Clarín* a partir del 7 de diciembre.

3 A cuatro días de la fecha creada por el gobierno, Sabbatella informa en conferencia de prensa que modificó las normas para la desinversión y que estas siguen siendo reservadas. «Voy a estar personalmente hasta las doce de la noche del 7 de diciembre, en AFSCA, esperando el plan de adecuación de todos los grupos. Si alguno no se presenta, queda fuera de la ley, y el 10 voy a acompañar a la escribana o al escribano público a notificar a ese grupo que empieza la transferencia de oficio», dice.

3 El Grupo *Clarín* emite un comunicado en el que afirma que la súbita modificación de los procedimientos de aplicación del artículo 161 de la Ley de Medios disparada por la AFSCA, «afecta los derechos adquiridos, el derecho de defensa y busca evitar que el fallo sobre la inconstitucionalidad de ese artículo llegue antes del avance de facto de la AFSCA sobre las licencias».

3 El diputado nacional del GEN-FAP y vicepresidente primero de la Comisión de Libertad de Expresión de la Cámara Baja, Gerardo Milmen, dice que «Sabbatella se autoincriminó en el delito de abuso de poder».

3 Confirman a los jueces que deben decidir la prórroga de la cautelar en la causa por la Ley de Medios. Las recusaciones habían sido planteadas por los abogados del gobierno y habían provocado el virtual vaciamiento del fuero.

3 El gobierno inicia la convocatoria para un acto en Plaza de Mayo para el 9 de diciembre. El motivo sería la celebración de la democracia y la aplicación total de la Ley de Medios.

4 La Facultad de Periodismo de la Universidad de La Plata distingue con el premio Rodolfo Walsh al presidente ecuatoriano Rafael Correa. En su discurso, habla de los «monopolios mediáticos» con «serias deficiencias éticas y morales» y expresa su apoyo a la Presidenta a días del «7D».

4 Después de dos semanas de ocultamientos, se publican los dos nuevos reglamentos de la AFSCA que modifican los procedimientos del 7D para que los grupos se adecuen a la Ley de Medios. La «transferencia de oficio», además de las licencias, ahora incluye también a los bienes de los medios que el organismo pretende transferir a otros dueños.

4 La Corte reitera que el gobierno debe poner publicidad en la editorial Perfil. El gobierno continúa desconociendo un folio del Máximo Tribunal que lo obliga a pautar en esa editorial.

4 El penalista del programa de TV ultrakirchnerista *6,7,8*, Orlando Barone, publica en la web una poesía de celebración del «7D», en la que agravia a periodistas independientes y a políticos opositores del gobierno.

4 La Cámara Civil y Comercial Federal desestima la recusación contra la camarista Graciela Medina, presentada por el Estado Nacional en el marco de la causa iniciada por el Grupo *Clarín*.

5 En un hecho que no reconoce antecedentes en los 29 años de democracia, el gobierno desafía un fallo de la Corte Suprema y recusa a todos los jueces de la Cámara Civil y Comercial Federal, que deben decidir sobre la Ley de Medios.

5 El ministro de Justicia, Julio Alak, redobla la carga contra los camaristas recusados y sobre el Poder Judicial en general: afirma que si los jueces decidieran prorrogar la medida cautelar que mantiene suspendido el artículo 161 para el Grupo *Clarín*, «sería un alzamiento contra una ley de la Nación y una burla a la voluntad popular» y «generaría un conflicto de poderes» entre el gobierno y la Corte.

5 Ante las declaraciones de Alak, el Grupo *Clarín* emite un comunicado en el que sostiene que «el desafío a la división de poderes, base misma del sistema republicano, pocas veces ha llegado tan lejos».

5 Representantes de distintos partidos políticos rechazan las presiones de Alak a la Justicia y salen a pedir el inmediato juicio político contra el ministro.

5 El diputado oficialista Carlos Kunkel denuncia que la «corporación judicial», en la que incluyó a la Corte Suprema de Justicia, intenta «gestar un golpe institucional para romper la continuidad de la democracia en la Argentina».

5 El vicegobernador bonaerense Gabriel Mariotto dice que «los intereses monopólicos impulsaron un gran número de medidas cautelares contra la Ley de Medios», para «ganar tiempo y mientras ir difamando e injuriando la capacidad de construcción política de este gobierno nacional y popular».

5 El titular de la AFIP, Ricardo Etchegaray, inicia una demanda millonaria contra el periodista de *Clarín* Matías Longoni, quien investigó la distribución irregular de subsidios por parte de la ONCCA, un organismo que había sido presidido por Etchegaray y que fue disuelto en 2011 por la presidenta Cristina Kirchner para acallar los ecos de esa investigación.

6 La sala I de la Cámara de Apelaciones en lo Civil y Comercial Federal prorroga la medida cautelar que suspende la aplicación del artículo 161 de la Ley de Medios al Grupo *Clarín*. Según el fallo, la medida cautelar tendrá vigencia «hasta que se dicte la sentencia definitiva en la causa».

6 Alak adelanta que el gobierno utilizará el recurso de *per saltum*, recién aprobado en el Congreso, para pedir a la Corte Suprema la nulidad del fallo que extendió la medida cautelar solicitada por el Grupo *Clarín*.

6 Llega al país una misión de la SIP para observar los procedimientos aplicados por el gobierno en materia de control de medios.

6 En conferencia de prensa, un vocero del Departamento de Estado de los Estados Unidos dice que su gobierno sigue de cerca el proceso judicial de la Ley de Medios y espera que se desarrolle de acuerdo a los niveles internacionales.

6 Por más de una hora *Clarín.com* queda fuera de servicio debido a un ataque a sus servidores.

7 El gobierno presenta un pedido de per saltum ante la Corte Suprema, a través de dos resoluciones en las que reclama la «suspensión inmediata» de la resolución judicial y la posterior declaración de «nulidad» de la prórroga que mantiene frenada la aplicación de la cláusula de desinversión de la ley.

7 Unos 100 manifestantes convocados por la Red Nacional de Medios Alternativos, aparecen en la puerta de Canal

13 y arrojan bombas de pintura en la entrada. También es atacada la oficina de *Clarín* en Neuquén.

7 La Asociación Argentina de Fiscales (AAF) adhiere mediante un comunicado «en todos sus términos» al reclamo realizado por la Comisión Nacional de la Independencia Judicial mediante el que se pide que el gobierno deje de presionar a la Justicia.

7 Tras una visita de dos días, la misión de SIP asegura que en la Argentina hay «graves inconvenientes para el ejercicio libre del periodismo» y advierte sobre un «hostigamiento constante» hacia las voces críticas.

8 El senador K Marcelo Fuentes insiste en la posibilidad de promover un jury de enjuiciamiento a los jueces de la Cámara Civil y Comercial Federal que prorrogaron la medida cautelar que suspende la aplicación de dos artículos de la Ley de Medios.

9 En el marco de la denominada Fiesta Nacional Patriótica organizada por el gobierno, la Presidenta Cristina Kirchner cuestiona a la Justicia y a los medios de comunicación críticos. Los emparenta con los golpes de Estado y afirma que «a los sectores minoritarios del poder económico concentrado» cuando «les fallan los fierros (armas) mediáticos, intentan con los fierros judiciales».

9 En declaraciones a Radio Mitre, el premio Nobel de la Paz Adolfo Pérez Esquivel cuestiona las presiones del gobierno sobre la Justicia por la Ley de Medios y pide que se respete la división de poderes.

10 Los siete jueces de la Corte Suprema coinciden en rechazar la aplicación del per saltum pedida por el Poder Ejecutivo para que el Máximo Tribunal revoque la ampliación de la medida cautelar otorgada al Grupo *Clarín* en la causa por la Ley de Medios.

11 El gobierno presenta un recurso extraordinario ante la misma Cámara Civil y Comercial, buscando así llegar a la

Corte luego de que el Máximo Tribunal rechazara la vía del *per saltum*. El objetivo es lograr que se dé marcha atrás con la prórroga de la medida cautelar, aun cuando no está resuelta la cuestión de fondo.

11 Durante la madrugada, se produce un ataque anónimo contra las oficinas de *Clarín* en Mar del Plata, que incluye pintadas con aerosoles y huevazos.

11 El ministro de Justicia, Julio Alak, confirma que los miembros oficialistas del Consejo de la Magistratura «están estudiando» iniciar un jury de enjuiciamiento contra integrantes de la sala 1 de la Cámara Civil y Comercial.

13 El secretario Legal y Técnico de la Presidencia, Carlos Zannini dice que los medios se oponen a la política. En una charla con militantes afirma que «el poder de ellos (de los medios) está en el desprestigio de la política», y propone hacer «observatorios de medios» que digan a «qué intereses representan».

13 ADEPA condena los intentos gubernamentales de «silenciar las voces críticas» y afirma que «periodistas y medios vivimos en libertad vigilada, en libertad condicional».

14 El juez federal Horacio Alfonso valida la constitucionalidad de cuatro artículos de la Ley de Medios objetados por el Grupo *Clarín* y ordena —a pesar de que el Estado no lo había solicitado— levantar la medida cautelar que rige en la causa a favor de la demandante.

14 Para *Clarín* el fallo de Alfonso carece de sustento jurídico: «Increíblemente, el propio juez reivindica en su fallo la decisión de no ponderar las pruebas existentes, lo que revela su voluntad de redactar una sentencia basada en consideraciones dogmáticas y políticas, desvinculadas de la afección concreta de derechos constitucionales acreditada en el expediente», dice el primer párrafo del comunicado emitido por la empresa. Adelanta que apelará el fallo.

14 El titular de la AFSCA, Martín Sabbatella, asegura que «se terminan las cautelares y a partir de ahora hay que aplicar la ley».

15 El jefe de Gabinete, Juan Manuel Abal Medina define como «Cámara de mierda» a la integrada por la Sala que extendió la medida cautelar promovida por el Grupo *Clarín* contra dos artículos de la Ley de Medios.

17 El Grupo *Clarín* apela a primera hora judicial el fallo del juez Horacio Alfonso que convalidó los artículos objetados por la empresa en la Ley de Medios por inconstitucionales.

17 Incumpliendo resoluciones judiciales vigentes y desconociendo la apelación hecha per el Grupo *Clarín*, Martín Sabbatella monta un show mediático en la sede de *Clarín* y notifica el inicio de la «transferencia de oficio» de canales de TV, señales audiovisuales y parte de Cablevisión. La presentación hecha por Sabbatella incurre en el delito de desobediencia judicial y al mismo tiempo desconoce un fallo del juez Torti que obliga al AFSCA a no afectar el servicio de Internet que brinda Cablevisión.

18 El juez Horacio Alfonso concede la apelación pedida por el Grupo *Clarín* para discutir en un tribunal superior la constitucionalidad de la Ley de Medios. De esta manera, recobra automáticamente su vigencia la medida cautelar que impide aplicar dos artículos de esa norma a empresas del grupo.

18 Atendiendo a una denuncia del gobierno, el fiscal federal Gerardo Di Masi imputa a los cinco integrantes no oficialistas del Consejo de la Magistratura de la Nación y a los jueces de la Cámara Civil y Comercial Federal por presunto «abuso de autoridad e incumplimiento de los deberes de funcionario público», en el marco de la causa por la Ley de Medios.

18 En el tradicional brindis de fin de año, el presidente de la Corte Suprema, Ricardo Lorenzetti, afirma que no es bueno que exista una hemogeneidad de la información.

18 El vicegobernador bonaerense, Gabriel Mariotto, advierte que «hay un grupo monopólico al que le sirve intentar separar a Scioli de todos nosotros».

19 En conferencia de prensa, Julio Alak anuncia que el gobierno pedirá una segunda acción de per saltum para que la Corte se expida. Aclara que la presentación no busca «solamente que la Corte haga cumplir el plazo final de las medidas cautelares, sino que se expida sobre la constitucionalidad de la ley». Asimismo, el ministro acusa al Grupo *Clarín* de impedir y obstaculizar su implementación.

19 El empresario mendocino Daniel Vila, uno de los propietarios del Grupo Vila-Manzano y afín al kirchnerismo, hace un duro diagnóstico de la Ley de Medios: asegura que la norma es «pésima».

20 El periodista Marcelo Longobardi es desvinculado de Radio 10, emisora recientemente adquirida por el empresario K Cristóbal López. Un caso similar sucedió con la periodista Cristina Pérez a quien no le renovaron el contrato en Radio Del Plata y que se consideró despedida porque, según sostiene, recibe presiones por sus opiniones políticas.

23 *Clarín* publica una investigación que precisa que el gobierno utiliza la pauta oficial para disciplinar a los medios. Según los últimos datos oficiales, en 2011 le aumentó la pauta por encima de la inflación a Telefe, Canal 9, Vila-Manzano, Olmos, Santa María y Electroingeniería, entre otros; mientras que casi les cortó los avisos a *Clarín, La Nación* y *Perfil.*

23 En el marco del hostigamiento oficial contra la Justicia, el diario *Perfil* da cuenta de que el gobierno prevé avanzar con la introducción de reformas en el Poder Judicial, con un paquete de proyectos que incluiría que los jueces tributen impuesto a las ganancias, rindan examen periódicamente y la implementación del juicio por jurados.

24 En una entrevista en *Página/12*, el titular de la CTA más cercana el oficialismo, Hugo Yasky, se refiere a los saqueos su-

cedidos la semana pasada, y atribuye la organización a grupos desestabilizantes que tienen a «Magnetto y al diario *La Nación* como portavoces».

26 La Secretaría de Comercio a cargo de Guillermo Moreno fija en forma arbitraria el precio del abono básico de Cablevisión en 130 de pesos.

26 En una entrevista publicada en el diario *La Nación*, el periodista Marcelo Longobardi desvinculado de Radio 10 por orden de su nuevo propietario, el empresario K Cristóbal López, afirma que «con la Ley de Medios fueron por la propiedad y ahora están yendo por el contenido».

27 Alineada con el discurso oficial, la procuradora General de la Nación, Alejandra Gils Carbó, recomienda levantar la medida cautelar que rige sobre el Grupo *Clarín* en la causa por la Ley de Medios.

27 Por segunda vez en el plazo de un mes, la Corte rechaza un pedido del gobierno para que el tribunal intervenga vía per saltum en la causa por la Ley de Medios. En otro fallo paralelo, el máximo tribunal mantiene la vigencia de la medida cautelar que protege al Grupo *Clarín* hasta el dictado de una sentencia definitiva en la causa.

28 El presidente de la Sociedad Interamericana de Prensa (SIP), Javier Matilla Anderson, advierte que «en la Argentina existen serios obstáculos que frenan el ejercicio del periodismo libre cuya crítica y fiscalización no satisface al oficialismo».

28 El ministro de Justicia, Julio Alak, informa que el gobierno solicitará a la Justicia la habilitación de días y horas, y señala que la Cámara dilató de una manera irracional «su pronunciamiento».

30 El ministro de gobierno de Río Negro, Luis Di Giacomo, acusa en una conferencia en Bariloche a *Clarín* y a TN de haber estado vinculados a los saqueos que se produjeron el 20 de diciembre en esa ciudad.

Enero 2013

1 El embajador argentino en Venezuela, Carlos Cheppi, dice que «la república que quieren (Elisa) Carrió o *Clarín* es la de privilegios para pocos».

2 Ley de Medios: Martín Sabbatella ataca al Grupo *Clarín* al afirmar que «la estrategia del Grupo *Clarín* es buscar medidas dilatorias que le permitan ganar tiempo y postergar su cumplimiento».

2 Como parte de la escalada contra la Justicia, se conoce que el oficialismo prepara foros de debate en todo el país para analizar cómo avanzar en la democratización de la Justicia. El proyecto es promovido por el dirigente de la JP Evita, Leonardo Grosso.

2 Según un informe del diario *La Nación*, la Corte Suprema de Justicia estaría sufriendo presiones por las causas sobre la Ley de Medios. Informa que dos altas fuentes del Máximo Tribunal relataron que ha habido seguimientos en la calle y toma de fotos a escondidas a Juan Carlos Maqueda, y que les informaron que tienen teléfonos pinchados.

4 La Cámara Civil y Comercial Federal habilita la feria judicial para el tratamiento de la Ley de Medios.

4 En declaraciones a *El Cronista*, el ex director del *Buenos Aires Herald*, Robert Cox, lamenta la falta de entendimiento del gobierno sobre el rol crítico del periodismo en la democracia y dice que el objetivo de democratizar a los medios que pregona la Ley de Medios es «hipocresía».

4 Al salir en defensa del ministro de Justicia Julio Alak, cuestionado por organizar un asado en la ex Esma, Hebe de Bonafini apunta nuevamente contra los jueces a quienes critica por sus resoluciones en materia de Ley de Medios. Anuncia que «todos los jueves» revelará la historia de cada uno de los jueces del Máximo Tribunal, para que se sepa «quiénes son, de dónde vienen y a quiénes apoyaron».

5 Cristina Kirchner usa su cuenta de Twitter para criticar a los jueces que fallan en contra del gobierno, a los medios, la oposición, y también para defender al ministro de Justicia. Fueron 22 tuits presidenciales en 32 minutos. En uno de ellos, acusa al Poder Judicial de surgir como «un Superpoder sobre el Ejecutivo y el Legislativo».

5 Pese a que la Cámara Civil y Comercial accede al pedido del gobierno de habilitar la feria judicial para el tratamiento del juicio por la Ley de Medios, Martín Sabbatella dice que «es un tribunal que viene actuando a favor de *Clarín* y su estrategia dilatoria». Por su parte, el ministro Julio Alak denuncia: «Es la misma que desde hace casi cuatro años impide la aplicación de la Ley de Servicios de Comunicación Audiovisual», en favor del Grupo *Clarín*.

5 Como ya sucedió en otras oportunidades frente a declaraciones que no son bien vistas por el gobierno, esta vez Cristina Kirchner confronta en una carta pública al actor Ricardo Darín, quien había expresado su interés por conocer el origen de la fortuna de la Presidenta.

6 Dirigentes políticos de distintos partidos, representantes sindicales y juristas salen a repudiar las declaraciones de Cristina Kirchner contra la Justicia.

8 En su cuenta de Twitter, el piquetero K Luis D'Elía escribe: «Cuánta cosa rara: Baby Etchecolatz, Victoria Tonta, Ricardo Clarín», para referirse el enojo del gobierno por las expresiones de Darín.

9 Luego de que el fiscal general Diego Nicholson denunciara a Hebe de Bonafini por amenazar a los integrantes de la Corte Suprema de Justicia, la presidenta de Madres de Plaza de Mayo reconoce: «Lo que hacemos sobre la Corte son presiones».

9 El secretario de Comercio Interior, Guillermo Moreno, organiza un operativo para trasladar a militantes kirchneristas a Mar del Plata para participar de los festejos organizados

por la vuelta de la fragata *Libertad*. A todos ellos se les entregan remeras con la inscripción «*Clarín* miente».

13 La Presidenta de la Nación escribe varios tuits contra *Clarín* por una nota publicada en el diario, en la que se informa sobre el lujoso hotel en el que se aloja la mandataria en Emiratos Árabes.

14 Otro tuit de Cristina Kirchner, ahora para desmentir y atacar al diario *La Nación*, por una noticia que informa sobre los aviones de la Presidencia, y que toma como fuente un documento oficial de la Secretaría General.

14 En una entrevista publicada en el diario K *Tiempo Argentino*, Florencio Randazzo, ministro del Interior, sostiene que «sí *Clarín* elige al candidato, la Argentina va al 2001. Los dirigentes son del pueblo o del monopolio».

14 El secretario de Comercio Interior, Guillermo Moreno, lleva su campaña «anti *Clarín*» a los Emiratos Árabes Unidos. Después de comer asado con Diego Maradona, estrena una bandera con una frase del ex DT de la selección argentina contra el Grupo *Clarín*.

15 Molesto por un informe de TN que muestra las penurias que pasan los pasajeros del tren Roca camino a Mar del Plata, el ministro del Interior, Florencio Randazzo, embiste otra vez contra *Clarín*, y afirma que el Grupo «busca generar un estado de crispación permanente que favorezca a sus intereses».

15 En medio del escándalo por el asesinato de un niño Qom, y por otros hechos no esclarecidos contra esa comunidad indígena en su provincia, el gobernador chaqueño Jorge Capitanich, responsabiliza a *Clarín* por la difusión de la noticia. «Entiendo las razones por las que el Grupo *Clarín* me enfrenta, tiene sus razones para estar en mí contra porque estoy a favor de la pluralidad», afirma.

15 La Fundación LED expresa su solidaridad con la periodista de *Clarín* Silvina Heguy, cuestionada por la Secreta-

ría General de la Presidencia y por la propia Cristina Kirchner, por su cobertura del viaje de la Presidenta a los Emiratos Árabes. La entidad habla de intento de generar «clima de autocensura entre los trabajadores de la prensa».

17 En ejercicio de la Presidencia, Amado Boudou ataca a la Justicia y a los medios en un acto en Puerto Iguazú. Califica a *Clarín* como un «pasquín» y señala que «sus tapas parecen buscar condenar personas, gobiernos, políticas».

17 Hebe de Bonafini decide cambiar su estrategia y anuncia que, en vez de revelar información sobre los jueces de la Corte para presionar a la Justicia por la Ley de Medios, juntará firmas en reclamo de un fallo contra el Grupo *Clarín*. «Los medios son el arma más poderosa que tiene el enemigo hoy en sus manos. Apropiémonos de esas armas que son la palabra, las radios, las televisoras, los pequeños medios. Tienen que ser nuestros para que nuestra voz se escuche», reclama.

21 En un acto en la localidad cordobesa de Leones, el vicepresidente Amado Boudou y el titular de la ANSES, Diego Bossio, critican a *Clarín* durante su discurso sobre la situación provisional: «Antes, cuando la plata la manejaban las AFJP y *Clarín* estafaba a los jubilados, nadie preguntaba por esa plata».

22 El Grupo *Clarín* apela el fallo que había dictado el juez Horacio Alfonso sobre la Ley de Medios. Dice que esa sentencia es irrazonable, porque no consideró ninguna de las pruebas y dictámenes que están en 3.000 hojas del expediente.

22 Luego de la presentación del Grupo *Clarín* de los fundamentos de la apelación al fallo de primera instancia sobre la Ley de Medios, el titular de la AFSCA, Martín Sabbatella, dice que «las apelaciones son maniobras dilatorias para evitar cumplir con la ley».

22 La ciudad de Buenos Aires y otras ciudades del país, amanecen empapeladas con afiches contra el periodista de Radio Mitre, Jorge Lanata. Los afiches no llevan firma y oca-

sionan el repudio de organizaciones y representantes de distintas fuerzas políticas.

24 Entrevistado por *Página/12*, Gustavo López, subsecretario general de la Presidencia, relaciona a *Clarín* con la oposición. Dice que «cuando el gobierno discute con *Clarín* o con *La Nación*, no cercena la libertad de expresión, lo que hace es discutir con los verdaderos actores políticos. La oposición termina subordinada a la estrategia de estos grupos».

24 Al rechazar los planteos del oficialismo en la causa por la expropiación del predio de La Rural, la Cámara en lo Civil y Comercial Federal destaca que el gobierno recusó a toda la Cámara sólo en los juicios por la Ley de Medios y Cablevisión, y en la de La Rural, «y en ningún otro de los miles en que es parte el Estado Nacional».

24 Por Twitter, la presidenta Fernández de Kirchner condena la foto falsa publicada por el diario español *El País*, que muestra a un presunto Hugo Chávez convaleciente durante su internación, y aprovecha para cuestionar «al *Clarín* de Héctor Magnetto», comparándolo con otros diarios internacionales a los que vincula con hechos de corrupción.

25 El diario *Clarín* publica una investigación en la que informa sobre la creación de una nueva estructura administrativa en la Autoridad Federal de Servicios de Comunicación Audiovisual, con cargos directivos en manos de dirigentes de Nuevo Encuentro, de Martín Sabbatella. La mayoría de esos nuevos funcionarios de AFSCA no tiene experiencia en temas de comunicación audiovisual.

25 El ministro de Planificación Federal, Julio De Vido, cuestiona la clausura de la antena de la Televisión Digital Abierta instalada en la localidad cordobesa de Leones, decidida por el gobernador José Manuel de la Sota atacando al diario *Clarín*. El ministro opina en un comunicado que De la Sota «vuelve a tomar una medida autoritaria e injustificada porque defiende los intereses de *Clarín*».

28 La Presidenta vuelve a usar la cadena nacional y también a cuestionar a la Justicia. En esta línea, ironiza que «una cautelar y un vaso de agua no te los niega ningún juez de la Argentina».

29 Injustificadamente, el subsecretario general de la Presidencia de la Nación, Gustavo López, relaciona a la empresa Cablevisión con la clausura de la antena de la Televisión Digital Abierta en la ciudad cordobesa de Leones. Entrevistado en Radio 10, López afirma que en este caso, «se conjuga el interés de una corporación mediática, que es el Grupo *Clarín*».

30 La presidenta Cristina Kirchner usa su Twitter para criticar a la prensa que no está alineada con su gestión. Cita a Barack Obama, que habló sobre las tensiones que existen entre su gobierno y algunos medios; y en una «traducción libre», usa esos conceptos para cuestionar a *Clarín* y *La Nación*.

Febrero 2013
1 El canciller Héctor Timerman se refiere al reclamo argentino de la soberanía por Malvinas y acusa a *Clarín* de haberse «convertido en vocero del gobierno inglés».

2 En el marco de los apagones masivos que se sufren en la ciudad de Buenos Aires con temperaturas cercanas a los 40 grados, el ministro De Vido se enoja con un titular del diario *Clarín* y sostiene que «*Clarín* buscó inútilmente magnificar lo ocurrido».

3 Incómodo por una nota de *Clarín* que da cuenta de la investigación que se le sigue para determinar si existió malversación y derivación de los fondos de los jubilados a diversas actividades como el financiamiento del Fútbol para Todos, el vicepresidente Amado Boudou ataca vía Twitter. Dice que «*Clarín* milita en el desánimo y pone palos en la rueda al gobierno nacional».

3 El diario *La Nación* denuncia que, a más de tres años de la aprobación en el Congreso de la Ley de Medios, el gobier-

no no ha puesto en funcionamiento un consejo creado para garantizar el «control social del cumplimiento de los objetivos de la ley por parte de Radio y Televisión Argentina Sociedad del Estado».

5 El periodista Nelson Castro, que conduce programas en el canal de noticias TN y en Radio Continental, denuncia que se negaron a atenderlo en un bar porteño, debido a sus posturas críticas hacia el gobierno. Supermercadistas y empresarios de casas de electrodomésticos levantan sus avisos publicitarios del fin de semana en *Clarín* y otros medios, obedeciendo una orden estricta del secretario de Comercio Interior Guillermo Moreno.

6 La Auditoría General de la Nación aprueba un informe en el que dictamina que «no existen criterios para la distribución de la pauta oficial» y cuestiona el reparto discrecional de millones en publicidad de actos de gobierno.

7 En declaraciones radiales, el vicepresidente Amado Boudou acusa a *Clarín* y a *La Nación* de sostener «un esquema de mentiras y protección mediática» y de trabajar para desprestigiar a la política.

9 La SIP —Sociedad Interamericana de Prensa— condena la orden de Guillermo Moreno a los supermercados para que no publiquen avisos con promociones en los diarios y canales de televisión de alcance nacional. El presidente de la SIP destaca «la creatividad del régimen que lidera la presidenta Cristina Fernández de Kirchner para atacar de todas las formas posibles al periodismo libre».

10 ANSES publica un aviso en los diarios oficialistas para responder al fiscal Guillermo Marijuán, quien investiga e Diego Bossio, y a Amado Boudou, por el presunto desvío de fondos al programa Fútbol para Todos. El aviso finaliza diciendo: «La cantidad de mentiras que el diario *Clarín* realiza diariamente es mucha».

10 El vicepresidente Amado Boudou participa del programa de televisión ultra K *6, 7, 8*, y acusa al CEO de *Clarín*, Héctor Magnetto, de haber estafado a los jubilados.

10 La esposa del viceministro de Economía, Axel Kicillof, responsabiliza a los medios por el escrache que sufrió su marido en su viaje de regreso desde Uruguay.

10 El economista Jorge Todesca denuncia que fue objeto de amenazas y agravios por parte del periodista Roberto Navarro, después de su participación en el programa *Economía Política*, del canal de televisión C5N, propiedad del empresario K, Cristóbal López.

12 La Asociación Internacional de Radiodifusión (AIR) expresa que «observa con grave preocupación y rechaza la prohibición impuesta por el gobierno argentino a la publicidad de las empresas supermercadistas».

12 El periodista Luis Rosales denuncia que fue echado del canal C5N, propiedad de Cristóbal López, por su ideología en general, y por haber realizado cuestionamientos específicos a las políticas venezolanas. También se supo del despido de la periodista Guadalupe Vázquez.

13 FOPEA advierte que «los bloqueos económicos a la prensa repercuten negativamente de manera directa en el trabajo de los periodistas y en las condiciones de desarrollo de su profesión, sea por recortes salariales, en el no otorgamiento de aumentos de haberes y en las limitaciones para la cobertura noticiosa por restricciones de variado tipo».

13 En el contexto del conflicto entre el gobierno nacional y el gobierno de Córdoba, en este caso por una antena de televisión digital, el titular del AFSCA Martín Sabbatella inventa una falsa alianza entre José Manuel de la Sota y la empresa Cablevisión.

16 La subsecretaria de Defensa del Consumidor, María Lucila Colombo, se refiere al congelamiento de precios impuesto por Guillermo Moreno, y responsabiliza a *Clarín* de

montar «una campana importante para procurar generar sensación de desabastecimiento».

17 En el programa de televisión ultra K, *6, 7, 8*, el senador oficialista Aníbal Fernández afirma que «Magnetto es el que manda a *La Nación, Perfil* y buena parte de la oposición argentina».

17 Roberto Navarro, conductor del canal oficialista C5N, acusado de amenazar al economista Jorge Todesca por no ajustar su discurso al interés oficial, desmiente el hecho y dice que está sufriendo una «operación de Todesca con el Grupo *Clarín*».

18 El canciller Héctor Timerman acusa al CEO del Grupo *Clarín*, Héctor Magnetto, de tener relación con los interrogatorios sufridos por la familia Graiver, y de haber forzado a esta familia a vender Papel Prensa.

18 El diputado nacional del Pro, Federico Pinedo, presenta un proyecto para regular la publicidad de Fútbol para Todos, que propone «poner límites objetivos» al contenido de la propaganda del gobierno.

21 Al inaugurar un canal público de deportes desde Tecnópolis, la presidenta Fernández de Kirchner defiende el uso de los fondos estatales destinados al Fútbol para Todos.

21 El diario *La Nación* da cuenta de un estudio que informa que, el año pasado, el gobierno gastó más de 1.900 millones de pesos en publicidad oficial, un 43% más que en 2011. Nueve grupos de medios cercanos al oficialismo recibieron el 80% de esos recursos.

23 En una entrevista publicada en el diario *La Nación*, el diputado K Carlos Kunkel acusa a Alberto Fernández de haber sido «el representante de Magnetto» en el gobierno de Néstor Kirchner.

24 En una nota de opinión, el diario oficialista *Tiempo Argentino* acusa a los «diarios opositores» de no querer un gobierno fuerte.

24 El ministro de Planificación Julio De Vido declaró que la clausura de las antenas de TDA en Córdoba respondían a «los intereses de monopolios a los que le preocupa la democratización del acceso a la televisión».

24 La procuradora General de la Nación Gils Cabró, en el contexto de la Ley de Medios, acusó a la Justicia de ser «ilegítima, corporativista, oscurantista y de lobbies aceitados».

25 Se da a conocer que un organismo creado por la Ley de Medios, la Defensoría del Pueblo, contará con un presupuesto de 40,4 millones de pesos. El gobierno reformó el presupuesto y puso al frente del organismo a la periodista oficialista Cynthia Ottaviano.

25 La Justicia federal de La Plata pidió que se investigue la comisión de delitos por directivos de Cablevisión por incumplimiento de la norma que fijaba el abono en 130 de pesos.

26 Se reactiva la causa por Papel Prensa. La Cámara Nacional de Casación rechazó el recurso que presentó Grupo *Clarín* que cuestionaba la competencia del juez Julián Ercolini.

26 Abal Medina declara que «hoy *Clarín*, atacando a Tecnópolis, le devuelve el favor que le hizo Macri la semana pasada al proponer que el fútbol vuelva a manos del monopolio».

27 En sintonía con el gobierno, el fiscal José María Medrano se pronunció a favor de la constitucionalidad de la Ley de Medios.

MARZO 2013

1 Durante el discurso de la presidenta Cristina Kirchner en el Congreso de la Nación, en ocasión de la apertura de las sesiones ordinarias, funcionarios del gobierno reparten cotillón anti *Clarín* en los palcos ocupados por los militantes K.

3 Telefónica levanta toda su pauta anual de *La Nación*, *Clarín*, El Trece y TN. Semanas atrás y por expresas órdenes del gobierno, las empresas de retail hicieron lo mismo.

4 La Autoridad Federal de Servicios de Comunicación Audiovisual (AFSCA) autoriza la compra de los medios que eran de Daniel Hadad al empresario kirchnerista Cristóbal López (Grupo Indalo), pese a que la Ley de Medios prohíbe la transferencia de licencias.

4 Presiones a la Justicia: El gobernador chaqueño, Jorge Capitanich, acusa a la Corte Suprema de Justicia de la Nación de ser «permeable a las corporaciones».

6 La Fundación LED presenta su informe anual sobre libertad de expresión, en el que se concluye que las agresiones a la prensa en Argentina crecieron un 250%, respecto al año anterior.

7 El diario *Clarín* informa que Julio César Rodríguez, corresponsal del diario en Santiago del Estero, sufrió dos ataques en tres días en un hecho sospechoso. Rodríguez lleva adelante la investigación sobre Walter Abella, presunto testaferro de Mario Ishii.

8 La Sociedad Interamericana de Prensa (SIP) condena el avance del gobierno argentino en el control sobre los anunciantes privados de los medios y, en particular, la presión que ejerció el secretario de Comercio Interior Guillermo Moreno para que las grandes cadenas de supermercados y electrodomésticos suspendieran los avisos que tenían pautados en diarios y canales de televisión.

9 Un grupo de intendentes kirchneristas cuestionan al gobernador Daniel Scioli por haber participado en la Expoagro 2013. Específicamente, el intendente de Navarro, Santiago Maggiotti, señala que Scioli «no tendría que haberse sacado fotos con miembros del Grupo *Clarín* y de *La Nación* si verdaderamente está dentro del proyecto nacional y popular».

11 La Sociedad Interamericana de Prensa (SIP) rechaza la presión del gobierno argentino sobre los supermercados y cadenas de electrodomésticos, para que dejen de publicar

avisos en los diarios, y compara esa metodología con la que utilizó el ex presidente peruano Alberto Fujimori.

11 Se impide el ingreso al periodista designado por el diario *Clarín* para cubrir la conferencia de prensa que da el presidente de YPF, Miguel Galuccio, para presentar los resultados de la empresa pública.

11 El gobierno de Barack Obama rechaza el cepo publicitario que el gobierno argentino le impuso a los diarios, medida que califica de «violatoria de la libertad de expresión».

11 En una entrevista en Radio La Red, el diputado K Carlos Kunkel, se refiere con cierta ironía al encuentro del Gobernador Scioli con directivos del Grupo *Clarín* en Expoagro, y acusa al Grupo de no «respetar la voluntad soberana del pueblo argentino».

12 Invitado al programa *6, 7, 8*, el editor del diario oficialista *BAE*, Ernesto Hadida, aprovecha un informe de Malvinas para atacar a los diarios *Clarín* y *La Nación* diciendo que representan a los argentinos que creen que la ocupación británica «es de derecho».

13 Legisladores de distintos bloques presentan una denuncia penal contra el secretario de Comercio Interior, Guillermo Moreno, por «atentar contra el sistema democrático, impedir la libre circulación de los diarios críticos del gobierno y por "incumplimiento de los deberes de funcionario público", al no garantizar que se cumplan las leyes de defensa de la competencia y de defensa del consumidor».

14 El ministro de Planificación Federal Julio De Vido, sostiene que «aquellos que se resisten» a la Ley de Medios deben entender que «su tiempo se va acabando, porque el Estado va a ir poniendo todos los medios a disposición para que esta cerrazón mediática se termine definitivamente en la República Argentina».

16 Con el título «La libertad de expresión bajo fuego en América latina», el prestigioso e influyente diario de Estados

Unidos *The Washington Post* escribe un editorial en el que critica con dureza el ahogo a los medios argentinos independientes.

16 El Comité para la Protección de los Periodistas (CPJ) expresa su preocupación por el cepo publicitario impuesto por el gobierno argentino, y dice que está siguiendo de cerca el tema.

17 A través de una serie de solicitadas, el AFSCA publica una serie de avisos en los que utiliza argumentos falaces, contradictorios e incongruentes para intentar desmentir las objeciones que el Grupo *Clarín* le hace a los artículos 45 y 161 de la Ley de Medios. Además, denuncia que *Clarín* le «miente a la sociedad».

17 El diario americano *The Wall Street Journal* se refiere a las prácticas de propaganda kirchnerista, y menciona el cepo publicitario y sus posibles consecuencias sobre la sustentabilidad de los medios independientes.

19 Guillermo Moreno instala en su despacho un cartel luminoso, que se prende y apaga, con el slogan «*Clarín* miente».

20 Pese a las múltiples manifestaciones públicas de diferentes referentes del gobierno contra el cardenal Bergoglio, el jefe de Gabinete, Juan Manuel Abal Medina, afirma que el malestar kirchnerista por la designación del cardenal como Papa, es un invento de *Clarín*.

20 La Subsecretaria de Defensa al Consumidor, María Lucila Colombo, acusa a *Clarín* de montar una campaña contra la política de control de precios.

21 Con bombas molotov, desconocidos incendian durante la madrugada las oficinas de la empresa Transporte Spinardí S.A., que distribuye *La Nación* en la provincia de Santa Fe.

22 FOPEA presenta su «informe 2012 del Monitoreo de Libertad de Expresión en la Argentina», que da cuenta sobre la creciente agresión a periodistas. El año pasado se re-

gistraron 41% más de ataques a la prensa que en 2011. Analiza también que los años de mayor cantidad de agresiones fueron 2012 y 2009.

22 En relación al cepo publicitario impuesto por el gobierno, ADEPA emite un comunicado en el que señala que sí se vulnera la autonomía económica de los medios, «se liquida su independencia editorial y, con ella, el derecho ciudadano a recibir los datos y opiniones que le permiten participar del régimen democrático de manera activa».

22 El Frente para la Victoria presenta un recurso para que dirigentes opositores no puedan difundir avisos hasta la campaña. El kirchnerismo podría quedarse con el monopolio de la publicidad política.

22 El embajador venezolano en EE.UU., Roy Chaderton, ataca en el debate realizado en la OEA a *Clarín*, al que llama «diario fascista».

23 El diario *La Nación* informa sobre amenazas de muerte que una patota kirchnerista realizó a un periodista chaqueño de radio, Luis Gasulla, que investigó el manejo de fondos del programa Sueños Compartidos.

24 En al acto oficial por el Día de la Memoria, militantes kirchneristas montan un escenario en el que cuelgan fotos de distintos periodistas para que la gente elija a quién cree que es necesario «bajar».

25 El fiscal federal Guillermo Marijuán decide abrir una investigación para determinar si el secretario de Comercio, Guillermo Moreno, cometió delito al imponer a las empresas de supermercados no publicitar sus ofertas en los diarios *Clarín*, *La Nación* y *Perfil*.

25 El diario estadounidense *The Wall Street Journal* se refiere por segunda semana consecutiva al cepo publicitario impuesto en la Argentina. Afirma expresamente que «la Presidenta está tratando de arruinar financieramente a sus

críticos» y habla del «gran esfuerzo del gobierno para destruir a la prensa independiente».

25 FOPEA considera de gravedad los despidos de tres periodistas radiales en las provincias de Río Negro, Chaco y San Juan. Si bien los casos se dieron por diferentes circunstancias, FOPEA entiende que hay un eje común en la falta de garantías laborales para que los periodistas ejerzan su tarea en libertad y sin sufrir represalias que, como en estos casos, terminaron con sus despidos.

25 El diario londinense *The Times* se hace eco de los cuestionamientos al cepo publicitario que implementó el gobierno, a través del cual se impidió a supermercados y cadenas de electrodomésticos publicar avisos en los diarios.

25 En una nueva embestida del gobierno en contra de los medios independientes, la AFIP deja expresamente afuera del generoso plan de refinanciación de pasivos, a las empresas propietarias de medios de prensa.

26 El síndico del Estado nacional ante Papel Prensa, Daniel Reposo, denuncia falsamente que existe la intención de «vaciar» la empresa por parte de los representantes de *Clarín* y *La Nación* en el directorio.

27 Voceros de Papel Prensa califican de «falsa y disparatada» la denuncia realizada por el titular de la SIGEN, Daniel Reposo, sobre un supuesto vaciamiento de la firma. «Dichas imputaciones se basan en afirmaciones falsas que no se condicen ni con la contabilidad de la empresa ni con la realidad fáctica y jurídica», expresan.

27 En una entrevista radial, la funcionaria morenista María Lucila Colombo, dice que *Clarín* y *La Nación* han apostado al desabastecimiento.

30 El ministro Julio De Vido intenta desmentir una nota de *Clarín* que da cuenta de las fallas de la política energética. El funcionario cuestiona la información brindada y descalifica a los especialistas consultados por *Clarín*.

3 Financiado principalmente por la publicidad oficial el grupo de Sergio Szpolski y Matías Garfunkel lanzan una versión local de *El Argentino*, en Córdoba. El mes pasado, el diario oficialista había llegado a Rosario, una prueba más del crecimiento exponencial del aparato de medios K.

3 El dirigente ultrakirchnerista Luis D'Elía se ve obligado a pedir perdón públicamente, después de haber acusado a los «medios hegemónicos» de magnificar el impacto de la inundación en La Plata para, supuestamente, proteger a Mauricio Macri, el jefe de Gobierno porteño.

5 El diputado Andrés «Cuervo» Larroque, líder de La Cámpora, increpa al periodista de la TV Pública Juan Miceli, cuando, en medio de los operativos de ayuda a los inundados, le pregunta por qué utilizaban pecheras de La Cámpora para acercar donaciones anónimas.

7 El ministro Julio de Vido ataca al diario *La Nación* que, según él, insiste «con operaciones mediáticas berretas, mentirosas y monopólicas respecto a la importación de energía».

8 La Asociación de Entidades Periodísticas Argentinas (ADEPA) expresa su fuerte repudio al cepo a la publicidad en los diarios. Dice que «es uno de los más graves ataques económicos de las últimas décadas».

8 Durante su discurso en el Museo del Bicentenario, con ataques al Poder Judicial, Cristina Kirchner presenta el proyecto de «democratización de la Justicia», que había adelantado en la apertura de las sesiones legislativas.

9 A través de un comunicado, el ministro de Planificación Federal, Julio De Vido, se refiere a una nota sobre la inversión en obras hídricas. Cuestiona a *Clarín* y a la consultora que brindó la información, y las acusa de «tener una ignorancia supina acerca del funcionamiento del presupuesto nacional».

9 El legislador porteño Juan Cabandié acusa a la prensa de haber informado mal sobre el incidente violento protagonizado por La Cámpora y la UOCRA. En una entrevista radial, Cabandié dice que «sería bueno que le pregunten a Magnetto por qué está detrás de operaciones políticas».

9 «Con algunas medidas cautelares quedó demostrado que ya hay una Justicia adicta, pero adicta a determinados grupos económicos», asegura la diputada Diana Conti en declaraciones a Radio La Red.

9 Dirigentes de la oposición repudian la metodología de Martín Sabbatella, titular de la Autoridad Federal de Servicios de Comunicación Audiovisual (AFSCA), que recauda fondos para su partido, Nuevo Encuentro, mediante el descuento del 8% del sueldo a 74 nuevos empleados del organismo oficial que preside.

9 Pese a que la Justicia ya determinó que los hijos de la directora de *Clarín* no son hijos de desaparecidos, un informe de *6, 7, 8* insiste con esa falsa acusación.

10 Defendiendo el avance sobre el Poder Judicial y sin dar explicaciones, el senador Aníbal Fernández sentencia que lo que *Clarín* dice «seguramente es mentira, como de costumbre».

10 Basada en una interpretación errónea, la AFIP dicta una multa de 4.500 pesos y tres días de «clausura fiscal» de la sucursal de Cablevisión de la calle Hornos.

11 *Clarín* accede a documentación que comprueba que Ignacio Saavedra, director de la Autoridad Federal de Servicios de Comunicación Audiovisual (AFSCA), es el dueño de la productora Tiempo Beta, que tiene como cliente a Telefónica, a pesar de que la Ley de Ética Pública lo prohíbe.

11 Intentando justificar la avanzada K sobre el Poder Judicial, el senador Aníbal Fernández dice en Radio Mitre que hay «operaciones que Magnetto las manda a hacer a sus esbirros», en referencia al CEO de *Clarín*.

12 La Asociación de Entidades Periodísticas Argentinas (ADEPA) manifiesta su «profunda preocupación» por los proyectos del gobierno de reforma judicial, que avanzan sin freno en el Congreso, pese a la resistencia de toda la oposición.

12 Los periodistas oficialistas Víctor Hugo Morales y Carlos Polimeni utilizan en sus ciclos radiales extractos de audios de entrevistas al CEO del Grupo *Clarín*, Héctor Magnetto, con el fin de ridiculizarlo. Magnetto padeció un cáncer de garganta que le afectó los órganos del habla.

12 La Asociación por los Derechos Civiles señala en un comunicado que las presiones del gobierno para que las empresas suspendan los avisos en los medios tienen «consecuencias negativas en el trabajo periodístico».

14 En un artículo en *Página/12*, el periodista K Horacio Verbitsky admite que *Clarín* es uno de los destinatarios de la avanzada K contra la Justicia.

15 Los ejemplares de *Clarín* y *Olé* no son embarcados en Aerolíneas Argentinas hacia Santa Cruz, para intentar disminuir el impacto de denuncia del programa *Periodismo para Todos*, en relación a la red de lavado de dinero K.

17 Se conoce el fallo de la Cámara en lo Civil y Comercial Federal que declaró la inconstitucionalidad de partes sustanciales de dos artículos de la Ley de Medios, con eje en la defensa de la libertad de expresión, el pluralismo, la competencia y la sustentabilidad de los medios independientes.

17 Uno de los jueces de la Cámara que resolvió la causa de la Ley de Medios, Ricardo Guarinoni, denuncia en el fallo que sufrieron «intentos de presión y de amedrentamiento», y señala que recibieron «desde el vulgar insulto» hasta denuncias penales en el Consejo de la Magistratura.

17 La Sociedad Interamericana de Prensa (SIP) reitera su condena a las «presiones políticas» del gobierno argentino contra las empresas privadas, como cadenas de super-

mercados y empresas de venta de electrodomésticos, a las que prohíbe anunciarse en medios de prensa críticos de su gestión.

18 En tres horas, la presidenta Kirchner lanza 60 tuits desde el avión que la trastada a Perú, en los que no hace referencia alguna a la masiva protesta nacional contra el gobierno que se desarrollaba en el país. En uno de ellos, se refiere al fallo de la Cámara por la Ley de Medios, lo tilda de «burdo» y habla de «Justicia Delivery». Por la tarde había calificado al fallo como «la parte superior del iceberg del problema de la Justicia».

18 Se evidencia la colonización oficial sobre el mapa mediático argentino. Los noticieros de la Televisión Pública, América y Canal 9, y las señales de noticias C5N, Crónica, América 24 y Canal 26 coinciden en rotular a la masiva protesta nacional como «la marcha de la oposición».

18 Avance sobre la Justicia: con 39 votos afirmativos y 29 negativos», el kirchnerismo logra en Diputados la media sanción para la iniciativa que regula las medidas cautelares. Dos días antes, había logrado la aprobación de los textos que contemplan la reforma del Consejo de la Magistratura y la creación de las Cámaras de Casación.

19 El Departamento de Estado de los Estados Unidos expresa su preocupación por la libertad de prensa en la Argentina haciéndose eco de las denuncias sobre la manera en que el gobierno intentó silenciar a Clarín.

22 Como lo hace de manera cotidiana, el periodista K Víctor Hugo Morales utiliza su programa de radio para atacar a Clarín. Dice, por ejemplo, que «Clarín envenena el aire que respiramos».

22 En Canal 26, el diputado cristinista Edgardo de Petri acusa a Clarín, a su CEO, al Grupo Rocca y al economista Roberto Lavagna de estar «planteando la destitución» de la Presidenta.

23 La Sociedad Interamericana de Prensa (SIP) reitera la condena al «cepo publicitario» del gobierno argentino, que prohíbe a los supermercados y cadenas de electrodomésticos publicar sus avisos en los medios gráficos del país.

24 Una multitud de personas se reúne frente al Congreso para pedir a los diputados que se encuentran sesionando, que no sancionen los proyectos de ley que avanzan sobre la independencia del Poder Judicial.

25 El secretario de Comercio Interior, Guillermo Moreno, irrumpe en el edificio de *Clarín* acompañado por el viceministro de Economía, Axel Kicillof, el titular da la SIGEN, Daniel Raposo, y el titular de la CNV, Alejandro Vanoli; para participar de la Asamblea General Anual Ordinaria del Grupo *Clarín* en nombre del Estado. En una de sus intervenciones, Moreno amenaza con tener las herramientas legales para intervenir la compañía. La comitiva incluye también a medios oficialistas.

25 En medio de una escandalosa sesión, la Cámara de Diputados convierte en ley la limitación de las medidas cautelares y la creación de tres Cámaras de Casación.

26 Durante los incidentes entre trabajadores de ATE y la Policía Metropolitana en el Hospital Borda, varios periodistas resultaron heridos, entre ellos el reportero gráfico de *Clarín*, Pepe Mateos.

26 Durante toda la semana, Hernán Arbizu, ex banquero prófugo de la Justicia norteamericana, recorre distintos medios oficiales y paraoficiales acusando a los accionistas del Grupo *Clarín* de haber lavado dinero. Curiosamente, esta denuncia aparece luego de que el programa *Periodismo para Todos* haya denunciado un complejo entramado que incluye el poder económico y político kirchnerista.

28 El prestigioso diario francés *Le Monde* se hace eco del boicot publicitario que sufren los medios independientes debido a las presiones oficiales a empresas privadas ejercidas a

través de la Secretaría de Comercio Interior. En un extenso artículo titulado «En la Argentina, la independencia tiene mala prensa», se menciona que los diarios han perdido entre el 15 y 20% de sus avisos publicitarios.

28 El gobernador K del Chaco, Jorge Capitanich, anticipa que promoverá un «debate ciudadano» para crear una «ley de ética periodística» mediante la cual se establecería un «control popular» sobre los hombres y mujeres que se desempeñan en la prensa.

29 Por los incidentes protagonizados por Guillermo Moreno en la asamblea de socios de *Clarín*, el diputado del PJ disidente Eduardo Amadeo se presenta en los Tribunales de Comodoro Py para denunciar al secretario de Comercio Interior por los delitos de coacción agravada, abuso de autoridad e intimidación pública.

29 El ministro de Planificación Federal, Julio de Vido, dice que «ningún monopolio o empleado de los monopolios nos va a hacer retroceder en este proyecto de transformación que lleva adelante la Argentina», en alusión a la investigación sobre Lázaro Báez, emitida en el programa de Jorge Lanata por el Trece. «Le están buscando el pelo al huevo», precisa.

30 El diario americano *The Wall Street Journal* señala en un editorial que la presidenta Cristina Kirchner avanza con fuerza sobre la Justicia. Y dice que «la prensa independiente ha tenido éxito en limitar a un gobierno hambriento de poder (lo que explica que ella trate de estrangularla)».

MAYO 2013

1 La organización Freedom House critica la situación de la prensa en la Argentina y llama la atención sobre «el aumento de los ataques físicos y amenazas dirigidas contra periodistas que son considerados críticos del gobierno, particularmente aquellos afiliados al Grupo *Clarín*».

3 Intentando relativizar el alerta emitido por la relatora para la independencia judicial de la ONU en relación a la reforma judicial impulsada por el kirchnerismo, el funcionario Martín Sabbatella dice que «para *Clarín*, la opinión de un relator de la ONU sólo es importante cuando es en contra del gobierno nacional».

6 La agencia de noticias Rodolfo Walsh, formada por periodistas cercanos a la izquierda y dedicada a la cobertura de temas sociales, denuncia que estuvo infiltrada durante 11 años por un oficial de Inteligencia de la Policía Federal.

6 Martín Sabbatella, titular del organismo K de control de medios, afirma públicamente que «la democratización de la palabra avanza, le guste o no a *Clarín*», Además insiste falsamente con que *Clarín* es «el único grupo que no aceptó encuadrarse a la ley».

7 La procuradora general de la Nación, Alejandra Gils Carbó, dispara contra el fiscal Guillermo Marijuán que interviene en la causa de Lázaro Báez, al acusarlo de tener un «doble standard» para investigar causas de lavado de dinero. La funcionaría se refiere a un expediente abierto a partir de una denuncia por presunto lavado de dinero efectuada por Hernán Arbizu, ex funcionario del banco JP Morgan y prófugo de la Justicia norteamericana, quien apuntó al Grupo *Clarín*.

7 En la inédita conferencia de prensa en la que el gobierno anuncia un programa para blanquear dólares fuera del sistema, el titular de la AFIP, Ricardo Echegaray, menciona a accionistas del Grupo *Clarín* entre las personas que no podrían adquirir los bonos anunciados pese a que éstos tienen todos sus activos financieros debidamente declarados.

7 El Subsecretario de Obras Públicas de la Nación, Abel Fatala, usa su cuenta de Twitter pare burlarse de las amenazas que recibió el fiscal Guillermo Marijuán, quien investiga la causa que involucra al empresario K Lázaro Báez. «No

hace denuncias para no asustar a la familia pero se lo cuenta a Magnetto», afirma en su lamentable tuit.

9 Tras la irrupción de Guillermo Moreno, Axel Kicillof, Daniel Reposo y Alejandro Vanoli en la última asamblea de accionistas del Grupo *Clarín*, durante la semana se intensifican las versiones que hablan de que se estaría gestando algún tipo de intervención del gobierno en Papel Prensa y hasta en el Grupo *Clarín*.

9 El Grupo *Clarín* presenta un recurso extraordinario federal para que la Corte Suprema revoque parte del fallo de la Cámara Civil y Comercial y declare la inconstitucionalidad de la intransferibilidad de las licencias, su régimen de multiplicidad y el plazo de adecuación a la nueva normativa, porque restringen la libertad de expresión.

9 Diputados K presentan un proyecto de ley para expropiar Papel Prensa. El gobierno podría quedarse con parte de las acciones de los privados y así tendría la mayoría en el directorio. Actualmente, las acciones de la compañía le pertenecen al Grupo *Clarín* (49%), diario *La Nación* (22,49%), el Estado Nacional (27,5%) y el resto cotiza en Bolsa. De aprobarse el proyecto, el Estado pasaría a controlar la mayoría.

10 Desde un auto disparan contra el edificio de Cablevisión. Una de las balas impacta contra un vidrio del 2º piso. En ese piso funciona el call center de la compañía y hay empleados las 24 horas.

10 La AFIP y la Policía allanan los domicilios de dos periodistas de TN: Darío Lopreite y Sergio Lapegüe. Los operativos duran más de 3 horas y se llevan papeles e información de sus computadoras. Cuando Lopreite pregunta a uno de los policías por qué había semejante operativo para buscar papeles, el oficial le contesta: «Cuando nos mandaron para acá y nos dimos cuenta quién eras, enseguida caímos en la cuenta de que todo esto era una movida contra el Grupo *Clarín*».

10 El gobierno y AFSCA presentan dos recursos extraordi-

narios, para que la Corte Suprema revoque el fallo de la Cámara Civil y Comercial Federal que declaró la inconstitucionalidad de parte de los artículos 45 y 48 de la Ley de Medios.

10 La Asociación de Entidades Periodísticas Argentinas (ADEPA) repudia el proyecto del gobierno para expropiar parte de Papel Prensa a través de un documento que difunde bajo el título de «Sin acceso libre al papel, no hay prensa libre».

11 A través de un comunicado, la Sociedad Interamericana de Prensa (SIP) advierte que la decisión del gobierno de Cristina Kirchner de controlar el papel destinado a la prensa para fijar su precio, producción, comercialización y distribución representa un «nuevo y grave retroceso» para la libertad de expresión en la Argentina.

11 Guillermo Moreno mantiene la prohibición a cadenas de supermercados y de electrodomésticos de publicar avisos en los diarios *La Nación*, *Clarín* y *Perfil*, pese a haberlos autorizado en otros medios. Las empresas se habían quejado por la baja en sus ventas desde la imposición del denominado cepo publicitario.

12 El titular de la Asociación Empresaria Argentina, Jaime Campos, señala que el control del Estado sobre el papel de diario atenta contra el libre intercambio de información, ideas, y opiniones propias de una sociedad pluralista y democrática.

13 Cuando más fuerte suenan las versiones que desde el propio oficialismo hablan de una posible intervención del gobierno a *Clarín*, en sólo cuatro días la Comisión Nacional de Valores dispara 13 requerimientos y pedidos de informes sobre el Grupo *Clarín*, AGEA S.A, editora del diario, y otras empresas del Grupo.

13 Legisladores de la oposición intiman al titular del directorio de la Comisión Nacional de Valores (CNV), Alejandro Vanoli, para que no intervenga el Grupo *Clarín*, con ar-

gumentos que van desde la acusación de ser considerado «infame traidor a la patria», hasta denunciado por «abuso de autoridad».

13 Ante las versiones de una posible intervención del gobierno al Grupo *Clarín*, los trabajadores de prensa y gráficos del Grupo salen a rechazar cualquier iniciativa en ese sentido y se declararon en estado de alerta.

13 La Justicia revoca las multas de 500.000 pesos que había aplicado Guillermo Moreno a consultoras privadas por difundir mediciones de precios diferentes a las del INDEC. El fallo fue avalado por 4 de las salas de la Cámara de Apelación.

13 Algunos funcionarios del gobierno comienzan a reaccionar públicamente en relación a las denuncias por corrupción que involucran a la gestión K. El secretario general de la Presidencia, Oscar Parrilli, habla de «alcahuetes mediáticos» que buscan «generar un clima de terror». Por su parte, Aníbal Fernández dice en Telefe «que se haga cargo quien quiera ser funcional a las estupideces que dice Lanata en Canal 13». Y el Subsecretario Gustavo López argumenta que las denuncias se inscriben dentro de «la guerra de los grupos económicos concentrados contra el gobierno».

14 El jefe de Gobierno porteño, Mauricio Macri, firma un decreto de necesidad y urgencia para la «protección de la libertad de prensa» en medio de los ataques a la prensa y a la Justicia por parte del gobierno nacional y de fuertes versiones de intervención al Grupo *Clarín*.

14 La ex secretaria de Néstor Kirchner, Miriam Quiroga, declara en la causa por asociación ilícita que se inició en 2008 tras una denuncia de la diputada Elisa Carrió. Quiroga cuenta que presenció una reunión entre el ex presidente y los empresarios Cristóbal López y Rudy Ulloa Igor, donde Kirchner les pidió que «compren medios».

15 Al ser entrevistado por el polémico proyecto de ley para expropiar Papel Prensa, el diputado K Carlos Kunkel se

sincera y admite que determinados periodistas obedecen al oficialismo: «ningún periodista nuestro ni ningún dirigente político nuestro habló de eso».

16 La Asociación de Entidades Periodísticas Argentinas (ADEPA) respalda el decreto en defensa de la libertad de expresión y de prensa que dictó el jefe de Gobierno porteño, Mauricio Macri. Lo hace a través de un documento titulado «Un decreto que busca preservar una libertad amenazada».

16 Centenares de periodistas de diversos medios gráficos y audiovisuales adhieren a un comunicado impulsado por la agrupación Conferencia de Prensa y se pronuncian a favor de «la defensa irrestricta de la libertad de prensa, por el rechazo a la intervención de cualquier medio de comunicación y contra cualquier intento de avasallamiento por parte del Estado».

16 En respuesta a preguntas sobre el riesgo de intervención del gobierno argentino al Grupo *Clarín* y el decreto adoptado por Mauricio Macri para proteger a la prensa en la Ciudad, la subsecretaria norteamericana para el Hemisferio Occidental, Roberta Jacobson, y el vocero del Departamento de Estado, Patrick Ventrell, reafirman la importancia de la libertad de prensa en una democracia.

17 Aparecen pintadas en los alrededores del domicilio de Julio Blanck, periodista de *Clarín*. El hecho ocurre en el barrio porteño de Caballito y las pintadas dicen: «Blanck golpista» y «*Clarín* das asco».

17 La Academia Nacional de Periodismo recuerda que cualquier «intervención» estatal sobre los medios supone una «grave violación a la libertad de expresión que consagra la Constitución Nacional».

18 El titular del AFSCA, Martín Sabbatella, opina en un comunicado que «es patético ver cómo, con tal de cumplir con el mandato de Magnetto, De la Sota y Macri compiten por ser quien viola más la Constitución Nacional».

18 En una entrevista publicada por *La Nación,* la diputada cristinista Diana Conti blanquea cómo manipulan a la agencia estatal de noticias Télam, al decir que, cuando quiere desmentir alguna declaración inoportuna, «hago un cable de Télam, cumplo, que se lo muestren a ella (por la Presidenta) y yo ya estoy».

19 «La Justicia no puede tener una agenda mediática», afirma vía Twitter la presidenta Cristina Kirchner, que durante el día cuestiona con varios otros tuits al Poder Judicial y defiende la necesidad de su reforma.

19 El dirigente kirchnerista Luis D'Elía expresa vía Twitter, que las pintadas en la casa del periodista de *Clarín* Julio Blanck «tienen olor a autoamenaza».

19 El Consejo Directivo de la Asociación Internacional de Radiodifusión (AIR) aprueba cuatro resoluciones específicas sobre Argentina y que condenan la reforma judicial, el proyecto de ley de expropiación de Papel Prensa y el cepo publicitario impuesto por la Casa Rosada y advierten del peligro de intervención del Grupo *Clarín.*

20 El vicegobernador bonaerense, Gabriel Mariotto, admite que el cambio de horario para los partidos de Boca y River (siempre uno de los dos jugaría los domingos a las 21.30) es para quitarle espectadores al programa de Canal 13, *Periodismo para Todos,* que desde hace un mes viene realizando denuncias de corrupción que involucran a la gestión K.

20 Entrevistado por CNN, el periodista Víctor Hugo Morales reconoce el fuerte vínculo que lo une con la gestión K, al admitir que es capaz de gestionar una entrevista de la señal internacional con la presidenta Cristina Kirchner. En esa misma ocasión, el relator relativiza las denuncias sobre lavado de dinero K que investiga la Justicia.

21 En un acto en La Plata, la presidenta Cristina Kirchner llama «ridículos» a los periodistas que hablan de miedo. Con el fin de defenderse, Lázaro Báez, el empresario K im-

putado en la causa por lavado de dinero, afirma sin ninguna prueba que el Grupo *Clarín* «pagó fortunas a muchas personas en Río Gallegos para que hablen en su contra», «no seamos hipócritas, repartieron dinero a todos», señala.

24 El diario ultra oficialista *Tiempo Argentino* vuelve a dedicar el titular principal de su portada para intentar vincular a la directora del diario *Clarín*, Ernestina Herrera de Noble, con supuestos delitos de lavado de dinero. El informe que acompaña al titular está plagado de datos falsos, con el claro objetivo de seguir alimentando una campaña de difamación.

24 En una entrevista radial con Víctor Hugo Morales, la legisladora Gabriela Cerruti (de Nuevo Encuentro, agrupación aliada al kirchnerismo que lidera Martín Sabbatella), acusa al Grupo *Clarín* de ser el responsable de que la Ciudad de Buenos Aires esté «toda rota» debido a obras que según la funcionaria el gobierno de la Ciudad está llevando a cabo para «que pase la fibra óptica de *Clarín*». La acusación es falsa, la empresa no está realizando actualmente obras en la ciudad.

25 La presidenta Cristina Fernández de Kirchner aprovecha la conmemoración de un nuevo aniversario de la Revolución de Mayo para celebrar los 10 años del kirchnerismo en el poder. Durante su discurso ataca al diario *Clarín* sin nombrarlo al repetir una mentira K según el cual el Grupo *Clarín* habría vendido acciones a las AFJP a precios excesivos.

27 Oyentes de Radio Mitre llaman a la emisora para denunciar interferencias y cortes de transmisión. Las decenas de llamados cuentan que se escuchan radios oficiales en vez de las voces de los conductores de la mañana, Marcelo Longobardi y Jorge Lanata.

28 A raíz de las denuncias de corrupción kirchnerista presentadas en el programa *Periodismo para Todos*, el ensayista Horacio González y el escritor Vicente Battista, de Carta Abierta, afirman en TN que el periodista Jorge Lanata no ejerce

el periodismo sino que se centra en «escándalos». «Lanata es golpista», dispara el escritor.

28 Entrevistada en FM Vorterix, «Pimpi» Colombo, subsecretaria de Defensa al Consumidor de la Nación, defiende los números del INDEC señalando que es «el único organismo que hace estadísticas con seriedad». «*Clarín* miente... *La Nación* acompaña. De ninguna manera el INDEC miente», concluye.

29 La Legislatura cordobesa ratifica y hace ley un decreto del gobernador De la Sota que «defiende y garantiza la libertad de expresión, opinión y prensa en la provincia de Córdoba».

30 En un acto en Lomas de Zamora, la presidenta Cristina Fernández de Kirchner cuestiona con dureza a los dirigentes que «cuando dicen las cosas que dicen de mí o de mi compañero, miran para otro lado». «A mí me llama mucho la atención que siempre haya dirigentes intocados, a los que los grandes medios corporativos nunca tocan, tal vez porque tengan intereses también», arremete.

30 La Legislatura porteña convierte en ley el proyecto de defensa de la libertad de prensa que reemplazará al DNU dictado por el jefe de Gobierno porteño, Mauricio Macri, en el marco de los rumores de intervención al Grupo *Clarín*. La iniciativa, acordada entre el jefe del bloque Proyecto Sur, Julio Raffo, la Coalición Cívica y el macrismo, apunta que busca proteger a los medios y al ejercicio del periodismo en la ciudad de Buenos Aires.

Junio 2013
2 El consejo directivo de la Asociación Mundial de Editores de Periódicos y Noticias (WAN-IFRA) exhorta a la presidenta Cristina Kirchner «a finalizar de manera inmediata todas las medidas de intimidación y los ataques que tienen como objetivo a la prensa independiente».

3 Oscar Parrilli, Secretario General de la Presidencia, desestima en una entrevista en Radio Diez, las denuncias por lavado de dinero que están siendo investigadas por la Justicia y que rozan al entorno presidencial. El funcionarlo dice que se trata de una «campaña absolutamente orquestada de difamación, de agravios, de insultos, por intereses económicos y políticos del grupo monopólico *Clarín*, de Magnetto y compañía».

4 El conductor K Víctor Hugo Morales acusa a *Clarín* de ser «el capo mafia de la vida mediática y corporativa de la República Argentina».

4 En declaraciones a una radio rosarina, Martín Sabbatella, titular de la AFSCA, dice que el Grupo *Clarín* es el único medio que busca dilatar la adecuación a la nueva Ley de Medios para sostener su «situación de privilegio y posición dominante».

5 Se difunde en la prensa que en la Facultad de Periodismo y Comunicación Social de la Universidad Nacional de La Plata se están creando cátedras paralelas para desplazar profesores no kirchneristas que ganaron sus cargos por concurso.

6 La Justicia ordena al Estado a que arbitre un «esquema de distribución de publicidad oficial» «equitativo» entre los canales de TV de la Capital Federal. Así, ordena a que el gobierno dé marcha atrás con la discriminación ejercida contra Canal 13, del Grupo *Clarín*, emisora a la que había excluido de la pauta publicitaria estatal.

6 Entrevistado en radio La Red, el jefe de Gabinete Juan Manuel Abal Medina habla sobre la Ley de Medios y, en relación a *Clarín*, dice que «quieren seguir siendo los dueños de la realidad y acá hay un gobierno que ha decidido que esto no siga siendo así, que no haya más cucos mediáticos».

10 El periodista oficialista Víctor Hugo Morales relata en la radio un encuentro con la procuradora general de la Na-

ción, Alejandra Gils Carbó, que según el relator, tenía «desesperación por hacer visible lo que estaba haciendo de perverso el Grupo *Clarín*».

10 Investigado por la Justicia en la causa por lavado que también involucra al empresario K Lázaro Báez, el financista Federico Elaskar declara en sede judicial que «todo fue una operación de Lanata para voltear al gobierno».

10 El titular del AFSCA, Martín Sabbatella, denuncia a Cablevisión por no cumplir con la normativa vigente en materia de la grilla de canales que estableció el organismo de control de medios, a pesar de que su implementación implica dar de baja canales existentes.

14 La Sala I de la Cámara en lo Civil y Comercial Federal declara admisibles los recursos extraordinarios presentados por el Estado Nacional, la Autoridad Federal de Servicios de Comunicación Audiovisual (AFSCA), Cablevisión S.A. y la parte actora del litigio, el Grupo *Clarín*, dejando a la Corte Suprema en condiciones de decidir sobre la constitucionalidad de la Ley de Medios.

15 Martín Sabbatella, titular de la AFSCA, dice que *Clarín* construyó su poder «con un vínculo con la dictadura cívico-militar, con el menemismo y con el monopolio del fútbol que fue clave para extorsionar a los cableoperadores de todo el país y fundirlos».

16 En la causa impulsada por el gobierno, Lidia Papaleo vuelve a alterar su testimonio para hacerlo coincidir con el guión oficialista. Llamativamente sostiene que ni el precio de la venta de Papel Prensa ni su secuestro son relevantes en la causa, modificando sus planteos anteriores. Luego, sin explicar los motivos, se atrevió a pronosticar que «Magnetto irá preso».

17 Intentando desmentir información sobre la precarización del empleo público, el jefe de Gabinete, Juan Manual Abal Medina, afirma que «no es la primera ni será segura-

mente la última vez que los medios que representan al monopolio comunicacional desinforman a coro a la ciudadanía».

18 Desde su cuenta de Twitter, la presidenta Fernández de Kirchner critica el fallo judicial que cerró la causa por el polo gastronómico de la Rural. «Al decreto lo paró una cautelar de la Cámara Federal en lo *Clarín* y Rural», dice.

21 La Global Editors Network (GEN), que reúne a más de mil editores de todo el planeta, cierra su tercera cumbre mundial en París con una fuerte condena a la persecución y el boicot del gobierno de Cristina Fernández de Kirchner contra los medios independientes.

25 ADEPA exhorta al Correo Oficial a revertir la cancelación de un antiguo acuerdo que les otorgaba una tarifa reducida en los envíos postales a las pequeñas publicaciones. La medida perjudica a las publicaciones de todo el país, que hacen periodismo «artesanal» y «a pulmón».

25 Gustavo López, subsecretario general de Presidencia, critica el fallo de la Corte que declaró inconstitucional la reforma judicial, y dice que los jueces «tienen que saldar el error con la Ley de Medios».

26 Aníbal Fernández cuestiona en una entrevista radial las decisiones de la Corte en relación a la admisibilidad de los pedidos de per saltum. Dice que «las dos primeras veces lo declararon inadmisible con rigorismos flaquitos, raquíticos, nimios, porque estaba *Clarín* de por medio».

26 El relator Víctor Hugo Morales vuelve a insistir con una versión falsa según la cual *Clarín*, a través de Impripost, imprime resúmenes de tarjetas de crédito y que dispone de una base de datos que le serviría para fines inconfesables. «¿Por qué tiene que saber Magnetto cuánto gasto de luz, cuánto gasto de agua, y qué gastos tengo en mi tarjeta?».

26 El diario *La Nación* da a conocer que durante una reunión entre Guillermo Moreno y representantes de los gremios de panaderos, el secretario de Comercio Interior culpó

al CEO del Grupo *Clarín*, Héctor Magnetto, de ser el responsable de la suba del precio del pan: «Esto es una manija de Magnetto para hacer quilombo».

27 La Justicia ordena al jefe de Gabinete, Juan Manuel Abal Medina, que le dé a la periodista Mariel Fitz Patrick una copia de los contratos entre Canal 7 y la productora de Diego Gvirtz, (Pensado Para Televisión), por el programa *6, 7, 8*. Fitz Patrick había presentado una acción de amparo patrocinada por la Asociación por los Derechos Civiles (ADC), luego de que las autoridades de Canal 7 se negaran a brindar esta información. La Jefatura de Gabinete apela el fallo.

28 María Lucila Colombo, subsecretaria de Defensa del Consumidor, habla en Radio del Plata sobre la demora en la implementación de la tarjeta Supercard y acusa a *Clarín* de atentar contra esa iniciativa y de ser «un partido político disfrazado».

30 El ministro Julio De Vido intenta desmentir una nota de *Clarín* que da cuenta de la posibilidad de que existan interrupciones en el suministro de gas. El funcionario dice que «inventan una telenovela de internas porque ya nadie cree sus presagios apocalípticos sobre la energía».

Julio 2013

1 La diputada K Juliana Di Tulio embiste en una entrevista radial contra la Corte, a la que acusa de haber tirado «por la borda esa oportunidad que les dio la historia». «Tienen a *Clarín* inventando realidades todo el tiempo», agrega.

2 En *6, 7, 8*, el titular de la AFIP Ricardo Echegaray afirma que la supuesta persecución del organismo contra el presidente de la Corte Suprema de Justicia, Ricardo Lorenzetti, es un invento de *Clarín* y de *La Nación*.

2 La Presidenta defiende en Twitter la política de subsidios para financiar la denominada «cultura K». Haciendo referencia directa pero sin nombrar al programa de Jorge

Lanata que dio detalle de los millones destinados a ese rubro, Cristina Kirchner tuitea irónicamente: «Como dijo Maradona lara, lara, lara». La mención es por una canción de La Cámpora que dice «como dice Maradona, que la chupen los gorilas».

4 El secretario de Comercio Interior, Guillermo Moreno, increpa a dos periodistas de *Clarín* en la embajada de los EE.UU. durante los festejos por la independencia de ese país. Ante una consulta de la periodista Silvia Naishtat sobre el acuerdo de precios y el desabastecimiento, el funcionario estalla en ira y les dice: «Ustedes no son personas, ustedes son empleados de Magnetto» y luego retruca: «Ella no es una señora, es una empleada de Magnetto, y los periodistas de Magnetto tienen las manos manchadas de sangre».

5 Representantes de cuatro cadenas de supermercados admiten que Guillermo Moreno les impuso el cepo publicitario, que les prohíbe pautar sus anuncios y promociones en los medios independientes, buscando la asfixia financiera de la prensa no alineada.

6 La Asociación de Entidades Periodísticas Argentinas (ADEPA) emite un comunicado en el que alerta sobre el efecto negativo que está teniendo en los principales diarios del país el cepo publicitario impuesto por el gobierno.

8 La AFSCA que preside Martín Sabbatella, solicita a la Justicia que se declare la inconstitucionalidad de la ley 4.565 de la ciudad, que protege la libertad de imprenta y de expresión en el territorio porteño.

8 El intendente K de Tres de Febrero, Hugo Curto, se refiere a los medios del Grupo *Clarín* y dice que «tiran un montón de versiones para después decir que acertaron alguna». Luego, afirma que «están dispuestos a hacer cualquier cosa con tal de que el gobierno pierda las elecciones».

10 A la salida de Tribunales, luego de declarar en una causa que lo investiga por abuso de autoridad, Guillermo More-

no toma lista a los periodistas presentes y habla de su derecho «a averiguar» Asimismo, les informa que, de acuerdo a un código de ética, los periodistas deben presentarse antes de preguntar.

10 En un acto proselitista en Neuquén, el vicepresidente Amado Boudou acusa a *Clarín* de mentir y pide a su CEO, Héctor Magnetto, «que se guarde los ataques porque hay un pueblo entero que banca a la Presidenta para seguir avanzando».

11 Axel Kicillof y Guillermo Moreno piden en la Justicia que se anule la asamblea de accionistas de *Clarín*, en la que irrumpieron con una numerosa comitiva y cámaras de televisión.

11 El secretario de Política Económica, Axel Kicillof designa al propio Guillermo Moreno para participar, en nombre del Estado, en todas las asambleas ordinarias, extraordinarias y especiales que desarrolle el Grupo *Clarín*, además de habilitarlo como representante estatal en todas las acciones judiciales y administrativas que lleve adelante el gobierno contra la compañía.

11 El candidato a diputado por el kirchnerismo, Juan Cabandié, sale a tratar de aplacar la polémica que desató cuando aseguró que hay «bancos de peces en el Riachuelo». Cabandié atribuyó la polémica a la presunta «malicia por parte de *Clarín* y *La Nación*».

12 El titular de la Comisión Nacional de Valores, Alejandro Vanoli, resuelve declarar la irregularidad e ineficacia a los efectos administrativos de la Asamblea Anual del Grupo que tuvo lugar el pasado 25 de abril.

16 En un artículo publicado en *Página/12*, el canciller Héctor Timerman acusa a *Clarín* de desinformar en relación a la causa Malvinas y de reescribir «la historia argentina según el saldo bancario de sus dueños».

16 Martín Sabbatella, titular del organismo de control de medios (AFSCA) cuestiona la decisión de la Cámara Civil y

Comercial Federal sobre la denominada Ley de Medios y afirma que «es una resolución hecha a medida de los intereses del Grupo *Clarín*».

16 En el acto de reinauguración del cine Gaumont, la presidenta Cristina Fernández de Kirchner acusa a «dos diarios» de no haberle dedicado «un solo titular positivo en los últimos 50 días». «Me parece que soy yo la que no les parezco "cool"», concluye.

17 Se conoce que la CNV modifica un informe técnico para justificar la «irregularidad e ineficacia» en la última Asamblea de Accionistas del Grupo *Clarín* para allanar así el camino para una eventual intervención a la compañía.

17 Intentando desmentir la existencia de acciones para allanar el camino para una posible intervención del Grupo *Clarín*, en declaraciones radiales, el presidente de la Comisión Nacional de Valores, Alejandro Vanoli, señala que «el Grupo *Clarín* tergiversa y se victimiza».

18 Entrevistado en Canal 26, el candidato a diputado por el kirchnerismo, Edgardo de Petri afirma que «Moyano nos hace un paro general desde las oficinas de Grupo *Clarín*».

18 Buscando contrarrestar los cuestionamientos que se realizan por el acuerdo de YPF y Chevron, el ministro Julio De Vido emite un comunicado en el que acusa a *Clarín* de avalar «el modelo energético neoliberal de los noventa que tanto costo tuvo para nuestro país».

19 El periodista oficialista Víctor Hugo Morales dedica el editorial de su programa de radio para arremeter contra Ricardo Canaletti, Canal Trece, y TN, a quienes llega a acusar de plantar un testigo falso en la investigación del crimen de Ángeles Rawson y de involucrar a un funcionario nacional en el caso.

21 Estela de Carlotto, presidenta de Abuelas de Plaza de Mayo y férrea defensora del kirchnerismo, se refiere en Radio Mitre al tratamiento del ascenso de César Milani a te-

niente general. En ese contexto, señala que «le hace mal a la Argentina que una persona como Lanata desinforme a la población», y acusa al CEO de *Clarín*, Héctor Magnetto, de «delincuente».

22 El ministro Julio De Vido sale al cruce del informe de *Periodismo para Todos* que da cuenta de sus vinculaciones con la consultora «Consular», una de las principales contratistas del Estado. El funcionario realiza su descargo señalando que las denuncias realizadas en el programa de El Trece tienen como objetivo «poner en duda mi honorabilidad para dañar al proyecto político del que formo parte desde hace más de 25 años».

22 Tras el informe del CELS, que desaconseja la designación del nuevo jefe del Ejército César Milani por su supuesta vinculación con crímenes de lesa humanidad, Aníbal Fernández dice que no se va a «prestar a ningún linchamiento que propone *Clarín*», aunque la nota a la Comisión de Acuerdo del Senado es enviada por la organización presidida por un aliado K: Horacio Verbitsky.

22 La presidenta Cristina Fernández de Kirchner se refiere a una nota de *Clarín* en la que se mencionaba el riesgo de un enfrentamiento durante el domingo entre dos bandos de la barrabrava de Boca, que finalmente, en los hechos, terminó dejando un saldo de dos muertos y al menos cuatro heridos. La Presidenta acusa a *Clarín* de saber de antemano que estos hechos iban a suceder y sugiere una responsabilidad del periodista por haber alertado sobre esa posibilidad.

23 Por cadena nacional, Cristina Kirchner avala con fuerza la continuidad del militar César Milani. «No voy a aceptar ningún linchamiento mediático de ningún interés empresarial que no le interesan ni las víctimas, ni las Fuerzas Armadas ni los derechos humanos», agrega la Presidenta.

24 YPF denuncia a periodistas del programa *Periodismo para Todos*, que ingresan en un campo petrolero, luego del

anuncio del acuerdo entra la petrolera estatal y Chevron. YPF califica de «temeraria y prepotente» a la incursión de los periodistas.

25 En plana campaña electoral, el legislador K Carlos Kunkel se esfuerza por negar las versiones que dan cuenta de un proyecto de reforma constitucional. Kunkel dice que «esto lo ha instalado Héctor Magnetto, tratando de disimular que se apropió de muchas empresas bajo la tortura y asesinato de los dueños».

26 El secretario de Comercio Guillermo Moreno suspende el registro de una asociación de consumidoras —Unión de Consumidores de Argentina— que se oponía al cepo publicitario. Se le imputa no poder demostrar el origen de los fondos para acceder a los medios que difundieron su campaña de defensa del derecho a la información.

30 El diputado y candidato Fernando «Pino» Solanas denuncia al titular del AFSCA, Martín Sabbatella, por incumplimiento de los deberes de funcionario público. Lo acusa de no cumplir con determinados artículos previstos en la Ley de Medios, como el que establece que el 3% de la pantalla debe ser para organizaciones no gubernamentales.

30 En línea con las expresiones de varios comunicadores oficialistas, la presidenta Cristina Kirchner vuelve a presionar al Superior Tribunal que debe decidir sobre la Ley de Medios durante un acto en Cañuelas.

31 Luego de distintas denuncias por desvío de dinero del Fondo de Garantía de Sustentabilidad (FGS), Diego Bossio, el titular de la ANSES, arremete contra *Clarín* y dice que el diario «da por ciertas denuncias electoralistas».

Agosto 2013
1 Entra en vigencia la Ley de Mercado de Capitales con una reglamentación que agrava el alcance de la norma que votó el Congreso, ya que le da una herramienta al gobierno

para poder intervenir y tomar el control de las empresas a través de la Comisión Nacional de Valores, y sin que medie el visto bueno de la Justicia.

2 De recorrida proselitista por la ciudad de La Plata, Martín Sabbatella, titular de la Autoridad Federal de Servicios de Comunicación Audiovisual (AFSCA), se refiere al Grupo *Clarín* y a su CEO, al decir que «Magnetto ya no decide más el rumbo en la Argentina».

2 El legislador K Edgardo de Petris intenta vincular a los candidatos que acompañan a Sergio Massa con *Clarín* y sostiene que «De Mendiguren, Tundís y *Clarín* están con la devaluación y las corporaciones».

2 Comienza a funcionar una nueva radio, iniciativa del supersecretario de Comercio Interior, Guillermo Moreno, que en tiempo récord, obtuvo la autorización del AFSCA para funcionar. Se trata de la FM Mercado, la radio del Mercado Central.

3 Durante su discurso en un acto en La Matanza, Cristina Fernández de Kirchner afirma no tener miedo por las consecuencias de violar la veda electoral que le prohíbe participar en actos partidarios. Luego, sin nombrarlo, ataca al CEO del Grupo *Clarín*, Héctor Magnetto, al decir que hay «un señor que dirige un monopolio que no quería que fuera candidata a presidente y se lo fue a decir a Néstor».

4 La presidenta Cristina Kirchner vuelve a usar su cuenta de Twitter para atacar al CEO del Grupo *Clarín*, Héctor Magnetto, y vincularlo con delitos de lesa humanidad que ya han sido descartados por la Justicia. Asimismo, ataca a directivos del diario *La Nación* y defiende al periodista ultra K Víctor Hugo Morales.

7 Florencia Saintout, decana de la Facultad de Periodismo de la Universidad de La Plata y candidata a concejal por el kirchnerismo, reconoce que introdujo «indebidamente» y «sin autorización» un suplemento de 12 páginas en un diario platense para hacer propaganda electoral.

8 El CEO del Grupo *Clarín*, Héctor Magnetto, es agredido e insultado por militantes K al salir de una mediación judicial con el relator deportivo Víctor Hugo Morales. Antes de la audiencia, la presidenta Cristina Kirchner y los medios K habían lanzado una campaña para victimizar al relator.

8 El periodista cordobés Lázaro Llorens informa que su programa de radio fue levantado luego de que emitieran un informe sobre Ricardo Jaime. La emisora depende de los Servicios de Radio y TV (SRT) de la Universidad Nacional de Córdoba (UNC), cuyo rector es Francisco Tamarit, ex esposo de Carolina Scotto, candidata a diputada nacional por el kirchnerismo cordobés. Llorens denuncia la influencia de Electroingeniería en el tema.

9 El gobierno inicia otro sumario contra Papel Prensa, dentro del plan de intervención de empresas de medios por parte de la Comisión Nacional de Valores (CNV). Hace una semana, reglamentó la nueva Ley de Mercado de Capitales, que permite la toma del control de una compañía sin la consideración de la Justicia.

11 Durante el discurso de la Presidenta, luego de conocerse la derrota electoral del oficialismo en las principales ciudades del país, los militantes que la arengan entonan cantos contra «los gorilas de *Clarín*».

13 El periodista K Víctor Hugo Morales acusa en su programa de radio a Héctor Magnetto, CEO de *Clarín*, de haber generado él mismo las agresiones que sufrió por parte de militantes kirchneristas el jueves pasado.

13 En Radio Continental, intentando analizar la derrota que sufrió el kirchnerismo en las elecciones primarias, el diputado provincial oficialista Fernando «Chino» Navarro arremete contra el Grupo *Clarín* al asegurar falsamente que «usó el dinero de las AFJP para ganar plata manipulando las acciones» y acusa a sus directivos de «convivencia con Videla y Martínez de Hoz».

373

14 La Corte Suprema de Justicia dispone convocar a una audiencia pública para el 28 de agosto antes de resolver la constitucionalidad o no de algunas partes de la Ley de Medios. En el encuentro, el Grupo *Clarín* podrá exponer sus argumentos y la misma chance tendrá el Estado.

14 Durante su primer acto público tras las elecciones primarias que no favorecieron al kirchnerismo, la Presidenta Cristina de Kirchner habla en Tecnópolis y acusa a los medios de haber interpretado maliciosamente esos resultados electorales. Más tarde, arremete vía Twitter contra *Clarín*, *La Nación*, *Infobae* y *Perfil*, y les pide que «no se hagan los giles».

14 Luego de los tuits presidenciales, el senador K Aníbal Fernández también usa la red social para atacar a *Clarín*. Lo acusa de estar por detrás del armado de las listas de la oposición.

15 Aníbal Fernández defiende a la Presidenta por su interpretación de que el oficialismo ganó en la Antártida y en una comunidad Qom. Señala que fueron temas meneados cien veces por *Clarín*, *La Nación* y *Perfil*. «Tantas veces como han podido, para agraviar y poner en off side al gobierno».

18 Cuando el programa *Periodismo para Todos* de Jorge Lanata estaba emitiendo su informe sobre el viaje presidencial a las islas Seychelles, la cuenta de Twitter de la Casa Rosada emite un comunicado para desmentir la información sobre la escala. En paralelo, el canal oficialista C5N emite el comunicado y descalifica el informe de Lanata. Lo hace mientras los títulos sobreimpresos en pantalla califican el tema como «una mentira de *Clarín*» y agregan: «*Clarín*: una amenaza a la democracia».

19 El secretario general de la Presidencia, Oscar Parrilli, dice en entrevistas radiales que «*Clarín*, Magnetto y todo el equipo de campaña que tienen están demonizando no sólo a la Presidenta, a quien la «ponen del lado de la corrupción,

la ostentación y el lujo para que la gente la odie y le tenga bronca».

19 Cristina Kirchner reproduce el comunicado del domingo bajo el título «Seychelles, la "corrupción K": más mentiras y agravios de *Clarín*», donde se trata a Lanata de «sicario mediático».

19 El senador K Aníbal Fernández dice en Ushuaia que el candidato opositor Sergio Massa es «"le pertenezco" de Magnetto».

20 El gobernador entrerriano Sergio Urribarri afirma estar «preocupado por los intentos de destitución (impulsados) por el Grupo *Clarín*» y «las mentiras tras mentiras que ensucian, no sólo la investidura presidencial, sino un proyecto político».

20 Mientras el periodista Jorge Lanata es entrevistado en el noticiero de Canal Trece, la cuenta oficial de Twitter de la Casa Rosada publica un nuevo tuit contra el periodista: «El living de Canal 13, defendiendo al gordo chanta que les vende un buzón, son de terror». Minutos más tarde, el tuit es eliminado.

23 La Cámara Nacional de Apelaciones en lo Comercial dicta una medida cautelar que suspende de manera provisoria la aplicación del polémico artículo 20 de la Ley de Mercado de Capitales, que permitía la intervención de empresas sin ninguna orden judicial por parte de la Comisión Nacional de Valores.

24 Oscar Parrilli, secretario general de la Presidencia, dice no descartar nuevos ataques al gobierno por parte del «Grupo Magnetto-*Clarín* porque pretende gobernar el país». «Ellos son en realidad los verdaderos condicionantes o extorsionadores de la política argentina», concluye.

25 El titular de la AFSCA, Martín Sabbatella, afirma que la Ley de Medios lleva «cuatro años frenada» por un grupo económico que «no quiere renunciar a sus privilegios».

25 Se conocen dos encuestas (Hugo Haime & Asociados y Management & Fit) que dan cuenta de que el 70% de la gente considera que el objetivo del gobierno con la Ley de Medios Audiovisuales es «controlar a los medios». Sólo dos de cada diez personas creen que busca «democratizar los medios».

26 El periodista Juan Miceli, que conduce el noticiero de la mañana en la TV Pública, informa que no seguirá en el canal estatal, porque no le renovarán el contrato. Miceli fue objeto de una fuerte polémica cuando en abril último, tras las inundaciones que sacudieron a la ciudad de La Plata, fue increpado al aire por el diputado y secretario general de La Cámpora, Andrés «Cuervo» Larroque.

28 El periodista Adrián Ventura sufre una agresión de parte de un grupo de militantes kirchneristas cuando sale de la audiencia en la Corte por la Ley de Medios. Ventura trabaja en el diario *La Nación* y en el canal TN.

28 Militantes de las agrupaciones más cercanas a la Casa Rosada, entre ellas La Cámpora, Kolina, Nuevo Encuentro y Miles, se reúnen frente a la sede de Tribunales, en defensa de la Ley de Medios. Sobre un escenario, el titular de la AFSCA, Martín Sabbatella, cierra la movilización con un encendido discurso. «Las decisiones ya no las toma el CEO de una empresa, sino el Congreso», remata.

28 Antes de ingresar a la audiencia pública por la Ley de Medios, Martín Sabbatella dice a la prensa que la «resolución de la Cámara es una resolución hecha a medida del Grupo *Clarín*» y menciona una «actitud de rebeldía al cumplimiento de la norma». Luego, dice que *Clarín* «ha construido su poderío sobre la base de prácticas desleales».

28 En el recinto de la Corte Suprema de Justicia de la Nación, en el marco de la audiencia por la Ley de Medios, María «Pimpi» Colombo, subsecretaria de Defensa de la Competencia y colaboradora estrecha del secretario de Comercio,

Guillermo Moreno, se deja ver con una carpeta con calcomanías de «*Clarín* miente».

28 La Sociedad Interamericana de Prensa (SIP) manifiesta su preocupación por lo que está en debate en la audiencia pública convocada por la Corte Suprema de Justicia por la Ley de Medios. Claudio Paolillo, presidente de la Comisión de Libertad de Prensa de esa entidad, sostiene que «lo que está en juego ahora sobrepasa los intereses económicos y empresariales de un sector de la prensa».

29 En la audiencia convocada por la Corte por la Ley de Medios, el presidente de la AFSCA, Martín Sabbatella concluye su presentación acusando a *Clarín* de utilizar sus empresas para extorsionar la democracia y de querer «poner y sacar presidentes». Además, dice que el Grupo «construyó su poder económico con complicidad con la última dictadura militar y en la década de los noventa, cuando el país se hundía y fundían a operadores Pymes con el negocio del fútbol».

29 En un acto en Berazategui, la presidenta Cristina Kirchner dice que la quieren destituir con «balas de tinta», en referencia a la prensa.

30 En declaraciones a Radio Rivadavia, Martín Sabbatella dice que «*Clarín* creyó durante años que podía estar por encima de la democracia».

Capítulo IX

La deuda eterna

En 2001, cuando entró en *default,* la deuda pública era de 144.500 millones de dólares. Después del canje de Lavagna era, en junio de 2005, de 126.500 millones de dólares. Al 30 de junio de 2013, según datos del Ministerio de Economía, es de 196.143 millones de dólares. No fue Néstor quien inició la negociación con los acreedores; el plan para achicar los montos adeudados a organismos internacionales arrancó durante la presidencia de Eduardo Duhalde.

Es importante ver la evolución de la deuda para entender el problema en su contexto:

Año	Presidente de la Nación	PBI (millones de U$S)	Partido de gobierno	Monto deuda externa (millones de U$S)	% aumento de deuda en el período de gobierno
1966	Onganía		Militar de facto	3.276	+ 46%
1967				3.240	
1968				3.395	
1969				3.970	
1970	Levingston			4.765	
1971	Lanusse			4.800	
1972				4.800	

(Continúa en pág. siguiente)

(Viene de pág. anterior)

Año	Presidente de la Nación	PBI (millones de U$S)	Partido de gobierno	Monto deuda externa (millones de U$S)	% aumento de deuda en el período de gobierno
1973	Cámpora/Perón			4.890	
1974	Martínez de	Frejuli		5.000	+ 62%
1975	Perón			7.800	
1976				9.700	
1977				11.700	
1978	Videla			13.600	
1979			Militar de facto	19.000	+ 364%
1980				27.200	
1981	Galtieri			35.700	
1982				43.600	
1983	Bignone			45.100	
1984				46.200	
1985				49.300	
1986				52.500	
1987	Alfonsín		UCR	58.500	+ 44%
1988				58.700	
1989				65.300	
1990				62.200	
1991				61.334	
1992				62.586	
1993				72.209	
1994				85.656	
1995	Menem		PJ	98.547	+ 123%
1996				109.756	
1997				124.832	
1998				140.884	
1999				146.219	
2001	De la Rúa	264.000	Alianza	153.000	+ 5%
2002-2003	Duhalde	235.000	PJ	163.000	+ 6,53%
2011	CFK	470.000	FPV	128.600 *(79.900) tenedores extranjeros	– 16%

En 1966, durante la dictadura del general Onganía, la deuda externa era de 3.276 millones de dólares. Pero no fue sino hasta la dictadura de 1976, bajo la presidencia de Videla, cuando la deuda creció un 364%: pasó a ser de 27.000 millones de dólares.

El 23 de diciembre de 2001, la Argentina declaró la mayor moratoria en la historia del país: 130.000 millones de dólares, en medio de una fuerte crisis financiera y política tras la salida del presidente De la Rúa. La renuncia del vicepresidente Carlos «Chacho» Álvarez produjo un quiebre en la Alianza, que se profundizó en el Parlamento. El oficialismo tenía una escasa mayoría en la Cámara de Diputados, que se fue desgajando por las contradicciones internas. El nombramiento de Domingo Cavallo, el padre de la Convertibilidad, al frente del Ministerio de Economía terminó de separar las filas internas del gobierno. En 2001, el gobierno tenía que enfrentar vencimientos de deuda por 23.000 millones de dólares y, a la vez, había que financiar un déficit fiscal de 7.000 millones de dólares. Crecían las tasas de interés y el riesgo país había pasado de 5,33% en 1999 a 7,73% en 2000. Ya a principio del año los economistas coincidían en que se avecinaba una fuerte recesión; de hecho, ese año el PBI experimentó una contracción del 1%. José Luis Machinea, el entonces ministro de Economía, convenció a De la Rúa de que sólo un préstamo salvaría a la Argentina de un largo período recesivo. Se lo llamó «Blindaje», en la convicción de que funcionaría como el reaseguro de que la Argentina pagaría en 2001 los servicios de la deuda.

—De la Rúa no tenía idea de lo que significaría esta decisión —recuerda un colaborador de aquella época—. Se dejó seducir por las palabras de Machinea, que estaba convencido de que podía pilotear una crisis si contaba con liquidez. No tomó dimensión de que con esa decisión terminaría cavando su fosa política. Fue el FMI el que terminó presionando al gobierno para que tomaran medidas que terminaron en un estallido social y la famosa huida en helicóptero.

A comienzos de noviembre, la Argentina negoció con el Fondo un multimillonario blindaje financiero con aportes del BID, del Banco Mundial, del gobierno de España (el mayor inversor extranjero en la Argentina en esos años) y de un grupo de bancos privados que operaban en el país. El blindaje se aprobó en diciembre y fue por unos 40.000 millones de dólares; se esperaba que sirviera para ratificar la vigencia del plan de convertibilidad y que permitiera una baja de las tasas de interés. El FMI impuso una serie de condiciones: congelar el gasto público primario a nivel nacional y provincial por cinco años, reducir el déficit fiscal y reformar el sistema previsional elevando a 65 años la edad jubilatoria de las mujeres.

El blindaje sólo logró contener el retiro de depósitos hasta marzo de 2001. En octubre, la desocupación había trepado al 18,3% y el malestar social era creciente. A fines de ese año las reservas del Banco Central iban a ser de 20.000 millones de dólares y la salida de depósitos de los bancos no cesaba. En marzo de 2001 se retiraron 5.543 millones de dólares: fue la mayor salida mensual de depósitos de toda la historia argentina y le costó la renuncia a Machinea.

En su reemplazo asumió Ricardo López Murphy, que llegó al cargo con la intención de hacer, en los siguientes nueve meses, un brutal ajuste fiscal: debía recortar el presupuesto en 1.962 millones de pesos, incluyendo recortes en salud y educación, anuncio que generó una fuerte reacción popular. López Murphy duró quince días al frente del Palacio de Hacienda.

«Es tan grave la crisis, que tenemos que tomar el toro por las astas y poner todos el hombro, sin especulaciones electoralistas», justificaba De la Rúa a la 1:15 de la madrugada del 20 de marzo.

Cavallo volvió a su cargo en el Ministerio de Economía. Su primera medida involucraba al FMI : el gobierno no había podido cumplir con las metas de gasto público y déficit fiscal para el primer trimestre de 2001; las provincias tampoco iban a conseguir financiamiento. Cavallo lanzó un programa denominado «Déficit cero», que pretendía que la recaudación de cada mes tuviera como prioridad el pago de los intereses de la deuda y el saldo se usara para los gastos del sector público. Se aplicó una reducción de salarios del 13%, que profundizó más la crisis. Para reestructurar la deuda nacional y provincial era necesario bajar la carga de intereses de 14.000 a 7.000 millones de dólares.

Así, se aprobó un nuevo préstamo de 8.000 millones por parte del Fondo, de los cuales 5.000 fueron desembolsados el 10 de septiembre de 2001 para reforzar la liquidez del Banco Central y 3.000 quedaron pendientes de desembolso entre noviembre de 2001 y marzo de 2002. Una fuerte corrida bancaria y la incesante fuga de capitales truncaron el plan. En noviembre se produjo una salida de 2.917 millones de dólares, lo que agotó la liquidez del sistema financiero, y los bancos locales empezaron a señalar que se avecinaban problemas de caja.

El 1º de diciembre de 2001 Cavallo decidió establecer controles de cambios y restricciones al retiro de dinero en efectivo de los bancos. La palabra oficial que designaba la medida fue «bancarización», pero quedó en la historia local como «corralito». El 19 de diciembre, cuando se discutía en el Congreso la conformación de la Comisión de Presupuesto que iba a tratar los números de 2002, el país amaneció con saqueos y disturbios; comercios y supermercados fueron asaltados por grupos organizados y por oportunistas, y la violencia callejera se intensificó durante la tarde.

La represión policial en la Plaza de Mayo produjo 25 muertos y más de 400 heridos. El 20 de diciembre a las 19:45 se conoció la renuncia del Presidente. El vacío presidencial obligó a una reunión de la Asamblea Legislativa, que determinó que sería Ramón Puerta quien asumiría el cargo. Luego ocuparían la primera magistratura Adolfo Rodríguez Saa, Eduardo Camaño y, finalmente, Eduardo Duhalde. Todo sucedió en quince días.

El 6 de enero de 2002, Duhalde decidió dar fin a la Ley de Convertibilidad que había estado en vigor poco más de diez años. El tipo de cambio se fijó en 1,40 pesos por dólar, y pasó a ocupar un rol preponderante en los noticieros el riesgo país (este índice se relaciona con la imposibilidad de un país de cumplir con sus obligaciones; cuando Duhalde asumió se ubicaba en 4.000 puntos según la medición del JP Morgan, y fue subiendo a medida que el Fondo ponía trabas para lograr un acuerdo por la deuda impaga; en agosto de 2002 tocó su máximo de 7.222 puntos).

—Esperamos que Argentina haga las reformas necesarias, las drásticas decisiones para ganarse la confianza de algunas instituciones internacionales. Creo que no tiene sentido darles dinero a países que son corruptos, porque el dinero no ayuda a la gente, ayuda un grupo de elite. Y eso no es justo para las personas de ese país ni para los contribuyentes estadounidenses.

La frase pertenece al entonces presidente de Estados Unidos, George Bush, y terminó por repercutir en la Argentina, alejando al ministro de Economía Remes Lenicov.

Duhalde decidió reemplazarlo por Roberto Lavagna, embajador ante la Organización Mundial del Comercio en Ginebra. Las negociaciones por la deuda adquierieron entonces, incluso, un tono de enfrentamiento personal con Anne Krueger, directora adjunta del Fondo, convencida, como declaró, de que «la Argentina no es capaz de gobernarse a sí misma».

Cuando llegó al Ministerio, Lavagna nombró como secretario de Finanzas a Guillermo Nielsen, un economista de extracción radical que había hecho carrera en la ANSES con Melchor Pose, y luego en el Banco Central bajo el mandato de Remes Lenicov. Nielsen será quien encare la negociación con el Fondo.

Estados Unidos, España y el FMI estaban pendientes de lo que sucedería con la economía argentina, y el Fondo presionaba con un vencimiento con el Banco Mundial de 700 millones de dólares en mayo. Si no se saldaba esa deuda, el país iba a quedar todavía más aislado. El crédito se saldó dos días antes del vencimiento con un préstamo sobre las reservas del Central, lo que era, a la vez, un guiño de Lavagna a los popes del Fondo.

Después de varios encuentros se logró que el organismo prorrogara por un año el vencimiento de 134 millones que el país tenía con ese organismo. El panorama entre agosto y septiembre era complicado: los diarios anunciaban un posible *default* con el Fondo y con los organismos de crédito, y Thorton, del Fondo, insistía con la idea de que el país dejara avanzar la inflación hasta llegar a un índice de 400%. Lavagna no estaba dispuesto a aceptarlo.

El 16 de agosto de 2002, el equipo económico envía al Fondo un documento con la situación proyectada para el país: señala para 2003 un 3% de crecimiento y un 2% de superávit fiscal primario. Para Anne Krueger las metas eran irreales: «La Argentina no crecerá y la inflación será mayor al 4%», declaró.

El 24 de agosto, Lavagna redobló el embate al Fondo, comunicándole que, estuviera o no de acuerdo, el país haría uso de un recurso establecido en el estatuto del organismo por el cual se correrían por un año los vencimientos contraídos (eran 2.700 millones). El Fondo decidió aceptarlo ante el temor de que el ejemplo pudiera expandirse a otros países deudores. Hasta ese momento la Argentina llevaba pagados 3.800 millones de dólares y se habían hecho pagos menores por 329 millones al Fondo, el BID y el Banco Mundial. Pero para Krueger no alcanzaba:

—Habrá acuerdo cuando tengan un programa —le dijo a la Lavagna.

—Ya tenemos un programa —respondió el ministro.

—Bueno, cuando tengan uno que podamos apoyar nosotros.

—Eso es otra cosa. Si es así, quizá ni haya acuerdo.

El Fondo presionaba con que la Argentina saldara la deuda con reservas del Banco Central, que tenía en ese momento sólo 9.300 millones. Néstor Kirchner, entones gobernador de Santa Cruz; Gioja, de San Juan; De la Sota, de Córdoba, y otros gobernadores rechazaban esta iniciativa. Al no alcanzar un acuerdo, Lavagna y Duhalde decidieron no pagar el vencimiento del 15 de noviembre al Banco Mundial por 726 millones de dólares, aunque sí se siguieron pagando los intereses de la deuda, cuyo monto era diez veces menor que el pago del capital.

El plan que se inició bajo la presidencia de Duhalde continuó así cuando, el 25 de mayo de 2003, asumió Néstor Kirchner y reconfirmó al equipo económico. En ese momento la deuda externa superaba la mitad del PBI. La relación entre Lavagna y Kirchner era cordial pero distante. Hay quienes sostienen que Néstor nunca le «perdonó» que hubiera rechazado su oferta a ocupar la vicepresidencia.

—A Néstor lo conocí cuando me ofreció ser su candidato a vicepresidente, en diciembre de 2002. Hubo una reunión breve en la que también participó Cristina, y ella habló más que él. Al día siguiente le contesté que le agradecía, pero que no iba a aceptar porque no lo conocía, y yo entendía que un vicepresidente en la Argentina no podía volver a renunciar, porque veníamos del trauma de Chacho Álvarez. Luego necesitó contar con mi apoyo como ministro de Economía. En ese caso era distinto, porque había una tarea que terminar —recuerda Lavagna.

En enero de 2003 Nielsen, uno de los hombres de mayor confianza de Lavagna, logró un acuerdo interno con el Fondo y el humor de Krueger para con el equipo técnico argentino cambió radicalmente:

—Qué suerte, me pone feliz que la Argentina vaya camino a su recuperación —le dijo a Nielsen.

El ritmo de salida de capitales al exterior se había frenado, la construcción crecía a un ritmo interanual del 37%, el saldo comercial tocaba nuevos récords y ascendía a 16.358 millones de dólares, y los bancos de inversión extranjeros situaban en 4,5% el crecimiento para 2003.

El Fondo esperaba que hacia fines de 2003 la Argentina presentara una oferta. Mientras tanto, el equipo técnico lideraba otra batalla difícil: la negociación con los acreedores privados. Gran parte de ellos eran ahorristas pequeños, jubilados, a los que había que convencer de la emergencia económica argentina. En 2001 el país había contraído deuda por 9.758 millones de dólares. A fines de 2002 la deuda se redujo en 4.127 millones y antes de la asunción de Néstor, en el primer trimestre de 2003, se había achicado en otros 900 millones. Después del acuerdo con todos los organismos multilaterales, sólo quedaba un 48% de la deuda en *default* en manos de los pequeños ahorristas.

Nielsen emprendió un *road show* por Nueva York, Washington y Tokyo intentando convencer a esos acreedores de que el país no había actuado de mala fe. Pero la quita que proponía el equipo económico era feroz: entre el 70 y el 75%. En ese entonces los papeles de deuda, según recuerda Lavagna, cotizaban al 20% de su valor previo al *default*. Los pequeños ahorristas eran alrededor de 500.000, más de la mitad (340.900) eran italianos que, a través del canciller Mario Baccini, exigían la devolución total del dinero adeudado, una cifra imposible de pagar: 100.000 millones de dólares.

En ese contexto empezaron las diferencias de criterio del equipo técnico con Néstor:

—No había grandes discrepancias, pero a Kirchner cualquier cosa le podía caer mal. Una vez él hizo unas declaraciones contra Anne Krueger y en una reunión le dije: «Néstor, si querés pegarle a Krueger, nosotros te preparamos los textos para hacerlo, porque si le tirás con perdigones lo único que hacés es alinear a todo el *staff* del Fondo con ella y en contra nuestro. Hay que pegarle quirúrgicamente y hacerlo de tal manera que los profesionales se separen de ella —recuerda Nielsen—. Se agarró un encule tremendo. Salimos de la reunión y ya corría el rumor: «Nielsen renunció». Era un mundo raro el de Néstor.

La renegociación de la deuda no era un tema sencillo. La conocida política del «acreedor privilegiado» que rige en el mundo financiero obligaba a la Argentina a saldar su deuda con las instituciones financieras internacionales si no quería quedar aislada comercial y financieramente. Los acreedores privilegiados son el Fondo Monetario, el Banco Mundial y el Club de París.

El 22 de septiembre de 2003, Lavagna y Nielsen presentaron un cronograma de reestructuración de la deuda impaga, que constaba de un menú de bonos que reemplazaban a los 152 bonos que estaban en cesación de pagos. Lavagna lanzó la propuesta en Dubai ante unos doscientos acreedores que asistieron a la sede de la Asamblea Anual del Fondo, con pocas esperanzas de recuperar el dinero invertido. El plan de pago a los tenedores privados apuntaba a lograr una reducción de 70.726 millones de dólares sobre los 178.795 millones del pasivo que tenía la Argentina, y los acreedores privados podían escoger entre tres bonos (Discount, Par y Capitalizables) que se podían consolidar en dólares, euros, yenes o pesos indexados. La propuesta fue rechazada.

—Hay un error que forma parte del invento del relato K: la quita del 75% fue propuesta en 2002, con Duhalde. Néstor sólo lo confirmó y se negoció bajo su gobierno —aclara Lavagna.

El 22 de septiembre de 2003 se lanzó la propuesta del 75% a los tenedores de deuda local. El anuncio lo hizo Nielsen en el Banco Nación ante un auditorio de cien ahorristas argentinos, que rechazaron la propuesta en forma tajante. A gritos, los pequeños inversores acusaron de expropiadores al equipo económico.

El 1° de junio de 2004 el gobierno volvió a la carga y anunció la «Propuesta de Buenos Aires», donde la quita original del 75% se reducía a promedios de entre el 63 y el 45%. Recién en enero de 2005 la Argentina lanzó formalmente la reestructuración, y la negociación obtuvo más de un 76,5% de aceptación.

Al mismo tiempo que se discutía el porcentaje de la quita, se anunció el lanzamiento del Cupón PBI, que se presentó como una manera de asociarse a la recuperación argentina. El cupón gatillaba su pago anual en función del crecimiento económico del país, y se emitió con un larguísimo plazo: la fecha de vencimiento era el año 2035. En aquel momento nadie sospechaba que el país podía tener años de crecimiento superiores al 9% anual. Y mucho menos se pensó que el INDEC subestimaría la inflación como después lo hizo y, al mismo tiempo, inflaría la expansión del PBI.

—Teníamos muchas presiones de lo que se llamaban negociaciones de buena fe, pero nos volvían locos. Por eso surge el cupón. Queríamos mostrarle al mundo que, si el crecimiento de la economía argentina se desviaba hacia arriba, nosotros, a través de este cupón, estábamos dispuestos a compartir los beneficios adicionales con nuestros acreedores, que en ese momento la estaban pasando tan mal. Eso le tapó la boca al mundo financiero —justifica Nielsen.

Hasta el momento hubo un solo año en el que el cupón no gatilló pago alguno, y fue en 2010. Desde que se concretó la primera amortización —el 15 de diciembre de 2006— hasta 2012 el Estado desembolsó por las diferencias del Cupón PBI unos 9.965 millones de dólares.

—Lo que en principio podría haber sido una idea interesante —atar la suerte del acreedor a la del deudor— terminó siendo una carga que desangra al país. Para que quede claro: a partir de 2013 el PBI real debería caer un 30% acumulado para volver al proyectado como base y que el pago sea cero. En las condiciones actuales, un crecimiento mayor a sólo 3,22% (y de 3% desde 2015) obliga a pagos anuales de por lo menos 3.500 millones. O sea que ese recurso ha sido una mentira: a menos que la Argentina tenga una catástrofe económica, esos cupones implican un pago cierto y seguro para el acreedor —afirma el legislador Claudio Lozano.

Lavagna fue desplazado del Ministerio el 28 de noviembre de 2005, cuando el Presidente le pidió la renuncia. Fue reemplazado por una ex estudiante suya, Felisa Miceli, que hasta ese momento se desempeñaba como presidenta del Banco Nación. La posterior salida de Miceli fue escandalosa, cuando publicamos en *Perfil* que la custodia había encontrado en su baño una bolsa con dinero que no podía justificar.

—Néstor me pedía información, pero yo como ministro tenía independencia de acción y el plan económico se llevaba a cabo como se tenía programado. Hasta que en 2005, después de ganar las elecciones legislativas de mitad de mandato, sintió que tenía entre manos un cheque en blanco. En la última conversación que tuvimos me dijo: «Ahora gané yo, quiero cambiar el plan económico y necesito cambiar el equipo». Era su derecho como presidente. Su mensaje era claro: antes, con el 22% que había sacado en las elecciones y 10% que nosotros habíamos aportado de votos, había una situación especial de cogobierno. Pero él sintió en noviembre de 2005 que había triunfado y no necesitaba de nosotros. Ahí fue cuando comenzó el cambio de su gestión y me pidió la renuncia —cuenta Lavagna.

—Kirchner no soportaba tener a su lado a un ministro tan popular —opina Nielsen—. Me acuerdo de que una mañana, de camino al ministerio en mi auto, escucho a Marcelo Longobardi decir en la radio: «Si Lavagna va a Mar del Plata (ese día se cerraba la reunión de IDEA allí y Lavagna estaba invitado a cerrar el evento), Lavagna no es más ministro de Economía». Era evidente que había una operación.

Cuando llegó a su oficina del décimo piso, Nielsen dejó su abrigo y bajó apresurado al quinto, donde estaba la oficina del ministro, a contarle lo que había escuchado.

—A mí nadie me dijo que no vaya a Mar del Plata —le dijo Lavagna.

—Mirá que varios se borraron; iba a ir Scioli y al final no va —apuntó Nielsen.

—A mí nadie me dijo nada. Voy a ir y hablar como estaba previsto.

—Bueno, vamos, pero con todo el equipo.

—No, no pueden venir porque no hay pasajes.

—Dejate de joder, agarramos el avión de Agricultura o le pedimos a Fernández el del Ministerio del Interior y vamos todos los secretarios.

—De ninguna manera —concluyó Lavagna.

Nielsen volvió a su oficina y al rato sonó el teléfono: era el secretario de Lavagna.

—Guillermo, el avión de Agricultura está disponible.

—Nos fuimos con todo el equipo —recuerda Nielsen— y llegamos justo cuando Roberto empezaba a hablar. Teníamos una mesa con el intendente de Mar del Plata, Daniel Katz. Atravesamos el salón y quedó claro que estábamos ahí a modo de respaldo. Ese fue el final.

Después de que Brasil anunciara la cancelación de la deuda con el Fondo, Kirchner no quiso quedarse atrás. Entonces se apuró a anunciar que le pagaría todo al FMI en veinticuatro horas. Así, el 3 de enero de 2008 la Argentina dejó de tener deudas con el Fondo Monetario concretando un pago anticipado de 9.530 millones de dólares, un pasivo contraído entre enero y septiembre de 2001 con vencimientos programados hasta 2009.

Las reservas del Banco Central se recuperaron en nueve meses y finalizaron ese año con un aumento de 4.000 millones de dólares. Es decir, de 28.078 millones, las reservas del Central descendieron a 18.580, y finalizaron el año con 32.037 millones. El 31 de enero de 2007 los ministerios de la Argentina y España firmaron un acuerdo de reestructuración de deuda, pasando por alto lo que en la lógica de la reestructuración de la deuda total venía primero: el Club de París.

—Había que negociar primero el Club de París y lo último era el Fondo, pero Néstor cambió la prelación por una cuestión mediática, de ego.

«He firmado un decreto por el que instruyo al ministro de Economía (Carlos Fernández) a que utilice las reservas del Banco Central para cancelar la deuda del Club de París», anunció Cristina ante una reunión de empresarios el 2 de septiembre de 2008, en el Día de la Industria. Esa noche Cristina también afirmó que las deudas con Alemania, Japón, Holanda, Italia, España y Estados Unidos (que en aquel momento representaban el 87% del total) serían abonadas con fondos del Banco Central. Ninguna de esas deudas fueron saldadas al día de hoy.

En síntesis, la Argentina canceló por anticipado la deuda con el Fondo por 9.530 millones, pero no logró saldar la del Club de París por 6.500 millones.

Desde ese momento el país se quedó sin financiamiento externo, y entró en escena Venezuela. Hugo Chávez acordó con Néstor la compra, entre 2005 y 2007, de unos 5.100 millones de dólares en bonos soberanos de la Argentina a tasas más altas que las del mercado. Para Venezuela fue un negocio redondo: compraba títulos a bajo precio con alto rendimiento. Para la Argentina significó hacerse de un financiamiento caro. En agosto de 2007, Chávez volvió a adquirir títulos públicos argentinos por 1.000 millones a una tasa del 14,8%, muy superior a la que proyectaba entonces el mercado.

Cuando Cristina asumió la presidencia a fines de 2007 Martín Lousteau, entonces ministro, le propuso reanudar las negociaciones con el Club de París. Lousteau ya se había reunido con el directorio del Club para lograr un acuerdo. Cristina rechazó la propuesta:

—No me interesa el Club de París, no le voy a pagar hasta 2030 —le dijo.

El estallido de la crisis de las hipotecas *subprime* en el mundo modificó la posición de Cristina. El Club de París reúne a todos los bancos oficiales de crédito a la exportación del mundo y otorga financiamiento a largo plazo a bajas tasas de interés.

En 2008, Cristina nombró embajador en Alemania a Guillermo Nielsen, en lo que pretendió ser una señal amigable para los mercados financieros.

—Cuando me llama Cristina y me ofrece ir a la embajada alemana me da un mandato. En ese momento teníamos varios casos en el CIADI (institución del Banco Mundial diseñada para propiciar la solución de disputas entre gobiernos) de empresas alemanas, entonces la prioridad era desactivarlos. Ella también me dijo que iba a ponerse al día con el Club de París —recuerda Nielsen.

Pero el acuerdo nunca se logró y Nielsen renunció en 2010.

—A los embajadores no nos prestaban atención. Hacían lo que querían. Además, se había anunciado el acuerdo con el Club de París y no se cumplió. Ya no había nada más para hacer.

Con Amado Boudou como ministro de Economía el gobierno impulsó una norma para suspender la vigencia de la Ley Cerrojo y poder lanzar un nuevo canje. Esto sucedió entre el 10 de diciembre de 2009 y el 31 de diciembre de 2010; en ese lapso entraron al canje bonos por 18.000 millones y quedaron sin adherir tenedores de títulos por 5.450 millones.

—Había muchas cosas que hacer cuando diseñamos en 2002 el plan de reestructuración de la deuda. Estaba previsto que entre 2005 y hasta 2008 la Argentina recuperara todos los cupones de crecimiento, pero el gobierno no lo hizo. Había fondos para hacerlo, pero nadie se ocupó de eso hasta 2010, cuando una consultora que se llama Arcadia les trajo un programa preparado con el cual hicieron un minicanje que subió del 76,5 al 92% la adhesión; lo que todavía falta es alrededor del 8%. Pero cuando los Kirchner se ocuparon fue cuando les trajeron un negocio armado, que fue un negocio de los bancos —dice Lavagna.

Un negocio de los bancos y del vicepresidente de la nación

La consultora Arcadia Advisors trabajó junto al gobierno en el canje de la deuda desde octubre de 2008. Fue una megaoperación financiera de 12.000 millones de pesos que recién fue reconocida por el Ministerio de Economía en 2010, después de que el diputado Claudio Lozano denunciara en el Congreso los vínculos de Arcadia con funcionarios K. Arcadia realizó durante los dos años anteriores reuniones con bancos de los Estados Unidos, las entidades financieras que luego hicieron la propuesta de canje sabiendo de antemano que la Argentina iba a canjear esos títulos que estaban en *default*.

El acceso a esa información privilegiada les permitió a los bancos comprar títulos argentinos a un precio muy bajo (porque al estar en *default* su calificación de riesgo era elevada) para después hacer grandes diferencias en el canje. La contratación de los bancos organizadores del canje no quedó plasmada en ningún decreto o resolución. Los bancos eran, en un principio, Deutsche y Citi, luego Arcadia convocó a Barclays Capital y elevó a Economía una propuesta de canje.

En el pedido de informes al Ejecutivo presentado ante la Comisión de Presupuesto, Lozano solicitó explicaciones no sólo de la relación de Boudou con Arcadia sino también de los números del canje en sí:

«Respecto al beneficio para los tenedores [...] en las actuales condiciones financieras el valor de mercado de esta propuesta se encuentra entre U\$S 50 y U\$S 51 para el tramo mayorista y U\$S 56 para el tramo minorista. Sin embargo se minimiza el hecho de que los fondos (que durante estos años componían la deuda en *default*) a menos de U\$S 30 ganen más de un 80% [...] y respecto al costo para el país [...] se emite un total de 10.850 millones, o sea un 59,3% del monto nacional a canjear. Sin embargo, sólo una caída elevada del producto haría que el pago contingente del Cupón PBI no ocurra. Por lo tanto, la deuda emitida asciende a 10.950 + 7.430 = 18.280, un 99,9%. Conclusión: estamos en presencia de una reestructuración sin quita».

El gobierno anunció que había traído 12.200 millones de dólares al país y se cancelaban las obligaciones pendientes desde que la Argentina había entrado en *default*. Lo que el relato K no contó es que en ese canje se emitió, a su vez, una nueva deuda por alrededor de 7.600 millones y se lanzaron nuevos bonos del Cupón PBI por 5.400 millones, por lo que en total la Argentina ofreció cerca de 13.000 millones, un monto superior al que ingresó por el canje.

Arcadia es una consultora conducida por Marcelo Etchebarne, hombre que entró en contacto con Boudou a través de Pablo Bossio, hermano de Diego, titular de la ANSES. Pablo Bossio trabajaba en el estudio Etchebarne.

—Etchebarne ya había hecho otros canjes de deuda pública en Formosa, San Juan, Buenos Aires, todas provincias alineadas con el gobierno nacional, y es quien termina llevando adelante el canje de la Nación —agrega Lozano.

—También se hizo un negocio con las tasas que se pagaron. Dibujaban los números, los bancos decían pagar tasas del 36% y en realidad eran del 34%, el resto se lo repartían entre Boudou y Arcadia —denunció una fuente del Ministerio de Economía.

Una cadena de *mails* que trascendió públicamente muestra la conexión entre Etchebarne y Boudou. El 3 de agosto de 2009, a las 22.19, desde la casilla *m.etchebarne@cekd.com* se envió a *aimevudu@gmail.com* el siguiente correo:

«Te paso dos versiones. Memo confidencial tiene sólo los bullets sobre los pro de holdouts. Memo Economía es una versión más larga sobre el camino que veo para volver a los mercados:

»1. te potencia el momentum positivo de los bonos locales.

»2. es una pieza adicional a todas las que tenés que usar (creo que no te poder dar el lujo de prescindir de muchas de ellas)

»3. te permitirá acceder al mercado voluntario de crédito, emitiendo deuda por entre 3.000 y 4.000 millones en 2010 para pagar vencimientos (sin aumentar endeudamiento neto).

»4. te garantizará el éxito de la reprogramación de deuda de corto.

»5. contribuirá a que las empresas privadas accedan nuevamente en los mercados internacionales y, eventualmente, a volver a emitir acciones para obtener capital de riesgo genuino.

»Mañana estoy en Bs As hasta las 5 que sale mi vuelo. Un abrazo. M.».

En ese *mail*, el titular de Arcadia volcaba claramente argumentos para que Boudou elaborara un discurso público para defender la necesidad de reabrir el canje. Un día después, a través de su celular Blackberry, le enviaba otro correo:

«La decisión de hacer un canje la podés tomar más adelante pero creo enfáticamente que sería un error no tener los papeles listos si se quiere tomar la decisión más adelante.

»Tener los papeles listos lleva 4 a 3 meses.

»El costo de estar listo es muy bajo. Lo haría sin hacer anuncios. Una vez que estemos listos podrás decidir si se hace o no un canje.

»Para ese entonces va a ser mucho más claro si podés hacer un canje en forma simultánea con nuevo dinero del mercado por ejemplo (que es lo que hoy, en base a la evolución de los bonos, creemos que va a pasar si continuás con anuncios positivos).

»Hay una percepción en el mercado que estás iniciando un ciclo virtuoso. Hoy fue un día clave, hay que apuntarlo.

»Creo que en las reuniones octubre en el Banco Mundial sería crítico que anuncies ante grupos privados de inversores sofisticados tu plan financiero 2010.

»Si para entonces esto sigue para arriba estarás a un paso de consumar un canje entonces y salir al mercado».

El principal favorecido por el canje le da consejos a quien va a aprobarlo. Cuando en el *mail* sostiene «Hoy fue un día clave» se refiere a que en ese día la AFIP había dado a conocer una suba interanual del 10,2% en la recaudación fiscal (julio-2008 contra julio-2009), por lo que los mercados financieros festejaban el ingreso de 27.013 millones de pesos a las arcas fiscales.

El 2 de agosto arrancó una cadena de correos entre los titulares de los bancos sospechados. Ese día, Marcelo Blanco, CEO del Deutsche Bank, envió un correo con múltiples destinatarios: el entonces responsable de deuda para América Latina de Barclays, Gustavo Ferraro, a cargo de la oficina local de Barclays; Juan Brouchou, presidente en la Argentina del Citi, y Cristopher Gilfond, director de Deuda Latinoamericana del Citigroup. También estaban copiados en ese correo Sebastián Reynal, en ese entonces jefe de Cobertura de Clientes y Banca de Inversión del Deutsche Bank, y Santiago Bausili, consultor de la entidad. El asunto era «Holdouts y Boudou» y allí Blanco sostenía que, «de acuerdo con los comentarios realizados por el ministro de Finanzas durante un viaje a Brasilia, recomiendo que pidamos un encuentro formal con él y su equipo, si es posible para la semana que viene, para discutir próximo intercambio y la participación del consorcio de bancos». Esa reunión se llevó a cabo el martes 25, a las 15, en el despacho de Boudou, y allí se terminaron de cocinar los términos de la propuesta de canje.

«La Argentina nunca se fue del Fondo, porque siguió pagando la cuota. Ahora hay que ir dialogando para encontrar una intersección entre sus intereses y los nuestros. Y algún camino vamos a encontrar para tener una relación normal como socios del club», dijo Boudou a los periodistas. Y agregó: «Nuestro objetivo final no es volver al Fondo, sino regresar al mercado financiero internacional».

Ocho meses después Boudou formalizó la propuesta del canje de la deuda. Cuando tuvo que argumentar en público a favor de la operación usó casi las mismas palabras que Etchebarne en sus correos.

—Recién tres años después de concretado el canje Boudou resultó imputado por tráfico de influencias. Cuando asume Cristina, empezó a manejar un discurso muy ligado al tema de terminar de regularizar la deuda, que no era el discurso del gobierno de Néstor, empezó a hablar del tema de los *holdouts*, del Club de París, aseguró que eso iba a permitir el acceso a los mercados financieros. Todo el grupo que viene de la UCEDE fue el que estuvo operando para que Cristina reabriera el canje. Ahora, si fue Massa, si fue Boudou o si fue Bossio… nadie puede saberlo —recuerda Claudio Lozano—. El gobierno dijo públicamente que tenía una propuesta de los acreedores, pero la centraba en el banco Barclays. Aunque la Constitución establece que quien participa de una negociación de este tipo es el Congreso, a los legisladores nunca se nos permitió discutir los términos de la oferta financiera. El Parlamento votó la suspensión de la Ley Cerrojo sin discutir la oferta financiera —explica Lozano—. Yo venía acusando al canje de ser hecho en favor de los acreedores. Lo que no sabía y me enteré luego es que estaba en el medio el ministro de Economía. Boudou estaba de uno y otro lado del mostrador.

A mediados de 2013, el fiscal Jorge di Lello presentó un requerimiento de instrucción y solicitó las primeras medidas de prueba que dejaron a Boudou como imputado en una causa por tráfico de influencias en el canje de 2010. En la misma causa también quedó involucrado el titular de la ANSES, Diego Bossio. La causa hoy tramita en el juzgado federal de Ariel Lijo, al igual que el caso Ciccone.

En 2003, los bonos soberanos argentinos estaban a muy bajo precio. Desde la declaración del *default*, el precio de la deuda argentina había caído estrepitosamente. En 2003 se podía comprar un título por entre un 10 y un 30% de su valor nominal. Eso despertó el interés de los llamados fondos buitre, fondos que se caracterizan por comprar deuda de Estados y empresas al borde de la quiebra para luego presionar a los emisores de esa deuda para que paguen el 100% del valor adeudado. Cuando la proporción entre la deuda pública y el PBI estaba en el 160%, los fondos buitre o *holdouts* empezaron a comprar títulos soberanos a muy bajo precio.

Entre la reestructuración de 2005 y la ampliación del canje de 2010, más del 92,4% de los acreedores aceptaron la oferta de quita del 75%, y entre la minoría que no entró al canje estaban los fondos EM LTD de Keneth Dart, Aurelius y NML de Elliot Associates. Cuando se lanzó el canje en 2005, este último fondo inició dos acciones judiciales contra la Argentina ante los Tribunales del Estado de Nueva York, solicitando el embargo de fondos del Estado argentino.

EM LTD, por su parte, también inició demandas judiciales invocando la cláusula «pari passu», por la cual si un país paga su deuda a los participantes en un acuerdo de quita también debe pagar la deuda de los que no participan en ella. Las demandas estaban orientadas a bloquear la reestructuración como chantaje, y fracaron; el primer canje finalizó en 2005 con un nivel de adhesión del 76,15%.

También los *holdouts* intentaron el aval de la Corte Suprema de Justicia del Reino Unido, que aceptó la petición de los fondos buitre para que pudieran presentar las demandas ante la Justicia británica. Y acudieron a Italia, donde el CIADI (Centro Internacional de Arreglo de Diferencias Relativas a Inversiones) manifestó que los bonos argentinos en manos de los demandantes son inversiones que favorecían la prosperidad de las dos partes contratantes y, por lo tanto, estaban protegidos por el convenio del organismo.

En su peregrinación judicial los fondos buitre dieron con el juez federal del Distrito de Nueva York, Thomas Griesa, que emitió un primer bloqueo de los activos que la Argentina tiene en el exterior. En julio de 2011 los fondos buitre intentaron apoderarse de los fondos que el Banco Central tenía en Estados Unidos: 105 millones de dólares depositados en la Reserva Federal. Pero el gobierno acudió a la Corte de Apelación de Nueva York argumentando que esos fondos tenían inmunidad frente a embargos según la ley norteamericana de inmunidad soberana de 1976. El tribunal falló a favor de la Argentina.

El 2 de octubre de 2012, el fondo NML Capital con sede en Islas Caimán logró un fallo de un juez de Ghana para retener a la fragata *Libertad* en el puerto de Tema, a unos 25 kilómetros al este de Accra, para obtener el rescate reclamado, unos 370 millones de dólares. También solicitó la retención de otro buque argentino, la corbeta *Espora*, varada en Ciudad del Cabo por un problema mecánico. El gobierno argentino ordenó la evacuación del buque el 20 de octubre de 2012 por falta de garantías para los derechos humanos de sus tripulantes, dejando a bordo al capitán y una dotación mínima necesaria. Dos meses después el Tribunal Internacional del Derecho del Mar le ordenó a Ghana la liberación de la fragata.

El 26 de agosto de 2013, Cristina anunció la reapertura del canje. El anuncio fue tres días después de que la Cámara de Apelaciones de Nueva York confirmara la sentencia favorable a los *holdouts* que insistían con el pago total de la deuda. La reapertura del canje fue aprobada por el Congreso en la noche del 11 de septiembre de 2013. Votaron a favor el Frente para la Victoria, el radicalismo, el PRO, el Frente Peronista y el Frente Renovador, y en contra, el FAP y la Coalición Cívica.

Finalmente, ¿cuánto se debe hoy y a quién?

Deuda pública del Estado argentino[1] - Datos al 30/06/2013

Evolución de la deuda neta del sector público nacional

Contenido:

- Evolución de la deuda neta del SPN

- Composición de la deuda pública por acreedor

- Estructura de la deuda pública

- Perfil de vencimientos estático

- Links de datos deuda pública segundo trimestre 2013

Al 30/06/2013:

- La deuda neta de la Nación con acreedores del sector privado, organismos multilaterales y agencias de gobiernos extranjeros era de U\$S 80.375 millones, lo que equivalía al 17,9% del PBI de Argentina.

- Una parte de ella —equivalente al 13,1% del PBI— es deuda pública externa. Es decir, deuda con residentes del exterior, ya sea con el sector privado (7,6% del PBI), con organismos multilaterales o agencias de gobiernos extranjeros.

- Durante el primer semestre de 2013, la deuda pública nacional —neta de acreencias del propio sector público nacional— se redujo en U\$S 2.198 millones con respecto al 31/12/12.

- De la deuda pública nacional neta, aproximadamente 31% corresponde a préstamos de organismos multilaterales y bilaterales, y el 69% restante a obligaciones en cartera del sector privado.

- Durante el primer semestre del año 2013, la deuda pública en poder de tenedores del sector privado registró una reducción de U\$S 1.968 millones. De este modo, el stock de deuda pública con privados –tanto en moneda nacional como extranjera– equivale al 12,3% del PBI, determinando una disminución de 0,7 puntos porcentuales del producto respecto a diciembre de 2012. En el caso de la deuda con el sector privado en moneda extranjera, se redujo a un mínimo de 9,3% del PBI.

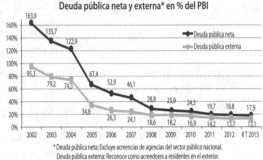

Deuda pública neta y externa* en % del PBI

* Deuda pública neta: Excluye acreencias de agencias del sector público nacional.
Deuda pública externa: Reconoce como acreedores a residentes en el exterior.

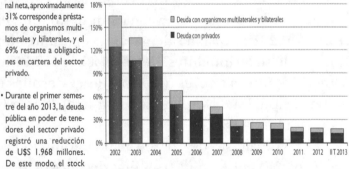

Deuda pública neta por acreedor en % del PBI

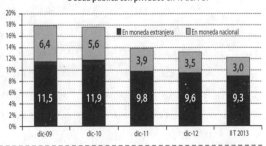

Deuda pública con privados en % del PBI

(1) Deuda del sector público nacional no financiero, en los términos de la ley 24.156. Excluye, por lo tanto, la deuda del Banco Central de la República Argentina y la deuda de provincias y municipios (no avalada por Nación). Por razones de homogeneización de cifras, también excluye los títulos elegibles para el canje (Decretos N° 1.735/04 y N° 563/10) que no fueron presentados. Para mayor detalle de dichos títulos ver hojas A.1.2 y A.1.12 del link: Datos de Deuda Pública- II Trimestre 2013 que se encuentra al final del presente informe.

- Por su parte, las obligaciones con organismos oficiales internacionales (multilaterales y bilaterales) ascendían a U$S 25.006 millones, que equivalían al 5,6% del PBI.
- Si a la deuda neta se le adicionan las obligaciones que, al mismo tiempo, representan acreencias de agencias del propio sector público nacional (BCRA, FGS, BNA y otros) se llega a la deuda pública nacional bruta. Al 30/06/13 esta alcanza a U$S 196.143 millones[3], 43,6% del PBI. Esto implica una reducción, respecto a diciembre 2012, de U$S 1.321 millones.

Composición de la deuda pública por acreedor

Los mayores acreedores del Estado Nacional son organismos públicos: el Banco Central de la República Argentina (BCRA), el Fondo de Garantía de Sustentabilidad (FGS) de la ANSES y el Banco de la Nación Argentina (BNA). Sumados a otros organismos nacionales, poseen el 59% del total de la deuda bruta del SPN.

Los organismos multilaterales con los cuales la Nación o las provincias, con aval del Tesoro, registran deudas incluyen al Banco Mundial, el Banco Interamericano de Desarrollo y la Corporación Andina de Fomento. Por su parte, la «deuda bilateral» incluye obligaciones con agencias de gobiernos extranjeros, como las agrupadas en el Club de París. El total de la deuda con organismos multilaterales y bilaterales era equivalente, a fines del II trimestre de 2013, a poco menos del 13% de la deuda bruta total.

El resto está clasificada como deuda con el sector privado. En este grupo se incluyen títulos públicos que, en su gran mayoría, se encuentran en manos del sector privado. También se incluyen acreencias menores de bancos provinciales y otros organismos del sector público provincial. Este conjunto, que denominamos «deuda con el sector privado» al 30/06/2013 ascendía al 28,2% de la deuda bruta total.

Estos últimos grupos (organismos multilaterales y bilaterales y sector privado) son los que constituyen la «deuda neta nacional» que se detalla en el presente informe.

Cuadro 1

Deuda pública nacional bruta	31/12/2012***			30/06/13			Var. absoluta (b) - (a) mill. de U$S	Var. relativa [(b) / (a) - 1] (%)
	En mill. de U$S (a)	% total	% PBI	En mill. de U$S (b)	% total	% PBI[3]		
Agencias del sector público*	114.891	58,2%	26,1%	115.768	59,0%	25,7%	877	0,8%
Multilaterales y bilaterales**	25.236	12,8%	5,7%	25.006	12,7%	5,6%	(229)	–0,9%
Sector privado	57.337	29,0%	13,0%	55.368	28,2%	12,3%	(1.968)	–3,4%
Total deuda pública	197.464	100%	44,9%	196.143	100%	43,6%	(1.321)	–0,7%

* Incluye títulos públicos, pagarés, préstamos y anticipos otorgados o en cartera de organismos del sector público nacional. Datos preliminares.
** Incluye deudas en situación de pago diferido por U$S 6.433 millones al 31/12/2012 y U$S 6.072 millones al 30/06/2013. No incluye intereses moratorios ni punitorios.
*** La desagregación de la deuda por acreedor del año 2012 ha sido objeto de revisión respecto de anteriores publicaciones.

Estructura de la deuda pública neta[2]

A continuación se desagrega la composición de la deuda pública neta, la cual está conformada por acreedores del sector privado, organismos multilaterales y agencias de gobiernos extranjeros.

----
(2) Para mayor detalle ver hojas A.1.6 y A.3.7 del link: Datos de Deuda Pública - II Trimestre 2013 que se encuentra al final de este informe.

• **Desagregación por plazo (Gráfico I)**

La vida promedio de la deuda neta en situación de pago normal[3] es de 10,7 años.

La vida promedio de la deuda neta en moneda extranjera en situación de pago normal es de 11,6 años, y con privados en moneda extrajera es de 13,5 años.

La deuda neta en situación de pago normal denominada moneda nacional con CER tiene una vida promedio de 8,6 años.

El 13% de la deuda neta en situación en pago normal vence en el período jul-2013/dic-2014 —consistiendo principalmente en Letras del Tesoro en poder de privados—; el 36% vence en el período 2015-2020 y el 51% restante vence a partir del año 2021 —mayormente títulos públicos emitidos en los canjes 2005 y 2010.

GRÁFICO I   Deuda neta a vencer en situación de pago normal por plazo*
U$S 74.365 M.

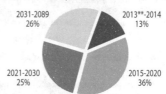

* Deuda en situación de pago normal excluye aquella no reestructurada, mayormente con el Club de París.
** A partir del III trimestre de 2013.

• **Desagregación por moneda (Gráfico II)**

La deuda neta denominada en pesos equivale a U$S 13.601 millones, de los cuales U$S 9.260 millones ajustan por CER (2% del PBI).

El resto de la deuda neta, U$S 66.773 millones, está denominada en moneda extranjera (14,8% del PBI), conformada por deuda denominada en dólares (10,2% del PBI) y deuda denominada en euros (4,2%) principalmente.

La deuda con privados en moneda extranjera es de U$S 41.767 millones (9,3% del PBI).

GRÁFICO II   Deuda neta por moneda
U$S 80.375 M.

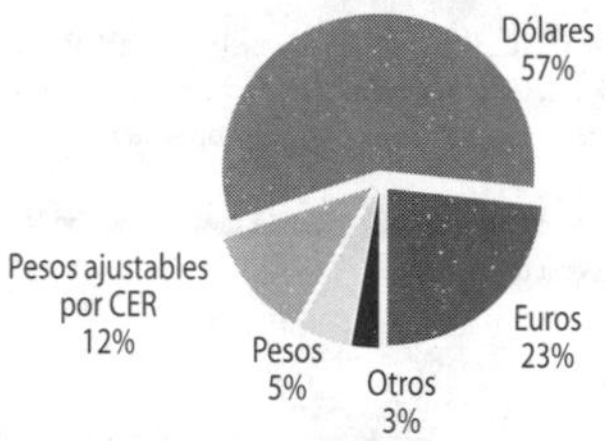

Dólares 57%

Pesos ajustables por CER 12%

Pesos 5%

Otros 3%

Euros 23%

Desagregación por tipo de tasa (Gráfico III)

Del total de la deuda neta el 1% no devenga intereses, el 83% devenga tasa fija (la mayor parte de la cual fue emitida en los canjes de deuda 2005 y 2010) y el 16% tasa variable, destacándose la tasa BADLAR[4] y la tasa LIBOR[5].

La deuda con privados que devenga tasa fija está compuesta, en su mayoría, por títulos públicos (87%), destacándose el par en euros (20%) y dólares (14,2%), Discount en euros (17,6%) y dólares (12,5%), Boden 2015 en dólares (13,1%) y Bonar X (7,2%).

GRÁFICO III   Deuda neta por tipo de tasa
U$S 80.375 M.

Deuda con tasa fija 83%

Deuda con tasa cero 1%

Deuda con tasa variable 16%

• **Desagregación por instrumento (Gráfico IV)**

El 61% de la deuda está compuesta por títulos emitidos a mediano y largo plazo, el 23% corresponde a organismos internacionales, el 9% a organismos oficiales mientras que el 7% restante está distribuido entre banca comercial, préstamos garantizados, letras del Tesoro, y pagarés y otros.

GRÁFICO IV   Deuda neta por instrumento
U$S 80.375 M.

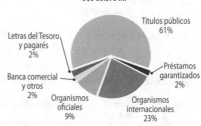

Títulos públicos 61%

Letras del Tesoro y pagarés 2%

Préstamos garantizados 2%

Banca comercial y otros 2%

Organismos oficiales 9%

Organismos internacionales 23%

---

(3) La deuda en situación de pago normal excluye aquella no reestructurada (básicamente con el Club de París).
(4) Tasa de interés por depósitos a plazo fijo de 30 a 35 días de plazo para más de un millón de pesos.
(5) Tasa interbancaria en Londres.

Perfil de vencimientos estáticos[6]

La deuda neta en situación de pago normal al 30/06/2013 tiene asociados vencimientos de capital promedio para el período jul-2013 a dic-2022 de U$S 3.845 millones por año. Durante este período, los vencimientos anuales de capital con el sector privado alcanzarían en promedio U$S 2.472 millones, representando el 64% del total de vencimientos promedio de capital del período.

Perfil de vencimientos de capital - jul-2013 a dic-2022

Mill. de U$S

En poder de privados.
Multilaterales y bilaterales.

	2013	2014	2015	2016	2017	2018	2019	2020	2021	2022
Vtos. con privados	2013	2014	2015	2016	2017	2018	2019	2020	2021	2022
Como % del PBI al 30/06/13*	0,7%	0,9%	1,7%	0,3%	1,3%	0,1%	0,3%	0,1%	0,1%	0,1%

(*) El PBI es el promedio de los últimos 4 trimestres, en pesos corrientes, y se mantiene fijo durante todo el período.

Para el período jul-2013 a dic-2022, los vencimientos de intereses anuales promedio —excluyendo los pagos de interés de los valores negociables vinculados al PBI (TVP)— alcanzarían un valor de U$S 2.278 millones. Los servicios de interés con el sector privado en el mismo período alcanzarían en promedio U$S 1.952 millones, representando el 86% del total de servicios promedio de interés.

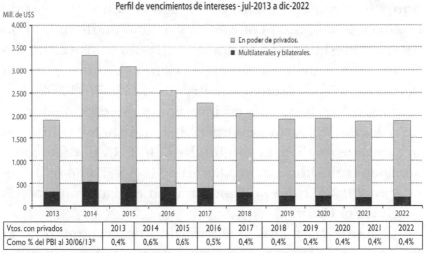

Perfil de vencimientos de intereses - jul-2013 a dic-2022

Mill. de U$S

En poder de privados.
Multilaterales y bilaterales.

	2013	2014	2015	2016	2017	2018	2019	2020	2021	2022
Vtos. con privados	2013	2014	2015	2016	2017	2018	2019	2020	2021	2022
Como % del PBI al 30/06/13*	0,4%	0,6%	0,6%	0,5%	0,4%	0,4%	0,4%	0,4%	0,4%	0,4%

(*) El PBI es el promedio de los últimos 4 trimestres, en pesos corrientes, y se mantiene fijo durante todo el período.

(6) El perfil de vencimientos estático incluye las obligaciones proyectadas de acuerdo con los compromisos firmados al 30/06/13, con los tipos de cambio, CER y tasas de interés vigentes a dicha fecha. Para mayor detalle ver hojas A.1.6 y A.3.7 del link: Datos de deuda pública-II trimestre 2013, que se encuentra al final de este informe.

Link datos deuda pública

• Link datos de deuda pública II trimestre 2013:
http://www.mecon.gov.ar/finanzas/sfinan/documentos/deuda_publica_30-06-2013.xls

• Link base de datos de deuda pública II trimestre 2013:
http://www.mecon.gov.ar/finanzas/sfinan/documentos/basesigade_2013-06-30.zip

• Link datos de deuda pública I trimestre 2013:
http://www.mecon.gov.ar/finanzas/sfinan/documentos/deuda_publica_31-03-2013.xls

• Link Base de Datos de Deuda Pública I Trimestre 2013:
http://www.mecon.gov.ar/finanzas/sfinan/documentos/basesigade_2013-03-31.zip

La deuda pública nacional es el conjunto de acreencias que está en cabeza del Tesoro, aunque no toda ella sea deuda del Tesoro en sí (hay, por ejemplo, préstamos de organismos dirigidos a las provincias, etc., pero siempre el Tesoro es el responsable final). El primer salto de la deuda intrasector público se dio entre 2008 y 2009, con la estatización de las AFJP. Allí, la ANSES se benefició por partida doble: pasó a manejar una cartera de títulos públicos valuada en 40.000 millones (en realidad, activos por 86.000 millones, incluyendo acciones de empresas cotizantes) y recibió un flujo de aportes que anteriormente iban a las AFJP, por unos 16.000 millones, lo que abultó su superávit. Como el Tesoro entró en déficit ese año (las retenciones cayeron 11% por la sequía y los precios) y el acceso a las inversiones internacionales era cero, le pidió prestado el superávit a la ANSES y cubrió sus necesidades en dólares con fondos del BCRA por medio de adelantos transitorios. Pero la caja de la ANSES no es infinita, y en 2010 decidió profundizar el financiamiento con las reservas del Central.

El activo del BCRA es el respaldo de la moneda; si el BCRA tiene cada vez más papeles y menos dólares en su activo, la capacidad de defender los pesos de nuestras billeteras será menor.

La llamada deuda intrasector público, que se tiene básicamente con el Banco Central y con la ANSES, es inusualmente elevada y —a menos que se piense que nunca va a pagarse— presenta ventajas y desventajas. En 2012, 6 de cada 10 dólares de la deuda pública estaban en manos del mismo sector público. Esta proporción creció astronómicamente en la década K: en 2002, en manos del sector público había menos de 5 cada 100 dólares.

Algunos economistas consideran «buena» a esta deuda al caracterizarla como «una deuda no relevante» a la hora de medir la sustentabilidad de la deuda o las necesidades reales de financiamiento. Nadie podría suponer que el Tesoro saldría a los mercados a cualquier tasa (como en los noventa) o restringiría importaciones (como en los últimos años) para juntar los dólares para cancelar un vencimiento con la ANSES o el BCRA. El *roll over* es automático.

Pero también debe notarse que no es lo mismo que en el BCRA haya dólares contantes y sonantes que un título público que, con seguridad, será renegociado. Y no es lo mismo que en el Fondo Anticíclico de la ANSES existan fondos o inversiones realizables que títulos públicos que a su vencimiento serán intercambiados por otros nuevos.

Capítulo X

El copyright de la verdad

Para Alejandro Katz, escritor y editor, autor de *El simulacro* (2013), la división en el gobierno de Kirchner «empezó el primer día, en el discurso ante el Parlamento, cuando asume». La reivindicación del «populismo» y la consecuente reinstalación del término «enemigo» sobre el de «adversario» corresponden a un filósofo neomarxista que ha tenido el agrado de ver evolucionar el peronismo desde Londres en los últimos treinta años: Ernesto Laclau. Para Beatriz Sarlo ni siquiera es necesario leerlo: «Puede circular tranquilamente en su simplificada versión mediática».

«Laclau considera que, cuando un sistema político atraviesa una crisis que afecta las viejas formas y estructuras, cuando aparece disperso o desmembrado como la Argentina a comienzos de este siglo, sólo el populismo es capaz de construir nuevamente una unidad, articulando las demandas diferentes que estallan por todas partes y volviéndolas equivalentes, es decir, aptas para sumarse en un mismo campo. Por eso el populismo no tiene un contenido definido de antemano sino que depende de las reivindicaciones que se articulen en esa nueva unidad. […] La intervención política ordena demandas y define conflictos».

«Para Laclau, la forma política apropiada (por lo menos para América Latina, pero no sólo para América Latina) es el populismo, que puede ser de izquierda o de derecha, pero Dios quiso que, en este momento del continente, con Chávez a la cabeza, fuera de izquierda», escribe Sarlo.

El estándar «América Latina» para una discusión de filosofía política recuerda vagamente las teorías de los climas de Montesquieu y Bodino, aunque tres siglos más tarde; que los latinoamericanos «necesiten» el populismo y el resto del mundo no es bastante cercano a sostener que el clima influye de modo directo en la estructura social, con la consiguiente «superioridad política» de los estados con clima frío respecto de los estados meridionales.

Para Sarlo, los argumentos para la persistencia en el poder que esgrime Laclau en el caso de los líderes populistas «son, en general, los mismos argumentos por los cuales podría permanecer una dictadura». Dice Laclau: «Soy partidario hoy en América Latina de la reelección presidencial indefinida. No de que un presidente sea reelegido de por vida, sino que pueda presentarse. Por ejemplo, en el presente período histórico, sin Chávez el proceso de reforma de Venezuela sería impensable; si hoy se va, empezaría un período de restauración del viejo sistema a través del Parlamento y otras instituciones. Sin Evo Morales, el cambio en Bolivia es impensable. En la Argentina no hemos llegado a la situación en la que Kirchner sea indispensable, pero si lo que significó el kirchnerismo como configuración política desaparece, muchas posibilidades de cambio van a desaparecer».

«En este caso —sigue Sarlo—, al gobierno de Kirchner habría que pedirle más populismo y no menos. Laclau considera al kirchnerismo como un populismo todavía incompleto si se lo compara con el chavismo. ¿Qué quiere decir más populismo? Que el kirchnerismo profundice el corte político que constituye al pueblo, que profundice la división de la sociedad entre los de abajo y los de arriba (estoy citándolo) y, si es necesario, que rompa los marcos institucionales que se convierten en barreras a la vitalidad y la dinámica de la decisión política; que defina el conflicto y no se confundan: los adversarios son siempre enemigos».

Era inevitable que quienes se vieron a sí mismos como propietarios del *copyright* de la verdad transfomaran el Relato en una cuestión de fe. Esto se hizo extensivo al periodismo —sobre el que hablaremos en detalle más adelante— y provocó que los hechos desaparecieran; ya no importa qué se está informando sino quién lo hace. La opinión ajena —la del «enemigo», para citar a Laclau-Sarlo— no complementa sino que sirve para confundir. Usted está, ahora, leyendo palabras sobre una hoja, sería imposible discutir si esta hoja, en lugar de ser lo que es, es una vaca. Si así fuera, quienes ven en ella una vaca sólo sumarían estadística, garantizan una pluralidad de forma que no afecta el contenido: la hoja no es ninguna vaca. Todo pasa a ser una cuestión de fe.

La idea del kirchnerismo como dogma de fe fue abordada por Katz en un artículo publicado en *La Nación* el 4 de septiembre de 2012: «Tenue sombra primero, raya más tarde, ranura, surco, zanja, foso. Lo que no era más que una suave línea divisoria se convirtió, durante los últimos años, en una frontera crecientemente insalvable. Los pronombres se volvieron adjetivos: "nosotros" y "ellos" pasaron a designar los "buenos" y los "malos", los "decentes" y los "indecentes", los "justos" y los "réprobos" —escribió Katz—. La frontera atraviesa lazos de familia, la memoria de la amistad, las relaciones profesionales, las mesas de café, la calle misma. Los años kirchneristas se han convertido en los años de la separación: ellos y nosotros».

«Tenemos (o teníamos) amigos comunes —le preguntan Gustavo Noriega y Guillermo Raffo al escritor y guionista Marcelo Birmajer, en *Progresismo, el octavo pasajero*, editado por Sudamericana—, gente con la que compartíamos la mitad de nuestra vida, discutiendo de política siempre y estando en desacuerdo casi siempre, sin que eso fuera un problema. ¿Por qué ahora, de pronto, son el enemigo? ¿Qué pasó?» «Ellos nos consideran el enemigo a nosotros, no al revés».

«Ahora, cada vez que voy a una reunión trato de no hablar de política, me hago el boludo, hablo de cualquier cosa —dice Jorge Fernández Díaz, escritor, editor de *La Nación*—. Pero cuando te colocan del lado del Mal es algo doloroso. Es algo de psicología profunda, yo lo llevé a terapia… Yo milité cerca de la izquierda nacional cuando tenía veinte años. Cristina dice que leyó a Abelardo Ramos; no leyó un carajo, yo sí lo leí, lo admiré al viejo, lo conocí. ¿Cómo puede ser que este gobierno me haya elegido a mí en ese lugar? Primero el estupor frente a eso: yo soy un enemigo del Estado, yo soy el Mal, yo represento la Antipatria… ¿Estás loco vos? Es como si un padre te dijera: vos sos un vago de mierda, no servís para nada, estás perdido. ¡Mierda! ¿Qué hacés frente a un padre que hace eso? Te rebelás».

La aparición en escena del Relato único y la fe conlleva la desaparición de la política: «Hoy no hay política —dice Katz—. Si lo que deja el kirchnerismo después de diez años es a Sergio Massa, a Daniel Scioli, a De la Sota o a De Narváez como el mundo visible de la sucesión, es que mataron la política».

«—¿Vos querías que él fuera el presidente? —le preguntaron Raffo y Noriega a Julio Bárbaro.

»—¡¡Sí!! Yo le aguantaba la amante, hermano. Le aguantaba la mina. Fui su amigo. […]

»—¿El uso de Néstor de las Madres y los derechos humanos fue honesto o maquiavélico?

»—¡Maquiavélico! ¡Qué va a ser honesto!

»—¿Pero él te lo decía abiertamente eso?

»—Ningún tipo que llega al poder habla o piensa como inocente. En la primera hoja de *Antimemorias*, André Malraux dice: "La autenticidad, ¿quién dijo que eso sea una virtud?" Ellos son la generación de la mera ambición, por eso la reconversión de mi generación en lealtad a ellos es su degradación. Sólo degradándose pueden comprar a una instancia menor de conciencia.

»—Por eso necesitan a los derechos humanos también. Y el discurso moralista de izquierda. Porque esa "mera ambición" es lo que quieren asociar al menemismo.

»—Ellos no pueden explicar que el salario los seduce. El progresismo es un espacio que no obliga a nada y, como no obliga a nada, tiene una masa de adherentes.

»—No obliga a nada y habilita a mucho.

»—Vos no vas a encontrar un progresista pobre. Porque los pobres no son progresistas. No necesitan el barniz. El progresista es el rico con culpas y el de derecha, el rico sin culpa. Hay dos tipos de ricos: sin culpa de derecha —*yo me la gané y los negros no laburan*— y progresista, que es rico con culpa, y va y le dice al psicoanalista: "Me da bronca la mucama, me da lástima, pobre". ¿Y? Como el psicoanálisis te sirve para cultivar el egoísmo sin culpa después que te psicoanalizás cagás a todos y dormís tranquilo. El progresismo es una clase social, es la pertenencia a una clase social. No hay progresistas pobres, no hay fracasados progresistas. El progresismo necesita del éxito. Un fracasado es un pobre de mierda. [...] El sectarismo. Si vos estudiás los Montos, estudiás la secta. Porque no se animaban a romper con la secta. Si estudiás el PC, estudiás la secta. [...] El progresismo es un yuyo de la ideología. No se corresponde con un pensamiento propio, ni se genera desde un pensamiento, se genera desde una imagen social. Es como jugar al golf. ¿Qué es jugar al golf? Te da estatus, y ser progresista te da estatus. Ser de derecha está mal visto. Porque el hecho central es que la derecha argentina siempre fue una mierda. Acá queda feo ser de derecha. Y ser peronista es complicado».

¿Fueron los 10K la última batalla de los setenta librada en el siglo XXI?

Capítulo XI
Edificando el pasado

Quinientos setenta y tres años antes que Néstor Kirchner, Itzcoatl, el primer rey de México, cuarto tlatoani de los mexicas, mandó destruir todos los anales y códices para que, desde su reinado, empezara a contarse la historia de su pueblo. Itzcoatl también llevó adelante la reforma religiosa mexica y obligó a los suyos a adoptar una nueva teogonía. Acorde con sus conquistas militares; así nació la toltequidad. La serpiente de obsidiana (eso significaba su nombre en náhuatl) se adjudicó el título más ilustre de todos: culhuatecuhtli, o sea, el señor de los culhuas. Culhuacan era el sitio donde se había conservado viva la dinastía tolteca. Su reinado no sólo significó la adopción de un nuevo pasado, sino la de un nuevo presente: la llamada Triple Alianza fue la unión de los pueblos de Tenochtitlan, Texcoco y Tacuba, inicada en el siglo XIII, y que perduró hasta la llegada de los españoles en 1519.

La de Itzcoatl es la primera historia registrada en la que un rey decide reinventarse un pasado a su medida, y aparece mencionada en *Los abusos de la memoria,* un breve pero brillante trabajo sobre el tema de Tzvetan Todorov (lingüista, filósofo e historiador búlgaro de nacionalidad francesa, premio Príncipe de Asturias 2008). En 2010, Todorov viajó a la

Argentina a dictar una serie de conferencias sobre la memoria que resultaron incómodas para la gestión K y desataron una serie de enfrentamientos silenciados que aún perduran. «A veces, al contemplar un paisaje desde lejos, divisamos cosas que a los habitantes del lugar se les escapan: es el privilegio efímero del visitante extranjero», escribió Todorov en un artículo publicado entonces por el diario español *El País*.

Todorov forma parte de una trilogía que quizá desconozca: fueron extranjeros quienes con mayor certeza y originalidad ayudaron a descubrir el alma argentina: el novelista polaco Witold Gombrowicz, autor entre otros de *Diario argentino* y *Ferdydurke*, exiliado entre Buenos Aires y Tandil durante más de veinte años, y José Ortega y Gasset, filósofo español, exponente del perspectivismo, quien visitó nuestro país en tres ocasiones. La mirada poética y descarnada del alma argentina en los bares del Norte ensayada por Gombrowicz y las observaciones de Ortega sobre el argentino como promesa constante («Casi nadie está donde está, sino por delante de sí mismo y desde allí gobierna y ejecuta su vida de aquí, la real, presente y efectiva. La forma de existencia del argentino es el futurismo concreto de cada cual»; el argentino «no tiene más vocación de ser el que ya imagina ser, con lo que vive entregado no a una realidad sino a una imagen») pueden asociarse con la terrible lucidez de Todorov a la hora de observar nuestras interpretaciones del pasado.

Todorov visitó la ESMA. «Alrededor de cinco mil personas pasaron por este lugar —escribió—; el número total de víctimas no se conoce con precisión, pero se estima en unas treinta mil». En el artículo de marras el filósofo habla de las torturas y el secuestro de niños, y luego se detiene en el Catálogo Institucional del Parque de la Memoria, que afirma: «Indudablemente hoy la Argentina es un país ejemplar en la relación con la búsqueda de la Memoria, Verdad y Justicia». Todorov agrega: «Pese a la emoción experimentada ante las huellas de la violencia pasada, no consigo suscribir esa afirmación. En ninguno de los lugares que visité vi el menor signo que remitiese al contexto en el cual, en 1976, se instauró la dictadura, ni a lo que la precedió y la siguió. Ahora bien, como todos sabemos, el período 1973-1976 fue el de las tensiones extremas que condujeron al país al borde de la guerra civil. Los Montoneros y otros grupos de extrema izquierda organizaban asesinatos de personalidades políticas y militares, que a veces incluían a todas sus familias, tomaban rehenes con el fin de obtener un rescate, volaban edificios públicos y atracaban bancos. Tras la instauración de la dictadura, obedeciendo a sus dirigentes, a menudo refugiados en el extranjero, esos mismos grupúsculos pasaron a la clandestinidad y continuaron la lucha armada [...]. Como fue vencida y eliminada, no se pueden calibrar las consecuencias que hubiera tenido su victoria. Pero, a título de comparación podemos recordar que, más o menos en el mismo momento (entre 1975 y 1979) una guerrilla de extrema izquierda se hizo con el poder en Camboya. El genocidio que desencadenó causó la muerte de alrededor de un millón y medio de personas, el 25% de la población del país. Las víctimas de la represión del terrorismo de Estado en la Argentina, demasiado numerosas, representan el 0,01% de la población. Claro está que no se puede asimilar a las víctimas reales con las potenciales. Tampoco estoy sugiriendo que la violencia de la guerrilla sea equiparable a la de la dictadura. Sin embargo, no deja de ser cierto que un terrorismo revolucionario precedió y convivió con el terrorismo de Estado y que no se puede comprender el uno sin el otro. En su introducción, el Catálogo del Parque de la Memoria define así la ambición de este lugar: "Sólo de esta manera se puede realmente entender la tragedia de hombres y mujeres y el papel que cada uno tuvo en la Historia". Pero no se puede comprender el destino de estas personas sin saber por qué ideal combatían ni de qué medios se servían. El visitante ignora todo lo relativo a su vida anterior a la detención: han sido reducidas al papel de víctimas meramente pasivas que nunca tuvieron voluntad propia ni llevaron a cabo ningún acto. Se nos ofrece la oportunidad de compararlas, no de comprenderlas. Sin embargo su tragedia va más allá de la derrota y la muerte: luchaban en nombre de una ideología que, si hubiera salido victoriosa, probablemente hubiera provocado tantas víctimas, si no más, como sus enemigos. En todo caso, en su mayoría, eran combatientes que sabían que asumían ciertos riesgos. La manera de presentar el pasado en estos lugares seguramente ilustra la memoria de uno de los actores del drama, el grupo de los reprimidos; pero no se puede decir que defienda eficazmente la Verdad, ya que omite parcelas enteras de la Historia. [...] Una sociedad necesita conocer la Historia, no solamente la memoria. Si no conseguimos acceder a la Historia, ¿cómo podría verse coronado por el éxito el llamamiento al Nunca Más? Cuando uno atribuye todos los errores a los otros y se cree irreprochable está preparando el retorno de la violencia. Comprender al enemigo quiere decir también descubrir en qué nos parecemos a él. No hay que olvidar que la inmensa mayoría de los crímenes colectivos fueron cometidos en nombre del bien, la justicia y la felicidad para todos. Las causas nobles no disculpan los actos innobles».

Todorov recuerda que un siglo después de Itzcoatl, el rey que reinventó el pasado de los mexicas, los conquistadores españoles «se dedicaron a la vez a retirar y quemar todos los vestigios que testimoniasen la antigua grandeza de los vencidos. Sin embargo, al no ser totalitarios, tales regímenes sólo eran hostiles a los sedimentos oficiales de la memoria, permitiendo a esta su supervivencia bajo otras formas, por ejemplo, los relatos orales o la poesía. Tras comprender que la conquista de las tierras pasaba por la conquista de la información y la comunicación, las tiranías del siglo XX han sistematizado su apropiación de la memoria y han aspirado a controlarla hasta en sus rincones más recónditos».

«Toda la historia del Reich milenario puede ser releída como una guerra contra la memoria», escribe con razón Primo Levi, «pero podríamos decir otro tanto de la Unión Soviética o la China comunista. Los cadáveres de los campos de concentración son exhumados para quemarlos y dispersar luego las cenizas, las fotografías, que supuestamente revelan la verdad, son hábilmente manipuladas a fin de evitar recuerdos molestos […]. Se cuenta que en las islas Solovetsky se acababa a tiros con las gaviotas para que no pudiesen llevar consigo los mensajes de los prisioneros. La necesaria ocultación de actos que, sin embargo, se consideran esenciales conduce a posiciones paradójicas como aquella que se resume en la célebre frase de Himmler a propósito de la "solución final": "Es una página gloriosa de nuestra historia que nunca ha sido escrita y que jamás lo será". [Informar sobre los campos] es la mejor manera de combatirlos […], sin duda esa fue la razón por la que los condenados a trabajos forzados en Siberia se cortaban el dedo y lo ataban a uno de los troncos de árbol que flotaban por el curso del río; mejor que una botella arrojada al mar, el dedo indicaba a quien lo descubría qué clase de leñador había talado el árbol».

En su ensayo, Todorov distingue entre la recuperación del pasado y su utilización: «La recuperación del pasado es indispensable —escribe—, lo cual no significa que el pasado deba regir el presente sino que, al contrario, este hará del pasado el uso que prefiera». «¿Existe un modo para distinguir de antemano los buenos y los malos usos del pasado?», se pregunta, y cuenta el caso del «individuo que no consigue completar el llamado período de duelo, que no logra asumir la realidad de su pérdida desligándose del doloroso impacto emocional que ha sufrido, que sigue viviendo su pasado en vez de integrarlo en el presente y que está dominado por el recuerdo sin poder controlarlo (y es, con distintos grados, el caso de todos aquellos que han vivido en los campos de la muerte), es un individuo al que evidentemente hay que compadecer y ayudar: involuntariamente se condena a sí mismo a la angustia sin remedio, cuando no a la locura».

Los «buenos» o «malos» usos del pasado están vinculados a un estereotipo: el de la superioridad moral de la víctima. Así como caractericemos lo sucedido en los setenta y durante la dictadura posterior se creará una «casta» en relación de acreencia con la sociedad o una sociedad completa basada en la aplicación de la justicia. Por pertenencia y por oportunismo, el gobierno explotó el mito de la «juventud maravillosa» de los setenta, enraizado a su vez en otro mito de la época: el del «hombre nuevo», una idea bíblica y de tradición católica, que finalmente pasó a la izquierda revolucionaria.

El 12 de octubre de 2013 se viralizó en las redes un video en el que el legislador y candidato K Juan Cabandié amonestaba a una agente de tránsito en Lomas de Zamora y pedía a quien identificaba como «Martín» que le aplicaran un correctivo. (Martín Insaurralde, intendente de Lomas, era el candidato K en la provincia de Buenos Aires). Pero el caso que le costó parte de la victoria al gobierno nacional en la elección de la Capital no sólo era un ejemplo de vida cotidiana de abuso de poder. En su diatriba contra la agente Belén Mosquera, Cabandié esgrimió su calidad de «hijo de desaparecidos» en un contexto que ponía a las víctimas de la dictadura por encima del resto de los ciudadanos.

—¿Cuál es la normativa para decirme que me vas a secuestrar el auto? —registró la «cámara oculta» a Cabandié.

—Esta es una falta, no tenés el seguro, sabés que el seguro es reglamentario —responde la agente.

—Eso es una contravención, querida, eso no te habilita a poder secuestrar un auto, así que te hiciste la guapa, como el señor se hizo el guapo también y así no hay que tratar a la gente, yo en ningún momento te chapeé con que soy diputado. Te lo tuve que decir porque el señor preguntó.

—Me faltaste el respeto. Me faltaste el respeto, que es otra cosa, que creo que es peor todavía: un diputado faltando el respeto y tratando de boludas a las personas.

—Eso era una charla privada, mía. Si la escuchaste, problema tuyo. […]

—Yo soy más guapo que vos.

—¿Me querés firmar la boleta?

—Yo me banqué la dictadura.

—Está bien, te felicito.

—Porque yo soy hijo de desaparecidos, porque yo pongo huevos, porque yo estoy donde tengo que estar, bancando a los hijos de puta que quieren arruinar este país.

—¿Querés firmar la boleta o no la querés firmar? Yo estoy trabajando, yo en ningún momento te falté el respeto. […]

—Sé preciso con esto, pasale el dato a Martín, pero no para que la echen, para que le apliquen un correctivo... porque es una desubicadita, ¿entendés? —dice Cabandié en la última toma del video, hablando por teléfono con quien se presume sería alguien vinculado con el candidato Insaurralde.

«En algún rincón de tu mente suponés que vos y yo somos diferentes del resto de los mortales en nuestro país, que somos una raza superior o que nuestra historia nos da derecho a tener impunidad. Lo entiendo, vos sos uno de los que se ha creído el maldito relato, ese relato mentiroso que dice que este gobierno representa la continuidad de los ideales de nuestros viejos», le escribió a Cabandié Matías Reggiardo Tolosa, hijo de desaparecidos, luego del incidente.

Laura Di Marco, autora de *La Cámpora*, sostiene que «ser hijos de desaparecidos en La Cámpora es pertenecer a un linaje especial. El capítulo de Juan [Cabandié] en La Cámpora se llama "Sangre azul", es ser de sangre azul. Significa estar en un lugar particular por la historia que les tocó vivir. Yo creo, como dice Matías en la carta, que en algún lugar de su mente él cree que es distinto porque los Kirchner se lo hicieron creer. Sin acumular los méritos suficientes, accedieron a lugares para los cuales no estaban preparados».

«De los Kirchner, copiaron la soberbia —prosigue Di Marco—, la prepotencia, el querer imponer una doctrina a cualquier costo, el sentirse por encima de las personas. Cuando Cabandié le hablaba a Belén Mosquera, la sensación que me daba era: "Vos estás ahí y yo acá, porque me corresponde estar acá, por la tragedia que viví y me hace tener derechos"».

«Cabandié habla de la dictadura con una superioridad moral y me parece que ya hay muchos muchachos de mi edad que tienen que buscar otro trabajo, más que seguir viviendo del odio del ayer, porque más de uno de los que viven del odio del ayer, encima, no sabemos dónde estaban ayer», opina el peronista histórico Julio Bárbaro.

«¿Qué podría parecer agradable en el hecho de ser víctima? —se pregunta Todorov en el ya citado *Los abusos de la memoria*—. Nada, en realidad. Pero si nadie quiere ser una víctima, todos, en cambio, quieren haberlo sido, sin serlo más; aspiran al *estatuto* de víctima. La vida privada conoce bien ese guión: un miembro de la familia hace suyo el papel de víctima porque, en consecuencia, puede atribuir a quienes lo rodean el papel mucho menos envidiable de culpables. […] Algo cierto en el caso de los individuos y más aún en el de los grupos. Si se consigue establecer de manera convincente que un grupo fue víctima de la injusticia en el pasado, esto le abre en el presente una línea de crédito inagotable».

«¡Qué son seis millones de judíos muertos, además, fuera de América!», parece preguntarse Louis Farrakhan, líder de la nación del Islam cuando exclama: «El holocausto de la población negra ha sido cien veces peor que el holocausto de los judíos». «Cada grupo se considera la víctima principal».

Con Jesica Bossi y Luciana Geuna vivimos esa contradicción en las páginas del fallido diario *Crítica*: trabajamos durante meses en una serie de denuncias sobre los planes de viviendas de las Madres y Schoklender hasta que finalmente se decidió no publicarlo para evitar susceptibilidades. Un año y medio después el escándalo salió a la luz de todos modos. La misma lógica había llevado a los bancos a no informar al Central sobre los cheques voladores de las Madres y a todos los testigos de la vida rumbosa de Schoklender a mirar para otro lado. Aún hoy las Madres siguen sin hacer la mínima autocrítica de su gestión al frente de las viviendas sociales de Sueños Compartidos: Bonafini, en ese sentido, encarna como nadie la idea de linaje enunciada por Di Marco párrafos adelante: actúa sintiéndose dueña de la democracia. ¿Quién se atrevería a juzgar a San Martín?

En una entrevista televisiva de 1967 le preguntaron a Jean Paul Sartre por qué usaba el pronombre «*nous*» cuando describía el colaboracionismo francés con la ocupación nazi y la deportación de judíos franceses a los campos de concentración del este europeo. Sartre aclaró que este era un recurso retórico destinado a fomentar la autocrítica y el arrepentimiento. Pero el «*nous*» tenía para Sartre un significado más profundo: «Porque esas fueron acciones criminales de los franceses y yo, como usted, señor periodista, somos franceses».

CAPÍTULO XII

La última batalla del setenta

Alguien, hace muchos años, me contó esta historia: que la primera guerrilla argentina se había instalado en Salta, en medio de la selva, que nunca entró en combate y tuvo, sin embargo, dos muertos: los fusilaron ellos mismos porque intentaron desertar.

Conviví con aquella historia en mi cabeza durante más de veinte años, hasta que finalmente viajé a Salta, conseguí el expediente judicial, entrevisté a algunos de los testigos que aún vivían y escribí *Muertos de amor*, una novela corta que relata los hechos.

El grupo se llamó Ejército Revolucionario del Pueblo y buscó, entre 1963 y 1964, reproducir en el norte de Salta la guerrilla rural del Che y Fidel en Cuba. Estaba al mando de un periodista, fundador en La Habana de Prensa Latina, Jorge Ricardo Masetti, nombrado «Comandante Segundo» por el propio Che. En paralelo a la salida del libro por Alfaguara, tramitaba una visa de prensa para visitar Cuba y filmar un documental; ya había estado en La Habana cinco o seis veces (en un congreso de Juventud y Deuda Externa, como jurado del Festival de Cine, y del premio de periodismo de Prensa Latina, entre otras), pero esta vez, con

Muertos de amor en la calle, el gobierno cubano me negó el ingreso al país.

Aquellas imágenes me habían perseguido hasta transformarse en libro: un pequeño grupo en medio de la selva, muchos de ellos universitarios que sólo habían ido a un campamento del colegio, una especie de "Esperando a Godot" subtropical, esperando una revolución que se demoraba en llegar, matándose entre sí. Adolfo Rotblat y Bernardo Groswald fueron los fusilados por sus compañeros: Rotblat simplemente se doblegó ante el esfuerzo físico y decidieron matarlo, y Groswald enloqueció, corriendo el mismo destino. Cuarenta años después, los fusilamientos —que circulaban entre los militantes con la insistencia de un mito urbano— salieron a la luz en un trabajo del filósofo cordobés Oscar del Barco, donde cuestionaba las muertes y algunos puntos oscuros de la violencia política. La polémica alrededor de los muertos del ERP se transformó en un dilema teórico: habían sido asesinados por la antropología; el enfoque mostraba cómo, hasta en los detalles menores, pesa en la izquierda la supuesta superioridad moral de la que hablábamos en el capítulo anterior.

¿Por qué traer ahora, acá, aquella discusión? Insistir en los lugares comunes del pasado puede servir para evitar hablar de los verdaderos problemas del presente. En el caso de los derechos humanos y las víctimas el asunto es claro: «Preocuparse de esta manera por el pasado —escribe Todorov— es que ello nos permite desentendernos del presente… otorgándonos además los beneficios de la buena conciencia. Recordar ahora con minuciosidad los sufrimientos pasados nos hace quizá vigilantes en relación con Hitler o Petain, pero nos permite ignorar las amenazas actuales —ya que estas no cuentan con los mismos actores ni toman las mismas formas—. Denunciar las debilidades de un hombre bajo Vichy me hace aparecer como un bravo combatiente por la memoria y por la justicia sin exponerme a peligro alguno ni obligarme a asumir mis eventuales responsabilidades frente a las miserias actuales. Conmemorar las víctimas del pasado es gratificador, mientras que resulta incómodo preocuparse de las de hoy día. A falta de emprender una acción real contra el fascismo actual, sea real o fantasmagórico, el ataque se dirige resueltamente hacia el fascismo de ayer».

Uno de los trabajos más extensos y encomiables alrededor de los setenta fueron los tres tomos de *La voluntad*, escrito por Martín Caparrós con la colaboración de Eduardo Anguita. «En ese libro hicimos un esfuerzo muy grande para no adjetivar —recuerda Caparrós ante Raffo y Noriega— y para no adjetivar incluso con palabras que no pueden llegar a pensarse como adjetivos [...]. El ejemplo que yo solía dar entonces es cuando un guerrillero mataba a un policía. Se podía poner "ajustició", "asesinó" o "mató". Poníamos "mató", que no era ni "asesinó" ni "ajustició", ni la reivindicación ni la condena [...]. He escrito bastantes artículos sobre esto, uno de los cuales, lamentablemente, lo citan con bastante frecuencia los militares. Fue cuando juzgaron a Menéndez hace cuatro años, y él decía que había sido una guerra contra la subversión. Y yo dije que sí, que estábamos en guerra, que había un sector que quería una sociedad radicalmente distinta a la que éramos y que estaba en guerra con otro sector que tendía al capitalismo de mercado tal como es. Y que si ahora hay un sistema capitalista de mercado es porque ganó el sector que lo defendía —los militares y demás— y perdió el sector que lo atacaba. Y que efectivamente era un enfrentamiento por un modelo de sociedad. No eran malvados torturadores aplastando a niños inocentes: era un enfrentamiento entre dos sectores que peleaban por dos modelos distintos de sociedad.

»—Lo que me parece un problema es la recuperación de esa mitología y esa liturgia de la lucha armada por parte del kirchnerismo.

»—Sí, yo creo que el kirchnerismo lo está usando. Para compensar una política de centro, centro derecha con los ropajes del centro izquierda más a mano. Ropas que como se refieren a cosas que sucedieron hace treinta y cinco años no tienen mayor peligro de producir hechos en la actualidad... Es una pátina progre barata la de remitirse a aquellos supuestas viejas glorias. Barata en la medida en que no implica ninguna pelea en el presente; se estaban peleando valientemente con un ejército que ya había sido destruido por Menem. Entonces lo hacían bajar el cuadro, y hacían que las Abuelas estuvieran por ahí, las Madres por acá, pero no era una pelea riesgosa en la arena política, creo que era la forma más barata de comprarse un título de progres».

Somos demasiado pequeños frente a la Historia como para escribirla en nuestro tiempo; los setenta aún no fueron escritos, hay todavía demasiada ambición, demasiada mediocridad, demasiado dolor. ¿Cómo pedirles a quienes hoy se aprestan a enfrentar su propia muerte que enfrenten, también, a su pasado? El estereotipo aún persiste: un grupo de chicos enrulados y angelados de clase media que luchaban por un futuro mejor, en democracia. Y, en el transcurso de esa lucha, los fines justificando los medios.

Puesto frente al espejo, en *Memorias en fuga. Una catarsis del pasado para sanar el presente*, editado por Sudamericana, Héctor Ricardo Leis relata esos años desde su exilio en Brasil en 1977: «No me sentía una víctima, sino un sobreviviente. Una cosa no es igual a la otra, pero el consenso entre los exiliados apuntaba a ver el pasado en una perspectiva maniquea de víctima o victimario. A pesar de haber sido encarcelado, secuestrado y obligado a huir del país, aun así no me veía como víctima, tampoco como victimario. Yo había sido parte de los acontecimientos, no era ni inocente ni culpable. Supe que podía morir y traté de evitar que fuese gratuitamente. Víctimas son los que sufren o mueren por causas ajenas a su voluntad, sin condiciones físicas y mentales para evitar esa circunstancia [...]. En otras palabras, cualquiera puede ser víctima, más difícil es ser sobreviviente [...]. Alguien preparado para enfrentar el sufrimiento y la muerte, cuando sobrevive en un sobreviviente. Si esa persona es honesta consigo misma podrá entender los acontecimientos que vivió. Por el contrario, alguien no preparado está obligado a ser una víctima: aun sobreviviendo no conseguirá mirar hacia el futuro, se congelará en el pasado».

«Fuimos almas bellas —escribe Leis—, nuestra fuerza era moral e intelectual, nuestro idealismo era perfecto tanto teórica como éticamente. El embarque ciego en la lucha armada consumiría totalmente ese capital social». «Si Fidel Castro y sus compañeros no hubieran triunfado, la historia habría sido otra. La Revolución Cubana puso a prueba la conversión marxista de los años sesenta de aquellos jóvenes que comenzaron a vivir existencialmente la revolución armada sin poseer los recursos teóricos y la experiencia suficientes como para evaluarla correctamente. Los partidos comunistas de la región tenían líderes burocráticos y pro soviéticos que mal podrían entender el ansia revolucionaria de los jóvenes militantes, defendían la coexistencia con el bloque capitalista y la transición pacífica al socialismo, argumentos aceptables para las generaciones anteriores pero no para la nuestra, que estaba ansiosa por participar de la fiesta de la lucha armada por el socialismo. En América Latina resurge cíclicamente el "Síndrome del Nuevo Mundo" que le hace sentir a una generación que está llegando tarde en la historia. Fue esa ansiedad la que brotó con fuerza después de Cuba: no se necesitaba esperar la revolución, ella dependía de la voluntad de los militantes».

«Fue una bella conversión, en nombre de las ideas y los sentimientos, sin intereses personales. Nuestra segunda conversión al peronismo no sería tan bella; nuestro altruismo se veía diluido por el voluntarismo: queríamos tomar el poder a cualquier precio. [...] Había que hacer algunas cirugías oportunistas en el marxismo, es cierto, el objetivo las demandaba con urgencia. Nuestra amplitud subjetiva empezó a empobrecerse en la medida en que aumentaba nuestra certeza en la revolución, que supuestamente resolvería todos los problemas, desde los proletarios hasta los feministas».

Leis cita en su libro palabras de John William Cooke posteriores al golpe de Onganía en 1966, en las que deja en claro la posición de los grupos armados respecto de la democracia. «Nosotros aspiramos a suplantar la democracia liberal burguesa por la democracia socialista, el país colonizado por el país libre —dice Cooke—. No hemos de acompañar a nadie que crea que la consigna es luchar por un retorno a la "democracia" sea la espuria y formal que existía o una hipotética "democracia pura", que además es una quimera irrealizable. Habrá violencia reaccionaria hasta que pueda ser derrotada por la violencia revolucionaria. Cualquier otro planteo es un engaño, una ilusión liberal restaurada de apuro por el reaccionario reformista».

«Ejercimos la violencia en un contexto de naturalización de ella —escribe Leis—; aun cuando fuimos millares los que tomamos las armas y cometimos todo tipo de delitos durante el período democrático de 1973-1976, la mayoría todavía cree que no ha hecho nada malo. La memoria existente hoy en la Argentina sobre los setenta es evidentemente falsa e instrumental, pero no se construyó apenas por los esfuerzos del kirchnerismo y las Madres y las Abuelas, la mayoría de los sobrevivientes de la guerrilla se mimetizan con esa memoria, se sienten más víctimas que culpables, confundieron la violencia aventurera con la violencia altruista y después altruismo con inocencia. Aun así, esa ilusión se habría detectado hace tiempo si no fuera por el martirio de los desaparecidos. La violencia que vino del otro lado borró los vestigios de la anterior y transformó a los aventureros en víctimas inocentes».

«Obedecíamos órdenes ciegas sin pensar demasiado en sus consecuencias. Esa actitud era el huevo de la serpiente de lo que podríamos haber sido si hubiéramos triunfado. No creo que hubiéramos llegado a la tortura, no formaba parte de nuestra cultura generacional, pero de nuestro lado existía una potencialidad infinita para el nihilismo y para matar. Nuestra Cuba hubiera sido peor, no tengo dudas: no teníamos el menor proyecto de sociedad futura, queríamos el poder y estábamos ciegos para cualquier cosa».

«Finalmente, el triunfo de los Kirchner y su reivindicación política de los años setenta hicieron el resto —concluye Leis—, su delirio actual razona así: los militares están presos, algunos de mis compañeros están en el gobierno y las memoria oficial dice que fuimos héroes, no hay duda entonces de que ganamos. No ganamos como hubiéramos querido, pero ganamos».

Capítulo XIII

No voy en tren, voy en avión

«El menemismo ha hecho del mal gusto su seña de identidad», dijo en una entrevista Sylvina Walger, autora del libro que definió aquellos años con una sola frase: *Pizza con champagne*.

El mito cuenta que luego de una reunión de Cabinete que se extendió hasta tarde, Menem mandó a comprar pizza para que comieran los asistentes. El champagne, por supuesto, era la bebida obligada. Durante el gobierno de De la Rúa aparecieron los «chicos sushi», encabezados por Antoñito, y hay quienes intentaron llamar a la década actual la de la «izquierda caviar». Sin embargo, hay otro elemento que distinguió a estos años: los aviones.

«Nunca vi tanto avión privado en mi vida», comentó uno de los trabajadores del aeropuerto Astor Piazolla de Camet, en Mar del Plata, la tarde en la que Cristina, junto a gobernadores, ministros y empresarios, llegó a la ciudad a recibir a la fallida fragata *Libertad* después de su detención en Ghana. El avión privado es una sexy muestra de poder a la que muy pocos políticos se resisten: tiene autonomía, privacidad, evita el gentío de los aeropuertos y está tan, pero tan lejos de la gente que ni siquiera llegan a imaginarse cuánto cuesta. ¿Será esta la década de los aviones?

«Yo la escuchaba recién atentamente a la señora intendenta enumerar todos los logros de la ciudad. Y recordaba también cuando venía en el helicóptero, no de ahora sino cuando lo acompañé por primera vez a él como Presidenta de la Nación a Rosario», contó Cristina, el 26 de julio de 2013, durante un acto en Morón. Las alusiones respecto de la perspectiva que se tiene de la realidad desde el aire son una constante en la presidenta Cristina Kirchner. Es que son pocas las veces que la Presidenta se mueve por tierra.

En los primeros diez meses de 2013, Cristina recorrió al menos 252.300 kilómetros en aviones, helicópteros y jets privados. Hizo 15 viajes internacionales, 31 al interior del país y 23 al Gran Buenos Aires. Esos traslados significaron al menos 535 horas, es decir algo más de veintidós días completos de 2013 en las nubes. De esos veintidós días, casi seis los pasó arriba de un helicóptero cubriendo los 15 kilómetros que separan la residencia de Olivos de la Casa Rosada. Ida y vuelta son 28 minutos de viaje. Sólo por ir y venir de Olivos a Casa Rosada en helicóptero, Cristina lleva gastados unos 585.900 dólares en los primeros diez meses del año.

Para los vuelos internacionales y al interior del país, Cristina elige el Tango 01, un Boeing 757 que necesita 3.200 dólares por hora para funcionar. Ese avión con capacidad hoy para 30 personas, es el que compró el ex presidente Carlos Menem. El mismo que Fernando De la Rúa prometió vender. Y el que los Kirchner usan casi a diario. El Tango 01 no es el único avión de Presidencia. Están también el Tango 02 y 03, dos Fokkers 28 y el Tango 10, un Lear Jet 60 que, antes de terminar en los hangares del empresario kirchnerista Lázaro Báez en San Fernando, era utilizado por la Presidenta para hacerse llevar los diarios a El Calafate. A Cristina le gusta leerlos temprano y en papel.

Pero no sólo diarios transportan los aviones «suplentes» de Presidencia. También llevan funcionarios. Es que cuando

Cristina viaja por alguna inauguración, acto o reunión, una fila de funcionarios la sigue. Y no lo hacen por Aerolíneas Argentinas. El 7 de mayo de 2013, por ejemplo, cuando Cristina voló a Córdoba en el Tango 01, fueron también el helicóptero Sikorsky Blackhawk H-01 y el Fokker F28 T-02. En su visita a Comodoro Rivadavia, el 13 de febrero de 2013, la mandataria llegó acompañada por funcionarios que volaron en el Tango 10 y Tango 02.

También los hijos de Cristina aprovechan la flota presidencial. El 20 de abril de 2012, Florencia viajó sola en el Tango 10 desde Buenos Aires hasta Río Gallegos. Ya lo había hecho el 9 de abril de 2010, cuando voló desde Olivos hasta Gallegos para llegar a tiempo al cumpleaños de 15 de una de sus amigas. Pero si la flota de Presidencia no alcanza, el gobierno le paga a la estatizada Aerolíneas Argentinas el alquiler de un avión de 147 plazas para trasladar funcionarios y empresarios. Lo hizo, por ejemplo, el 21 de agosto de 2013, cuando reunió en Río Gallegos a las principales cámaras de empresarios en el marco de una mesa de diálogo económico tras la derrota en las primarias. Como en otras oportunidades, el encargado de negociar el precio de alquiler fue el entonces secretario de Comercio, Guillermo Moreno.

El viaje de Cristina en el Tango 01 a Río Gallegos la noche del 10 de junio de 2012 para buscar a Máximo le costó al Estado 35 mil dólares. En Buenos Aires, Máximo fue internado en el Hospital Austral de Pilar por una «artritis séptica» en la rodilla derecha. Para visitarlo, Cristina voló desde Olivos hasta Pilar en helicóptero. «Los costos operativos en helicópteros y en aviación son altos, porque la materia prima es alta; son elementos de mucho desgaste, de mucho esfuerzo, estoy hablando de fatiga de material, entonces eso tiene que estar cambiándose permanentemente para mantener un mantenimiento lo suficientemente bueno y creo, estoy convencido de que el mantenimiento del avión presidencial tiene que ser el mejor que se pueda tener, porque no se puede arriesgar a que llevándose a la Presidenta se pueda quedar en cualquier aeropuerto del mundo, lo cual sería un papelón y hasta inseguro», precisó el ex piloto presidencial Jorge Pérez Tamayo. Esos «papelones» de los que habla Pérez Tamayo no son una excepción en el kirchnerismo.

En septiembre de 2013, por ejemplo, el gobierno debió alquilar un Lear Jet 60 matrícula LV CKK. Fue porque el Tango 01 se averió y Cristina no podía volver de Río Gallegos. La Presidenta voló el 16 de septiembre desde el sur hasta Buenos Aires. Pero el avión estuvo reservado toda la semana en el hangar militar de Aeroparque. Por esa disponibilidad, Presidencia habría pagado unos 35 mil dólares. La empresa que lo alquiló fue Royal Class, una firma que pertenecía a la familia del empresario Alfredo Yabrán, quien se suicidó en 1998 después del asesinato del fotógrafo José Luis Cabezas. Royal Class fue vendida, en los papeles, al CEO de la compañía, Miguel Livi. Aunque los papeles nunca aparecieron, en el ambiente aeronáutico aseguraron que quien había comprado la marca de la compañía —porque los aviones seguían perteneciendo a los Yabrán— era, en realidad, Sergio «Potro» Velázquez, el piloto histórico de Néstor y Cristina Kirchner desde sus tiempos en Santa Cruz. Royal Class es, también, la dueña del avión que trajo al venezolano Antonini Wilson el 4 de julio de 2007, con una valija con 790.550 dólares sin declarar y que habrían llegado para financiar parte de la campaña presidencial de Cristina Kirchner. Pero el de Royal Class no fue el primero ni el único avión que alquiló Cristina.

Cuando viajó a Roma por la asunción del papa Francisco, también en 2013, debió dejar el Tango 01 en Marruecos y llegar a Italia a bordo de otro avión privado, un jet Bombardier BD-700-1A10. ¿El motivo?

Miedo a un embargo del Tango 01 por parte de los fondos buitres, como antes había ocurrido con la fragata *Liber-*

tad en Ghana. «Voy a ser extremadamente sincera; yo no puedo viajar a algunos países de Europa en el avión presidencial, que tiene inmunidad, porque en algunos países con rémora colonial todavía puede haber algún juez que pueda disponer un embargo, porque algún acreedor, buitre, no quiso entrar en los dos canjes de deuda y tengo que viajar en otro avión», admitió la propia mandataria durante su discurso en la cumbre de presidentes del Mercosur en julio de 2013.

También para la primera gira con empresarios del año 2013 por Asia, el gobierno alquiló un avión privado. Fue un Global Express 7000, una aeronave de lujo de la empresa Chapman Freeborn por el que pagó 880 mil dólares. Con ese aparato hizo la polémica escala en las islas Seychelles, un paraíso fiscal en el que se presumía existían cuentas vinculadas a la familia Kirchner y el dinero negro que salió del país vía Lázaro Báez.

Pero el gobierno no siempre tiene que pagar para trasladar a la mandataria con velocidad y seguridad. Cuando Cristina viaja al interior del país, gobernadores y empresarios se apuran por ofrecerle transporte aéreo. Por ejemplo, el gobernador de Salta, Juan Manuel Urtubey, trasladó hasta Tucumán su helicóptero para llevar a Cristina desde el aeropuerto hasta un nuevo hospital de la ciudad, el Eva Perón, que sería inaugurado por la mandataria. Y en Bariloche, el polémico empresario británico Joe Lewis, el mismo que cerró el camino para llegar a Lago Escondido, puso a disposición su aeronave. Otro que se preocupó por los vuelos de Cristina fue Sergio Uribarri. El gobernador de Entre Ríos puso siempre a disposición el helicóptero de la policía provincial, un Bell 429 LQ-CZZ.

Sin embargo, las peleas políticas, en algunas ocasiones, le jugaron a Cristina una mala pasada. En una de sus tantas visitas a Santa Cruz, Cristina tuvo que acudir al gobernador de Chubut, Martín Buzzi, para llegar en helicóptero hasta Las

Heras. El gobernador santacruceño, Daniel Peralta, distanciado del kirchnerismo, no le ofreció las aeronaves de la provincia. «Martín, en el avión que nos prestó, tuvo la deferencia de prestarnos el avión de la provincia del Chubut, para poder llegar, aquí, a Las Heras. Gracias, muchas gracias, Martín. Si no, hubieran sido horas y horas, es una lástima ¿no? Porque los dos aviones que tiene la provincia los compró Kirchner, pero bueno, me lo tuvo que prestar el gobernador de Chubut para poder llegar, cosas que pasan. En fin...», dijo Cristina, con su ironía habitual, desde el atril durante un acto en Las Heras, Santa Cruz.

La pasión pingüina por helicópteros y aviones es contagiosa. Y marca la época. Hasta el ex jardinero de Cristina Kirchner, Ricardo Fabián Barreiro, se convirtió en un señor de los aires. Es dueño de un Robinson 44 Astro matrícula LV-ZHW valuado en unos 200 mil euros. Según el registro nacional de aeronaves de la ANAC, el helicóptero LV-ZHW pertenece a Cielo Patagónico Sur S.R.L., sociedad que inscribió la aeronave el 19 de enero de 2012. Cielo Patagónico es la sociedad que Barreiro formó con Pablo Javier Argiz Vale, piloto del helicóptero, en agosto de 2006. Los dos saben de aviones: Argiz es empleado de ANAC y Barreiro trabaja en el área de Recursos Económicos Financieros y Control de Calidad del Organismo Regulador del Sistema Nacional de Aeropuertos (ORSNA). Pero el jardinero, además, maneja la concesión en El Calafate de la compañía de carga aérea Jet Paq, perteneciente a Aerolíneas Argentinas. Negocio incompatible. Es que el aeropuerto de El Calafate, donde opera Jet Paq, es controlado por el ORSNA. El helicóptero de Barreiro opera a través de un nombre de fantasía, Heli Ice Tours. Puede llevar a tres personas y la hora de vuelo ronda los 600 pesos. Pero Barreiro no es el único hombre vinculado al kirchnerismo que supo hacer negocios y crecer en el mundo aeronáutico.

El empresario Lázaro Báez, denunciado por lavado de dinero ante el juez Sebastián Casanello, también es dueño de aviones: Lázaro tiene una empresa de taxis aéreos, Top Air, y otra de mantenimiento, Aviación Atlántico Sur, un taller ubicado en San Fernando. En ese taller, en 2013, *Periodismo para Todos* encontró en «reparaciones» a uno de los aviones de la flota presidencial, el Tango 10. En los aviones de Lázaro viajaron desde Leonardo Fariña, el valijero de Lázaro Báez y el magnate petrolero Carlos Bulgheroni hasta la gobernadora de Tierra del Fuego, Fabiana Ríos, quien pese a contar con dos aviones de la Dirección Aeronáutica Provincial, no los puede usar por falta de mantenimiento. A diferencia de Ríos, que recurrió a la «generosidad» de Lázaro para trasladarse, otros gobernadores kirchneristas cuentan con su propia flota para llegar a actos oficiales, a algún partido de fútbol del club de sus amores o simplemente ir de vacaciones.

El gobernador de Misiones, Maurice Closs, fue uno de los que más invirtió en aviación. En el presupuesto de su provincia para este año (2014), sumó un gasto extra de 4 millones de pesos para mejorar el hangar donde se guarda el helicóptero sanitario. Una aeronave que Closs usa como móvil personal. Después de un recital que Ricardo Arjona dio en Posadas, el 21 de abril de 2013, por ejemplo, Closs le prestó al cantante el helicóptero sanitario para que visitara las Cataratas y los saltos del Moconá. Sin embargo, para viajes fuera de la provincia, el gobernador alquila un jet privado por el que paga 42 mil pesos ida y vuelta, según consta en el *Boletín Oficial* de la provincia de Misiones. Pero el gobernador se ha vuelto tan fanático del aire que a mediados de 2013 usó el helicóptero para ir de la residencia oficial a un acto en la costanera, que estaba a sólo cuarenta cuadras de distancia. Esa misma provincia, en la que Closs se negó a responder a la Comisión de Presupuesto de la Legislatura provincial cuál era el costo de uso y mantenimiento de la aeronave, es en la que María Ovando estuvo detenida más de dos años después de que su hija Carolina se le muriera en brazos por desnutrición y falta de asistencia médica.

En Tucumán, el escenario se repite. La provincia que conduce José Alperovich cuenta con dos aviones sanitarios de última generación, un Cessna Citation Bravo matrícula LV BEU y un Learjet matrícula LV CKA. Este último le costó a la provincia 36 millones 900 mil pesos, unos seis millones más que lo que había autorizado la Legislatura provincial. Sin embargo, cuando los tucumanos requieren del servicio, el avión no está. En enero de 2011, una familia sufrió un accidente en Chaco y la mujer debía ser trasladada de urgencia a Tucumán, pero Alperovich había usado la aeronave para irse a Punta del Este con su familia. El 1º de octubre de 2012, otro tucumano, Dardo Caciccio, solicitó un vuelo sanitario al gobierno de la provincia para trasladar a su hija Morena, de 10 meses, hacia Buenos Aires para ser atendida. Ninguno de los dos aviones estaba disponible. Morena viajó al otro día en un avión sin las condiciones necesarias y murió el 3 de octubre. El problema de Alperovich con los aviones no se remite sólo a su uso discrecional. En 2006, el fiscal general federal Gustavo Antonio Gómez inició una investigación para determinar si era cierto que el avión Cessna Citation Bravo 550, comprado por la provincia en aquel entonces, era conducido por un piloto que no tenía la autorización habilitante.

Chaco es un capítulo aparte. Los aviones siempre fueron un dolor de cabeza para su ex gobernador, el ahora jefe de Gabinete, Jorge «Coqui» Capitanich. El gobierno de la provincia tenía un avión Rockwell 690 matrícula LV-MBY que fue vendido a Lázaro Báez. El avión, según denuncia la oposición, fue comprado por el empresario kirchnerista, que lo compró a un precio irrisorio. La compra de un nuevo avión vino con otra polémica. Entre finales de 2010 y principios de 2011, la provincia de Chaco pagó 4 millones de dólares por un Learjet 60, matrícula LV-CIO, a la empresa de transporte aéreo Baires Fly S.A. Ese mismo avión fue usado por Leonardo Fariña para viajar a Uruguay en reiteradas oportunidades entre el 22 y 27 de enero de 2011. Poco tiempo después de eso, Capitanich se fue a Panamá con sus hijas en el mismo avión.

También La Rioja tiene flota propia. La provincia gobernada por Luis Beder Herrera es dueña de un Cessna 650 Citation VII matrícula LQ-WTN que pertenece a la Dirección Provincial de Aeronáutica de la provincia de La Rioja, y de un helicóptero Eurocopter fabricado en 2010. A diferencia del avión, que el gobernador lo usa para viajar a Buenos Aires o al interior del país para reuniones partidarias u oficiales, el helicóptero es el «juguete» del hijo del gobernador y sus amigos. En fotos que Beder Herrera junior subió a su cuenta de Facebook se lo ve piloteando la aeronave.

En tierra bonaerense, la situación no es distinta. En 2012, en medio de la crisis con los docentes y estatales por atrasos salariales y falta de fondos que amenazó con llevarse puesto su gobierno, Daniel Scioli prometió vender la flota de aeronaves de la provincia para enfrentar ese apremio económico, pero nada pasó. No sólo no se vendieron, sino que algunas aeronaves fueron usadas como propias por el vicegobernador, Gabriel Mariotto. Tal como publicó *Clarín* a mediados de 2013, Mariotto usó el helicóptero BK 117 para trasladarse de Lomas de Zamora, su ciudad natal, a La Plata, donde trabaja. El ex titular del COMFER utilizaba la universidad pública de Lomas como si fuera su helipuerto, aunque no tiene balizamiento ni medidas de seguridad. Comenzado 2013, Mariotto cambió el BK117 por otros de los helicópteros de la flota provincial, un Eurocopter BO-105CBS, que en 2009 estaba destinado a operativos de seguridad en la costa atlántica.

La gobernación jujeña cuenta con un viejo avión sanitario matrícula LV- LTB y un Cesna Citation que le compraron al banquero, vinculado al kirchnerismo, Jorge Brito.

El gobierno de Santiago del Estero, en tanto, tiene dos aviones Lear Jet, un Beechcraft King Air y dos helicópteros Bell. La compra del último aparato fue justificada por el entorno del gobernador Gerardo Zamora por la creciente demanda de traslados sanitarios.

En Santa Cruz, el escándalo saltó a partir de los distintos viajes que el gobernador Daniel Peralta y su esposa, la diputada nacional Blanca Blanco, hicieron a Bariloche en el avión sanitario de la provincia. Estos vuelos fueron los que sirvieron para descubrir, más tarde, las inversiones del gobernador en San Martín de los Andes.

El gobernador de la provincia de Salta fue denunciado por el uso abusivo del avión provincial. En su denuncia, la diputada del Frente Democrático Salteño acusaba a Urtubey de usar la aeronave oficial, entre el 11 y el 18 de noviembre de 2012, para hacer cinco viajes ida y vuelta a Buenos Aires, que se extendieron a otras provincias como Santiago del Estero y Jujuy. Los viajes tuvieron distintos motivos. Durante esos días, Urtubey fue a un acto con Sergio Massa en Tigre relacionado con el voto electrónico, a una cumbre K en Santiago del Estero, a Salta al congreso del Partido Justicialista y de nuevo a Buenos Aires para presenciar el estreno del documental del ex presidente Néstor Kirchner. En el medio de esa semana de agenda apretada, el gobernador salteño se hizo una escapada en un avión privado a Sunchales, Santa Fe, para ver un partido del club Juventud Antoniana, que jugó contra Unión de Sunchales. Desde el gobierno salteño dijeron que el avión oficial no se usó para ir a ver partidos de fútbol. Lo cierto es que esa semana de viajes le costó al Estado salteño casi 200.000 pesos. También despertó sospechas el uso del avión sanitario provincial cuyos vuelos coinciden sugestivamente, de 2008 a 2012, con los partidos que en Buenos Aires jugó River Plate, equipo del que es hincha el gobernador Urtubey.

El polémico gobernador de Formosa, Gildo Insfrán, ahora ahorra en sus viajes pero tiene una larga historia con los vuelos privados. Ya en 2001, los medios locales formoseños daban cuenta de las preferencias de Insfrán para trasladarse de esa forma en plena época de crisis. El senador nacional por la UCR de Formosa, Luis Naidenoff, denunció a Insfrán por recibir dádivas cuando se detectaron 36 vuelos de Formosa a Aeroparque y de Aeroparque a Formosa en aviones de Baires Fly (matrículas LV-CCO y LV-CZK) que fueron pagados por la empresa privada Únicos Air. Cada uno de esos viajes costó unos 13 mil dólares.

CAPÍTULO XIV

Una de Jaimito

Ricardo Jaime comenzó su carrera política como director de Catastro de la provincia de Córdoba entre 1983 y 1984. Ocupó el mismo cargo en Caleta Olivia entre 1984 y 1987, y ahí comenzó a cambiar su destino. Más tarde, fue concejal y presidente del Concejo Deliberante de ese municipio hasta 1991. Dos años antes de dejar aquel puesto, conoció a quien le cambiaría la vida: Néstor Kirchner, en aquel momento intendente de Río Gallegos. Los unían el gusto por el fútbol, el cordero y las mujeres. Jaime fue uno de los militantes que apoyaron la candidatura de Néstor a gobernador; con él recorrió el norte de la provincia en busca de votos esquivos.

Néstor era un político ignoto que quería arrebatarle el poder al entonces caudillo provincial Arturo Puricelli, que gobernaba la provincia desde 1983. En 1989, Puricelli se negó a apoyar a Menem, y Carlos Saúl decidió apoyar al candidato opositor, Néstor Kirchner, en las primarias de 1991. Sin el apoyo de Menem, Kirchner no hubiera llegado entonces a la gobernación. Asumió al frente de la provincia en diciembre de 1991 y designó a Jaime como ministro secretario general, cargo que ocupó hasta 1996. Pero fue recién en el segundo mandato de Néstor cuando se convirtió en su virtual mano derecha, mientras estuvo a cargo del Consejo Provincial de Educación. Durante su gestión entre 1996 y 1999, se pasaron las escuelas nacionales a la órbita provincial y se implementó el tercer ciclo del EGB. Según el periodista Héctor Barabino, durante esa gestión, Jaime eliminó los jardines de infantes y los gabinetes psicopedagógicos y aplicó con mano de hierro el presentismo docente, redujo la planta de cargos y solía espiar a los docentes en huelga. Los docentes lo llamaban «el karateka» y ya entonces le gustaba usar anillos, pulseras y cadenas de oro que asomaban por su camisa negra abierta hasta la mitad del pecho. Entre 2000 y 2003, volvió a su provincia y fue secretario de Educación de Córdoba con De la Sota como gobernador. Néstor quería que Jaime se quedara y le ofreció la caja de Vialidad provincial. Pero Jaime extrañaba a sus hijas y el «negocio» no lo convencía. Cuando Néstor asume la presidencia en 2003, lo convoca para ocupar la Secretaría de Transportes. Llegó a Buenos Aires como quien llega a un territorio hostil en el que no conocía a casi nadie —Ricardo Ciarelli, por aquel entonces subsecretario de Transporte Aerocomercial, intercedió ante el sindicalista Gerardo «Momo» Venegas, que le consiguió una habitación con descuento en el hotel de la UATRE—. Al poco tiempo, Jaime había cambiado el look: camisas de algodón por otras de seda, zapatos de quinientos dólares y —claro— reloj pulsera y cadenas de oro dorado.

Jaime llegó a manejar 20.000 millones de pesos en subsidios: los beneficiarios de ese dinero eran las concesionarias de trenes y subtes, las líneas de colectivos y luego Aerolíneas estatizada. En 2003, los subsidios en el área metropolitana eran de 760 millones de pesos. Al año siguiente, fueron 1.000 millones; en 2005, 1.100 millones; en 2006, 1.800 millones, y en 2007, 4.219 millones de pesos. El mayor crecimiento llegó en 2008, cuando los subsidios se dispararon a 8.746 millones, un 107% más que el año anterior. Según el libro *El rekauda-*

dor de Omar Lavieri, en el último semestre de 2009 estando a cargo de la Secretaría, Jaime repartió 5.823 millones de pesos. En 2003, Jaime rehabilitó el tren «El Gran Capitán», que recorría 1.100 kilómetros entre Buenos Aires y Posadas conectando 34 ciudades. El sueño duró poco: el servicio fue interrumpido en 2011. La única línea ferroviaria que inauguraron los Kirchner fue la del «Tranvía del Este» que conectaba las principales avenidas de Puerto Madero con la promesa de unir, en un futuro, Retiro con La Boca. La línea dejó de operar en octubre de 2012. El autor del proyecto fue Ricardo Jaime y se inauguró con la presencia del entonces intendente Jorge Telerman, Néstor y Cristina. Cada formación que hoy se encuentra parada le costó a la Nación dos milones de euros además de otros 50 millones de pesos para poner a punto el trazado y las vías.

El 20 de noviembre de 2012, el diario *Clarín* reveló una serie de correos electrónicos que la Justicia había extraído de once computadoras que estaban en las oficinas de Manuel Vázquez, el hombre que manejaba los negocios de Jaime, ubicada en Arroyo 880, frente al hotel Sofitel. Allí acudían los transportistas de todo el mundo que llegaban a la Argentina para acercarse a los proyectos oficiales del sector. Los correos son una muestra increíble de tráfico de influencias, sociedades desperdigadas por el mundo, cuentas bancarias en entidades remotas, resoluciones oficiales hechas a medida, facturas de comisiones. Una muestra de 26.000 correos. El juez Oyarbide desestimó la documentación e impugnó la posibilidad de que fueran tomados como prueba en ninguna de las causas que Jaime mantiene abiertas por corrupción.

Los e-mails revelaron la existencia de un avión Lear Jet 31 que Jaime usó como propio hasta el 22 de mayo de 2009. El 13 de agosto de 2008 a las 17:12, Julián Vázquez, hijo de Manuel, recibió las primeras imágenes de la aeronave. «Me dio muchísimo gusto haberte conocido y espero que te haya gus-

447

tado el avión [...] De cualquier forma te estoy averiguando sobre los otros, y tan pronto tenga algo me estaré comunicando contigo, nos vemos la próxima semana en Buenos Aires», le escribió en un correo Humberto Moas, hombre de ventas de Bombardier, la firma fabricante de aviones. Oyarbide y el fiscal Carlos Rívolo investigaban cómo se había hecho la compra del Lear en el marco de la causa por enriquecimiento ilícito: se realizó por medio de Pegasus Equity Investments, radicada en Costa Rica. Julián Vázquez era el apoderado de la empresa. El Banco de Utah fue utilizado como agente fiduciario para realizar la operación en la que Pegasus recibió un crédito de las Islas Vírgenes a nombre de Elkrest Investments Limited. Fueron tres los empresarios argentinos que hicieron una «colecta» para que el secretario viajara más comodo.

La compra de material rodante a Portugal y a España y la negociación con las empresas que se adjudicaron el fallido tren de alta velocidad que uniría Córdoba y Rosario con Buenos Aires son otros de los negocios que dejaron su huella en las computadoras allanadas. El 27 de febrero de 2006, desde la pc de Manuel Vázquez se remitió un correo electrónico a Miguel Ángel Lorente, socio de Vázquez en España, a través de una de las sociedades que conformaban el sistema de intermediación: Controles y Auditorías Especiales. Allí detallaban las cifras que se debían liquidar por una compra a España de material rodante usado. «Querido Miguel Ángel, te envío las cifras que se acordaron oportunamente», dice el documento escrito por el asesor de Jaime. El detalle de los conceptos de facturación que abarca pagos a la Red Nacional de Ferrocarriles Españoles (RENFE) sumaba 32,6 millones de euros. Vázquez detalla cómo se dividirán los millones: «Para RENFE, 13.546.927,44 (es superior a lo real pues yo lo inflé oportunamente), 2.624.351,61 para FEVE, 6.050.000 euros para interiorismo, 2.000.000 de euros para Cyaes, 3.788.874.08 euros para el flete, 97.800 para el seguro,

1.050.000 para EE y 3.536.832 de euros para la BANDA (sic)».
«La BANDA» se queda con el 10,8% total de la facturación.

El Tren de Alta Velocidad (TAVE) también pasó por las oficinas de Vázquez. Hay cientos de correos electrónicos que van y vienen desde Alstom, líder del proyecto y adjudicataria de la licitación junto a la española ISOLUX y las argentinas IECSA (Calcaterra) y EMEPA (Romero). Las resoluciones que el gobierno jamás difundió sobre el financiamiento de una obra presupuestada en 4.000 millones de dólares estaban en la computadora de Vázquez. La negociación por la compra de aviones Embraer, el soterramiento del ferrocarril Sarmiento, el terraplén de la Laguna La Picasa y hasta proyectos de energía eólica pasaron por ese disco rígido.

«Estimado Ricardo; te adjunto fotos de cómo el aparato está siendo revisado totalmente. Hasta ahora todo está como se preveía: sin problemas. Un abrazo, Manuel.» Jaime estaba al tanto del proceso de compra del Lear 31A-215 valuado en cuatro millones de dólares, y usó el avión como propio hasta que fue revelado por los medios. El 24 de septiembre de 2008, en pleno proceso de adquisición, Jaime recibió un e-mail de su asesor donde le enviaba fotos del avión y le avisaba que todo estaba OK, reveló una nota del periodista Omar Lavieri. El correo fue enviado por Vázquez a la casilla oficial que tenía Jaime mientras fue secretario de Estado de los Kirchner: rjaime@minplan.gov.ar. En ese correo se confirman la sospechas de que el comprador del avión era parte del entorno de negocios de Jaime. Vázquez le reenvía varias fotos que había recibido de la firma Bombardier, fabricante del avión matrícula N786YA, adquirido el 24 de diciembre de 2008. El secretario de Transportes supervisaba una operación por cuatro millones de dólares mientras su salario oficial apenas superaba los diez mil pesos. En un archivo de Word escrito el 17 de noviembre de 2008, Vázquez resume cuál es la situación de la nave que finalmente Jaime usó para viajes de placer: «Como creo que no tienes en claro el proceso de compra del avión te hago un resumen: el 20 de julio cerré la operación de compra del Lear Jet 31A215. De mi bolsillo entregué 100.000 dólares como seña y luego me fueron restituidos por "Los Tres". Todo el tiempo, "Los Tres" me pidieron demorar todo lo posible la operación y les pareció siempre que lo que salía era demasiado oneroso. El 19/9 contratamos los servicios del Bank of Utah para que sea el agente fiduciario del título del avión, lo que costará alrededor de 6.000 dólares».

Según el archivo de los correos estuvieron muy cerca de comprar otro avión, un Piper Cheyenne 400. La investigación de Lavieri llevó más de un año, luego del cual pudo concluir que:

- Un grupo de empresarios del transporte aportó dinero para comprarle al secretario de Estado un avión valuado en cuatro millones de dólares.
- Se pagaron comisiones a una empresa cuyo titular era Vázquez para que la Argentina comprara material ferroviario en España y Portugal, y Jaime autorizó a su asistente a percibirlas.
- El hemano de Jaime, Daniel, cobraba dinero a empresas que el secretario de Estado debía controlar.
- El asesor de Jaime recaudó dinero en negro para las campañas electorales del oficialismo.
- Vázquez pagó viajes que hizo Jaime en taxis aéreos, la mayoría nunca fueron descubiertos por la Justicia.
- El asesor de Jaime junto a un socio español pedían dádivas a las fimas españolas.
- La esposa de Julio De Vido, Alessandra Minicelli, que trabajaba en la Sindicatura General de la Nación, revisaba contratos entre empresas privadas y el Estado, que Vázquez le enviaba por e-mail, una tarea que excedía su función pública.

- El testaferro de Jaime intervino en la compra de un yate que costó un millón de dólares.
- El asesor de Jaime cobró de LAN una comisión de 1.550.000 dólares.
- La consultora que comandaba el asesor de Jaime emitía facturas falsas para poder cobrar y justificar las comisiones.
- Se crearon sociedades en Costa Rica para cobrar las dádivas de operaciones sospechosas.
- Jaime compró un auto a través de una empresa fantasma para su uso personal.
- Jaime compró una radio y un diario en Córdoba y los financió a través de publicidad oficial.
- Vázquez sostuvo conversaciones para adquirir Telefe en nombre del kirchnerismo.
- El asesor de Jaime manejó el acuerdo de reprivatización del Ferrocarril Belgrano Cargas, un negocio en el que entraron las mismas empresas que aportaron dinero a la consultora de Vázquez.
- Vázquez tenía cuentas en el exterior que movían millones de pesos y no estaban declaradas ante el fisco argentino.
- El testaferro de Jaime influyó para que Aerolíneas comprara aviones a la fábrica brasileña Embraer.

Después de la derrota electoral del FPV en las legislativas de 2009, Ricardo Jaime presentó su renuncia por «razones personales» y «de forma indeclinable». En su lugar asumió el secretario Juan Pablo Schiavi, que terminó arrastrado del cargo por la Tragedia de Once. Los 51 muertos y 702 heridos le pusieron, por primera vez, rostro humano a la corrupción; si bien el Caso Skanska había salpicado a Julio De Vido y el escándalo de la bolsa había eyectado del Ministerio de Economía a Felisa Miceli, el dinero robado por Jaime, los subsidios entregados a empresas que no invirtieron y la falta de supervisión del Estado sobre los servicios públicos aparecían por primera vez, claramente, en una tragedia colosal. La corrupción mata, fue la síntesis que el propio público se encargó de hacer. Once fue una divisoria de aguas. Recién veinte meses después de la tragedia y tras la persistente lucha emprendida por los sobrevivientes y familiares de los fallecidos, la Justicia le puso fecha al proceso judicial oral. El juicio comenzará el 18 de marzo de 2014: Ricardo Jaime y Juan Pablo Schiavi estarán en el banquillo de los acusados. Entre los 29 procesados están también los dueños de la ex concesionaria TBA, Claudio y Mario Cirigliano, el ex interventor de la CNRT, Pedro Ochoa Romero, Antonio Sicaro y Marcos Córdoba, los maquinistas que comandaban el tren. Contra Ricardo Jaime se presentaron más de treinta denuncias judiciales y se sustancian veinte procesos:

- Presunto enriquecimiento ilícito: Jaime no pudo justificar su descomunal crecimiento patrimonial ni el de su mujer hasta llegar a los 12 millones de pesos entre 2003 y 2008, mientras era secretario de Néstor. En medio de la fortuna apareció también un avión privado a su nombre.
- Irregularidades en el otorgamiento de subsidios a las empresas ferroviarias.
- Abuso de autoridad, malversación de caudales públicos y asociación ilícita.
- Dádivas del Grupo Plaza, que el funcionario debía controlar. La empresa le pagó viajes a Río de Janeiro, Florianópolis, Punta del Este y Córdoba, entre 2006 y 2008.
- Administración fradulenta y estrago culposo junto a su sucesor Schiavi en la causa de Once.
- Dádivas por parte de Claudio Cirigliano, dueño de

TBA, por pagarle taxis aéreos para que viajara a Córdoba y Brasil con su familia.

- Alquiler de un departamento de lujo en la Avenida del Libertador, que era pagado por la Terminal de Ómnibus de Retiro, también bajo su control.
- Robo de pruebas en un allanamiento a su casa de Carlos Paz en la causa por enriquecimiento Lazarogate: Miriam Quiroga, ex secretaria de Néstor Kirchner, lo identificó como uno de los hombres que llevaba valijas con dinero entre la Casa Rosada y Santa Cruz.
- Sobreprecios en la compra de vagones de subte a la compañía china Citic, coimas en la adquisición de aviones en Embraer y en la adquisición de vagones a la empresa española RENFE.
- Quiebra de Transportes del Oeste, desmanejo en Aerolíneas Argentinas y sostenimiento de LAFSA, la línea aérea que nunca voló y pagó sueldos a un centenar de empleados durante varios años.

Capítulo XV

Felisa: devolvé la bolsa

Aunque para algunos intelectuales como Alejandro Katz este gobierno dejará más la marca de la mentira que de la corrupción, en la década kirchnerista la forma de hacer negocios de los funcionarios con el Estado cambió y se profundizó sustancialmente. Hay casos paradigmáticos. La constructora sueca Skanska y la bolsa con dinero en el baño del despacho de la ex ministra de Economía, Felisa Miceli, fueron de los primeros que marcaron el perfil del kirchnerismo. Felisa Miceli fue la primera mujer ministro de Economía en la historia argentina y la primera funcionaria kirchnerista condenada por corrupción. Las siguientes notas que publicamos en esos años en el periódico *Perfil* pueden servir como resumen y presentación del contexto histórico. En la primera se relatan las circunstancias que dieron lugar a la renuncia de Lavagna y la llegada de Felisa Miceli. La segunda fue la que llevó a la salida de Felisa de su sillón en el Ministerio de Economía.

«Felisa, me muero»

«Últimamente supe de dos o tres casos que me resultaron particularmente repugnantes. Por ejemplo, cómo estaba tarifado todo en el Ministerio de Economía y en el Ministerio de Planificación Federal, según el hombre que es tenido como "cajero" de Lavagna, el "Ratón Pérez" le decía a un alto empresario que me lo ha ratificado. Este hombre, Pérez, le decía al empresario que si no estaba de acuerdo con el precio, con la coima que debía pagar por una cierta medida, se la fuera a pedir al ministro De Vido, pero que le iba a costar el doble. Eso es lo concreto. ¿Yo lo vi? No. ¿La persona que me lo dice es una fuente indubitable? Sí. Es más, he estado reunido con él en una torre de Catalinas. Es el presidente de una multinacional importante en la Argentina, y hemos tenido una conversación magnífica durante dos horas. Yo le dije: Si estamos tan de acuerdo, ¿por qué no me apoya en esto? Yo lo denuncio, y usted sale y lo ratifica. Y me dice: no puedo. ¿Por qué? Me explica: si él lo hace, afecta gravemente a la filial de la empresa para la cual trabaja. Porque en la Argentina se cometea, o no se puede ser empresario a ese nivel. ¿Qué hace, entonces? Él no se siente en condiciones de cambiar al país. Pero, además, él viene pagando desde hace años, como todos estos empresarios. Y dice: si yo denuncio esto, voy a estar reconociendo que he cometido reiteradamente el delito de cohecho. Y voy a ir preso. ¿Puedo ir preso por esto? Entonces yo escucho eso que me dicen, y pienso: y yo, ¿para qué soy periodista? ¿Para qué sirve que sea periodista?»

(Del fallecido periodista Julio Nudler a Claudia Acuña, en la página web *http://www.lavaca.org*)

—Ahora no, ahora hay que darle tranquilidad —dijo, con un leve acento, Claudine Marechal de Lavagna, la esposa belga del ministro—. Está… disfrutando de la pileta —agregó la mujer desde su casa de Saavedra—. Él no tiene ganas de salir.

456

Recordé ese diálogo dos días después, reunido con uno de los amigos íntimos del ministro, que seguía aún en la pileta o regando, con parsimoniosa dedicación, las plantas de su jardín.

—¿Y ahora que hará? —le pregunté.

—No sé. Ni él debe saber.

—Bueno, ya hace bastante que quería irse.

—Sí, pero… irse, o quedarse, no son tiempos que elija él.

—¿Por?

—Porque eso lo decide el Grupo.

Dejé que la palabra «grupo» entrara en la conversación con naturalidad, como si siempre hubiera estado ahí.

—Ajá.

El amigo prendió un cigarrillo y siguió:

—Vos te imaginás que no lo van a bancar toda la vida para que después, de golpe, les diga: «Yo me rajo». No, esperá, vos salís cuando nosotros queremos, o te quedás. Es lógico.

—Y si, es lógico… El Grupo.

La conversación fluía, banal, y en un momento junté coraje:

—Perdón: cuando vos decís el Grupo, es…

—Techint —dijo casi en un murmullo. Su cara me estaba diciendo: ¿Nunca viste el Sol?

El sol sale para todos

Los últimos días de Lavagna estuvieron teñidos por acusaciones cruzadas con su par De Vido. Las usinas K de rumores apuntaron a Eduardo Ángel «Ratón» Pérez, secretario Legal y Administrativo de Economía, al que identificaban como «cajero» de Lavagna, quien a su vez salió a señalar a José López, secretario de Obras Públicas, como «cajero» de De Vido. El poder real, entretanto, ponía sus huevos en las dos canas-

457

tas: Techint cerraba la construcción del Gasoducto del Norte con Lavagna y negociaba con De Vido y el presidente Chávez el rescate de su empresa siderúrgica Sidor. El interés del gobierno en financiar el gasoducto fue tan grande que el ex ministro logró que el Congreso votara la ley 25.924, bautizada en los corrillos como Ley Techint, que fija en 300 millones de dólares los beneficios impositivos para el grupo, y luego se firmó el decreto 1.687 por el que el Tesoro capitaliza en 1.900 millones de pesos al Banco Nación. De ese total, 1.000 millones son para «garantizar al Banco Nación las operaciones crediticias vinculadas con la construcción de obras en el sector del gas». Con ambas medidas, el gobierno le pagará a Techint entre el 60 y el 70% del costo de la obra. En el segundo caso, después de la amenaza de Chávez de reestatizar Sidor, De Vido se reunió a solas con el canciller Alí Rodríguez, Paolo Rocca (Techint) y Claudio Uberti —quien se desempeña en la sección «Cobranzas» de Planificación— y encontraron con rapidez una «salida amigable», por la cual la empresa seguirá funcionando, aunque reducirá sus ingresos unos cuarenta millones de dólares al año, un aporte desinteresado del grupo siderúrgico a la Revolución Bolivariana.

Así las cosas, Lavagna hace la plancha en una pileta de Saavedra y De Vido toma posesión del Ministerio de Economía y del Banco Nación, aunque sin poder alejar del todo un fantasma que le altera el sueño: que el Pacha Velasco, esposo de Felisa, quiera transformarse en ministro consorte.

Para el Pacha todo chévere

«Felisa entró a la consultora en el 90, y estuvo trabajando hasta el 93», le comentó a *Perfil* uno de los economistas «históricos» de Ecolatina, la consultora de Lavagna. «Creo que fue Aldo Ferrer quien la hizo entrar. A lo que Felisa se dedicaba y se dedicó siempre era a la confección de pliegos, para una licitación. Ella nunca estuvo en temas económicos», concluyó. En el argot económico el dato sería lapidario: Miceli nunca participó de los informes de coyuntura de la consultora, por lo que se supone que no tiene ninguna experiencia en macroeconomía. Felisa se dedicaba a hacer las presentaciones en los organismos públicos durante la oleada privatizadora. Ecolatina fue, por ejemplo, asesora en la primera privatización del Correo. «¿Qué trabajos tiene, eh? —se exalta ante este diario un economista del ámbito académico—. ¿Qué conferencias dio Felisa en los últimos diez o veinte años? ¿Qué libros? ¿Qué artículos sobre Economía? Ninguno». Varios funcionarios del Nación —que dudan mucho antes de hablar y piden por favor que no se los identifique— confesaron que la experiencia de Miceli en el ámbito bancario es también casi inexistente: «Estuvo, hace veinte años, unos seis meses en el Banco Provincia, porque la llevó Ferrer». «En este laburo tenés que saber, estar preparado», aseguran los funcionarios de «la línea» (así se refieren a la línea ejecutiva). ¿Vos te operarías con un médico que operó por última vez hace veinte años? Miceli dejó Ecolatina en medio de una crisis entre Lavagna y varios asesores que pidieron una participación en la empresa, cuyos balances mejoraban año a año. Lavagna se negó y se produjo la fuga de varios consultores. Felisa entró a trabajar en el estudio de Carmen Polo, una economista especializada en transportes hasta que es nombrada gerente de administración de un programa del Ministerio de Educación. De allí la rescata Lavagna en 2002, nombrándola como nexo entre Economía y el Banco Central.

Fuentes gremiales y de la línea coincidieron ante *Perfil* en que los despidos con los que Felisa inició su gestión al frente del Banco fueron incomprensibles: echó a Jesús D'Alessandro, funcionario de carrera con diez años de antigüedad, reemplazándolo por Juan Carlos Fábrega, ex gerente comercial durante el menemismo. También sacó a varios contratados que, en realidad, trabajaban como planta permanente y eran importantes para la estructura. La mayor parte de los despidos sucedieron en el área de control de auditoría y legales. Pero el punto más débil de su administración fue la designación, como asesor, de su esposo Ricardo «Pacha» Velasco, un mendocino de 55 años, bigotes y estatura mediana. El Pacha es un histórico setentista de la JP, con un hermano desaparecido y cierta experiencia en la militancia barrial. Tuvo, también, un paso por el Polo Social y su actividad oficial es la de carpintero, y así figura en los registros de la AFIP. Desconocemos si ha declarado su flamante 4x4 ante el organismo, aunque podemos concluir que al serrucho y a la noble madera les aguarda un futuro promisorio en la Argentina. Felisa, con prudencia, nombró asesor al Pacha pero lo hizo trabajar ad honorem, al menos en esa condición. A la vez, Velasco ocupó otros dos cargos en la estructura: director de Garantizar S.A., una sociedad de garantía recíproca, y presidente del FONDER, Fondo Integral para el Desarrollo Regional, un fideicomiso que entrega hasta 500.000 pesos por proyecto, tomando en cuenta a asociaciones intermedias regionales. Desde su ingreso, Velasco ocupó una oficina en el primer piso de la entidad, donde se encuentran los otros miembros del directorio, y se dedicó allí a recibir a empresas y todo tipo de interesados. También, gracias a una orden administrativa de Felisa, asumió el control del presupuesto de publicidad, logró que el directorio lo elevara de 12 millones a 50 y que quedara bajo su control, para lo cual desplazó a la agencia de publicidad que se ocupó históricamente del asunto. Ya instalado en lo que imaginaba como el poder definitivo, Velasco motorizó dos opciones políticas: apoyó a De Vido en las elecciones en Capital con la Corriente Popular 25 de Mayo, y trató de disputarle a Zanola el poder en la Bancaria.

Fracasó en ambos intentos: la Corriente Popular se lanzó en la Federación de Box pero después, aún con la distribución indiscriminada de créditos para microemprendimientos, se evaporó. En el caso de Zanola ganó un vocal pero luego fue Zanola quien ganó las elecciones y el presidente K empezó a preguntarse para qué, en ese caso, lo necesitaban a Velasco. Aunque a esa altura el destino del Pacha ya estaba decidido, aunque él fuera el último en enterarse.

Dale gas

Felisa no sólo nombró al Pacha, también firmó el acuerdo para el ingreso de otros tres directores: tres de sus vecinos del country Los Cardales. Evidentemente, Felisa es lo que se dice una persona familiera. Rubén Guillén, Estela Palomeque y Ricardo Lospinnato compartieron días hábiles y feriados largos con Felisa, y este último es ahora el nuevo presidente del Banco Nación; su antecedente laboral en la materia, más allá de algunos cursos breves, es haber sido uno de las decenas de contadores de Pérez Companc. Y tiene, claro, una cercana relación con el Pacha. Un curioso caso de desaparición de currículum es protagonizado por Gabriela Ciganotto, directora, amiga de Alicia y Cristina K, nacida en Caleta Olivia. Fue diputada provincial y logró un milagro: que la legislatura de Santa Cruz aprobara a libro cerrado los presupuestos del 98 y del 99 a partir de la presión del Banco Mundial. Su currículum, en la página del BNA, directamente ni figura.

A medida que el Pacha fue entrando en confianza, algunos de sus negocios provocaron cortocircuitos con la Casa Rosada: Emir Yoma y el frigorífico Santa Helena. En el primer caso, el Cuñado Emir debía al Banco Nación 80 millones de dólares: el Pacha le ofreció que pagara sólo 25 millones más el 10% de la quita real, unos ocho. Fue el propio Presidente K quien ordenó dar marcha atrás de inmediato con el arreglo. En el otro caso, el empresario K Sergio «Rulito» Taselli trató, durante varios años, de quedarse con la propiedad del inmueble donde se encuentra el frigorífico Santa Helena. Todo empeoró cuando comenzó a discutirse en el banco si lo mejor no era armar una empresa recuperada con la cooperativa de los trabajadores, algo que se encontraba muy avanzado cuando el Pacha y Felisa remataron el predio y Taselli cumplió su sueño.

La orden que llegó hace más de un mes de Casa de Gobierno fue tajante: «Basta de Velasco, sáquenlo de ahí». Pero De Vido no olvida a sus amigos: por decreto 1.393/05, publicado el lunes 14 de noviembre en el *Boletín Oficial*, Velasco fue nombrado vocal del directorio del ente regulador del gas, Enargas. Nadie sabe si alguna vez, al menos, ha visto de cerca una garrafa. Y hay un problema menor: la ley 24.076, que ordena la creación del ente, dice en su artículo 54 que (los miembros del directorio) «serán seleccionados entre personas con antecedentes técnicos y profesionales en la materia». Evidentemente, el espíritu de la legislación discrimina a los carpinteros.

El 24 de junio de 2007, revelamos junto a Luciana Geuna en *Perfil* el sorprendente descubrimiento de una bolsa con dinero en el baño del Ministerio de Economía. Fue el inicio de un proceso que, cinco años después, terminó con la condena a Felisa Miceli. «La vida te da sorpresas, sorpresas te da la vida, ay Dios. Cuando lo manda el destino no lo cambia ni el más bravo, si naciste pa' martillo, del cielo te caen los clavos. La vida te da sorpresas, sorpresas te da la vida, ay Dios», de la canción *Pedro Navaja*, de Rubén Blades.

El pasado martes 5 de junio, poco después de las seis de la mañana, cuando la temperatura era bastante menor a los diez grados promedio de la jornada, los dos hombres de la Brigada de Explosivos del Cuerpo de Bomberos de la Policía

462

Federal subieron por el ascensor del hall de ingreso de Hipólito Yrigoyen 250 hasta el quinto piso. Como en un aburrido paso de comedia, al abrirse la puerta los esperaba el mayordomo, dispuesto a hacer de cicerone en una recorrida que los tres conocían de memoria. Miguel Lezcano es morocho y macizo, y lleva 33 años viendo pasar ministros de Economía en esas cumbres del poder donde todos sueñan quedarse para siempre. Cuando la rutina guía los pasos, el valor de lo extraordinario se multiplica; las personas miran sin mirar, sobrevuelan la escena hasta que, de golpe, un animal les salta encima. Las visitas matinales de la Brigada son de rutina y se realizan todos los días desde 1978, cuando el ex ministro José Alfredo Martínez de Hoz temía que le pusieran una bomba. Ninguno de los tres va a olvidarse jamás de la mañana del 5 de junio: aún hoy el recuerdo les aparece durante el sueño, en medio de una conversación, durante un viaje en colectivo. El mayordomo y los policías comenzaron su recorrido desde la recepción hacia la oficina privada de Felisa Miceli, a la que se accede luego de pasar por la de Mariela Pía Santarelli Goñi, su secretaria. El sitio parece un juego de cajas chinas: un despacho deriva a otro, más privado aún, y decorado con gusto más atento; del despacho privado de unos cuarenta metros a una especie de living, más íntimo, con un baño al que sólo accede Felisa o, claro, personas de su íntima confianza. Cuando los policías revisaron el lavabo con automático desdén, dieron con una bolsa de plástico que a lo lejos adivinaron pesada: estaba llena de billetes. De haber sido máquinas, este hubiera sido el momento en el que la pantalla comenzaba a titilar. Pero eran personas, e hicieron un largo y pesado silencio. En el baño de Felisa Miceli, por accidente, la Policía acababa de descubrir una bolsa de plástico con 250 mil dólares. Para ser exactos: con 140.000 dólares, 50.000 euros y 100.000 pesos. Los subordinados del comisario Arturo Martínez sugirieron labrar un acta, como en efecto sucedió. El acta luego «desapareció» de la Brigada. La secretaria de Felisa llamó de inmediato a otra de sus secretarias —que, como el living, es «más íntima»— y desde el teléfono Mariela ordenó casi a los gritos y con prepotencia que no debía quedar rastro alguno del hallazgo. El cono de silencio sobre el hecho pudo mantenerse con relativo éxito: el arquitecto Rubén Pierro, director técnico operativo del Ministerio, jefe del mayordomo Lezcano y responsable de una caja chica realmente bastante grande, estuvo al poco tiempo al tanto de todos los detalles, especialmente preocupado por la existencia de copias administrativas del acta policial. Los miembros de la custodia de la ministra, que ocupan una oficina dentro del edificio de Hipólito Yrigoyen, también llegaron a enterarse de los detalles del hecho, que fue confirmado a *Perfil* por dos fuentes directas. La preocupación de Pierro por las copias no es menor: es la vía más rápida para la extorsión. ¿Se podrá realmente garantizar que no existieron? ¿Cuántas fotocopiadoras dispuestas a dejar constancia hay entre el trayecto del Ministerio de Economía y la Brigada de Explosivos?

¿Yo, señor? Pues entonces, ¿quién lo tiene?

No hay nada peor que una grieta en un secreto garantizado. Cuando el agua empieza a filtrarse, la desesperación es tal que el secreto se torna evidente. El miércoles 20 al mediodía, *Perfil* ubicó al ordenanza Miguel Lezcano, quien ingresó en la administración pública en tiempos de José Ber Gelbard. Llevaba uniforme azul, un handy en la cintura y un pin que dice «Ministerio de Economía». Pasa la mayor parte del día en la cocina del quinto piso. Pero le alcanza para enterarse de todo, y aquella mañana del 5 de junio fue testigo directo de la apertura de la bolsa.

PERFIL: Buenas tardes, quería hablar con usted en privado.

LEZCANO: No, no. Hablemos acá, dale. No hay problema.

P: Mire que es un tema delicado.

L: (Sonriendo.) Dale, dale.

P: Sabemos que el martes 5 a la mañana una brigada de Bomberos encontró en el despacho de la ministra una bolsa con 250.000 dólares.

La actitud de Lezcano cambió en un segundo, dio dos pasos atrás y se ubicó detrás de unos molinetes. Extendió los brazos y alcanzó a mirar de reojo a las seis recepcionistas que atienden en el hall.

L: (Gritando.) ¡Nooo! Vos no entendés. Yo trabajo acá hace 33 años. ¡Soy discapacitado! (Volvió a mirar a las recepcionistas.) ¡Soy ciego, sordo y mudo!

P: Pero, Lezcano, sólo queremos saber…

L: No, no. No entendés. Gracias, gracias, me voy. Me voy.

Y se fue. Nunca más volvió a atender los llamados de *Perfil*. Pocos minutos antes del incidente con Lezcano, *Perfil* intentó comunicarse con el director operativo, arquitecto Pierro, que devolvió nuestra llamada combinando una cita en su oficina. Diez minutos después, Pierro llamó cancelando el encuentro.

ARQUITECTO PIERRO: Disculpame, pero es imposible. Estoy ocupado.

PERFIL: Es sólo un momento, pocos minutos.

AP: No… además, ¿cómo llegaron hasta mí? ¿Cómo saben…?

P: Bueno, tenemos fuentes.

AP: No puedo, no puedo.

P: Tal vez mañana, en otro momento. Podemos hablar por teléfono, pero no creo que sea lo mejor.

AP: Por teléfono, no.

P: Quizá lo mejor sea que nos veamos afuera del Ministerio.

AP: Bueno, eso puede ser. Mañana lo llamo.

El llamado, obviamente, nunca se produjo y, luego de varios cruces, el arquitecto Pierro dijo, a través de su secretaria, que: «No conoce ninguna información al respecto». El sábado a las 8:30 de la mañana llamé al vocero de Miceli, Silvio Robles:

—¿Qué? —me contestó.

—Que había un bolso con 239.631 dólares.

—No, mirá, yo no sé nada. A mí no me cuentan todo, ¿entendés? Hay cosas de las que ni me entero. Dejame llamarla... en un rato. Y te llamo.

A la hora del cierre de esta edición, el vocero Robles no se había comunicado con ninguno de mis teléfonos, con los que, por supuesto, cuenta. Decidí irme a dormir.

Después que el caso estalló en la prensa, Felisa dio tardías y contradictorias explicaciones sobre el origen del fajo de billetes termosellados y con faja del Banco Central, con la inscripción en su lomo «Lote 38057 Bco.30», que más tarde se supo habían salido del Central rumbo a la Caja de Crédito Cuenca, financiera denunciada por cambiar cheques a terceros a cambio de una comisión, de donde la había retirado para llegar al baño de su despacho.

Primero dijo que la plata era de ella y que estaba en su declaración jurada de ganancias y que era dinero para comprarle un departamento a su hija. Después dijo que el dinero era para comprar su propia casa y que lo había dejado en el baño de su oficina la noche anterior al hallazgo porque ese día iba a depositarlo en el Banco Nación. Más tarde argumentó que, en realidad, los billetes se los había prestado su hermano Horacio, conocido comerciante del mundo de los laboratorios.

Por esos años, la pelea entre el gobierno del entonces presidente Néstor Kirchner y el diario *Clarín* no existía ni en la imaginación del kirchnerismo, y el diario sirvió como plataforma al gobierno para publicar la versión de Miceli. Fue a este diario y a *La Nación* a quienes dio la primera entrevista. No alcanzaron las páginas de diarios, ni las operaciones de prensa, ni las desmentidas. Miceli terminó renunciando al cargo el 16 de julio de 2007, casi dos meses después del descubrimiento de la bolsa.

Meses después, en la declaración indagatoria que le tomó la jueza María Servini de Cubría en diciembre de 2007, Felisa contradijo todas sus versiones anteriores sobre el origen del dinero y aseguró que la plata se la había prestado su otro hermano, José Rubén, a quien había intentado proteger porque estaba enfermo.

El 26 de diciembre de 2007, José Rubén Miceli había confirmado frente a Servini la versión de su hermana: que él tenía ahorrados $100.000 para una operación de cadera que finalmente cubrió su obra social y que, como no necesitó el dinero, se lo dio a su hermana para que se mudara. Este hermano de Felisa, inválido, falleció el 27 de septiembre de 2012, el mismo día que se casaba uno de los hijos de Miceli.

El 28 de diciembre de 2012, Servini de Cubria procesó a Miceli por los presuntos delitos de «encubrimiento» y «sustracción de documento público» por la bolsa encontrada el 5 de junio de 2007 en su baño, le trabó un embargo de $200.000 en sus bienes y dispuso la «falta de mérito» de su hermano José Rubén Miceli. El caso se elevó a juicio oral y público en septiembre de 2010.

Quienes compartieron ese mes y medio que duró el escándalo hasta que renunció, aseguran que Felisa trabajaba en el Ministerio con un equipo técnico que no era su círculo íntimo y con el que no hablaba de política, sino de economía y cuestiones formales del Ministerio. Ese círculo íntimo con el que decidía las cuestiones políticas estaba integrado por compañeros de militancia de los setenta y lo lideraba su pareja de entonces y actual, Ricardo «Pacha» Velasco. Era Velasco quien definía las cuestiones políticas y hay quienes dicen que el dinero hallado en el baño era de él. El Pacha era un hombre del ministro de Planificación, Julio De Vido, mientras que Felisa estaba vinculada a Alberto Fernández, entonces jefe de Gabinete, quien le puso a Felisa su primer abogado, Carlos Cruz y aún hoy asegura que «es una buena mujer y no la está pasando nada bien». En esa época, Alberto y De Vido mantenían una feroz interna.

Durante la gestión de Miceli, el departamento de Legales del Ministerio de Planificación funcionaba con el de Economía, que tenía el poder de decisión. El mismo día que Felisa renunció, De Vido creó el departamento de Legales del Ministerio de Planificación y sacó esa área sensible de la órbita del Palacio de Hacienda.

Pacha fue dirigente de JUP y montonero de las segundas líneas, activo militante de los setenta, devenido en sigiloso operador kirchnerista. Antes de ingresar a la función pública de la mano de De Vido y su mujer, Velasco era carpintero en San Isidro. El Pacha se convirtió al kirchnerismo en 2003, cuando creó la Corriente Nacional y Popular 25 de Mayo (enrolado en los movimientos sociales, como el de Pérsico y Depetri, que apoyan al kirchnerismo), que también integró Felisa.

Sencilla, con su clásico corte carré y vestida con una chaqueta estampada negra y una remera blanca, Felisa Miceli llegó a los Tribunales de Comodoro Py 2002 para enfrentar el primer día de su juicio oral y público. Fue el lunes 29 de octubre minutos antes de las 10. La audiencia comenzó a las 10:30 en el SUM de los tribunales y fue transmitida por Internet.

Durante el juicio, Felisa evitó hablar con la prensa y mantuvo el bajo perfil. Días antes del comienzo, el 6 de octubre, Felisa dijo en FM Identidad: «Imagínense un país, donde mueren 50 personas en una tragedia ferroviaria, donde pasan tantas cosas, que la Justicia jorobe por esto me parece un poco raro», y sentenció: «Sobre eso se montaron una cantidad de suposiciones que no fueron demostradas y todo el país sabe que esto fue una cama».

En los días previos al juicio, quienes todavía la veían estaban convencidos de que llegaría lo que después llegó: la condena. «Ya está, está muy sola, el juicio lo va a perder», sentenciaba uno de los hombres que más cerca estuvo de la ministra cuando estalló el escándalo. Como él, otros tantos que conocen a Felisa, la definen como una mujer naïf, a la que le pasó lo que le pasó por inexperta y por cometer un error grave: mentirle a Kirchner al sostener que la plata era suya. En la intimidad describen a la ex ministra como una mujer simpática, agradable y sencilla; muy marcada por los años setenta y esa forma de hacer política.

Lejos de esos años de militancia y también de los de funcionaria, Felisa Miceli fue condenada a 4 años de prisión por los delitos de «encubrimiento agravado» de una supuesta maniobra financiera ilícita y «sustracción y ocultamiento de documento público», por la desaparición del acta policial del hallazgo el jueves 27 de diciembre de 2012. Felisa escuchó la sentencia sentada, con las manos sobre su falda. Su único gesto fue ladear la cabeza, primero hacia la izquierda, luego hacia la derecha. Casi no pestañeó, pero la alteración de su respiración se advirtió en su pecho, que se inflaba y desinflaba histéricamente debajo de la blusa de gasa beige.

El Tribunal Oral Federal N° 2 que la condenó estaba integrado por Jorge Luciano Gorini, Rodrigo Giménez Uriburu y Jorge Alberto Tassara. Su abogado fue Eduardo Bonino Méndez y el fiscal Fernando Arrigo, quien reemplazó a Guillermo Marijuán cuando el caso pasó a juicio.

«Hay juicios gravísimos de casos de corrupción que nunca llegaron a ser condenados. Es una cosa que no puedo entender», dijo Miceli esa tarde tras conocer la condena en lo que pareció una alusión directa al vicepresidente, Amado Boudou. «Evidentemente no tuve estructura de poder propia —abundó Miceli—, y muchos otros ministros sí la han tenido, y lo estoy pagando». Miceli insistió en su inocencia y dijo: «Yo cometí un error, pero eso ahora parece que fue un delito. Hay que hacerse cargo de las cosas que uno hace».

Felisa repitió lo que ya había dicho, que no tenía miedo de ir presa. Y no fue. La ex ministra kirchnerista no deberá cumplir la pena hasta tanto la Cámara de Casación no resuelva el caso y deje la sentencia firme.

La mañana del 14 de agosto de 2013, la prensa se sorprendió al encontrar a Felisa en la apertura del encuentro «Agenda para el Desarrollo y la Integración», que fue inaugurado por el ministro de Economía, Hernán Lorenzino. En ese momento, la ex funcionaria era directora del Centro de Estudios Económicos y Monitoreo de las Políticas Públicas (Cemop) de la Fundación Madres de Plaza de Mayo. En septiembre de 2013, sin embargo, la titular de Madres Hebe de Bonafini desvinculó a Miceli del Cemop por un recorte de presupuesto.

La de Miceli fue la única causa de corrupción del kirchnerismo que llegó a una condena. Algunas, como las investigaciones contra el vicepresidente Amado Boudou por la quiebra de la ex Ciccone Calcográfica y el ex secretario de Transporte, Ricardo Jaime, siguen sin juicio oral. Otras, en cambio, como el caso Skanska fueron directamente cerradas y archivadas con la absolución de todos los implicados pese a la contundencia de las pruebas.

La causa Skanska se inició en 2005, pero estalló recién en 2007 como el primer escándalo de corrupción que afectó al kirchnerismo en general y a uno de sus ministros clave, Julio De Vido, en particular. Al frente del Ministerio de Planificación Federal desde el primer minuto del gobierno de Néstor Kirchner en 2003 y hasta la actualidad, De Vido es el hombre que maneja la obra pública en el país y de quien dependen las contrataciones más importantes de la administración nacional. Por eso, cuando el juez titular del Juzgado Nacional en lo Penal Tributario Nº 1, Javier López Biscayart, avanzó con la investigación, este patagónico fue uno de los más preocupados. Era el primer caso de corrupción, y el gobierno reaccionaba distinto. En 2007, cuando la causa pasó de evasión impositiva a pago de sobornos, el entonces presidente Néstor Kirchner ordenó echar a los funcionarios públicos que habían sido llamados a indagatoria y la OA, por entonces encabezada por Abel Fleitas Ortiz de Rozas, se constituyó como querellante.

El caso Skanska consistió en el presunto pago de coimas por parte de directivos de la empresa sueca a funcionarios nacionales en la construcción del Gasoducto Norte, una de las obras emblemáticas del kirchnerismo. Skanska era una firma que facturaba unos 200 millones de dólares anuales y según se afirmó en el expediente de la causa 1705/2005 Skanska le pagó 1.256.120 pesos a la empresa fantasma Infiniti Group, por un servicio que nunca recibió. La maniobra habría servido para evadir impuestos.

Fue López Biscayart quien descubrió el caso de sobornos cuando investigaba una evasión impositiva siguiendo la pista de la empresa fantasma a raíz de una denuncia independiente. Cuando la investigación avanzó y el delito viró hacia el presunto pago de coimas, el entonces juez federal Guillermo Montenegro reclamó la causa por entender que al estar funcionarios nacionales involucrados, el fuero de López Biscayart perdía competencia, lo mismo advertía el en ese momento fiscal, Carlos Stornelli. La investigación continuó y también la disputa por la competencia.

En noviembre de 2009, la Cámara Federal porteña resolvió que las causas debían unificarse. Hasta ese momento, la investigación por cohecho tramitaba en el juzgado de Montenegro desde mayo de 2007 por decisión de la Cámara Penal Económica y la de evasión impositiva avanzaba en el de López Biscayart. El juzgado que debía quedarse con las causas era el de Montenegro, quien ya no estaba a cargo puesto que había asumido en 2007 como ministro de Justicia porteño. Ese juzgado estaba subrogado ahora por el polémico Norberto Oyarbide. Sin embargo, una parte de la causa siguió siendo manejada por Biscayart, puesto que este negó los pedidos de inhibición de Oyarbide por no cumplir con los debidos procedimientos. En enero de 2011, el planteo por competencia se elevó a la Camara de Casación Penal y en diciembre de ese año la causa fue cerrada por la Cámara de Apelaciones sin que nadie apelara.

En su investigación, López Biscayart ordenó, el 16 de marzo de 2007, allanar tres oficinas del Ministerio de Planificación Federal y la sede del Ente Nacional de Regulación del Gas (Enargas). El día anterior había allanado las oficinas de la licenciataria Transportadora Gas del Norte S.A. (TGN). El juez buscaba documentación interna que diera cuenta del pago de sobreprecios. Según un testimonio y un informe interno, la gerenciadora le habría informado al Enargas que se estaba pagando a Skanska un 152% más de lo real. No fueron los únicos. En los días sucesivos, el juez ordenó otros 22 allanamientos en distintas empresas y en por lo menos siete encontró pruebas.

Aunque los allanamientos se realizaron en medio de un pleito judicial por competencia y se vieron amenazados de nulidad, la investigación llevó a que Skanska despidiera a siete de sus gerentes y pagara una multa de unos $10 millones por uso de facturas apócrifas.

El avance de la investigación puso nervioso al gobierno y, entonces como ahora, se iniciaron maniobras dilatorias en la Justicia para enturbiar la causa. Fue el en ese momento ministro de Justicia, Aníbal Fernández, el encargado de impulsar una fuerte maniobra para apartar a López Biscayart de la causa. El 15 de abril de 2007, Fernández denunció a López Biscayart ante el Consejo de la Magistratura porque este quiso mudar a Adrián Félix López —el testimonio que había vinculado a funcionarios del gobierno en ese episodio— a una cárcel de la Policía Federal, pero apenas días después el Consejo desestimó la denuncia.

El jueves 17 de mayo de ese año, el juez López Biscayart difundió las grabaciones del diálogo que Claudio Corizzo, auditor interno de la multinacional sueca tuvo con Javier Azcárate, gerente de la empresa en la época de los sobornos. En estas grabaciones quedaba demostrada la participación de Fulvio Madaro, titular del Enargas y del titular de Fideicomiso Banco Nación, Néstor Ulloa. Más tarde, sin embargo, esas grabaciones fueron desestimadas como prueba.

En un fallo de 1.300 fojas y tras dos años de investigación, en diciembre de 2010, el juez Oyarbide procesó a los ex funcionarios kirchneristas Fulvio Madaro, que ocupó la jefatura del Ente Regulador del Gas (Enargas), y a Néstor Ulloa, ex gerente general de Nación Fideicomisos, por presunta defraudación a la administración pública y cohecho pasivo en el marco de la causa Skanska. En ese fallo, Oyarbide destacaba que las obras para la ampliación del Gasoducto del Norte a cargo de la sueca Skanska «habrían sido contratadas y llevadas a cabo por valores que serían superiores a aquellos establecidos en los proyectos inicialmente presentados por ambas licenciatarias, y aprobados por la autoridad de aplicación, sin aparente criterio de razonabilidad para la validación de dicho incremento, lo cual no habría tenido correlato con los costos vigentes al tiempo de contratación, y que comportaran el pago ilegítimo de sobreprecios a los contratistas».

Que «dichas maniobras habrían permitido la obtención de sumas dinerarias que habrían ingresado ilegítimamente al patrimonio de los funcionarios públicos y/o de aquellas personas que formaran parte integrante de las empresas que a la postre fueran adjudicatarias de las obras indicadas y/o de otras que contrataran o se hallaban vinculadas a estas». Y que todo ello habría ido en «perjuicio del fideicomiso financiero, del Estado nacional, de los aportantes que constituyeron el fideicomiso (inversores privados, públicos, y préstamos del exterior) y/o de los usuarios del servicio regulado de transporte y distribución de gas por vía de la imposición de mayores cargos tarifarios en la facturación».

Para esa fecha, la causa de Oyarbide y la de López llevaban procesados ya también a empresarios y directivos de Skanska. A saber: Gustavo Vago, Mario Piantoni, Javier Azcarate, Héctor Obregón, Alejandro Gerlero, Juan Carlos Bos, Roberto Zareba, Eduardo Varni, Ignacio de Uribelarrea y Héctor Obregón, todos ellos de la firma Skanska. Y a los empresarios Claudio Moretto, Rubén Gueler, Raúl Orsini, Pedro Carrozzo, Renato Cecchi, Walter Cecchi, Estela Insenga, Juan Cruz Ferrari, Jorge Roldán, Miguel Ángel Spital, Alejandro Tettamanti, Alejandro Kovacik, Alejandro Porcelli, Enrique Félix Rubinsztain, Daniel Nodar, Blas Pierotti, Adrián Félix López, Alfredo Greco, Pablo Ferrero y Jorge García.

El 10 de noviembre de 2011, la investigación por cohecho y presunto pago de coimas fue cerrada por la Sala I Cámara Federal de Apelaciones con la absolución de todos los funcionarios implicados y nadie apeló. La Oficina Anticorrupción, conducida entonces por el kirchnerista Julio Vitobello, dejó atrás los argumentos que en 2007 había esgrimido Fleitas Ortiz de Rozas (ex titular de la OA) y no se presentó para que la Cámara de Casación estudiara si estaba bien cerrado el expediente. Tampoco el fiscal ante la Cámara Federal, Germán Moldes, apeló la decisión de los camaristas.

En ese fallo de 80 carillas, la Cámara sobreseyó al actual secretario de Energía de la Nación, Daniel Cameron, y el ex interventor del Enargas, Fulvio Madaro. En una resolución de 80 carillas, firmada por los jueces Jorge Ballestero, Eduardo Farah y Eduardo Freiler, se desestimó la investigación de Oyarbide y se absolvió de culpa a los procesados.

Los camaristas dijeron que Oyarbide incurrió en posturas «merecedoras de cuestionamientos» e «insalvables contradicciones». Según este Tribunal, la adjudicación de las obras fue una «decisión política» regida por la necesidad de ampliar el suministro de gas antes del invierno de 2005. Sostuvieron que no hubo «sobreprecios» en base a un peritaje contable realizado por los peritos de la Corte Suprema de Justicia, avalado por el ministro de Planificación, Julio De Vido.

Según el fallo de la Cámara, el Estado pidió presupuesto a las gerenciadoras y que estas, a su vez, salieron a buscar presupuestos para concretar las obras una vez que fueron aprobadas. Los precios que estas gerenciadoras encontraron fueron más altos que los previstos, pero no hubo sobreprecios sino que se trató del costo real de la obra. Para Oyarbide, en cambio, esos aumentos entre lo presupuestado y lo que finalmente se pagó correspondía a un pago de coimas encubierto. Pero al entender la Cámara que no hubo sobreprecios, tampoco existieron coimas.

El 7 de diciembre de 2011, el Caso Skanska quedó cerrado definitivamente en la Justicia federal puesto que nadie apeló. Pero hubo condena. Es que la causa que investigaba López Biscayart sí avanzó y, finalmente, el 1º de marzo de 2013, el Tribunal Oral en lo Penal Económico 2 condenó a seis años de prisión a los empresarios Adrián López y Luis Hernández, titulares de las empresas fantasma Infiniti Group S.A. y Calibán S.A., al considerarlos jefes de una asociación ilícita que vendía facturas truchas a empresas que las vendían para evadir impuestos. Además, condenó a Alejandro Fernández y Hernando Fandiño, empleados de la AFIP involucrados en la causa, a tres años de prisión y a dos años con suspenso por formar parte de la asociación ilícita.

Capítulo XVI

La ruta del dinero K

Nunca en toda mi carrera periodística junté tantas pruebas sobre una denuncia de corrupción. El caso todavía no está cerrado. Pero es cuestión de tiempo. En abril de 2012, alguien me contó que el casamiento de Leonardo Fariña y la modelo Karina Jelinek había sido custodiado por el GEOF. ¿Qué hacía el grupo especial antiterrorista en un casamiento de la farándula? Los del GEOF no van a fiestas de 15, pensé. ¿Sería cierto, entonces, lo que decían los servicios de inteligencia, que Fariña era el hijo no reconocido de Néstor Kirchner?

Puse a dos periodistas a trabajar en el tema: Nacho Otero y Leo Nicosia. Buscaron en cada rincón de La Plata a la familia de Fariña, a la madre, bucearon en la historia de este chico, contador, desconocido, clase media, que de golpe manejaba millones en efectivo y autos de alta gama. Decían que se había casado con Karina Jelinek para que no le pegaran un tiro. Decían que se había quedado con un vuelto y que lo estaban buscando y que por eso había levantado el perfil, como una manera de protegerse. Decían de todo. Hasta que una noche Fariña apareció en el programa *Animales sueltos* y dio la sensación de estar preocupado y nervioso. Se lo vio

477

sentado en el living, junto al resto de los invitados, hablando sin ser claro y ocultando información: «Quieren quilombo, vamos a tener quilombo, ahora que se atengan todos a las consecuencias», dijo, y el conductor, Alejandro Fantino, le preguntó: «¿A quién le hablás?». Fariña respondió: «Las personas a las que yo les hablo saben… tómenlo como quieran, si para el viernes esto no se soluciona yo el lunes voy y hago la denuncia criminal y que caiga quien caiga».

Ignacio Otero, uno de los periodistas que trabajó en el caso, recuerda que Fariña estaba nervioso y paranoico y que se notaba que algo lo estaba amenazando. Lo llamaba todo el tiempo, a la una o a las dos de la mañana. «La primera vez que lo vi —recuerda Otero—, en un lapso de quince minutos, se tomó tres latas de Coca-Cola, se fumó tres cigarrillos y se tomó un café». Finalmente, al poco tiempo, Otero consiguió armar una primera cita con Fariña en mi antigua casa en el barrio de Retiro. Queríamos averiguar quién era Fariña. Aquella vez, Fariña vino con su abogado. Estuvimos más de dos horas charlando. Lo recibí en el living y puse mi teléfono a grabar. Aquella noche habló y habló pero sin dar muchas precisiones. Nos contó que manejaba mucho dinero negro de un empresario vinculado al gobierno, pero no lo identificó. Lo llamaba «el jefe». «El jefe me cortó la línea», dijo, dando a entender que no le atendía el teléfono hacía más de un mes. Había desaparecido plata y el jefe pensaba que Fariña se la había quedado. Era un viernes y nos dijo: «Yo estoy esperando que me llamen para negociar antes de hablar. Si no me llaman, el lunes cuento todo». El lunes, Fariña desapareció. Aquel día lo puteamos como nunca. Yo me sentí usado. Capaz Fariña nos había negociado sin que lo supiéramos. Capaz había amenazado al «jefe»: «Ojo que estoy en lo de Lanata y hablo», habrá dicho. No sé. Yo quería descubrir quién era «el jefe», ese empresario vinculado al gobierno del que hablaba Fariña.

Pasaron un par de meses y Fariña volvió a aparecer. La situación ya no era como la primera vez, nosotros ya pensábamos que escondía cosas. Tenía la intención de que le hiciéramos una nota para mostrar la imagen de un financista serio. Nosotros queríamos, en cambio, que nos revelara lo mucho que decía saber sobre personajes poderosos. Nos encontramos otra vez en mi casa, y yo decidí grabar la conversación. En esta ocasión, Fariña dio muchas más precisiones. Reveló que trabajaba para Lázaro Báez; dijo frases como «yo te puedo asegurar que el tipo manejaba todo» o «vos no tenés una dimensión de la estructura que había armado Néstor». Dijo más: «¿Vos querés hacer un informe sobre la red de lavado del Estado? Mirá, la única manera de que vos descules esto es que yo te diga cómo hacerlo porque yo lo armé». Cuando le pregunté si Néstor Kirchner y Lázaro Báez eran socios, Fariña respondió: «Sí». Quise saber más:

—¿Y vos tenés idea en qué porcentaje? —le pregunté.

—La verdad que en todo —respondió.

—¿Cómo en todo? ¿Lázaro era el testa o el socio?

—En la política no hay testaferros, hay operadores, que es distinto.

—A ver, traducime eso —le pedí.

—Vos sos Lázaro, yo soy Néstor. Vos sos mi amigo, te armás una constructora, yo te adjudico las obras a vos. La constructora es de Lázaro, pero pasa que cada cuatro años hay campaña presidencial. Necesito diez palos, tomá. Mandame tres aviones, el día que murió Néstor los tres aviones de Lázaro iban y volvían al sur. O sea, te ganaste un favor de por vida. Favor contra favor.

La charla sucedió en 2012. Y todo lo que Fariña decía parecía cierto. Pero no teníamos papeles ni otros testimonios que lo confirmaran. Fariña haba contado mucho más que la primera vez, pero nos faltaban evidencias y nos enfrentamos a la decisión más horrible que hay para un periodista: asumir que no lo podés mandar al aire, no podés porque no alcanza el material que lograste. O sea, tengo que seguir buscando. Eso fue lo que hicimos. La nota de Fariña quedó guardada en el freezer por un tiempo.

Entre mediados y fines de marzo de 2013, estábamos en el peor momento de un programa periodístico: cuando estás por salir al aire. Estábamos reunidos alrededor de la mesa con el equipo completo. Estaban Nico, Geuna, Fitz Patrick, Tamara, Andrea, Rapa y, obviamente, estábamos viendo con qué salir, queríamos algo fuerte para arrancar. Era la enésima reunión de producción y no encontrábamos el tema y de golpe suena el teléfono de Nico, y cambia completamente la historia. Nico cortó el celular y dijo: «Creo que puedo tener algo fuerte». Nadie le creyó.

Así apareció Federico Elaskar, un ex socio y también víctima de los manejos de Fariña. Elaskar era el ex dueño de la financiera SGI, y decía que lo había estafado Lázaro Báez quedándose con su empresa. Sí, Lázaro Báez, amigo personal de Néstor y Cristina y el mayor proveedor de obra pública de Santa Cruz. Elaskar decía que Lázaro había sacado del país 55 millones de dólares en un período de seis meses a través de maniobras financieras que enviaron el dinero a cuentas en Suiza de empresas radicadas en paraísos fiscales. Néstor Kirchner estaba al tanto de los hechos. Elaskar era el financista que había armado la ingeniería para sacar la plata del país. Hecho el trabajo, los enviados de Lázaro se quedaron con su empresa en Puerto Madero. Elaskar decía que fue amenazado para vender: «Vas a terminar como Forza», le dijeron, y contaba que este grupo lo había dejado en la calle. La historia de Elaskar encajaba perfectamente con la de Fariña, como piezas de un rompecabezas. «El jefe» era Lázaro Báez.

Nico había conseguido una primicia. Como periodistas, estábamos frente a un caso que intuíamos importante, pero que terminó siendo muchísimo más que eso. La denuncia iba a provocar una serie increíble de reacciones en cadena. Decidimos entrevistar a Elaskar. Pero la tarea no iba a ser fácil. Nico recuerda que se encontró por primera vez con Elaskar en una sala neutral. «Estaba en la gran sala de reunión de un estudio jurídico, solo, sentado en una mesa de vidrio en la que cabían unas veinte personas. Por los ventanales se veía el tránsito de la 9 de Julio, las luces rojas de los autos, el Obelisco. Llevaba una camisa Ralph Lauren a rayas, mocasines Louis Vuitton, fumaba Marlboro. Hacía girar su Blackberry sobre la mesa. La charla duró varias horas», dice.

Lo que siguió a ese primer encuentro fue una guerra de nervios que duró más de un mes. Elaskar iba y venía. Hasta último momento, no sabíamos si iba a grabar. Tenía miedo por él, por su novia, por su familia. Hasta que un día se decidió y aportó elementos documentales indiscutibles. Fue en su departamento del Madero Center, vecino al de Boudou. Llegué poco después de las siete de la tarde al departamento del Madero Center. Fui con Patricio Carballes, mi abogado. Estaba también «Rapa» Ravanelli, productor ejecutivo del programa. Elaskar transpiraba. Y finalmente habló dando la cara. La grabación fue vista por todos. Elaskar no dejó pregunta sin responder. Dijo que había tenido una relación comercial con Fariña durante cinco meses, tiempo en el que Fariña manejó entre 50 y 60 millones de dólares. Cuando Nico le pidió que definiera cómo trabajaba Fariña, Elaskar contestó: «Un cadete multimillonario de Lázaro Báez». Lo explicó claramente: «Durante el primer semestre de 2011 —dijo— me dediqué a hacer operaciones por cuenta y orden de Leonardo Fariña para su cliente que era Lázaro Báez».

—¿Durante esos seis meses vos manejaste qué cantidad de plata? —volví a preguntar, frente a la cámara, para que no quedaran dudas.

—Aproximadamente, unos 55 millones de euros.

—¿Cuántas empresas se armaron?

—Y se armaron entre 40 y 45 sociedades *off shore* en Belize, en Panamá, en Syechelles, distintos paraísos fiscales que suelen estar poco regulados.

—¿Panamá era el destino de las operaciones?

—No, en general se utilizaba Belize con cuentas de banco en Suiza.

—¿Fariña qué te decía sobre la plata que traía?

—Que era de él. Al principio, cuando eran montos razonables en euros, que era de él.

—Pero cuando te aparece con 12 millones de euros.

—No, obviamente.

—Ahora, con el tiempo, ¿él te deja en claro que la guita era de Lázaro?

—Sí, por supuesto.

—¿Cómo te lo dice?

—Bueno, le pregunté: «¿De quién es esta guita?» «De Lázaro», me dijo.

—¿Cómo llevaba él la plata a tu financiera?

—Bueno, el dinero se iba a buscar en aviones o lo traía él desde La Plata, de la casa del padre... en bolsos, mochilas.

—Ahora, ¿cómo llegaba el dinero a Buenos Aires?

—¿A Buenos Aires? En avión, desde Río Gallegos. El avión era el Lima Víctor Zulu Sierra Zulu, LV ZSZ, esa es la matrícula del avión.

—¿El avión de Lázaro?

—El avión de Lázaro.

Cuando nos íbamos, la gente de seguridad quiso sacarse fotos conmigo. Nunca imaginaron lo que acabábamos de hacer en el departamento «C» del 3° piso. Ni lo que íbamos a revelar poco tiempo después. La historia de Elaskar encajaba perfecto con la de Fariña. «El jefe» era Lázaro Báez. En el relato de Elaskar aparecían otros personajes que ya Fariña había mencionado: Daniel Pérez Gadin y Fabián Rossi, el esposo de Iliana Calabró. Y Martín Báez, el hijo de Lázaro, titular de una de las cincuenta empresas truchas que se habían formado para sacar el dinero a través de paraísos fiscales. El que mandaba la plata era Rossi, el que manejaba la plata en Panamá, según Elaskar, era Rossi. Además, Elaskar nos dio pruebas contundentes, los papeles originales de la constitución de la sociedad *off shore* Teegan Inc., radicada en Belize y a nombre de Martín Báez. Elaskar se los había guardado quizá porque siempre supo que esta historia no iba a terminar bien. Es lo que te decía al principio: nunca en mi carrera tuve tantas pruebas sobre un delito de corrupción. Originales lacrados, actas de constitución de empresas con sellos. Esto recién comenzaba.

Era el momento de volver a ver Fariña. Este segundo encuentro fue distinto, porque ya nosotros teníamos mucha más información. Pero Fariña no sabía qué datos teníamos y eso funcionaba a nuestro favor, no iba a poder mentirnos. Fariña no sabía que habíamos hablado con Elaskar porque estaban peleados y no se comunicaban entre ellos. Decidimos grabarlo una vez más con una cámara oculta. Poco tiempo después, el periodista de chismes Luis Ventura saldría a decir que todo fue armado, mostrando lo que se supone que fue el video «crudo» de todo esto. El chimentero se confundió al ver, en el tape, una cámara en el living de mi casa. Habíamos pensado: es mucho mejor poner una cámara en el living, que Fariña nos diga que no quiere grabar y traerlo al escritorio donde sí vamos a grabarlo sin que él sepa. Eso fue lo que hicimos.

Entonces Fariña entró en mi casa, vio la cámara, dijo que no quería grabar, como suponíamos, y se vino a mi escritorio. En el escritorio estábamos cuatro personas: Fariña, Rapa, Nacho Otero y yo. Fariña dijo luego que sabía que lo estábamos grabando, aunque nunca precisó dónde estaba la cámara. La cámara la tenía Nacho Otero. Minutos después, Fariña admitió que él había elaborado un plan para blanquear 160 millones de dólares de Lázaro.

—Yo hice un plan, soy prolijo —dijo—. Te lo digo de otra manera, no podés tener 190 kilos de billetes no declarados y en un mes meterlos en el circuito. Es literalmente imposible. Necesitás tiempo. Yo armé un programa.

—¿Por qué decís kilos? —le pregunté.

—Un millón de dólares es un kilo cien de billetes —dijo.

—¿Vos manejaste guita de Máximo?

—No, yo manejé guita de Lázaro, que era la de él.

—Porque a nosotros nos salta que en el medio de todo eso había guita de Máximo.

—No, para nada, que yo sepa, yo con Máximo nunca traté.

—¿Y con Néstor tratabas?

—Sí.

—¿Qué tal?

—De primera.

—¿De qué hablabas?

—No, nada, a mí me planteaban problemas, yo planteaba las soluciones, y Lázaro llamaba y me decía sí o no; yo me relacionaba con Lázaro, exclusivamente. Con Néstor, un par de partidos de fútbol y un par de asados.

Poco después, a medida que la conversación avanzaba, Fariña se mostró interesado por saber lo que pasaba en las oficinas de la financiera SGI. Y sin querer nos terminó dando un dato inesperado, que pinta la dimensión de la cueva del Madero Center. Fariña dijo:

—Lo que yo quiero saber es, porque estoy desentendido del tema, ¿cómo está la situación de la gente de ahí?

—Están en la oficina —le dije.

Fariña hizo silencio, se acomodó, pensó en lo que iba a decir y soltó:

—¿En la Rosadita?

—¿Qué cosa?

—SGI es la Rosadita, ahí es donde va De Vido, donde se cierran las licitaciones, donde se hacen las operaciones en negro, todo el mundo va ahí.

Ya teníamos pruebas más que suficientes: Lázaro Baéz y su hijo Martín habían sacado del país 55 millones de dólares en bolsos de dinero que Fariña traía desde Río Gallegos en vuelos privados. Presenté las primeras pruebas en PPT el domingo 14 de abril, en un programa que fue récord histórico de rating para un periodístico en TV. Pero entonces, Fariña, un día después, cuando el escándalo estalló en todos los canales, salió a desmentirnos públicamente. Dijo: «Lanata quería ficción. Yo les di ficción». Y Elaskar se dio vuelta también. Pidió perdón por lo que había dicho frente al periodista Rolando Graña y dijo que nos había mentido hasta cuando declaró frente a nuestras cámaras que lo habían amenazado de muerte. Las pruebas eran incuestionables. Sin embargo, en esos días, presencié la más vergonzosa campaña del gobierno para desacreditarnos: Tognetti diciendo que esos certificados podían conseguirse en internet. Fariña alineado con toda la programacion de América: Rial y Ventura operando abiertamente a su favor, Canal 7 defendiendo a los lavadores de dinero. Nunca se habían animado a tanto.

Decidimos buscar más pruebas. Reconstruimos la conexión Panamá. Nico viajó hasta allá y confirmó la existencia de las oficinas de SGI donde trabajaban Rossi y Daniel Pérez Gadín, También descubrió que los directores de Teegan Inc. —la empresa blanquedora de la que presentamos los papeles originales y lacrados, integrada por Martín Báez— y el abogado que había creado la empresa acababan de renunciar debido al escándalo desatado en Buenos Aires por la difusión del caso.

En Uruguay, Rodrigo Alegre siguió otra pista. La del campo «El Entrevero», que había comprado Pérez Gadín por 14 millones de dólares. «El dinero con el que se pagó esa compra ingresó en el Uruguay sin ningún tipo de control —recuerda Rodrigo—. Ahí fallaron todas las alertas y todos los controles, y Uruguay tuvo que abrir su propia investigación para saber qué pasó con la ruta del dinero K». Fariña también nos había hablado del caso. No tenía nada de ficción.

El ovillo comenzó a desenredarse y dio lugar a una historia paralela: la de las maniobras del propio gobierno para ocultar la trama; en Buenos Aires descubrimos que existieron reportes de operaciones financieras sospechosas (ROS) realizadas por empresas de Báez que la Unidad de Información Financiera, a cargo de José Sbatella, omitió presentar ante la Justicia para salvar a Lázaro. La protección a Lázaro era increíble. Dice Luciana Geuna: «En medio de la investigación, una fuente me contó algo que para mí era increíble y es que se habían emitido reportes de operaciones sospechosas de empresas de Lázaro por un banco que se llama Finansur por 180 millones de pesos y la Unidad de Investigaciones Financieras no había hecho nada en ese momento. Demoró cinco años en llevarlo a la Justicia». El caso ya era un escándalo internacional. Desde Suiza también se sumaban pruebas. Un funcionario del Banco Lombard Ordier confirmaba que por la cuenta a nombre de Martín Báez había pasado mucho más que un millón y medio de dólares. Que todas las transferencias habían sido electrónicas. Que después del primer depósito de un millón y medio, empezaron a transferir mucha más plata. El Lombard Ordier le había pedido a Báez documentos que garantizaran el origen lícito de esa plata. Báez no les dio nada. El banco suizo cerró la cuenta por sospechosa.

Conseguimos entonces los datos de un vuelo que Martín Báez hizo con Pérez Gadín y con su abogado Jorge Chueco, a Suiza. Habían viajado a Ginebra el 26 de mayo de 2012 en un vuelo de Aerolíneas Argentinas con escala en Madrid. La fecha coincidía con el momento en que debieron cerrar la cuenta por pedido del Banco Lombard Odier.

Todo lo que denuncié dio origen a una causa en la Justicia federal. Cayó en el juzgado de Sebastián Casanello. Pero entonces el gobierno empezó a tejer una red de protección en torno a Lázaro. Báez era la cara visible de Néstor y Cristina. «Una noche —recuerda Luciana Geuna— recibo un mensaje de Facebook de alguien que me decía que nos teníamos que ver ya. Me trataba como si me conociera. Me pone un teléfono y que llame. Llamo y enseguida reconozco a una vieja fuente, de mucho tiempo atrás. Me pide que nos veamos urgente, y eso hicimos y me cuenta que estaban armando una operación judicial desde el gobierno para sacar a Lázaro y a su hijo de la causa. Esa operación la iba a protagonizar Carlos Gonella, nada menos que el fiscal antilavado, o sea el que tenía investigar. Gonella se iba a encargar de que ni Lázaro ni su hijo estuvieran en esta causa».

La Casa Rosada aprovechó las vacaciones del fiscal de la causa, Guillermo Marijuán, para ordenarle al procurador antilavado Carlos Gonella y a la procuradora general Alejandra Gils Carbó que no imputaran penalmente a Lázaro y su hijo. La instrucción fue dada por el secretario Legal y Técnico, Carlos Zannini.

Nos cansamos de mostrar pruebas. Teníamos la prueba de la relación comercial entre ellos: el acta por la que Austral Construcciones, la empresa insignia de Báez, decidía invertir en sociedad con los Kirchner. Cristina, además, había hecho negocios con Lázaro Báez y había dejado el rastro en sus declaraciones juradas de 2007 y 2008. Lázaro y los Kirchner eran socios. A esta altura era evidente que habíamos abierto una caja de Pandora. En mayo se sumó el testimonio de Miriam Quiroga, secretaria de Néstor desde que era gobernador en Santa Cruz hasta que terminó su presidencia. Desde hacía mucho tiempo, nuestra periodista Mariel Fitz Patrick venía intentando convencerla de que hablara a cámara. Lo que sigue es una parte de la entrevista que mantuve con ella:

—*¿A Lázaro lo conocés? ¿Dónde lo conociste?*

MQ: Sí, lo conozco, lo he visto primero en Santa Cruz; no tuvimos una relación de amistad, pero estando en función obviamente lo conocí.

—*¿Lo conociste como empleado bancario o siendo empresario?*

MQ: Siendo empresario.

—*¿Tenés alguna explicación por el crecimiento patrimonial de Lázaro?*

MQ: Bueno, las adjudicaciones de las obras, varios contratos con la provincia.

—*¿Lázaro y Néstor eran socios?*

MQ: No te lo puedo asegurar, no vi un papel, pero sí.

—*¿Y los demás, Cristóbal?*

MQ: Trabajaban juntos, qué puedo decirte, pauta, contratos, adjudicaciones, tenés que comprar esto, tenés que comprar aquello, de eso hablaban con Néstor.

—*Lo que he visto en el kirchnerismo es que participa de las empresas, vos querés un puente y te lo dan, pero pasan a ser parte de tu empresa y pasan a cobrar todos los meses.*

MQ: Siempre, si yo te doy algo a vos, soy parte de eso. Y de esta manera vas a encontrar mucha gente que no quiere hablar.

—*Además es un sistema mucho más estable que la coima. Porque la coima en sí, vos la pagás y después rompés la relación; de esta manera, vos los tenés adentro y pueden joderte.*

MQ: Y podés tener el control de todo. Hoy se descontroló todo eso, porque Cristina no es Néstor y de esa manera no tiene el control sobre la gente o sobre funcionarios o algunos empresarios.

—*¿Alguna vez viste algún movimiento del efectivo?*

MQ: Yo lo que vi son los bolsos, personas, movimientos y un compañero de trabajo que me dijo: «Tomá, agarrá el bolso». «¿Cuánto hay acá?», le dije. «No tengo ni idea de cuánta plata. Se pesa, la plata se pesa», me dijo. Le dije: «Pasame alguno para mí», y me dijo: «Están muy bien contados por el jefe». Eso lo vi en manos de Daniel Muñoz, asesores, secretario privado.

—*¿En dónde fue?*

MQ: Mi despacho lo tengo frente al despacho del ex presidente, obviamente que por ahí pasaban todos los movimientos, de gente que pasaba a otra instancia y hablaba con el ex presidente y luego venía Daniel Muñoz, en algunas oportunidades, que venía y me decía: «Tomá, pesá. ¿Cuánto puede haber acá?». Vi a Cristóbal López o Lázaro Báez, pocas veces porque eran en El Calafate los encuentros con él, o a Eskenazi en su primera etapa.

—*¿Esos bolsos vos los veías en el gobierno y después adónde iban?*

MQ: Con Adrián Muñoz a Olivos, y después a Santa Cruz. Por avión y muchas veces por vía terrestre.

—*¿Y si no era Adrián Muñoz, quién era?*

MQ: No sé, alguna persona designada, en esto tenía mucho manejo un SIDE, Larcher, era el control que tenía. Larcher permanentemente iba a pasar el informe.

—*¿Vos viste a toda esta gente desde 2003?*

MQ: Hasta 2007.

—*¿Los viste de una manera en 2003 y de otra en 2007?*

MQ: Claro que los vi de otra manera porque hubo mucho cambio, en su forma de vestir, de gastar, en electrónica. Pero ellos decían que eran comisiones, porque viajaban mucho al exterior, viáticos. No me iban a decir nada. Nunca entré en ese circuito ni en ese círculo. Yo me dedicaba a trabajar, llegaba muy temprano y me iba muy tarde.

—*¿Nunca te dijeron «comprate un terreno en Calafate»?*

MQ: Sí, eso me lo dijo Néstor, que invirtiera ahí. Pero de todas formas redacté una nota en la municipalidad y nunca me contestaron. No invertí.

—*¿Es cierto que Néstor no usaba tarjeta de débito?*

MQ: Sí, es cierto, ¿es muy raro, no? Siempre andaba con efectivo encima.

—*¿Y si el tipo se iba de viaje?*

MQ: Lo llevaba Daniel Muñoz.

—*¿Por qué creés que tenía un rollo con la plata?*

MQ: Por construir poder, y el poder lo construís con el dinero y otras cualidades más.

—*Escuché muchas veces lo de la bóveda con plata y pensé que era un delirio, ¿puede ser verdad?*

MQ: Puede ser, porque yo también escuché una conversación telefónica, estábamos volando de Buenos Aires a Santa Cruz y el ex presidente Néstor hablaba con el constructor y le exigía que avanzara más rápido sobre el tema de las bóvedas. Escuché de las puertas que tenían que llegar, de que había que apurar el trabajo, y que la plata había que guardarla.

—*¿Las dimensiones?*

MQ: Sé que era grande, pero no te puedo decir las dimensiones porque no escuché, y estaba referida a la casa que tienen en El Calafate. La casa de Cristina.

También apareció el arquitecto que construyó la bóveda de la casa que Cristina tiene en El Calafate. Ernesto Cañas, ex propietario de un hotel en El Calafate, ahora alejado del pueblo y radicado en Buenos Aires: se puso en contacto con Nico Wiñazki y lo invitó a su casa para conversar sobre aquella historia. «Como quedaba el espacio debajo de la escalera —dijo Cañas, mientras dibujaba un croquis de la casa de El Calafate—, le hice el recinto de dos metros por uno, con la puerta que se abre hacia afuera, cerré con llave y se la llevé a Barreiro y no sé qué pasó después con eso. El albañil me dijo: "Ahí, lo único que hicimos es entrar una caja fuerte del tamaño de la mesa". Coincide con las que se llevaron cuando fue el desguace del Banco Provincia. Yo estaba confundido porque Barreiro me dijo que iban a comprar una puerta de tesoro y la iban a meter ahí adentro. Para moverla, necesitás ocho personas ahí adentro, es imposible. Pienso que es lógico tener un lugar para guardar documentos, estamos hablando de un tipo que fue tres veces gobernador; dos, presidente». La metáfora del hormiguero. Cuando pisás un hormiguero se desarma todo junto. Entonces comenzó esa etapa, la etapa en la que todo se desmoronaba. Después del testimonio de Miriam, lo que nos quedaba era dar con algún funcionario o ex funcionario para chequear la versión de las bóvedas porque podía pensarse que la ex secretaria, que había tenido una relación muy íntima con Néstor, ahora hablaba por despecho. Quien termina hablando es el ex vicegobernador de Santa Cruz, el ex vicegobernador de Néstor, Eduardo Arnold.

«Era llamativo y hasta risueño, por ejemplo, cuando el tipo cobraba los alquileres. Rudy Igor Ulloa le cobraba los alquileres de todas esas propiedades que hizo en la dictadura con la ley 1.050 —contó Arnold—. Rudy venía con los bolsillos así —hace un gesto con las manos— de plata y le daba toda la plata junta, porque a Néstor le gustaba tener la plata en el bolsillo». Arnold siguió: «Me lleva ella —Cristina— y fuimos a ver la casa —la casa de El Calafate—. Ahí vi un entrepiso que había que me acuerdo que no era redondo sino hexagonal u octogonal, y le pregunté para qué eso, qué iban a poner ahí. Las cajas, me dijo. Así de simple. Me llamó poderosamente la atención semejante ámbito para caja fuerte».

Mientras más trataba el gobierno de ocultar el escándalo, cada vez que Lázaro Báez negaba ser el testaferro de Néstor, aparecían más pruebas que indicaban lo contrario. Lázaro Báez también tenía su propia bóveda, en su chacra inteligente de las afueras de Río Gallegos. Mostramos en la televisión las fotos que probaban que el empresario había desarmado el lugar para borrar evidencias, tomadas por el empleado de

Báez que desarmó la bóveda, Sergio Triviño. Al día siguiente, Báez abrió por primera vez las puertas de su casa en Río Gallegos e invitó a la prensa para que filmara el lugar y mostró que en el supuesto lugar de la bóveda había una bodega de vinos. Esa operación no hizo más que confirmar nuestras pruebas: llamamos a un perito y pudimos comparar la bodega con la bóveda. Eran iguales. Una reemplazó a la otra.

Lázaro había intentado ya antes borrar evidencia en el Madero Center. Su gente vació de documentación las oficinas de la financiera SGI, aprovechando la demora de la Justicia en allanar el lugar. Lázaro quiso desaparecer pruebas, y nosotros tuvimos las imágenes del «operativo limpieza» obtenidas de las cámaras de seguridad del edificio, en las que se se ve a un hombre y a una mujer llevándose una computadora. Luego un desfile de changuitos, con personas que llevan papeles, cajas y carpetas. Los changuitos salen llenos, bajan y vuelven vacíos, y vuelven a salir llenos. La «mudanza» sucede unas horas antes del allanamiento. Es una secuencia increíble que pone en evidencia cómo se llevaron todo mientras nadie hacía nada.

La ruta del dinero K era una pared acribillada de agujeros, una carrera a ningún lugar. Para la Justicia no alcanzaba nada y fue entonces cuando apareció la pista de las islas Seychelles. A diferencia del juez Casanello, hubo un fiscal que sí se puso a investigar: José María Campagnoli. El fiscal partió de una premisa lógica: quien constituye una sociedad *off shore* fuera del país es evidente que lo que está buscando es ocultar dinero. Campagnoli inició una causa para determinar si Elaskar había vendido SGI extorsionado por Báez. Comprobó una infinidad de llamadas cruzadas que probaban los vínculos entre las empresas de Báez, Pérez Gadin, el abogado Chueco, Elaskar, Fariña y hasta incluso una línea telefónica del Ministerio de Planificación. Cruzó datos de vuelos y transferencias. Investigó sociedades en la Argentina y en el exterior. Descubrió que Helvetic Services Group, la empresa dueña de SGI, había entrado al país 65 millones de dólares en bonos, depositados luego en cuentas de Austral Construcciones. La maniobra de lavado estaba clara: los millones que Fariña, Elaskar y los Báez habían sacado del país de modo ilegal regresaron legales. Mariel Fitz Patrick agrega: «Campagnoli descubrió además que Helvetic controlaba una red de 150 empresas creadas para actuar como pantalla y ocultar los movimientos del dinero. Todas estaban administradas por una sociedad llamada Aldyne, radicada en las islas Seychelles, uno de los paraísos fiscales más cerrados del mundo».

Seychelles y la misteriosa empresa ALDYNE eran las piezas del rompecabezas que faltaban. A esa paradisíaca isla del océano Índico había viajado en secreto Cristina Kirchner en enero de 2013, en una escala imprevista durante una gira presidencial al Asia. A principios de diciembre de 2013, la procuradora general de la Nación, Alejandra Gils Garbó, pidió la suspensión de Campagnoli. Gils Garbó, que en la teoría debería defender al fiscal por sus actuaciones, impulsó con su propia firma la creación de un comité de enjuiciamiento para que evaluara la suspensión del fiscal. El caso fue el último escándalo, en las puertas del verano, de esta larga historia que comenzó hace dos años. Campagnoli, finalmente, fue suspendido de sus funciones. Se le aplicó un reducción del 30% de su salario y quedó a un paso de ser destituido. No alcanzaron ni las protestas de la gente ni la campaña en Change.org, que reunió más de 150 mil firmas de apoyo al fiscal.

El jueves 13 de diciembre, en una medida sin antecedentes, el Jurado de Enjuiciamiento del Ministerio Público Fiscal lo apartó de su puesto. Tres de los siete miembros del Jury nunca pudieron ser parciales, puesto que se trata de militantes de La Cámpora y de la Agrupación Kirchnerista Justicia Legítima. Lo mismo sucedió en la instancia previa del proceso contra el fiscal: cuatro de los cinco integrantes del consejo que dio paso al Jury son integrantes de Justicia Legítima, al igual que Gils Garbó. Nunca antes se había tomado una medida tan drástica contra un fiscal, un castigo que sólo está previsto para casos de acoso sexual o robo de dinero de caja chica. «Me suspendieron por investigar al poder», dijo Campagnoli. El equipo de investigación de la Fiscalía de Saavedra, la Secretaría de Investigaciones Penales (SIPE) también fue desarmado y se trasladó al personal a un archivo en el Palacio de Justicia. Un informe de Mariel Fitz Patrick para los primeros programas de PPT de 2014 resume el «caso Campagnoli», una metáfora de la Justicia en la era K: el fiscal procesado y el culpable libre.

En octubre de 2012, llega a la Fiscalía de Instrucción N° 10, que subrogaba José María Campagnoli, fiscal también a cargo de la Fiscalía de Saavedra y de la Secretaría de Investigaciones Penales —conocida como SIPE—, una denuncia contra Federico Elaskar, el ex dueño de SGI. La denuncia había sido presentada por representantes de SGI luego de haber sido intimados por la AFIP por un préstamo con una hipoteca fantasma que dijeron desconocer y atribuyeron a quien había sido su presidente, Elaskar. Además, lo acusaron de otras maniobras fraudulentas y de haberlos amenazado.

Pocos meses después, en la primera emisión de *Periodismo para Todos* del 14 de abril de 2013, Elaskar contó a cámara una versión completamente opuesta, dijo que había sido forzado a vender SGI, amenazado, entre otros, por el contador de Báez, Daniel Pérez Gadín, quien a partir de julio de 2011 había quedado al frente de la financiera. Ante las cámaras de PPT, Elaskar reconoció que había sido él, a través de su financiera SGI, quien hizo las maniobras para sacar al exterior y lavar al menos 55 millones de euros de Báez, y señaló a Leonardo Fariña como quien le traía el dinero del empresario K desde el sur. En el mismo programa, el propio Fariña reconocía haber sido el valijero de Báez. Pese a la contundencia del informe televisivo, el lunes 15, ningún fiscal tomó intervención de oficio. A la noche, mientras Telenoche reproducía el informe de PPT, Campagnoli decidió impulsar la acción penal por lavado de dinero. Al día siguiente hizo una presentación en la Oficina de Sorteos con toda una serie de medidas de prueba. El expediente ingresó a la Justicia Federal. Horas después, Campagnoli pidió el tape del programa a Canal 13. Esa misma noche declaré en su Fiscalía.

En paralelo, desde su Fiscalía de Saavedra y con el valioso trabajo de sabuesos de los funcionarios y empleados de la SIPE, continuó la pesquisa por la causa de extorsión y administración fraudulenta de SGI, que, a la luz de lo revelado en PPT, pasó a cobrar color. La sospecha era que, en realidad, la denuncia contra Elaskar, había sido una maniobra para encubrir la forma extorsiva con que la gente de Báez se había quedado con SGI.

En poco más de un mes, Campagnoli y su gente descubrieron que, en julio de 2011, SGI había sufrido frenéticos cambios accionarios y había sido comprada por una misteriosa sociedad suiza llamada Helvetic Services Group, que Elaskar atribuyó a Báez. También que el teléfono de SGI había pasado a nombre de una sociedad del contador de Báez, Daniel Pérez Gadín, y que este había viajado a España junto con el hijo de Lázaro, Martín, acompañados por el abogado del empresario patagónico, Jorge Chueco. También descubrió que Helvetic controlaba —a través de la firma Aldyne, con sede en Islas Seychelles— 150 sociedades *off shore* por las que habría pasado el dinero que terminó en Suiza.

Con esos hallazgos, Campagnoli no dudó. El 22 de mayo pidió la declaración indagatoria de Báez, su contador Pérez Gadín, su abogado Chueco y otras siete personas de su entorno vinculadas a SGI.

El 29 de mayo, la jueza María Gabriela Lanz hizo lugar a buena parte de las medidas propuestas por el fiscal y ordenó la indagatoria de Báez y compañía por el delito de extorsión. A partir de ese momento comenzaron las presentaciones «gemelas» de los defensores de los acusados, pidiendo la recusación del fiscal y la jueza, y la nulidad de todo lo hecho. No se quedaron ahí. En su ofensiva, también presentaron una denuncia penal contra Campagnoli en la Justicia Federal —que fue desechada— y dos denuncias administrativas en la Procuración, a cargo de Alejandra Gils Carbó, integrante de la agrupación K Justicia Legítima.

Para el 19 de junio, a partir de la pesquisa de la SIPE basada en documentación oficial, financiera y bancaria, Campagnoli reconstruyó la ruta de los 55 milllones de euros que Báez había sacado del país y lavó, entrándolos de nuevo mediante la compra de bonos argentinos que luego depositó en la cuenta de su empresa Austral Construcciones, en la sucursal Plaza de Mayo del Banco Nación.

A partir de estos hechos, Campagnoli decidió sumar a su pedido de indagatoria a Martín Báez y a dos directivos de la misteriosa firma Helvetic Services Group. A todos ellos los acusó de llevar adelante una maniobra de lavado de dinero de la que participaron valijeros y testaferros de Lázaro Báez y sus socios.

Toda esta compleja operatoria financiera fue concretada frenéticamente entre el 14 de diciembre de 2012 y el 8 de abril de 2014, cuando ya el entorno de Báez sabía o sospechaba que Elaskar estaba por revelar las maniobras de lavado. Apenas seis días después de la última repatriación de dinero, en PPT difundimos las entrevistas a Elaskar y Fariña.

Tras ese segundo dictamen de Campagnoli, los abogados de Báez, Pérez Gadín y Jorge Chueco arreciaron su batería de presentaciones para frenar la investigación del fiscal. Los pedidos de indagatoria quedaron en suspenso, a la espera de que la Cámara de Apelaciones definiera el pedido de recusación que presentaron contra Campagnoli y la jueza Lanz, y el pedido de que todo el expediente pasara al fuero Federal. Sabían que ahí el juez Sebastián Casanello venía llevando la investigación por lavado con extrema lentitud.

El 21 de octubre, la Sala V de la Cámara del Crimen confirmó el aval de la jueza Lanz a todo lo hecho por Campagnoli, rechazó todos los pedidos de nulidad y consideró que no había ilegalidad en la actuación del fiscal. También confirmó la competencia de Campagnoli para investigar la extorsión, pero dictaminó que los hechos investigados en la causa de la Justicia federal y los de la investigación que llevaban Campagnoli y Lanz, si bien eran distintos, tenían conexión y dispuso que todo el expediente pasara a manos del juez Casanello, a cargo de la causa por lavado de dinero.

Habían pasado seis meses desde que estallara el escándalo de la ruta del dinero K, y Campagnoli le había impreso un ritmo vertiginoso a la investigación. Pese a los esfuerzos del fiscal Guillermo Marijuán, a partir de ese momento la causa Lázaro quedaría estancada en el despacho de Casanello en Comodoro Py.

Una de las últimas medidas tomadas por la SIPE antes de enviar la causa al fuero Federal fue el entrecruzamiento de llamadas entre los imputados. Esos cruces confirmaron el vínculo entre Báez, Elaskar, Fariña, Pérez Gadín y Jorge Chueco, y la existencia de una relación ininterrumpida, al menos desde octubre de 2010 y el 30 mayo de 2013, último día analizado. De ese cruce también surgió que había 122 llamadas entre un número de Movistar registrado a nombre del Ministerio de Planificación al celular del contador de Báez, Pérez Gadín. La SIPE le mandó un oficio al ministerio de Julio De Vido para saber quién lo usaba, que fue recibido el 29 de octubre. La respuesta llegó al día siguiente, 30 de octubre. Era utilizado por Claudio Fabián Cerutti, quien trabaja en el área de Ceremonial de Planificación, manejada por el secretario privado y hombre de extrema confianza de De

Vido, José María Olazagasti. Ese mismo 30 de octubre se presentaron los abogados de Chueco y Pérez Gadín en la sede de la SIPE en Saavedra a reclamar a los gritos, porque a pesar de que Campagnoli ya no tenía la causa de Báez, seguían con la investigación. En realidad, el oficio a Planificación había sido enviado justo antes de que la causa fuera remitida al fuero Federal. Los abogados de Chueco y Pérez Gadín parecían estar muy informados del oficio que había llegado a Planificación sobre esas comunicaciones entre un asesor de De Vido y el contador de Báez. Llamativamente, en el registro entregado por Movistar a la Fiscalía, desaparecieron todas las comunicaciones entre el 17 y el 27 de octubre de 2010, diez días en los que hay un agujero negro en las llamadas. Ante el reclamo de la SIPE por la desaparición de los registros, la respuesta de Movistar fue: «No hay llamadas». Pero según el informe de las otras empresas de celulares, sí había habido llamadas a números de Movistar en ese período e incluso, por ejemplo, llamadas desde el estudio de Chueco a su celular. El más que extraño *black out* telefónico de esta compañía de celulares alcanzó a los 10 millones de líneas de Movistar en el país, de las cuales no quedaron registros en ese período. No hubo ninguna explicación de la empresa sobre un supuesto desperfecto técnico. Movistar es la compañía utilizada por miembros de la Secretaría de Inteligencia y muchos funcionarios nacionales.

Otra curiosidad: este lapso de diez días en blanco coincide con los diez días previos a la muerte de Néstor Kirchner, sucedida el 27 de octubre de 2010, e incluye la fecha del asesinato de Mariano Ferreyra. Pero la nueva ofensiva de los abogados defensores no fue lo único que sucedió aquel 30 de octubre. Ese mismo día, Gils Carbó le sacó a Campagnoli la Fiscalía 10, que subrogaba desde hace dos años, y que era la que llevaba adelante —con intervención de la SIPE— la investigación por la extorsión a Elaskar y posible administración de SGI, que seguía en el fuero ordinario. El argumento de la Procuradora fue una supuesta «reestructuración», que sólo alcanzó a Campagnoli. La medida se hizo efectiva tan sólo cuatro días después. En su defensa, Campagnoli presentó un escrito muy duro ante la Procuración, en el que sostuvo que el motivo real de su apartamiento de la Fiscalía 10 respondía a sus avances en la investigación de la causa Báez, y acusó a Gils Carbó de encubrir y entorpecer el caso sacándolo de la Fiscalía que tenía la causa original. También ese 30 de octubre, Gils Carbó impulsó dos sumarios administrativos contra el fiscal, pese a que los planteos ya habían sido rechazados por la Sala V de la Cámara del Crimen.

Los abogados habían argumentado también que Campagnoli integraba un insólito «grupo destituyente», junto con el Grupo *Clarín*, Elisa Carrió y yo mismo. Y sostenían que su investigación tenía por objetivo perjudicar al gobierno y a la familia de la Presidenta, aunque ninguno de ellos había sido imputado por Campagnoli.

Ese mismo 30 de octubre —lo sabría la gente de Campagnoli más de un mes después— se registrarían las últimas comunicaciones grabadas en el teléfono intervenido, en la causa River, del hermano de la ministra de Seguridad, María Cecilia Rodríguez. A partir de ese día, la SIDE informaría que el teléfono no registraba comunicaciones, aunque los listados de facturación en poder de la SIPE lo refutaran por completo.

Recién en la madrugada del 2 de diciembre, cuando confirmaron que el tal Diego Rodríguez era el hermano de Cecilia Rodríguez, flamante ministra de Seguridad, Campagnoli y sus sabuesos comprendieron todo. «Dios se apiade de nosotros», escribió uno de ellos. Tenía así sentido el borrado inescrupuloso de comunicaciones que hacía la SIDE y el súbito movimiento de los expedientes administrativos de Gils Carbó contra Campagnoli.

El 22 de noviembre, apenas dos semanas después de recibir los expedientes contra Campagnoli, el Consejo Evaluador de Disciplina votó a favor de su suspensión hasta que el Tribunal de Enjuiciamiento resuelva su posible destitución. Fue firmado por una mayoría K integrada por los fiscales Javier De Luca, Alejandro Alagia, Eduardo Álvarez y Diego Luciani.

Luciani, miembro de la Procuraduría Adjunta de Criminalidad Económica y Lavado de Activos (Procelac), está imputado por encubrimiento en la causa Báez, junto con la Procuradora, y los fiscales Carlos Gonella y Omar Orsi, por haber sacado de la imputación original a Lázaro Báez y su hijo Martín. Sin embargo, esto no lo hizo excusarse de votar. Sólo se opuso el fiscal de Paraná Ricardo Álvarez, quien advirtió que no se había hecho una mínima instrucción, ni se le había permitido al acusado defenderse. Es que tanto la integración del Consejo como las conclusiones del dictamen habían sido mantenidos en reserva, por lo que Campagnoli no pudo ejercer su defensa.

De hecho, en los días que van del 30 de octubre a fines de noviembre, los expedientes administrativos en su contra avanzaron dentro de la Procuración. Pero Campagnoli recién lo supo cuando Gils Carbó lo notificó el 5 de diciembre del pedido de jury de enjuiciamiento que debe resolver su destitución. Entre los argumentos centrales de la Procuradora para pedir el jury, figuran las supuestas irregularidades cometidas durante la investigación que, sin embargo, ya habían sido desestimadas por la Sala V de la Cámara del Crimen.

En un trámite exprés, el 12 de diciembre, apenas una semana después del pedido de Gils Carbó, el Tribunal de Enjuiciamiento suspendió a Campagnoli, por cuatro votos —todos de declarada simpatía kirchnerista— contra tres de los representantes de los abogados y un ex procurador. Los votos a favor fueron del presidente del cuerpo y representante del Poder Ejecutivo, Ernesto Kreplak; el fiscal Daniel Adler, representante de la Procuración; Rodolfo María Ojea Quintana, designado por el Senado, y María Cristina Martínez Córdoba, de la Defensoría. Contra la sanción votaron los representantes del Colegio Público de Abogados; de la Federación Argentina de Colegios de Abogados, y el ex procurador general de la Nación, Juan Octavio Gauna.

Ante su suspensión, Campagnoli denunció «una persecución para impedir que se profundicen investigaciones de hechos de corrupción que llevaba adelante». Con el patrocinio de Ricardo Gil Lavedra, ex diputado radical y ex juez del tribunal que condenó a las Juntas Militares, presentó el 17 de diciembre un amparo para reclamar la nulidad del proceso en su contra y pidió, mediante una cautelar, que fuera levantada la suspensión hasta que se concretara el jury.

El juez en lo contencioso administrativo federal Pablo Cayssials rechazó la cautelar para que se levantara la suspensión. Campagnoli apeló y el 21 de enero, la Cámara en lo Contencioso Administrativo Federal confirmó esa decisión, sin expedirse sobre la cuestión de fondo, que aún está pendiente de resolución a cargo del juez Cayssials.

Paralelamente, la Fiscalía de Saavedra trabajaba hacía un año y medio en una causa por el asesinato de un hincha de River, Matías Soria, ocurrida el 10 de junio de 2012 en el Monumental. De la investigación se desprendió un expediente paralelo por la reventa de entradas de socios, que servía de financiamiento de la barra brava de River, y que llevó a dos de sus jefes, dos policías, directivos del club, y alcanzaba a su entonces presidente, Daniel Passarella.

Entre las escuchas telefónicas pedidas por la SIPE —y autorizadas por el juez de Instrucción número 10, Fernando Caunedo— que los investigadores analizaron a mediados de noviembre, se toparon con una que resultaría explosiva. En una intervencion telefónica del 15 de octubre de 2013 aparecía mencionado Lázaro Báez, sin conexión aparente con esta causa sino con la de la extorsión a Elaskar que, a esa altura, hacía ya veinte días que estaba en lo de Casanello.

En un diálogo entre Diego Rodríguez, ex vocal de River, conocido como «el Boletero», y Fabio «el Mudo» Penna, de la barra brava, este le decía que Báez necesitaba «lavar 300 palos verdes» y le preguntaba si quería proveerle de facturas truchas de su fábrica a cambio de una comisión por el negocio. Lo que no sabían los investigadores en ese momento era que el tal Diego era el hermano de la actual ministra de Seguridad, María Cecilia Rodríguez. De hecho, en conversaciones posteriores, aparecía «una hermana» que era funcionaria, pero no sabían aún en qué dependencia trabajaba. En uno de esos diálogos, Diego Rodríguez le decía: «Con esto no queremos hacernos ricos», y en la misma conversación, ella se comprometía a «hablar con Débora». ¿Se referiría a la ministra de Industria, Débora Giorgi?

En otra llamada al teléfono de Diego Rodríguez del 17 de octubre desde un teléfono fijo de la concesionaria «Ruta 3 Automotores» en Ramos Mejía, donde suele activarse la antena del celular de Penna, el Mudo Penna —o al menos, parece ser su voz, aunque no se identifica— le deja grabado en el contestador: «Se depositaron 300 palos en el Banco Provincia». Ese mensaje en su casilla fue escuchado tres veces por Rodríguez. También se registraron llamadas desde la fábrica de Diego Rodríguez al celular de Penna. El pedido de escuchas por parte del fiscal se renovó en noviembre pero, llamativamente, a partir del 30 de octubre, los CD que enviaba la SIDE comenzaron a llegar en blanco, al igual que las transcripciones.

El 26 de noviembre, Campagnoli le mandó un escrito al juez Caunedo con la charla en que aparecía mencionado Báez y le advirtió que la SIDE había ocultado o destruido las escuchas a partir del 30 de octubre. Ese mismo 30 de octubre fue el día que le sacaron a Campagnoli la Fiscalía que llevaba la causa Báez. Y —sabría la gente de Campagnoli más de un mes después— se registraron las últimas comunicaciones grabadas en el teléfono intervenido en la causa River, del hermano de la ministra. Desde entonces, la SIDE informaría impertérrita que el teléfono no registraba comunicaciones, aunque los listados de facturación en poder de la SIPE lo refutaran por completo.

Recién en la madrugada del 2 de diciembre confirmaron que el Boletero era el hermano de Cecilia Rodríguez, quien hasta ese momento era la secretaria de Coordinación Militar de Asistencia a Emergencias en el Ministerio de Defensa. Pudieron descubrirlo a partir del lugar de activación de las antenas de celular en las cercanías del Edificio Libertador. Para su sorpresa, ese mismo 2 de diciembre, la «hermana» de Diego Rodríguez fue designada como la nueva ministra de Seguridad. Campagnoli y sus investigadores comprendieron todo: «Dios se apiade de nosotros», escribió uno de ellos. Tenía así sentido el borrado de comunicaciones y el súbito movimiento de los expedientes administrativos de Gils Carbó contra el fiscal.

En la madrugada del 3 al 4 de diciembre, el personal de la SIPE se quedó redactando un escrito que le enviaron al juez Caunedo en la mañana con el hallazgo. En ese dictamen solicitaban varias detenciones y allanamientos, entre ellos, el de la oficina conocida como OJOTA, desde donde la SIDE hace las escuchas, acusándolos del borrado de llamados a partir del 30 de octubre. No sabían que, al mismo tiempo, en la Procuración se estaba escribiendo el pedido de suspensión y de juicio político de Campagnoli, del que recién fue notificado el 5 de diciembre, pese a que tenía fecha del día anterior.

Pocas horas después, el 4 de diciembre por la tarde, Rodríguez juró como ministro. «Casualmente», ese 4 de diciembre, el diputado nacional kirchnerista Leonardo Grosso difundió por Twitter un video donde presuntos vecinos del

Barrio Mitre —donde pisa fuerte La Cámpora— denunciaban que Campagnoli perseguía y estigmatizaba a las familias humildes de la zona. Ese día, Grosso hizo además una presentación en la Procuración pidiendo que se lo investigara por discriminación. El mismo 4 de diciembre, Cristina Caamaño —que se desempeñaba en el Ministerio de Seguridad como secretaria de Cooperación con los Poderes Judiciales— renunció a su cargo. Su renuncia se haría efectiva «retroactivamente» a ese día por un decreto del 9 de diciembre.

Al día siguiente, 5 de diciembre, el juez Caunedo le ordenó a Campagnoli que le enviara la causa de River, cuya instrucción hasta ese momento estaba en manos del fiscal, y prorrogó el secreto de sumario. El 12 de diciembre, el Tribunal de Enjuiciamiento suspendió a Campagnoli hasta resolver su posible destitución. Campagnoli denunció que la medida se decidió por investigar a Báez y a Diego Rodríguez, el hermano de la ministra de Seguridad que apareció en una escucha telefónica en la que le ofrecen lavar 300 millones de dólares de Austral Construcciones, la firma con la que Báez realiza obras públicas. Además, recusó a Gils Carbó y reprochó falta de independencia a los miembros del tribunal que votaron en su contra, a quienes cuestionó por «kirchneristas» y por tener lazos con La Cámpora.

Sin perder tiempo, ese mismo 12 de diciembre, Gils Carbó designó a la fiscal Claudia Katok como subrogante de Campagnoli y a Cristina Caamaño, como «coadyuvante». Al día siguiente, 13 de diciembre, el juez Caunedo resolvió la nulidad de listados telefónicos pedidos por la Metropolitana con información complementaria sobre las escuchas. Argumentó que el objeto de la investigación no estaba claro y que era «una excursión de pesca», a pesar de que hacía meses que él mismo controlaba esa supuesta «excursión».

Ese mismo 13 de diciembre, Caamaño asumió en la Fiscalía de Campagnoli y no apeló la nulidad de parte de las escuchas decidida por Caunedo. Tampoco la competencia de Casanello —a cargo de la causa de lavado contra Báez— en las que involucraban al empresario patagónico. Por lo prematuro y cuestionable de esta decisión, parecía más bien una maniobra para que Campagnoli no pudiera seguir investigando.

Lo primero que hizo Caamaño al llegar a la Fiscalía de Saavedra fue pedir la causa de River, en la que se había podido probar que la dirigencia del club River desviaba fondos con fines proselitistas y financiaba a la barra brava como fuerza de choque. Caamaño les informó a los empleados que, a partir de ese momento, ella en persona iba a manejar ese expediente. Y así lo hizo, completamente a espaldas de los empleados de Campagnoli. Al punto que cuando uno de los secretarios de la fiscalía de Saavedra, que tiene obligación de llevar registros y hacer estadísticas de las causas, osó pedirle a Caamaño las novedades de la de River, su respuesta fue: «Te sugiero que no preguntes más por esa causa», y   ante su cara de sorpresa— agregó: «Vos tendrías que ser más sumiso».

Quizá para no quedar tan comprometida con el encubrimiento político a Báez y al hermano de la ministra de Seguridad, Claudia Katok —la otra fiscal subrogante— dejó la Fiscalía de Saavedra, en los hechos, en manos de Caamaño. Sin embargo, Katok no presentó su renuncia por escrito, por lo que sigue cobrando el plus por la subrogancia a Campagnoli.

Para trasladarse a esta Fiscalía, Caamaño siguió utilizando el Toyota Corolla patente FKN-452 que tenía asignado en el Ministerio de Seguridad, un vehículo con chofer y custodia de la Policía Federal Argentina. Lo justificó en que lo necesitaba para «llevar causas» desde la Fiscalía 10 en Paraguay y Uruguay, que subrogaba Campagnoli. Curiosamente, este fue uno de los argumentos de Gils Carbó para sacarle esa Fiscalía: que él cumplía funciones en Saavedra, distante físicamente de esta otra Fiscalía.

El desembarco de Caamaño en Saavedra, como una suerte de interventora política, estuvo teñido por el hostigamiento y persecución a los empleados que venían trabajando con Campagnoli. Los interrogó uno por uno, por separado, mientras un prosecretario de su fiscalía —Pablo Becerra— tomaba nota de las respuestas en una laptop. En su interrogatorio, les dio a entender que, por haber trabajado con Campagnoli, los consideraba portadores de una «ideología» —sin especificar cuál— que tenían que dejar de lado si pretendían mantener sus trabajos. Como prueba de lo que decía, Caamaño les mostraba lo que ellos habían publicado en sus cuentas de Twitter o de Facebook a favor del fiscal suspendido. Llevaba con ella una carpeta con impresiones de esas publicaciones en las redes sociales. La amenaza, en algunos casos, no pudo ser más directa: «Dejate de joder con el Twitter. Yo hablo con la Procuradora y te hago mierda».

El 10 de febrero, en un avance más de las represalias contra el equipo de Campagnoli, la SIPE fue desalojada de sus oficinas en Saavedra y sus integrantes enviados a trabajar al archivo administrativo de la Unidad de Investigación de delitos de autor desconocido, que manejaba Campagnoli hasta su suspensión. Así, pasaron de un amplio edificio en Saavedra cedido por el gobierno porteño, en el que disponían de un piso entero de 200 metros y dos despachos en otros dos pisos, a un entrepiso de 20 metros en el archivo ubicado en Tucumán y Carlos Pellegrini. Descabezada, lejos del fiscal del que dependen para la firma de sus escritos y sin acceso a las causas que llevaban por la falta de espacio en ese lugar, la SIPE quedó en la práctica desarticulada.

Para entender lo que significa hay que recordar que la SIPE es una oficina proyectada y puesta en marcha por el propio Campagnoli en junio de 2012, antes de la llegada de Gils Carbó. Fue creada por una resolución del entonces procurador suplente, Luis González Warcalde, con el objetivo de esclarecer delitos en los que están involucrados NN. El 80% de las causas penales que tramitan en la Capital son denuncias de este tipo. Su secretario es Ignacio Rodríguez Varela, quien integró junto a Campagnoli el equipo que desembarcó en el entonces Ministerio de Justicia y Seguridad junto a Gustavo Béliz y Norberto Quantín, cuando Néstor Kirchner asumió la presidencia, para retornar al Ministerio Público poco más de un año después. Funcionó desde un principio en Arias 4491, en el mismo edificio de la Fiscalía de Saavedra dedicada a delitos de autor desconocido que interviene, a diferencia del resto de las fiscalías de la ciudad, de manera permanente en todos los delitos cometidos en el territorio de 4 comisarías (de los barrios de Saavedra, Núñez, Bajo Belgrano y Villa Urquiza), a cargo de Campagnoli desde el 1° de julio de 1999. Esta Fiscalía y la SIPE funcionaron siempre como una unidad. Desde sus comienzos, la SIPE estuvo dedicada a realizar investigaciones especiales, así como también al esclarecimiento de robos, piratería del asfalto, homicidios, violaciones, salideras bancarias, entre otros delitos. Ya esclareció 1.200 delitos graves que habían sido archivados. Como una suerte de FBI criollo, en sus investigaciones analizan grabaciones de cámaras de seguridad, cruzan antecedentes, rastrean datos en Internet y piden escuchas telefónicas de sospechosos, entre otras medidas de inteligencia criminal. Trabajan con la Brigada Antisecuestros de la Federal y con Investigaciones de la Comuna 12 de la Policía Metropolitana. En poco más de un año, intervino en tres investigaciones que sellaron la suerte de Campagnoli y de la SIPE: el caso del secuestro de Alfonso Severo, testigo del caso Mariano Ferreyra, desaparecido el 3 de octubre de 2012 y aparecido al día siguiente, a los diez minutos de las primeras medidas de la SIPE, que terminó con Campagnoli, individualizando a los policías y agentes de inteligencia involucrados; la causa Báez y la de River, en el que terminó involucrado el hermano de la ministra de Seguridad. En las tres causas, el motor fue la flamante —y al parecer efímera— SIPE.

CAPÍTULO XVII

Feudos

Formosa: Insfrán

Formosa fue una de las provincias más ortodoxas a la hora
de aplicar el «modelo»: es la provincia más pobre del país,
donde la mortalidad infantil se eleva al 18‰. Según cifras oficiales del INDEC, el 8% de la población formoseña no tiene
baño en sus viviendas, el 20% carece de heladeras y el 16%
de los hogares cocina con leña o carbón. El 74% de los formoseños no tiene computadora. Pero a pesar de esos números de espanto, hace veinticinco años que Gildo Insfrán, ex
veterinario, entra como funcionario en su búnker de la gobernación: ocho como vicegobernador y diecisiete como gobernador. Fue reelecto y reelecto en medio de denuncias de
corrupción y hasta de manejo de listas electorales con historias que hablan de ciudadanos paraguayos que cruzan a Formosa para votar por él y volver a su país.

El caso de Formosa es la metáfora del poder concentrado
y la construcción del feudo a largo plazo, forjado sobre años
de permanencia en el poder, al igual que en Santa Cruz. Al
año del fallecimiento de Néstor Kirchner, Gildo inauguró el
primer monumento a Néstor en el país, una réplica dorada
y a escala del ex presidente. El monumento está ubicado so-

bre la avenida Néstor Kirchner y fue inaugurado con la presencia del ministro de Planificación, Julio De Vido.

Insfrán ganó las elecciones en 2003, 2007 y 2011 de forma aplastante. Según denuncias de la oposición, lo hizo valiéndose de extranjeros: se habla de más de 10 mil paraguayos o argentinos radicados al otro lado de la frontera que llegan a votar desde la isla de Alberdi, en el lado paraguayo, donde hasta una radio instruye a sus vecinos, para saber cómo hacer para votar en Formosa y por Gildo.

«Son personas que han sido contratadas por los punteros del insfranismo; se les facilita un documento similar al que tenemos todos los argentinos y se les pide que voten a cambio de una prebenda o un plan jefes y jefas o incluso de una jubilación», dice Nuncio Toscano, secretario general de la sede formoseña de AMRA, la Asociación de Médicos de la República Argentina, hasta julio de 2013.

Si uno es argentino y vive en el extranjero puede votar. Acude a la embajada de la Argentina, por ejemplo en Asunción, y puede votar para las elecciones nacionales. Pero no para gobernador ni intendente. En Formosa, sin embargo, sí. «Ese voto lo hacen porque figuran de forma trucha como viviendo en la ciudad de Formosa», dice Toscano.

¿Cómo se articula una maniobra en la que, además de votar con un documento falso, se reciben planes sociales o pensiones estatales a cambio? La operatoria del «voto a la paraguaya» implica la complicidad de varios organismos. Explica Toscano: «Primero con el Registro de las Personas, por la cantidad de documentos que se dan, luego Migraciones, finalmente la ANSES. Estamos hablando de miles de extranjeros que reciben un beneficio que se paga con el impuesto de todos los argentinos».

El caso de los votos truchos fue denunciado una y mil veces en Formosa y fuera de la provincia. Pero nunca pasó nada: Gildo también controla la Justicia.

Se trata de tribunales adictos, totalmente sometidos, donde se fueron jubilando los viejos jueces, mientras eran nombrados en su reemplazo los hijos de los funcionarios y políticos peronistas que están a disposición del régimen. Es una Justicia que no admite la posibilidad de que un funcionario oficialista sea investigado, pero sí un opositor; una Justicia que tampoco hace nada frente a la infinidad de pistas clandestinas utilizadas por el narcotráfico que se dispersan por todo el territorio provincial; una Justicia que tampoco hace nada cada vez que en la camioneta de algún agente de policía se hallan paquetes de cocaína y marihuana, en franco viaje hacia Buenos Aires, provenientes de Paraguay.

Blas Hoyos, ex diputado UCR-Formosa, lo describe: «Reelección indefinida, manejo absoluto de los fondos, falta de distribución de poderes, consolidación del poder, control total del aparato judicial. El año pasado votaron los chicos de clase 94, que son los chicos que nunca vieron a otro gobernador más que a Gildo».

«El gran temor de Gildo es algún día dejar el poder porque él de hecho traicionó a su padre político, lo traicionó y tiene miedo de que le pasen factura por sus años de poder. Tanto como por sus riquezas, pero más por los enemigos que acumuló», resume Gabriel Hernández, ex intendente de la ciudad de Formosa.

La comparación de Formosa con Macondo es inevitable: alrededor de la Casa de Gobierno hay una feria de casi tres cuadras a la redonda donde todo lo que se vende es mercadería de contrabando.

En Formosa hay, también, un puerto que se hizo en 1987 y nunca funcionó. Se llamó Puerto Nuevo, costó 210 millones de dólares y para hacerlo cerraron el balneario municipal. Se pensó entonces en un tren que recibiera la mercadería en el puerto y luego la distribuyera al resto del país. Pero calcularon mal el lugar y debido al calado, los barcos nunca pudieron entrar. Costó millones de dólares y el dinero se gastó, pero nunca nadie dio explicaciones al respecto.

«No se entiende —dice Blas Hoyos— cómo pensaron construir un puerto en esas playas, donde de hecho estaban los balnearios más populosos. La otra pregunta es por qué construir en este lugar, donde el canal de navegación pasa por la mano de enfrente de Paraguay y no de este lado. Yo creo que este es el monumento a la corrupción y a la estupidez humana. Cómo puede construirse un predio ferroportuario sin trenes ni barcos.»

El proyecto era faraónico, una metáfora del progreso. En el mismo lugar se iba a construir una estación de tren, donde iban a enganchar la producción llegada con los barcos. El barco nunca pasó y el tren nunca llegó. Pero la grúa se compró: costó 35 millones de dólares y se pagó durante una de las gestiones de Gildo Insfrán gobernador. Ahora está abandonada. Y se evalúa la posibilidad de instalar un nuevo puerto en la Colonia Aquino. Ojalá sea un puerto con barcos.

Incluso existe, en Formosa, un gobernador que se contrató a sí mismo. Esa es la historia del Elefante Blanco de la capital provincial, el edificio nunca terminado de la Legislatura. Hace veinticuatro años que está en construcción y que se eroga dinero desde el Estado para seguir adelante con las obras inconclusas. Lo comenzó a hacer Gildo Insfrán cuando era vicegobernador y presidente de la Legislatura. Fue él mismo quien gestionó los 80 millones de dólares que hasta ahora se gastaron.

Cerca, en el barrio Guadalupe, los vecinos no cuentan con cloacas ni agua potable, aunque pueden admirar el Estadio Polideportivo Cincuentenario, que fue hecho con fondos de la provincia. Tiene capacidad para 6 mil personas y comodidades propias de un estadio de la NBA. Fue inaugurado en 2007 y se realizan partidos de vóley y básquet. La capacidad de público asistente nunca supera el 10% de las butacas.

«Se habla de 50 millones de dólares de costo aproximado —dice Blas Hoyos—, pero con eso se podrían haber hecho muchísimas cosas, sin ir más lejos, si miran el Barrio Guadalupe que está justo enfrente del estadio, tapado, es un barrio sumamente carenciado con más de cincuenta años de antigüedad y con problemas crónicos, gravísimos en materia sanitaria, en infraestructura de servicios que con un 0,5% de lo que salió el estadio se podría haber hecho y, sin embargo, está ahí mostrando este contraste de un barrio casi africanizado.»

A mediados de 2013, viajamos a Formosa y recorrimos varias localidades ubicadas sobre la ruta 81. Hicimos 200 kilómetros desde Formosa capital hasta la localidad de Bartolomé de las Casas. Allí pudimos comprobar que Formosa es también la provincia del «hambre de agua». Vimos cómo la gente juntaba agua con baldes de los charcos; el agua que usaban para comer, cocinar o bañarse.

Diego Dos Santos, concejal de la UCR, nos explicó la situación crítica del agua en la provincia: «Para darte una referencia —me dijo— hay 37 municipios de los cuales más de la mitad se encuentran con escaso abastecimiento de agua o nulo».

Formosa es una provincia rodeada de agua de los ríos del litoral.

Marcial García, un enfermero comunitario, el único en la zona, hace también de médico circunstancial: «Utilizamos el agua de lluvia para que tomen los pacientes, también para esterilizar elementos y lavar los baños». «Si no llueve, carecemos de agua porque hay que pedirla y tardan más o menos tres días en traerla.»

En Bartolomé de las Casas nunca tuvieron agua de red. El charco es la salvación para muchas comunidades aborígenes que se preguntan si la obra que anuncia el cartel de la entrada —promesa de cañerías, cloacas y agua potable— se concretará alguna vez.

Marcial García siguió: «Las ronchas de la cara de los chicos se deben en parte a ingerir agua en mal estado. Lo más probable es que hayan ingerido agua que no está tratada. Y aparte de eso suele haber chicos con mucha diarrea y vómitos».

Diez kilómetros más adelante, por la ruta 81, se ubica Ibarreta, donde los vecinos pagan el agua que les envía la municipalidad. Pero hay un problema: el servicio es deficiente. Hugo Fernández, uno de sus habitantes, lo dice de manera tajante: «La planta estabilizadora de agua potable es un reservorio que no tiene agua. Hace ocho o nueve meses no llueve y la municipalidad nos intima a que paguemos la factura del agua aunque el servicio no existe. Todos pagan obligados la factura. Pagan por un servicio que no existe. Pero agua hay a veces, cuando se reparte, cada tanto. Tenemos un horario. De 13:00 a 14:00 horas más o menos. En una semana disponemos de tres días de agua. Y en esos tres días, una hora. Es la lucha del agua, de todos los días».

En Estanislao del Campo, en el centro de la provincia, los vecinos llegan con sus baldes caminando y se van con los mismos baldes cargados de agua a su casa. Los acarrean durante kilómetros. Allí, Marta, la encargada de custodiar el único pozo del pueblo, dijo: «Esto es como sacar oro para nosotros y para toda la gente que viene a buscar agua. En bidones, en botellas y en botellitas de gaseosas vienen a buscar agua».

En Pozo de Tigre, la situación es todavía más grave porque los funcionarios usan el agua para hacer clientelismo político: quien no apoya al intendente, no recibe agua de la municipalidad. El caso de Marisa: «No me llevan agua a mi casa. El otro día estaba el inspector y le dije que me llevaba agua a mi casa y me dijo que no. Y me dijo que no, porque no estoy en la lista. Tengo 5 hijos. No tener agua es lo fundamental, si no tomás agua, no vivís. Con los chicos estuvimos limpiando el pozo hasta las dos de la tarde, lloraban y me decían: "Mami yo tengo hambre de agua". Hambre de agua».

Después del informe sobre el «hambre de agua» en la localidad de Pozo del Tigre, *Periodismo para Todos,* en colaboración con la ONG Conin, del doctor Abel Albino, y otras organizaciones sin fines de lucro, lanzó una campaña llamada «Argentina urgente». Tenía por objetivo abastecer de agua y otros insumos a las poblaciones necesitadas del norte del país, donde la falta de agua y el hambre muchas veces matan. La campaña tuvo una repercusión enorme. Rápidamente, miles de personas de diferentes puntos del país y del exterior y sobre todo muchísimas escuelas comenzaron a juntar donaciones para enviar en camiones cargados de productos a los pueblos carenciados del norte. En octubre de 2013, descubrimos lo peor: Gildo Insfrán en Formosa estaba trabando la ayuda promovida desde «Argentina urgente» con aprietes y amenazas a los que trabajaban en el proyecto. Viajamos a Formosa y hablamos con quienes estaban allí desde hacía semanas. Descubrimos que la fundación Essen, que estaba encargada de la construcción de un pozo de agua en la localidad de Pozo del Tigre, había abandonado el trabajo después de que los responsables sufrieran amenazas y persecuciones por parte del gobierno local. «Todo empezó el jueves, cuando los técnicos de la Fundación empezaron a hacer una perforación para llevar agua a todo el pueblo. Se hicieron diez metros de pozo y lo que sucedió es que el jueves a la noche el pozo apareció tapado con tierra, ladrillo, vidrios», contó Rodrigo Alegre desde Pozo del Tigre. Y reveló: «Desde el mismo momento que ponemos al aire la denuncia de Marisa González, que cuenta que sufrían "hambre de agua", comenzaron los hostigamientos y amenazas a ella, su familia y al resto de los pobladores».

La campaña tuvo que ser levantada en Formosa y continuó, con éxito, en la provincia de Salta.

Otro de los grandes escándalos en la provincia se vincula con la distribución de combustible al Estado. Al respecto,

Hoyos dice: «No hay registro de los proveedores del Estado, nadie sabe quiénes son proveedores y en qué condición están y, en el caso particular de toda la distribución de combustible en la provincia de Formosa, está en manos del principal proveedor que es el cuñado del gobernador, en cuya empresa está la mujer del gobernador, de apellido Galduff».

El diputado provincial de la UCR Formosa, Martín Hernández, explica que la empresa Galduff Combustibles provee al Estado provincial mediante licitaciones privadas que son ganadas con exclusividad por la mujer del gobernador. «Claramente, una situación de negociaciones incompatibles con el ejercicio de funciones públicas —señala—, o sea, el gobernador contratando a su esposa. Más allá de favorecer a un familiar, se favorece a sí mismo». Otro caso en el mundo mágico de Insfrán: la Costanera de la ciudad se llama Vuelta de Formosa. Tiene tres kilómetros de extensión y fue inaugurada en 2011. Está adornada con palmeras, elegantes postes de luz, sistemas de luces LED, casillas policiales pintorescas. A la vista, parece una Costanera tan sofisticada como la de Puerto Madero. Costó unos cuatro de millones de dólares. Según el sitio web *Plazademayo.com*, las obras fueron ejecutadas con partidas de la Unidad Central de Administración de Programas (UCAP), cuya titular es Stella Maris Manzur. Una parte importante de las obras fueron adjudicadas a Covasa S.A., firma cuyo titular es Jorge Pablo Covone, hijo de Manzur. Otra adjudicataria recurrente de la UCAP —que administra los fondos federales girados por el ministro de Planificación, Julio De Vido— es Edifikar, propiedad de Eduardo Víctor Solsona, pareja de Manzur. «Sabemos que esta propietaria Manzur es a la vez propietaria de inmuebles en Puerto Madero», dice el abogado Eduardo Davis. «Es dueña de una mansión en Brasil, en Florianópolis, que tiene una playa privada y es propietaria de grandes cantidades de inmuebles en la provincia de Formosa y hemos pedido que se abra una investigación seria y concreta de parte de la provincia. El hijo de Manzur también tiene constructoras y se le otorgan obras y por valores millonarios.»

Davis denunció todo esto a la Justicia. Desde entonces, se supone que alguien en Formosa investiga el patrimonio de la funcionaria y los negocios de obra pública que tendrían sus allegados.

«Durante estos veinte años de gobierno de Gildo Insfrán —señala el abogado—, la corrupción se exteriorizó en el Poder Ejecutivo, en las intendencias, en la policía. Es raro encontrar funcionarios que no se hayan enriquecido aprovechando su condición.»

La denuncia señala a Manzur como culpable de los delitos de asociación ilícita, malversación de caudales públicos, lavado de activos, encubrimiento, violación de los deberes de funcionario público, negociaciones incompatibles con el ejercicio de funciones públicas y enriquecimiento ilícito, todos en concurso real.

«Manzur centraliza todos los dineros que llegan del gobierno nacional —agrega Davis—. La mayoría de las obras las hacen las empresas de sus familiares. Armaron un pool de empresas. La madre le adjudica obras al hijo y al marido. En Buenos Aires no nos creen que esto pase aquí porque les parece demasiado.»

«La corrupción es común, una normalidad —dice Carlos Varela, director y periodista de la radio La Corneta—. Y acá no pasa nada sin consentimiento del gobernador. El gobierno paga 142,27 pesos a los proveedores por el kilo de puchero para los comedores. A otros proveedores se lo paga a 97 pesos el kilo. Antonio Mérito Ferreyra, jefe de Gabinete de Insfrán, y a quien conocemos como "Pomelo" Ferreyra, es dueño de todo el aparato de sanidad de la provincia, tanto estatal como privado, y hace negocios con la salud formoseña. Todas las ambulancias, que alquila al Estado, le pertenecen. Ahora Gildo es millonario, pero yo lo conozco de cuando era pobre. Incluso cuando no le andaba su Citroën allá por 1979, yo le prestaba mi Torino. En aquella época militaba en el Partido Comunista Revolucionario. Hoy es un magnate.»

Carlos Varela investigó el denominado «caso de las facturas X»: «Eso es válido acá, acá te pagan así, para no pagar la AFIP». Y muestra una factura escandalosa: «Esta que tengo acá es la del hijo del intendente del Colorado de 231.463 pesos con 03 centavos, que le alquiló al gobierno de Formosa una retroexcavadora. Yo con cuatro boletas de estas me compro una retroexcavadora, ¿para que voy alquilar?» Según el censo 2010, en el Departamento de Ramón Lista, la esquina izquierda de la provincia, hay 2.796 hogares; 2.104 son precarios con techos de chapa, caña o paja con barro. El 90% de la población de Ramón Lista es wichí. Y el 90% de los hogares no tiene agua. El 56,5% de los hogares no tiene baño en su casa.

En Formosa conviven tres pueblos indígenas: los Wichí, los Pilagá y los Qom. Según Unicef, en 2011 la tasa de mortalidad infantil fue más alta en los departamentos donde viven los wichís. Se trata de Ramón Lista y Matacos, donde los índices de tuberculosis son los más altos del país. En un informe titulado «La muerte Qom», publicado por el sitio de noticias *Plazademayo.com,* el periodista Diego Roja señala que «el mayor problema que sufren las comunidades indígenas de Formosa es la falta de provisión de agua dentro de la vivienda y de inodoros con descarga sanitaria. Los pobres entre los pobres, en Formosa, son indios. A la vez, en una sociedad altamente regimentada debido al carácter autoritario del Estado, los indígenas representan una anomalía. Por todo ello, las rebeliones aborígenes en Formosa toman un cariz dramático».

La lucha más simbólica de estos diez años de kirchnerismo fue la que comenzó en noviembre de 2010 con los integrantes de la comunidad Qom La Primavera, que se encuentra a una hora y media de viaje desde la capital formoseña.

«No queremos que nos condicionen y nos digan cómo tenemos que vivir y cómo tenemos que hacer las cosas que proceden del gobierno», dice el referente de la comunidad, el cacique Félix Díaz. Félix llegó hasta el papa Bergoglio con sus reclamos de tierra y dignidad y es una astilla que pincha en el falso discurso kirchnerista sobre la diversidad. Hoy, para el gobierno es un militante rentado por la oposición y por *Clarín*. Según fuentes consultadas dentro de La Cámpora, Andrés «Cuervo» Larroque, su líder, piensa que Magnetto tomó la causa Quom como un elemento para desestabilizar al gobierno; cree que Félix Díaz es un tipo comprado por «la Corpo».

«Estamos tratando de poder recuperar lo que somos, porque a nosotros mismos nos enseñaron a negar lo que nosotros somos para que seamos argentinos, que hablemos un solo idioma, para que nos vistamos de una sola forma, para que nos eduquemos de una forma. Entonces lo que nosotros buscamos es ser parte de esta sociedad pero con nuestras formas de vida propia del indígena», me dijo Félix una mañana en la que el barro nos llegaba a las rodillas y estabamos rodeados de Gendarmería. Los miembros de la comunidad estaban a pocos metros, bajo toldos que ni siquiera eran carpas. Nadie podía querer esa tierra que estaban defendiendo; un pedazo de lodo y piedras por el que varios tuvieron que dar la vida.

La historia había empezado el 23 de noviembre de 2010, cuando la Justicia ordenó desalojar el corte de la ruta nacional 86 que mantenían los integrantes de la comunidad Qom La Primavera. El corte llevaba cinco meses y era en reclamo de tierras que todavía hoy consideran propias, pero que el gobierno nacional cedió a la Universidad de Formosa. La acción fue rápida y mortal. Roberto López, un aborigen miembro de la comunidad, murió. También murió un policía y otro aborigen, herido de gravedad, fue esposado y agonizó durante varios días hasta que logró sobrevivir. El recuerdo quedó filmado. Todavía hoy puede verse en páginas de *YouTube* y es la prueba concreta de que las políticas represivas no estuvieron ausentes en diez años de kirchnerismo. Se ven mujeres que corren con niños en medio de la ruta, se escuchan tiros y gritos, policías que avanzan hacia la banquina, una humareda de alguna casa quemada y se percibe la confusión.

«La orden del comisario general Muñiz fue "Mátenlo a Félix", "No lo dejen escapar a Félix", "No lo retengan, mátenlo". Me querían atrapar, pero la gran parte de los policías no me identificaba porque los policías venían de diferentes lados —recuerda Félix—, era un ejército armado para esto. Entonces los jóvenes de la comunidad me empezaron a rodear y me retiraron de la ruta y logré escaparme. Cuando lo hacía, vi que las mujeres eran golpeadas y pisoteadas por los caballos de los policías. Miraba hacia atrás y veía que se levantaba la humareda desde nuestras casas». Y señala algo más, desde entonces, una serie de muertes dudosas azotó a la comunidad: cinco muertes sospechosas de aborígenes en accidentes y enfermedades que empeoraron más de lo debido.

Poco después del desalojo de la ruta 86, cansados de no ser escuchados, el 27 de diciembre de 2010, los Qom se mudaron a Buenos Aires e iniciaron un acampe para reclamar por sus derechos durante cinco meses en la esquina de 9 de Julio y Avenida de Mayo. Ese acampe, extendido y fatigoso para una comunidad que hasta entonces prácticamente nunca había pisado una avenida de cemento, terminaría de la peor manera: con La Cámpora y el gobierno porteño aliados para echarlos a patadas de la ciudad.

Las imágenes son elocuentes. Todavía se pueden ver en Internet (www.indymedia.argentina.org). El viernes 6 de mayo de 2011, la Gendarmería nacional se hizo presente en el acampe Qom de la 9 de Julio para desalojarlos. Los subieron a micros y sus pertenencias a camiones. La Cámpora participó del desalojo con una patota encabezada por Andrés «Cuervo» Larroque. Larroque parecía inquieto, apurado por consumar el desalojo. Hablaba por teléfono. Está parado en una esquina, junto a otros militantes de la organización. Las fotos que siguen muestran el fin del acampe. Los Qom ya en los micros, de regreso a su tierra.

Félix recuerda: «Ese día aparecieron los micros en la 9 de Julio. Y tuvimos muchísima presión de La Cámpora con este chico Larroque. Y también había gente de la Tupac Amaru, un tal Vila, y funcionarios que decían: "Retírense de acá o la mesa de diálogo con el gobierno no se va hacer". Larroque hablaba por teléfono y volvía y nos decía eso. "Qué querés, dale, decinos qué querés". También nos decía que nos iba a poner a hablar con Aníbal Fernández, porque Randazzo no tenía autoridad para hacerlo. Y me insistía con que todo esto había llegado demasiado lejos. Pero nosotros queríamos volver a nuestras casas con una respuesta en nuestras manos. Yo le pedía a Larroque que todo fuera transparente y que, si alguien del gobierno quería hablar, que me llamaran por teléfono para dialogar. Larroque, entonces, se alejaba de la carpa y hablaba por celular. Después me volvía a preguntar: "¿Cuánto querés? ¿Cuántas viviendas querés?" No quiero nada de eso, le decía yo, sólo que me garanticen mis tierras porque estamos pasando un mal momento».

Finalmente, los Qom dejaron la ciudad con la promesa de Florencio Randazzo de que se iban atender sus demandas. Al cierre de este libro, el caso sigue sin solución: los Qom todavía no fueron escuchados. Díaz se convirtió en un referente internacional de la lucha por la desigualdad. Pero toda esa construcción, que lo llevó hasta las puertas mismas del Vaticano, aún es en vano. Porque no sólo su caso está irresuelto, sino otros tantos más. Muy cerca de La Primavera, por ejemplo, impulsan un reclamo similar los integrantes de la comunidad Nan Qom en las afueras de Formosa capital. Tomaron tierras que consideran propias y los supuestos dueños los quieren echar. Mientras tanto, la policía los mantiene cercados a la espera de la definición de la provincia. Félix dice: «Ese es el sistema que se implementa en la provincia cuando un grupo de indígenas se manifiesta y reclama los derechos que le corresponden. Los aíslan y con el tiempo se van debilitando las fuerzas, porque podés imaginarte que en la intemperie sin agua, sin comida, finalmente no se aguanta».

—¿Nunca te encontraste con Insfrán?

—Nunca, lo que a nosotros nos hace falta es sentarnos a discutir la política aplicada a los pueblos indígenas, ya no queremos que nos traigan los paquetes armados diciendo hagan esto. Sin ver una propuesta. Nosotros queremos ser parte de esta Argentina con libertad, respeto y la participación que nos merecemos. Nosotros no estamos mendigando al gobierno para que nos regalen cosas, nosotros queremos que el gobierno nacional se haga cargo de los territorios.

Tucumán: Alperovich

José Jorge Alperovich, gobernador permanente de Tucumán, llegó al poder en 2003 de la mano de Eduardo Duhalde, y nunca más se fue. Está acostumbrado a manejar la provincia como si fuese otra de sus concesionarias: controla el Poder Judicial, posee en la Legislatura mayoría automática y según sus opositores el 90% de las leyes que sanciona son proyectos que salen del Poder Ejecutivo, y de nadie más. Lleva tres períodos seguidos gracias a una cláusula que incorporó a la Constitución y, en paralelo a la consolidación del kirchnerismo a nivel nacional, tejió una red cada vez más fuerte de vínculos con la Casa Rosada.

En Tucumán, la mortalidad infantil sigue siendo alta —14,1% en 2010, según la Dirección de Estadísticas y Censos de la provincia— y sus habitantes ganan, en promedio, el segundo peor salario del país. Es una provincia con infraestructura ruinosa, poblados enteros sin agua potable y una industria principal en crisis, el azúcar, cuyo retroceso da paso a la siembra de soja, un negocio que también controlan los hombres del poder. Tucumán es también la provincia en la que el gobierno, según declaraciones de los propios ex comisarios a la prensa, espía a los opositores. Y donde las represiones de protestas sociales son frecuentes, igual que los desalojos de comuneros indígenas que a menudo, en la zona sojera, reclaman por sus tierras.

La reelección indefinida estaba prohibida en Tucumán, pero Alperovich, aprovechando su mayoría legislativa, introdujo una cláusula durante su segundo mandato habilitando la re-reelección. En la letra chica, el gobernador aclaraba que la re-reelección se hacía efectiva a partir del mandato vigente, descartando de esta manera su primer período. De modo que para Alperovich su primera gobernación —año 2003-2007— no existió.

«Cuando el tiempo de José Alperovich terminaba al frente de la gobernación, el mandatario reformó la Carta Magna para permanecer en el poder durante más tiempo. ¿Cómo lo hizo? Con mayoría en la Legislatura, reformó la Constitución en 2006, pensando a largo plazo. Habilitó la reelección por un período e incluyó una cláusula transitoria que establece que el mandato que estaba en curso al momento de la reforma, 2003-2007, no sería tenido en cuenta a los fines de la reelección. Así, Alperovich y una decena de legisladores, intendentes y delegados comunales que asumieron por primera vez en 2003 podrían estar tres mandatos consecutivos, mientras que el resto sólo podría estar ocho años en el mismo cargo», escriben los periodistas José Sbrocco y Nicolás Balinotti, en *El zar tucumano*, la biografía no oficial del gobernador, un libro que casi las librerías de la capital evitan exhibir: cuando lo hacen, cae de inmediato un control de la Dirección de Rentas.

«De esta manera —siguen los autores—, Alperovich podría ser gobernador hasta 2015 o 2019, en caso de que se estableciera una norma como la que rige en Santa Cruz, Catamarca y Formosa. Esto podría suceder, a pesar de que René Goane, vocal de la Corte, le espetó a sus colegas supremos: «La cláusula transitoria que pidió Alperovich es grosera, discriminatoria y anticonstitucional. La democracia necesita alternancia, no la reelección de por vida». El periodista Álvaro José Aurane, en la edición del 8 de abril de 2004 del diario *La Gaceta*, escribió: «Desde el inicio de la gestión, el gobernador José Alperovich ha dado muestras de que, de manera consciente o inconsciente, tiene al presidente Néstor Kirchner como modelo de gobernante». Así como Kirchner traicionó a Duhalde, se puede afirmar lo mismo de Alperovich con Miranda, su antecesor. Ambos no ahorraron críticas con las gestiones pasadas, aunque hayan sido lideradas por sus antiguos socios políticos.

La alianza con el kirchnerismo le permitió a Tucumán ser una de las provincias que recibió más planes Argentina Trabaja. Sólo en 2010, el gobierno nacional le giró 242 millones de pesos para financiar los planes.

La estación de tren Central Córdoba es un símbolo de los manejos y desmanejos entre Alperovich y el gobierno central, donde sucedió uno de los grandes papelones de la nación y de la provincia. El 18 de junio de 2009, durante una teleconferencia con Cristina en Buenos Aires y Alperovich en la estación, se anunció la puesta en marcha del servicio ferroviario que iba a unir la capital con Tafí Viejo. Por esas vías, después de treinta años, iba a transitar el tren. Para eso se reconstruyeron las estaciones del recorrido e hicieron circular un coche que trajo a representantes del gobierno nacional. Miles de personas se volcaron a la calle para festejar. El tren de Tafí Viejo hizo un solo recorrido y dejó de funcionar.

El gobierno tucumano es una gran familia que justifica el sobrenombre de Alperovich, «El Zar»: a su lado aparece Beatriz Rojkés. La esposa del gobernador es presidenta del PJ de Tucumán, senadora nacional, tercera en la línea de la sucesión presidencial. Es decir, cuando no están ni Cristina ni Boudou, es la presidenta de los argentinos. De la mano de Beatriz se encuentra Silvia Rojkés, cuñada del gobernador, ministra de Educación. Carlos Rojkés, cuñado del gobernador, miembro del Banco de Tucumán, asesor en el Senado, conduce un programa en el canal estatal.

Y Verónica Rojkés, sobrina del gobernador, empleada del Senado de la Nación. También está Rubén Rojkés, otro cuñado del gobernador, accionista de las empresas Luxury BH, proveedora del estado provincial. Y Pablo Zeitune, yerno del gobernador, director de Comercio de Tucumán. La lista sigue. Isaac Benjamín Bromberg, primo del gobernador, fue representante de la Casa de Tucumán y hoy es diputado nacional del Frente para la Victoria. Y también está Beatriz Mirkin, prima del gobernador y ministra de Desarrollo Social 2003-2011, hoy diputada nacional del Frente para la Victoria PJ. Oscar Mirkin, otro primo del gobernador, es el secretario de Obras Públicas de Tucumán. Y Lucía Temkin, la sobrina del gobernador, es directora de Secretaría Privada de la Presidencia Provisional.

«La Beti», como la conocen en Tucumán, también es millonaria: la declaración de bienes de 2010 admitió tener un patrimonio de 20 millones de pesos entre propiedades, depósitos bancarios y acciones de empresas familiares. «Cuando no está en Buenos Aires —explica Sbrocco— se encarga de manejar las empresas del gobernador, tiene una oficina ahí y se encarga de atender en la oficina de Automotores Alperovich».

Según el libro de los periodistas Sbrocco y Balinotti, estas son las empresas del Grupo Alperovich:

Canal 10

En un momento de tensión entre el empresario periodístico Alberto Llaryora, ex socio de Canal 10, y Alperovich, el medio de comunicación ignoraba o relegaba la información oficial. Alperovich consiguió la intervención del canal, sacó del medio a la empresa de Llaryora, New Line, y el canal quedó manejado por el estado provincial y la Universidad Nacional de Tucumán (UNT). La historia había empezado mucho tiempo antes, cuando en 1986 Alperovich desembarcó en Canal 10 como director y socorrista económico.

Radio LV12

En 2005, Alperovich, a través del ex director del Banco del Tucumán, Camilo López, adquirió LV12, una de las principales radios de la provincia. La venta inicialmente se iba a concretar en 400 mil dólares, con la mitad de los pagos con comprobantes y la otra mitad en negro. La negociación se habría terminado cerrando en menos de 100 mil dólares.

Radio LV7

En 2011, Camilo López se quedó con otra radio de gran audiencia: LV7. De ese modo, el banquero López —que había sido compañero de Alperovich en la universidad— controla las dos principales frecuencias de AM de la provincia. «La estrategia de Alperovich para ir comprando o arrendando las radios es muy simple. Primero les corta la publicidad oficial —que es el único sustento de la mayoría de esos medios—, y luego les envía todo tipo de inspecciones laborales e impositivas», escriben Sbrocco y Balinotti.

León Alperovich de Tucumán S.A.

El directorio de la empresa León Alperovich de Tucumán S.A. está integrado por su presidenta Beatriz Rojkés de Alperovich, y vicepresidenta, la hija del matrimonio, Mariana Alperovich. El director titular, Gabriel Alperovich, es el hijo mayor de la pareja. El síndico titular es Raúl Fernando Estofán, hermano del presidente de la Corte Suprema de la provincia y el suplente es el contador José Luis Romero. Pero el gobernador y su esposa no solamente pisan fuerte en León Alperovich de Tucumán S.A. La firma León Alperovich posee, además, 59.848 hectáreas distribuidas en las localidades santiagueñas de Suncho Pugio, El Rosario y Uturungo.

Avanco S.R.L.

El 15 de abril de 1992, nació Avanco S.R.L. de la mano de Rubén Ricardo Rojkés, hermano de Beatriz, y de Roxana Judith Weiss. Poco más de seis años después, el 7 de septiembre de 1998, se incorporó José Alperovich y se asoció únicamente con Rubén Rojkés, con porcentajes igualitarios. El 31 de agosto de 2000, la escribana Hebe Amalia Orlando y la doctora María Cristina Márquez de Robin, en representación del Registro Público de Comercio de la provincia, fueron testigos de que Alperovich se había convertido en el socio mayoritario de Avanco S.R.L. El 28 de mayo de 2003, Alperovich le cedió, como está certificado en la actuación notarial, un 45% de las acciones a Rubén Rojkés, y de esta manera la empresa volvía a quedar sostenida en partes igualitarias entre el gobernador y su cuñado.

La Divina

Mientras Avanco tramitaba en el Registro Público de Comercio una ampliación de actividades comerciales, Rubén Rojkés, en representación de la empresa, se quedaba con un campo de 3.000 hectáreas en Horcones, cerca de Rosario de la Frontera, en Salta. Lo bautizó «La Divina», donde ahora Avanco se dedica a la explotación de soja y de ganadería. Avanco le adquirió «La Divina» a una empresa familiar en convocatoria de acreedores. Uno de los oferentes fue Rojkés, que llegó con un maletín repleto de dinero para cancelar la deuda concursada. Con ese dinero se les pagó a los acreedores y el saldo se completó en varios meses siguientes y finalizó en noviembre de 2003, un mes después de que Alperovich asumiera la gobernación por primera vez. En total, el monto que pagó Avanco fue de 1.800.000 pesos, aunque la suma habría sido superior, según allegados a la familia vendedora.

Alperovich S.A.

Como si fuera poco, desde el 17 de noviembre de 1998, Alperovich dirigía otra empresa que llevaba su nombre: José Alperovich S.A. «El cargo del director es personal e indelegable», dice en el acta que constituyó la sociedad entre el gobernador, socio mayoritario, y su esposa. Está certificado por el escribano público Nicasio Olmos. Integran también el directorio: Beatriz Rojkés, Gustavo Isaac Andjel, que es director de una de las concesionarias Volkswagen, Gabriel Alperovich (uno de los hijos del matrimonio gobernante) y Marta León de Alperovich, la madre del primer mandatario.

Hotel República

Algunos negocios tienen nombre propio, como el Hotel República, donde se hospeda el plantel de Atlético Tucumán a modo de concentración antes de cada partido. El hotel es dirigido en la actualidad por Sara Alperovich, según reconoció ella en una entrevista para el libro *El zar tucumano*. Las concesionarias son un rubro familiar: José administra las marcas Volkswagen y Kía, y su hermano Naum comercializa Ford, Hyundai y, desde hace poco, también los autos Chery.

Alperovich Motors S.R.L.

Los hijos del gobernador también participan de los negocios familiares. El 12 de diciembre de 2006, se publicó en el *Boletín Oficial* de la provincia la constitución de la sociedad Alperovich Motors S.R.L., cuyos socios gerentes son Gabriel y Mariana Alperovich. En 2011, el gobierno tucumano reglamentó un impuesto para aquellos que compraban autos fuera de la provincia. En el caso de que sea patentado en Tucumán, debe abonarse el 2% de valor del auto en la Dirección de Rentas de la provincia con la excusa de favorecer el mercado interno. Las diez concesionarias de Tucumán son del grupo Alperovich. «Es decir —interpretan Sbrocco y Balinotti— es una medida que propicia el afán recaudatorio y atenta contra la libertad de comercio, y que favorece al interés económico de las empresas locales que comercializan autos. A este rubro, justamente, se dedican algunas de las empresas del gobernador y de su familia.»

Alom S.R.L.

El 15 de junio de 2010, se asoció con Samuel Ignacio Chalom para constituir la empresa ALOM S.R.L., que se dedica a la construcción, a las actividades inmobiliarias y financieras, y a la compra y venta de autos nuevos y usados. La última incorporación de Alperovich a su patrimonio fue una lujosa vivienda construida en Yerba Buena, donde funciona uno de sus bunkers. Al gobernador le gusta recibir allí a los funcionarios con asados y buen vino. La casa está situada en la esquina de Martín Fierro e Ituzaingó. Su cuñado Rubén Rojkés fue el encargado de controlar el avance de la obra. Por esa vivienda, Alperovich habría pagado unos 2,5 millones de pesos.

Según describen Sbrocco y Balinotti, en 2002, previo a llegar a la Casa de Gobierno, Alperovich era senador nacional. A partir de entonces, su fortuna comenzó a hacerse más pública. Ese año, el entonces senador justicialista por Tucumán había declarado dos propiedades en la provincia por el total de 282 mil pesos; un automóvil por $19.000; bienes del hogar por $23.866; títulos y participaciones en sociedades en el país o en el extranjero por el total de $3.261.309, y dinero en efectivo: 450.000 dólares.

Pero en 2011 las cosas habían cambiado. Ese año, Beti acaparó todas las miradas tras una investigación periodística que la ubicaba como una de las senadoras más ricas de la Cámara, con 20.627.274 pesos. En su declaración jurada de ese año, la senadora consignó, además, depósitos bancarios y dinero en efectivo por casi cinco millones de pesos. La mayoría del patrimonio declarado por Rojkés figura en acciones de León Alperovich de Tucumán S.A.

El senador radical José Cano, lo describe así: «Uno circula por el interior de la provincia y ve en la comuna o municipio un auto que lleva una calcomanía con el eslogan "Me lo vendió un amigo", se trata de autos vendidos por el grupo Alperovich.

La legislatura en Tucumán es unicameral, una sola cámara, que tiene 49 legisladores: cuarenta y dos son del oficialismo y 7 de la oposición. Gracias a los aumentos que se impusieron en las dietas entre noviembre de 2012 y mediados de 2013, cobran 17 mil pesos de sueldo más 40 mil de gastos sociales, o sea, 57 mil pesos al mes por aprobar pedidos del Ejecutivo. César Pelli, el arquitecto tucumano más famoso del mundo, no tuvo ninguna duda a la hora de calificar como «horrible» al edificio de la nueva legislatura. Pero no sólo es horrible, también es caro. En 2007, este edificio iba a costar 21 millones de pesos. Cinco años después, terminó costando 130 millones.

Santiago del Estero: Zamora

Gerardo Zamora llegó a la gobernación de Santiago del Estero en 2005, cuando tenía 41 años. De origen radical y luego de una larga carrera como legislador primero e intendente de Santiago capital después, Zamora consiguió el 46% de los votos como parte de un acuerdo entre fuerzas políticas opositoras, aliadas con el Frente para la Victoria, para terminar con el juarismo, entonces encarnado en la figura anciana de Nina, la viuda del caudillo provincial. A poco de llegar al poder, Zamora rompió con la UCR —en realidad, fue expulsado—, se acercó a Néstor Kirchner y firmó con el entonces presidente un acta de reparación histórica que le aseguró, además de crédito simbólico, un flujo de dinero suficiente para reciclar la provincia a su imagen y semejanza. En su segundo mandato como gobernador provincial (2009-2013), Zamora arrasa en las urnas: en 2009 fue reelecto para el cargo de gobernador de la provincia con el 85% de los votos.

«Junto a la avenida más importante se está construyendo el edificio más alto de la provincia (las "Torres Gemelas", le dicen en broma los santiagueños): dos cuerpos revestidos en vidrio que albergarán los ministerios de Educación y Salud —describe Sergio Carreras en *La Voz del Interior*—. También está en marcha un nuevo edificio para la Legislatura y el Tren al Desarrollo, que unirá la Capital con La Banda; instalación de nuevos desagües y cloacas, y la plaza central de la ciudad está siendo hecha de nuevo. Hasta una cancha de golf de 18 hoyos, diseñada por el gran especialista estadounidense, el arquitecto Robert Trent Jones, en Termas de Río Hondo, se cuenta entre las nuevas realizaciones del gobernador. La ciudad capital también cuenta con una moderna y enorme terminal de ómnibus con aire acondicionado y un centro de convenciones, que se suman a las nuevas obras viales, eléctricas e hídricas realizadas en el interior provincial».

La sumisión de Zamora al poder central tuvo su rédito: cada santiagueño «recibió» en 2013 en promedio en concepto de coparticipación 7.745 pesos, mientras que un cordobés recibió 4.317 y un bonaerense, 2.103 pesos, según datos del Instituto de Análisis Fiscal. *La Nación* envió a la provincia casi cinco mil millones de pesos en 2012 y ocho mil millones en 2013. Para 2014, se espera que el envío desde Buenos Aires por todo concepto alcance los 11 mil millones de pesos. Pero también es cierto, dicen en Santiago, que con cemento y más cemento, Zamora tapó las denuncias de concursos públicos digitados, falta de licitaciones, enriquecimiento ilegal de funcionarios, uso electoral del empleo público, manejo del Poder Judicial y asfixia a la libertad de prensa.

Según datos del Censo 2010, el 40% de los hogares de Santiago del Estero no posee agua ni inodoro, el 80% no posee red de gas natural ni cloacas. El 70% de la población no tiene computadora, el 18% no tiene heladera, y la provincia registra un 44,6% de empleo negro, lo que la ubica en el podio nacional de las provincias con empleo en negro. Su déficit habitacional compite palmo a palmo con otros tres enclaves del kirchnerismo donde la pobreza hace contraste con el dinero invertido en mejoras de edificios públicos: la Salta de Urtubey, la Formosa de Insfrán y el Chaco del jefe de Gabinete, Coqui Capitanich. Ambientalmente, además, Santiago del Estero se encuentra entre las tres provincias más deforestadas del país pese a haber sido la primera en sancionar la Ley de Bosques y de recibir fondos millonarios para el cuidado de las miles de hectáreas boscosas que siguen en pie, amenazadas por topadoras y maquinaria agrícola que avanza. Miles de campesinos y descendientes de etnias aborígenes aún esperan que se cumplan las falsas promesas de reparto de tierras.

«Y encima puso a su mujer. Lo ayudamos a llegar y lo sostuvimos para terminar con el juarismo. Terminó siendo peor que los juaristas, gobernando sobre la base de la extorsión y el apriete», suele decir el ex gobernador Emilio Rached, ahora convertido en rival político.

A mediados de 2013, Zamora dejó al desnudo su afán rereeleccionista: decidió postular a su esposa como candidata a gobernadora. Claudia Ledesma Abdala, personaje habitual de las páginas de *30 Días*, una versión local de la revista *Caras*. El plan era sencillo: Ledesma gobernadora, Zamora jefe de Gabinete, y después de cuatro años la posibilidad de volver a ser electo por dos mandatos más hasta 2025, como soñaba Kirchner a nivel nacional.

Claudia Ledesma Abdala casi no tenía antecedentes políticos, sólo el de haber sido Defensora del Pueblo en la ciudad de La Banda. Es escribana y abogada, y fue blanco de algunas denuncias vinculadas con la ocupación de 1.700 hectáreas en Agua Amarga, en el norte santiagueño; con enriquecimiento de su familia gracias a los contactos con el Estado.

Misiones: Closs

En los últimos trece años, la provincia de Misiones, otro pequeño universo de kirchnerismo concentrado, tuvo dos gobernadores, Carlos Rovira, entre 1999 y 2007, y luego y hasta la actualidad, Maurice Closs. Rovira fue el candidato natural de Néstor Kirchner hasta que, en el año 2006, una coalición encabezada por el obispo emérito de Iguazú, Joaquín Piña, fallecido en julio de 2013, impidió que se reformara la Constitución provincial para establecer la reelección indefinida. La maniobra contaba con todo el apoyo abierto de Néstor Kirchner y, por lo tanto, la derrota de Rovira fue leída también como una de las primeras derrotas del kirchnerismo en plena época de gloria. Pero lo que el kirchnerismo no pudo con Rovira, lo consiguió con Closs.

Antes de su muerte, Piña, mientras grabábamos un capítulo más de PPT, nos dijo: «Yo digo que al ser una pretensión tan exagerada hizo que la gente reaccionase. Cuando se dio el triunfo aquí de la no reelección indefinida de Rovira, Kirchner me llamó a mí y me reconoció que se había equivocado en apoyar a Rovira. Pero después vino Closs, que ha sido uno de los gobernadores más sumisos y obsecuentes a cambio ¿de qué? No lo sé. El gran problema aquí es el problema de la coparticipación, el gobierno nacional se queda con todo y nos manda migajas. Son relaciones carnales, son chupamedias del gobierno nacional».

Para entender a Misiones, una provincia donde la desnutrición infantil provoca estragos, hay que comprender primero que Closs y Rovira son lo mismo. Rovira el patrón, Closs el ejecutante. Carlos Eduardo Rovira tiene como antecedente haber sido presidente de Vialidad provincial hasta 1995, año en que fue electo intendente de Posadas. Luego, en 1999, llegó a la gobernación con el apoyo de Menem y poco a poco se acercó al gobierno de Néstor Kirchner. Esa alianza da comienzo a la lluvia de dinero para obra pública.

Sergio Alves, periodista local, dice: «Es evidente que hay un círculo vicioso: triangulaciones cerradas, el gobierno provincial y algunas de las empresas constructoras fuertemente ligadas a algunos personajes como Carlos Rovira, cuyo suegro es el dueño de la empresa favorita del gobierno, que es Spotorno».

Rovira está casado con Romina Spotorno, hija de Néstor Spotorno, un empresario de la construcción sostenido por la obra pública. Rovira nunca trabajó en la actividad privada. Siempre fue empleado público. Sin embargo, su casa es una de las propiedades más caras de la provincia. Desde el río Paraná, una enorme muralla de concreto rompe con la armonía de la costanera. El paredón oculta y protege la mansión del ex gobernador. Son 200 metros de concreto para evitar que el agua entre en su propiedad.

El ex gobernador hoy es diputado provincial y actualmente presidente de la Cámara de Representantes de Misiones. Desde su cargo en el parlamento provincial, Rovira sigue siendo el hombre fuerte de Misiones y maneja una masa de dinero para el pago de salarios de 190 millones de pesos.

El director periodístico de Misiones 4, Pablo García, agrega: «Hubo interminables denuncias de sobreprecios en la obra pública, obras que no eran necesarias, frente a la situación de hambre que vive Misiones».

La situación del hambre en la provincia es tan dramática que hasta se manipulan desde organismos oficiales los números de la desnutrición para tapar escándalos. En noviembre de 2013, lo revelamos en un informe de PPT: allí pudo verse la forma en la que se manipularon los mecanismos de medición de la desnutrición para ocultar la realidad de 98 chicos con problemas serios de alimentación. Descubrimos que un estudio realizado para medir la desnutrición había arrojado que había 103 chicos en ese estado en la provincia. Para determinarlo se seguían tres parámetros: edad, peso y talla. Sin embargo, después de la aparición del primer informe, avalado por médicos, el gobierno encargó realizar otro, argumentando que los aborígenes no comparten las mismas tablas antropométricas. De 103 chicos desnutridos que figuraban en el primer informe, sólo quedaron 5 en el nuevo. La diferencia fue que los parámetros utilizados para hacer la medición eran sólo edad y peso. El médico Carlos Villanueva había firmado el primer informe, pero luego avaló el segundo. «Tenemos que separar lo que es aborígenes de lo que es personas. Tienen un desarrollo étnico diferente», le dijo a *Periodismo para Todos*. Y agregó: «La talla del aborigen es siempre inferior. Creo que no existe un gráfico antropométrico para ellos».

Después de que se empezara a investigar en Misiones, se encargó un tercer informe que arrojó que en la provincia sólo había 18 chicos desnutridos.

La historia de Francisca Benítez, publicada en *Clarín* por Gonzalo Sánchez ilustra la Misiones feudal: «Morir en brazos de la madre».

«Francisca Benítez recuerda que caminaba y caminaba, pero que no había caso: Milagros, su beba de 15 meses, daba signos de no aguantar y se le moría en los brazos. Estaba amarilla, y Francisca lo notaba, mientras apuraba el paso y contenía las ganas de llorar.

La nena falleció esa misma noche —el viernes pasado— por una insuficiencia respiratoria derivada de un cuadro de desnutrición, y fue noticia: la localidad de Montecarlo, tierra de suelo rojo y sol picante, ahora le debe su fama repentina a esa desgracia que destapó la olla vacía del hambre en la provincia de Misiones. Sólo en este pueblo, según un informe de la municipalidad, hay 49 chicos en situación crítica por mala nutrición. Pero se trata apenas de aquellos que pudieron ser contados, porque por afuera de ese trazo, la población infantil en riesgo, que no cuenta con cobertura de ningún plan social, es varias veces superior. "Son muchísimos más. Acá, familia que visites, vas a ver que tiene un hijo con problemas de salud", explica el docente Rubén Ortiz, un hombre que sabe de Montecarlo como sólo saben pocos. Se habla de 6.000 niños con problemas nutricionales en toda la provincia y hay polémica sobre las estadísticas reales.

Francisca tiene 23 años. No tiene un trabajo formal. Tampoco está casada. Tiene un compañero que trabaja en el monte plantando pinos para una pastera y otro hijo de 4, que también come por debajo de la ingesta de calorías diarias que requiere un chico de su edad.

Ahora conversa con nosotros, sentada frente a la puerta de su casa de madera, sin agua potable, sin baño, sin luz. La escucha su hermana, Nélida, madre de dos chicos que a las tres de la tarde todavía no probaron bocado y ya presentan problemas de motricidad por esa misma razón.

Francisca jura que fue así: que ella intentó anotar a su hija en el Plan Hambre Cero promocionado desde mayo por el gobierno local, pero que por problemas de documentación —la nena no tenía DNI— terminó perdida en un laberinto de trámites. Así y todo, le dijeron que finalmente estaba inscripta y que la evolución de la salud de Milagros sería fiscalizada por los médicos locales. Eso, justamente, fue lo que nunca sucedió. "Anoche me enteré que nunca estuve anotada en ese plan", explica Francisca. "Pero después de que murió la nena, vinieron dos personas del gobierno a pedirme que firmara por visitas que dicen que hicieron, cuando ellos no vinieron nunca y no me explicaron qué tenía que hacer para que mi hija tuviera la cobertura", dice, y lo que dice parece ser la norma. Porque el caso de Francisca se replica en la cuadra siguiente y también en la casa de al lado y en donde sea.

Visitamos cuatro viviendas y en todas hallamos por lo menos un caso de malnutrición, comprobado con certificado médico. Los habitantes de Montecarlo no parecen haber sido informados sobre la manera en que se articula el plan de emergencia nutricional establecido por la provincia para paliar el hambre: la gran mayoría no entiende de qué se trata. "Es propagandístico —asegura un médico del sanatorio privado de Montecarlo, que pide reserva por temor a castigos—, se dice que atacan el hambre, pero no pasa del anuncio: por eso no sorprende que Milagros no figurara en el Plan Hambre Cero"».

En ese largo camino que separa a lo enunciativo de lo concreto, Francisco Suárez, 45 años, tampoco encuentra respuestas. Tiene un hijo de dos, Mauricio, que jamás hablará por una falla en el desarrollo neurológico, también vinculada a la escasa alimentación. Tampoco camina, y hoy comerá lo que comen a diario la mayoría de los chicos de Montecarlo: un plato de arvejas o polenta como almuerzo —que reparte la municipalidad casa por casa, de lunes a viernes— y una taza leche y un pan como merienda, que los chicos van a buscar al comedor escolar. Ni cena ni desayuno: no hay más nada. Francisco es tarefero —cosechador de yerba—, trabaja por temporadas y recibe la asignación universal por hijo. Pero no le alcanza.

También quiso anotarse en el Plan Hambre Cero, pero jamás terminó de comprenderlo. «Fui a ver cómo era y me dijeron que tenía que conseguir un padrino. Yo soy católico y mi hijo tiene un padrino de bautismo, pero me dijeron que ese no servía, que tenía que ser otro, no sé, nunca entendí», cuenta el hombre. «El Estado no se ocupa de la gente —aporta el docente Ortiz, mientras se indigna con lo que escucha—. Los habitantes de Montecarlo están jugados.

»A los tareferos los salva su sindicato, de donde obtienen lo que pueden para comer. Pero después, chau, se acaba todo. Y el modelo no promete cambios porque esta es tierra de pasteras extranjeras y grandes madereros, y el modelo, además de ser contaminante, tiende a aniquilar a la gente… empezando por los más chicos».

Misiones es, también, la provincia que fue testigo de la lucha, la condena y la libertad de María Ovando. «María empezó a existir cuando la encarcelaron», se titulaba la historia que publiqué en *Clarín* y que se conoció por PPT: «Frente a algunas preguntas cierra los ojos y tira la cabeza hacia atrás, como si pudieran ordenarse en su cabeza los recuerdos, como si pudieran moverse, volver a encajar. Ese gesto dura una eternidad y luego, cuando vuelve a abrir los ojos, los tiene húmedos y esquivos.

—¿Cuánto hace que estás acá, María? —le pregunté.

Y entonces tiró la cabeza hacia atrás, cerró los ojos e hizo un largo silencio.

—No me acuerdo. Para mí que hace un año, estoy. Pero no me acuerdo bien.

—¿Navidad y Año Nuevo los pasaste acá? —Asintió con la cabeza. —¿Y tu familia te vino a visitar?

—No.

—¿Cuánto hace que no te ves con tu familia?

—Sinceramente no me acuerdo. Hace rato que no los veo y no sé cómo están.

—¿Cuántos pibes tenés?

—En total son doce.

«Es como un animalito», me dice Rapa, mi productor, cuando salimos del penal de Villa Lanús, en Misiones. La palabra me choca, pero Rapa lo dice hasta con ternura. Yo pienso que es como un animalito herido, y que quizá todos seamos eso, en el fondo.

En treinta y ocho años de carrera nunca terminé una nota en silencio, con lágrimas en los ojos y dándole la mano al entrevistado. Acabo de hacerlo con María Ovando. María Ramona Ovando, se llama. Tiene 37 años, nueve hermanos, analfabetos como ella, trabaja en la recolección de yerba desde que aprendió a caminar, a los once fue entregada a una familia para trabajar como empleada doméstica, a los quince tuvo su primer embarazo, tuvo doce hijos y una de ellas, la menor, Carolina, se murió en sus brazos porque no llegó a un centro de salud para que la atendieran. María la enterró debajo de un árbol de uña de gato y no dijo nada hasta que llegó la Policía. Y se la llevó como a un animalito.

«Mi papá me pegaba con cable trenzado y mi mamá, cuando se enojaba, no me daba de comer», cuenta María, que terminó siendo criada por una mujer a la que llamaba «madrina». A los catorce formó una pareja con Manuel Castillo, que abusaba de ella y con quien tuvo nueve hijos. María tiene cicatrices de Castillo, de las que no se borran: en los brazos, el torso, el cuero cabelludo.

«Manuel era más rebelde que mi papá, que era duro», le dijo al psiquiatra Oscar Krimer. «Mi papá me decía que lo deje porque me iba a seguir matando —no dijo «iba a matarme», dijo «me iba a seguir matando», como si matarla fuera cosa de todos los días—. Una vez me fui tres días y él me buscó y me amenazó que era capaz de quemarme, a mis hijos y a mis padres, yo tenía miedo y vergüenza. Igual, señor, yo cuidé bien a mis hijos, los quiero a todos, a todos les di el pecho durante un año.» María se escapó entonces desde Paraguay a la Argentina, convivió con Rogelio Ramírez, con quien tuvo dos hijos, y luego con Demetrio Ayala, con el que tuvo su última hija, que nunca reconoció y que lleva el apellido Ovando.

«Demetrio tenía un rifle para cazar palomas y siempre estaba cargado. Él me decía: "Yo hablo una vez; después, ya sabés". A veces me tiraba la comida en la cara cuando no le gustaba, hasta ahora me acuerdo de eso. Demetrio no se animaba a trabajar. Tenía que enfrentar sola», dice. María trabajaba en la cantera municipal de Colonia Delicia, de lunes a viernes, de 6 a 11. Nunca le pagaron: «Nunca vi dinero, me pagaban con vales para comida, pero nunca alcanzaba»; 170 pesos por mes en tickets aptos para comprar comida en un solo local.

«Vivimos mucho tiempo bajo una carpa de plástico negro. Yo sé cocinar adentro cuando llueve. Para pedir mi casa me tenían de pelotuda en la municipalidad. Después me dieron el Plan Techo, una casita de madera sin divisiones, con una cama grande, donde dormía con Demetrio y Carmen, la beba; en la cucheta dormían tres chicos en la parte de abajo y arriba dos. Baño no tenía, tenía un baño así nomás en el monte, sin techo; tampoco tenía luz ni agua, con los chicos acarreábamos agua del arroyo Aguaray Guazú.»

En la última semana de marzo de 2011, María estaba sola en su casa con sus hijos y nietos: «Carolina se empezó a quejar de dolor de panza a la mañana temprano. Yo empecé a desesperar porque la veía mal y le estaba dando de mamar a Carmen. Entonces dejé a la beba con mi hijo Roque, el más grande (tenía cinco años), y cargué a Carolina hasta la ruta 12. Era de día y hacía mucho calor, y a mí me dolía la herida de la cesárea y los brazos se me empezaron a acalambrar, pero seguí igual porque quería llevarla al hospital de Puerto Esperanza. Salí de casa sin una moneda, sin un billete, tuve que caminar con Carolina toda la arribada de la ruta hasta donde para el colectivo. Le hacía señas a los autos para que me llevaran, pero ninguno paró. Estuve como tres o cuatro horas al sol. Carolina respiraba despacito y enfrente estaba el cartel verde del arroyo Aguaray Guazú. Yo tenía la cabeza en blanco, en un momento la bajé al piso y su cuerpo estaba duro y frío. Después no me acuerdo nada más. Me desesperé, me dolía la cabeza, me subía un calor y pensaba, ¿cómo vuelvo a mi casa? Él tenía un arma, un rifle, yo no sabía lo que me estaba pasando, tenía la cabeza vacía, como aturdida».

A orillas del arroyo, María hizo un pozo con sus propias manos y enterró a la nena. En abril, cuando estaba trabajando en la cantera, la detuvieron. La Policía la amenazó y le dijo que ella merecía la muerte porque había matado a su hija. A la semana de su detención, Demetrio vendió la casa y todas las pertenencias familiares. El oficial de policía que la detuvo declaró más tarde que María lo miró «con rostro diabólico».

María Ovando empezó a existir para el Estado cuando tuvieron que encarcelarla. El primer documento que tuvo Carolina fue su acta de defunción. Supe de María por dos mujeres: la periodista local Alicia Rivas Zelaya y la ex diputada porteña y dirigente del MST Vilma Ripoll.

Cuando el rostro y los silencios de María Ovando aparecieron por la televisión, el caso se politizó: llegaron a decir que haber salido al aire en *Periodismo para Todos* iba a hacer que la dejaran detenida diez o veinte años. Ripoll se presentó al juicio con un recurso de *amicus curiae* al que se adjuntaron más de 26.000 firmas que pudieron juntarse gracias al apoyo de Radio Mitre. El miedo del poder al juicio público era creciente. «El juicio dejó al desnudo que no hay Estado», comentó a *Clarín* el abogado Eduardo Paredes. «Cuando se le preguntó al intendente Ebert Veda Duarte sobre la asignación, contestó que la ANSES estaba muy lejos», dijo.

El presidente del tribunal afirmó al final de una audiencia ante una rueda de periodistas de la Capital: «Vos, que venís de la ciudad, estás acostumbrada a no caminar, pero acá la gente está acostumbrada a caminar, así que si ella no caminó fue porque no quería». El centro asistencial más próximo estaba a 25 kilómetros.

El aparato de propaganda oficial fue representado en el juicio por el periodista Waldemar Florentín: dijo que María había matado a uno de sus hijos a martillazos y que también había asesinado a su primer marido. En ambos casos está comprobado que no fue así: el primer marido la abandonó cuando se fue a Paraguay y el nene murió de un paro cardiorrespiratorio. El miércoles, después del mediodía, María Ovando fue puesta en libertad.

Terminado el mandato de Rovira, a Misiones le llegó el turno de Maurice Closs. Antes de ser gobernador, Closs era senador nacional y compañero de bancada de Cristina Kirchner. Antes de sumarse al Frente para la Victoria, Closs era el presidente de la UCR. No le fue mal en su salto. Ganó en 2007 y en 2011 fue reelecto. «Maurice Closs sí tiene una relación muy vincular, ultradependiente de Cristina Fernández de Kirchner. Creo que Closs no hace nada sin consultar a Cristina», opina García. Closs también tiene sus negocios: las concesionarias de YPF le pertenecen, forman parte de una empresa con sucursales en Posadas, Iguazú y Aristóbulo del Valle.

Además, Closs es proveedor de combustible de su propio gobierno. Pero su fuerte es el negocio turístico. Ganó, junto a un socio, la concesión del área Cataratas Parque Nacional Iguazú, un paseo que por año supera el millón de visitantes. Pili Morel, concejal de Puerto Iguazú, explica: «Él es uno de los socios más importantes de la UTE Cataratas, no te olvides que por cada visitante que entra en el parque nacional, parte de ese dinero va al gobernador».

En Iguazú, Closs decidió abrir un hotel llamado el Amerian, donde aloja a visitas ilustres y organiza eventos para el gobierno. En el mismo Puerto Iguazú, el predio de más de 200 hectáreas destinado al sector hotelero de lujos convive con gente de pueblos originarios que realmente viven en situaciones inhumanas: aldeas guaraníes que carecen de agua, comedor o electricidad.

Durante su primera gobernación, Closs decidió entregar la selva Iriarpú, un predio vecino de Puerto Iguazú que quedó en manos de empresarios privados, para la realización de megahoteles. En esa zona está el Hilton Iguazú, el Oil Suit, Palo Rosa entre otros hoteles. Un proyecto de cancha de golf avanzó adentro mismo de una comunidad guaraní.

Decidido a formar parte de la historia local, Closs intenta construir un faro enfrente de su hotel. Pili Morel agrega: «Iguazú no creo que tenga la necesidad de invertir 100 millones de pesos en un faro. Lo ideal sería invertir en agua potable y cloacas». El faro se proyecta en el hito de las tres fronteras, y va costar 66 mil millones de pesos. El faro de Closs, por esos errores de la geografía, no tendrá mar. Morel: «El 3% de la población no tiene cloacas y el 40, 50% de la población no tiene agua potable».

Closs tiene otra debilidad: los helicópteros; siempre se traslada en ellos. Para evitar alquileres, compró uno en 2010. Puso como excusa que la provincia necesitaba un móvil sanitario aéreo. «El helicóptero lo usa exclusivamente el gobernador —dice Adolfo Wipplinger, diputado provincial—. Ni siquiera está equipado para un emergencia, lo ocupa para ir a los actos políticos y permanentemente a Iguazú por los hoteles».

El helicóptero nunca hizo un traslado sanitario. Pero sí trasladó a la Presidenta.

En 2011, Closs se cansó de esa aeronave y firmó el decreto para renovarlo y comprar uno más nuevo: el helicóptero anterior tenía menos de un año de uso. Closs proyecta la construcción de tres helipuertos, que costarían un millón de pesos, uno en en el hospital Madariaga de Posadas, el segundo en su residencia de gobernador y el tercero en Aristóbulo del Valle.

Beatriz Curtino, docente e investigadora de la U.N. Misiones, ilustra en números: «Según el censo 2010, un 10% de la población se encontraría debajo de la línea de indigencia y en cuanto a pobres, son alrededor del 30%».

«El último dato del INDEC dice que Posadas tiene una indigencia del 2%, es decir, casi no hay indigentes en la ciudad —explica el diputado provincial Luis Pastori—. Esto, sólo con recorrer te das cuenta que es una mentira. Nosotros teníamos el IPEC, de estadísticas y censos, un organismo que hace medio año dejó de publicar, suponemos nosotros que por directivas nacionales.

»Tenemos una sociedad que el 50% está asistida por el gobierno nacional, 300 mil asignaciones universales por hijo y miles de planes sociales para amas de casa y hombre joven. Misiones es quizá la cara que nos quiere mostrar el kirchnerismo donde más prevalece el asistencialismo. Depende de los recursos que vienen del gobierno de Cristina».

Capítulo XVIII
El patrón del mal

Según el reporte mundial de drogas 2013 de la Oficina de las Naciones Unidas contra la Droga (UNODC), la Argentina es el tercer país (detrás de Brasil y Colombia) del que proviene la droga incautada en procedimientos oficiales en todo el mundo por todo tipo de vía de transporte (marítima, vial, aérea). Además, la Argentina está identificada como uno de los 25 países mayores productores de precursores químicos, según el *International Narcotics Control Strategy Report* de la DEA, presentado en marzo de 2013.

A nivel local, los números del consumo son alarmantes. El de marihuana en jóvenes pasó de 7,6% en 2007 a 11,1% en 2011, de acuerdo a la UNODC. Esto coloca al país en el tercer lugar de consumidores de marihuana de América del Sur, cerca de Chile y Uruguay. El consumo de cocaína también crece en jóvenes: pasó de 2,5% en 2009 a 2,8% en 2011, y sólo lo supera Chile. Mientras el gobierno dice que el consumo general de cocaína es del 0,8% (según reporte 2013), fuentes de la DEA aseguran que la Argentina es el mayor consumidor de toda Latinoamérica, incluso por encima de Brasil. La Argentina es también el segundo consumidor sudamericano de éxtasis, sólo detrás de Chile.

Según la DEA y la UNODC, a la inversa del crecimiento del consumo, los cargamentos decomisados por la Argentina decrecen. El país pasó de decomisar 107 toneladas de marihuana y 12 de cocaína en 2008 a 28,5 de marihuana y 4 de cocaína en 2011. El descenso fue progresivo: 2008, 107 tn de marihuana y 12 de cocaína; 2009, 56 tn de marihuana y 12 de cocaína; 2010, 36 tn de marihuana y 7 de cocaína; 2011, 28 tn de marihuana y 4 de cocaína. Fuentes de la Gendarmería consultadas para este trabajo sostienen que la cantidad de droga incautada al año por las fuerzas de seguridad en conjunto no supera al 10% de la cantidad de droga que se consume en el país. ¿Y el otro 90%? Entra por la puerta, con la ayuda de la policía, los jueces, los políticos y las fuerzas de seguridad.

Mientras crece el consumo drogas sintéticas entre los jóvenes, el decomiso de pastillas de éxtasis también se derrumbó: pasó de 136.500 pastillas en 2009 a 94.271 en 2010 y a apenas 17.962 en 2011.

La DEA señala el conflicto por la detención del avión militar estadounidense, que llevó adelante el canciller Héctor Timerman en febrero de 2011, como el punto de enfriamiento de la cooperación entre la agencia antridrogas estadounidense y el gobierno argentino.

Eso, aseguran, incidió directamente en la baja de los decomisos. En noviembre de 2013, el periodista Daniel Santoro, de *Clarín*, reveló que la agencia antinarcóticos de Estados Unidos redujo su personal en la Argentina a un solo agente porque el «Ministerio de Seguridad de la Nación desalienta» los planes de cooperación con las policías provinciales, fundamentalmente las del NOA.

«Hasta hace unos meses —escribió Santoro— eran tres los agentes de la DEA en la Argentina. Incluso antes del incidente del avión militar norteamericano de 2011 que fue requisado por el canciller Héctor Timerman, esa agencia tenía una oficina en Buenos Aires y otra en Salta. La limitación de la tarea de la principal fuerza antinarcóticos del mundo en intercambio de información, planes de capacitación y equipos, coincide con el último informe del Departamento de Estado según el cual la falta de cooperación internacional "erosionó" la capacidad de interdicción de drogas de las fuerzas de seguridad nacionales».

En el informe 2012 de la Junta Internacional de Fiscalización de Estupefacientes (JIFE), se dice que en la Argentina, según datos del gobierno, aumentó el número de laboratorios ilícitos de procesamiento de cocaína base descubiertos en el país. No da cifras. La JIFE detalla también nuevas salidas de exportación. Dice que la Argentina es uno de los mayores «proveedores» de Australia. Y junto a Chile, de Nueva Zelandia, donde la mayoría de las incautaciones de remesas de drogas proviene del Cono Sur, en mulas o con redes de tráfico con escala en África.

Por último, en 2013, según datos de los Servicios Penitenciarios Federal y Bonaerense, había en cárceles argentinas 3.130 extranjeros. De esos presos, 1.258 estaban detenidos por causas vinculadas al narcotráfico. Pero los medios no paraban de publicar noticias sobre acciones narcos en todo el territorio, y el gobierno nacional, presionado, reconocía el desmadre.

La instalación de los narcos colombianos en la Argentina fue un proceso progresivo, que comenzó con la llegada de sus familiares, buscando un refugio de la guerra narco que se vivía en Colombia a mediados y fines de los 90. El símbolo de la primera oleada migratoria importante fue encarnado por la esposa y dos hijos de Pablo Escobar, el mayor narco colombiano y quizás el mayor narco de la historia. Los Escobar llegaron al país poco después de que muriera Pablo y se instalaron a vivir con un nombre falso en Belgrano. Acá se les garantizaba un buen nivel de vida, los encantos de Buenos Aires y tranquilidad. Pero eso fue sólo en un primer momento. Luego empezaron los negocios, y a partir de los años 2000 la cosa se puso más pesada. Los narcos colombianos vieron que en la Argentina podían abrir empresas y crear sociedades para desarrollar sus negocios vinculados con el lavado de dinero de los activos provenientes de la venta de drogas; que no había controles; que la frontera norte era un colador; que el consumo de drogas era creciente, y que, además, podían reactivar las rutas de comercio hacia Europa. Así, empezaron a instalar empresas, primero tímidamente, a principios de los años 2000, y ya con mayor intensidad hacia mediados de esa década, en pleno apogeo económico, cuando la Argentina kirchnerista era una fiesta y no paraba de crecer a tasas chinas. Comenzaron a notar que no había control sobre los movimientos societarios, sobre la creación de sus empresas y sobre las inversiones que hacían en dólares al contado. Empezaron a hacer inversiones comprando propiedades en barrios privados, countries de la zona norte del Gran Buenos Aires porque no había ningún control ni limitación que les impidiera llevar adelante operaciones de lavado de dinero. Después de eso, vino la importación de la violencia, los tiros, los sicarios y las muertes.

Rolando Barbano es el jefe de Policiales del diario *Clarín*. Es uno de los periodistas que mejor conoce y sabe interpretar los movimientos de los narcos en la Argentina de los últimos años. Barbano asegura que la primera motivación por la que los narcos vinieron al país es porque la Argentina les gusta, porque los seduce el estilo europeo de Buenos Aires y la posibilidad de vivir mezclados entre los nuevos ricos del kirchnerismo. Rápidamente, dice Barbano, una vez que se instalan pueden detentar un nivel de vida alto: autos, propiedades en Puerto Madero, diversión. Dice más: «Se ha visto mucha llegada de gente vinculada al narco colombiano en Nordelta, Tigre. En los últimos operativos que se hicieron se descubrió que había muchos colombianos viviendo en ese barrio y en countries de Pilar y San Isidro. En general, lo que más se ha visto acá es narcos colombianos dándose la gran vida. Pero después está la otra problemática en la Argentina, que son los narcos instalados en barrios de emergencia o villas como la 1-11-14, que son reductos de los narcos peruanos en nuestro país. Muchos de estos narcos peruanos han crecido y logrado salir de la villa y comprar en countries del conurbano bonaerense casas de fin de semana, pero sus bases de operaciones siguen siendo las villas de Capital Federal».

A partir de 2008, más o menos, el fenómeno que describe Barbano se volvió visible. Empezaron a circular, cada vez con mayor frecuencia, las noticias de bandas narcos desbaratadas en barrios privados del Gran Buenos Aires. Pero también las noticias de luchas intestinas entre las mismas bandas. Entonces nos enteramos de que casi todos los narcos solían realizar inversiones inmobiliarias fuertes y que muchas de las torres que se construían en Puerto Madero terminaban siendo un canal de blanqueo para el dinero sucio. El complejo de barrios de Nordelta, en Tigre, aparecía como la gran ambición de los traficantes, entre los que había peces gordos. En 2012, por ejemplo, cayó en el país uno de los narcos más buscados internacionalmente: el colombiano Henry de Jesús López Londoño, conocido como «Mi Sangre», señalado como líder del cartel «Los Urabeños». Desde que había entrado en la Argentina, a fines de 2011, López Londoño había vivido en distintos countries y quintas de zona norte del conurbano para evitar ser localizado, mientras que su esposa y su hijo residían en Nordelta.

En 2011, en tanto, el financista narco colombiano Ignacio Álvarez Meyendorff, requerido por la Justicia de Estados Unidos en una causa por tráfico de cocaína en submarinos, había sido detenido cuando arribó a Ezeiza procedente desde Tahití. Se supo que Meyendorff vivía en la Argentina desde 2005, donde había montado una empresa constructora y vivió un tiempo en el country Abril, de Berazategui.

Pero si hubo un caso que encendió la luz de alerta fue el de los dos hombres colombianos ejecutados a balazos en el estacionamiento del shopping Unicenter de Martínez en 2008. Las víctimas habían llegado al país hacía poco más de un año. Héctor Duque Ceballos, alias «Monoteto», y Jorge Quintero vivían en Pilar y Puerto Madero. Recibieron ocho balazos cada uno, de parte de un sicario que escapó raudamente en motocicleta. De inmediato, el caso fue encuadrado en una causa relacionada con los carteles de Colombia que envían gente a la Argentina para buscar una nueva alternativa de ruta comercial a Europa.

El 7 de agosto de 2008, en pleno apogeo de la disputa entre el gobierno y el campo, tuvo lugar otro crimen que desnudó mafias y que ilustró además el mestizaje existente entre narcos extranjeros y empresarios locales. Ese día, Sebastián Forza, Leopoldo Bina y Damián Ferrón fueron a una reunión en el hipermercado Walmart de Sarandí y no volvieron más.

Cinco días más tarde, el 13 de agosto los cuerpos de los tres hombres fueron hallados en un zanjón, a unos seiscientos metros de la ruta 24, en General Rodríguez. Habían sido ejecutados con precisión por especialistas. El triple crimen de General Rodríguez desnudó la mafia de la efedrina en la Argentina y la operatoria también de narcos mexicanos en el país. Además, dejó al descubierto la cercanía de estas operaciones con el gobierno mismo, ya que se supo que una de las víctimas había aportado fondos para la campaña presidencial de Cristina. La investigación se mezcló con otra causa de peso: la de la mafia de los medicamentos, que llevó adelante el juez Norberto Oyarbide.

Todo esto sucedía mientras los narcos peruanos se enfrentaban a tiros por el control de la venta de droga en la ciudad. Ejércitos de niños reclutados en las villas de Retiro, Barracas y el Bajo Flores sembraban balaceras en esos barrios, siguiendo órdenes de jefes narcos presos o en las sombras.

Según los especialistas, hoy todo empeoró. El tráfico de drogas atraviesa a todo el país. La situación está fuera de control en grandes ciudades como Rosario, Córdoba y Mendoza. No hay carteles sino clanes pequeños, productores y vendedores de droga a nivel local, que transan con políticos y policías y conviven con los que continúan dedicándose al negocio grande: la exportación. Hay, además, violencia.

Las catorce balas que impactaron contra la casa del gobernador de Santa Fe, Antonio Bonfatti, en septiembre de 2013, pusieron el tema narco en un punto rojo. El mandatario estaba en su casa, en plena noche, junto a su esposa, cuando se produjeron los tiros: catorce balazos para un funcionario.

«Esa noche llegué a casa tras una intensa semana de trabajo. Empecé a cocinar yo, un arroz con bichos. Puse el partido de Argentina y Perú y cuando escuchaba un gol me iba a ver las imágenes al living. Me senté a ver los últimos veinte minutos y escuché un ruido que parecía ser de cohetes. Me pareció como que se caía un mueble en el vestíbulo y pensé que se había caído Silvia. Al asomarme vi caer astillas y mampostería al piso. Ahí tomé conciencia de lo que pasaba y le grité a mi mujer: "Tirate al piso". Yo también lo hice», contó Bonfatti y después fue contundente: para el gobernador se trató de un ataque de sectores narcos por sus políticas de lucha contra la droga en una ciudad donde se cuentan dealers en cada esquina y donde ya es una normalidad hablar de sicarios. A partir de ese momento, el debate volvió a los medios con fuerza y la ineficacia del gobierno nacional fue quedando al desnudo.

Mientras los peruanos comercializan las bocas de consumo de la ciudad de Buenos Aires y abastecen la demanda de consumidores de clase alta, los colombianos se están dedicando a gerenciar el negocio de la droga; activan la ruta de la droga desde puertos locales hacia Europa y están aplicando un *know-how* que tienen muy desarrollado. También están los mexicanos, dedicados a la elaboración de drogas de diseño, que se hicieron famosos con el triple crimen de General Rodríguez. Y clanes familiares, vinculados con policías y barrabravas, que manejan el negocio en ciudades del interior como Rosario o Córdoba.

Como ejemplo de clanes familiares dedicados al negocio, en zonas puntuales del país, está el caso con ribetes cósmicos del Delfín Zacarías. Se trata del narco millonario más grande apresado en Rosario, junto a toda su familia, en los últimos tiempos: un hombre que sabía darse la buena vida jugando al póker en el Conrad de Punta del Este. Una nota de Germán de los Santos en el diario *La Nación* reveló su historia:

«La narcofamilia: fabricaban media tonelada de droga por mes en un country.

»ROSARIO. —Tres veces por mes, Delfín Zacarías se subía a su auto deportivo Audi TT y marcaba en el GPS el destino que tenía registrado: el hotel Conrad de Punta del Este, donde iba a jugar al póquer y lograba, según declaró luego ante la Justicia federal, ganarles siempre a los apostadores "brasileños salames". Casi siempre retornaba a Rosario con más dólares de los que se había llevado, que sólo una vez declaró en la Aduana. El póquer configuraba un escape a la rutina diaria, que no era la monotonía de una oficina del centro de esta ciudad, sino de un laboratorio de cocaína que manejaba con su familia en una casa de una zona residencial de Funes, una localidad cercana a Rosario, que absorbió durante la última década importantes desarrollos inmobiliarios y countries de alta gama. En ese lugar, a principios de septiembre pasado, la Policía Federal se incautó de 300 kilos de cocaína y pasta base. En un chalet de colores pastel, rodeado de árboles, con una pileta de natación y una cabaña de madera para los chicos, los Zacarías tenían capacidad para producir media tonelada de cocaína por mes, que, a través de otras redes del narcotráfico, se distribuía en búnkeres —bocas de expendio de estupefacientes— de Rosario. Se movían en ese universo del narcotráfico sin armas ni usaban la violencia. Se lo facilitaba la protección policial con la que contaban. La organización tenía el aspecto, según se desprende del expediente al que tuvo acceso *La Nación*, de una pyme familiar, con una división de funciones y tareas que la dotaba de cierta eficiencia. Delfín era la "cabeza" del grupo, y se ocupaba de articular la provisión al por mayor de la droga y de conseguir los precursores químicos, materia prima elemental para elaborar el clorhidrato de cocaína.

»Un punto clave en la investigación, que llevó adelante el fiscal federal de Rosario Juan Patricio Murray y que terminó con la detención de doce personas el 5 de septiembre pasado, fue el seguimiento que hicieron los investigadores de la Policía Federal a Zacarías, cuando fue a buscar —un día antes de su captura— con su camioneta VW Amarok a un galpón en Don Torcuato 2.000 litros de acetona, que adquirió por $ 340.000. Esa sustancia química se la vendió Hugo Silva, su hermano Alfredo y su sobrino Javier, que la retiraron de la empresa Alconar S.A., en Grand Bourg, provincia de Buenos Aires.

»Tras cargar el "gasoil", como le llaman a la acetona en las escuchas telefónicas, Zacarías retornó a Rosario y se encontró con su mujer, Sandra Marín, y su hijo Joel en el estacionamiento de una estación de servicio, en Circunvalación y Córdoba.

»Allí cambiaron los vehículos. Delfín se llevó el Toyota Rav 4 y Sandra se subió a la Amarok, donde estaba el cargamento de acetona, para dirigirse hasta el chalet en Funes, acompañada de cerca por su hijo, que se trasladaba en una Ford Ranger. Después de bajar los 40 bidones, madre e hijo se pusieron a "cocinar" cocaína. A las 19:35, Joel recibió una llamada: "Esperame un toque que estoy trabajando con mi vieja", contestó, según figura en el expediente. Un par de horas después, el propio Delfín llamó al proveedor de la acetona para quejarse de la calidad del producto. "El motor no agarra; no puedo terminar la ropa», le dijo. Flavia, hija de Delfín Zacarías y Sandra Marín, llevaba la administración y la parte contable del laboratorio narco desde su departamento en Rodríguez 1065, en pleno centro de Rosario.

»Esta joven de 24 años era "la encargada de llevar los papeles de la organización y pagar las cuentas porque muchos bienes de la familia estaban a su nombre". Y además era el "enlace" entre su padre y "el ingeniero", un hombre con acento boliviano o del norte del país que figura en la causa como el proveedor de la pasta base de cocaína. En la organización no sólo participaban los hijos del matrimonio Zacarías sino también sus parejas. A Ruth Castro, ex mujer de Joel y madre de la nieta de Delfín, le encontraron en los allanamientos paquetes de cocaína y balanzas en su casa en Granadero Baigorria. Y aparece en una conversación telefónica que involucra a dos policías, uno de la Federal y otro de la policía santafecina. Un tal "Diego" —que se sospecha que es un alto jefe de la policía santafecina— le «pasa un mensaje» de Hernán —cuyo apodo sería el de un integrante de la Federal— que ordene "cerrar las persianas de los búnkeres" de la zona norte porque se iniciaban operativos antidroga.

»La pantalla del laboratorio de cocaína era la empresa de remises Frecuencia Urbana, de Granadero Baigorria. Pero Zacarías hizo todo lo posible para no pasar inadvertido con el dinero que gastaba. Hace un par de años empezó a construir una mansión frente al río, en San Lorenzo, y un megagimnasio, cuyo proyecto era de más de 6.500 metros cuadrados.

El lugar que eligió también llamó la atención: una zona semirrural, sin mucho sentido comercial, en la que se iba a destacar con mucha intensidad el edificio de seis pisos. Ese estilo de vida empezó a disparar sospechas.

»Como esas construcciones infringían el código urbano de esa ciudad, el Concejo Deliberante le dio una excepción para que pudiera edificar. A cambio, Zacarías prometió "apadrinar" la construcción y el mantenimiento de una plaza y financiar el alumbrado público de nueve cuadras, con cordón cuneta incluido. Prometió, además, que iba a hacer las gestiones para que en el predio se instalara un local de McDonald's y una cadena de cines internacional.

»En octubre de 2012, un ex funcionario de la Municipalidad de San Lorenzo denunció a Delfín Zacarías ante el Ministerio de Seguridad de Santa Fe, donde pusieron la lupa en su abrupto enriquecimiento. La Subsecretaría de Delitos Económicos provincial, que se creó luego que fuera preso el ex jefe de la policía Hugo Tognoli, centró la mirada en las propiedades y vehículos que había adquirido Zacarías: 36 inmuebles entre el 29 de diciembre de 2008 y el 23 de ese mes de 2009, y 24 autos y camionetas, entre ellos cuatro de alta gama. Flavia Zacarías puso a su nombre ocho propiedades, que compró entre mayo y julio de 2009; después sumó otros cuatro inmuebles, cinco autos y un camión».

Tanto en el mundo de las fuerzas de seguridad como en el de los teóricos y especialistas, existe un consenso acerca de que la Argentina ya no es un país de tránsito, sino productor y de consumo. La idea de que la Argentina era un país de tránsito para el narcotráfico es de principios de los años noventa, cuando los colombianos, cercados por la DEA, no podían sacar la cocaína directamente desde su país. Hoy lo que sucede es que traen cocaína desde Bolivia, no desde Colombia, porque se pasa sin grandes dificultades por la frontera porosa del norte del país. Luego, la cocaína atraviesa todo el país hasta llegar a Buenos Aires, donde se convierten los pequeños embarques en grandes cargamentos por alguna empresa creada especialmente para ese fin. Se la disimula con algún embarque de carbón, muebles, pisos para estadios de fútbol, y desde aquí disfrazada se la lleva al extranjero. Eso, en términos de negocio macro y exportación.

«En términos locales —agrega Barbano— el problema con el narcotráfico atraviesa todo el país: los narcos van pagando en especies los servicios que contratan para traer cocaína. Esto hace que cada intermediario se convierta en revendedor y venta minorista dentro del país. Y en la Argentina, el mejor negocio para el vendedor minorista es vender paco. El paco se hace a partir de un proceso químico en cocinas instaladas en el Conurbano o en la Capital Federal, a través de una reducción química de la cocaína o pasta base de la cocaína.»

Virginia Messi, periodista de Policiales de *Clarín*, lo ilustra a la perfección, en una columna:

«Argentina es una ruta importante para las grandes bandas narco. Y un mercado creciente. [...] Narcos colombianos que viven en lujosos barrios cerrados, fundan empresas y activan la ruta de cocaína desde el Puerto de Buenos Aires hacia Europa; el fenómeno del paco y la violencia; la corrupción del Estado que sólo este año forzó el descabezamiento de parte de las cúpulas policiales de Santa Fe y Córdoba; la frontera Norte extrañando a los gendarmes que hoy patrullan las zonas calientes de la Capital y el conurbano, donde funcionan virtuales supermercados minoristas de drogas; la guerra entre bandas narco que lleva más de 200 muertes en Rosario; las guerras de clanes familiares narco en San Martín que llevan más de diez años; las pistas clandestinas; la ausencia de condenas por lavado de dinero. Y siguen las firmas».

»El narcotráfico no es un fenómeno exclusivo de la Argentina ni tiene motivaciones difíciles de entender: el kilo de cocaína, que en Colombia vale 1.000 dólares, en la Argentina se puede llegar a pagar 5.000; en Estados Unidos, 20.000, y en Europa, 50.000. Y eso si sólo se pretende explicar lo que ocurre con la cocaína, sin entrar en el auge global de las drogas de diseño.

»La Argentina tiene un mercado consumidor para no despreciar y también un flujo comercial por el Atlántico que la hace atractiva para las grandes bandas. De ahí el decomiso de grandes cargamentos escondidos en pescado, fruta, muebles, carbón, etcétera.

»Además, como hoy todo se puede manejar con un teléfono móvil, nuestro país también se ha convertido en oficina de importantes traficantes de la región que desde un campo o un country en Buenos Aires manejan cargamentos a miles de kilómetros de distancia. Por eso cada tanto llega a nuestro país algún que otro pedido de extradición de Estados Unidos para tal o cual personaje— como por ejemplo el colombiano Ignacio Álvarez Meyendorff— al que se acusa de traficar vólumenes de droga espeluznantes. Esa droga, la que va a Estados Unidos, seguramente nunca pasó por Buenos Aires pero sus dueños andan aquí con DNI de extranjeros y sus hijos ubicados en los mejores colegios y universidades. Son ciudadanos del Mercosur y, si no tienen antecedentes penales, no se les puede negar la radicación.

»La droga entra por la frontera Norte y termina en los barrios más pobres como bocas de expendio. Esa es la caldera en la que explotan las guerras entre bandas antagónicas.

»En Santa Fe, hasta el gobernador sufrió un atentado narco en su casa. En el Bajo Flores, el [...] 10 de octubre [de 2013], sicarios entraron en un pool del sector paraguayo de la villa 1-11-14 y asesinaron a cinco personas. El 28 de octubre en la Villa La Cárcova (San Martín) murió baleado en medio de una batalla de vendedores de paco Enzo Ledesma (13 años). Al otro día, en el Operativo «Fondo Blanco» fueron detenidas doce personas. Entre ellas había varios «empresarios» colombianos sospechados de lavar dinero desde sus residencias de exclusivos "barrios privados"».

El historiador Jorge Ossona, miembro del Club Político Argentino, definió en un editorial del diario *Clarín* la mane-

557

ra en que ahora el narco nos obliga a convivir con él: «El narcotráfico está en todas partes, pero su presencia es más densa en los nichos de la nueva pobreza. En los barrios de clase media, las bandas de traficantes se asientan en almacenes, parrillas, quioscos o remiserías. En los suburbios del Gran Buenos Aires, en cambio, la banda se asienta en la vivienda del clan o del puntero comercializador».

Sigue: «Los compradores que deambulan por sus calles se contactan con los "soldados" que les habilitan el intercambio, realizado en esquinas o plazas. Ostensiblemente armados, los "soldados" custodian el lugar las 24 horas. Les están mostrando explícitamente, a vecinos y competidores, que poseen una franquicia, otorgada desde algún lugar del Estado».

Ya en 2009 corría la noticia de que los narcos reclutaban en barrios de la zona sur del Gran Buenos Aires a jubilados y embarazadas para vender droga. El fiscal Alejandro Castro Olivera (de la fiscalía especializada en drogas para todo el departamento judicial que abarca Lomas de Zamora, Esteban Echeverría, Almirante Brown, Avellaneda y Lanús) advertía que los narcos que operan en el Gran Buenos Aires reclutan distribuidores en los barrios.

«Seducen a gente sumergida en la pobreza con promesas de buenas ganancias. Entre ellos hay jubilados, a quienes les montan un "quiosco" y les pagan entre 100 y 200 pesos por día. Saben que si los detienen tienen la posibilidad de un arresto domiciliario, por la edad», contaba el fiscal. «También suman a las embarazadas, porque pueden, si son detenidas, acceder al beneficio de cumplir la pena en sus casas. Así es como vemos que en muchos quioscos de droga hay nenes. Yo le sumo ese agravante a la hora de pedir condena, por haber criado a los chicos en ese ámbito», explicaba el funcionario.

En efecto, mientras se escribía este capítulo, era noticia que un grupo de narcos había tomado un comedor en Chacarita y se habían producido enfrentamientos entre vecinos.

En noviembre de 2013, las tapas de los diarios hablaban del narco. Los jueces, los políticos, los funcionarios, todos hablaban de narcotráfico y admitían por lo alto y por lo bajo que la situación se había desmadrado.

El mismo día en que la Corte Suprema le pedía medidas severas contra el tráfico de drogas al Estado, el secretario de Seguridad, Sergio Berni, admitía que los esfuerzos eran insuficientes. También decía que en lo que iba del año se habían detenido a siete mil narcotraficantes. Pero ese mismo día, en las cárceles argentinas se contaban cerca de diez mil presos y sólo dos mil por tráfico de drogas. Es decir, los números no cerraban.

Lo concreto es que los jueces federales del norte del país se cansaban de pedir medidas urgentes para la lucha contra el tráfico de drogas. Según la Corte Suprema, las causas abiertas por narcotráfico en la Justicia de Salta y Jujuy en 2005 habían sido 9.000. En 2012, el número había llegado a 19.000.

Las políticas del kirchnerismo con respecto al narcotráfico han sido erráticas. En primer lugar se han dedicado a renocer su existencia sólo en las provincias gobernadas por opositores.

Para los funcionarios del gobierno, Córdoba o Rosario son el caos y «hay que hacer algo», mientras que de las fronteras casi no se habla o se lo hace cuando la presión es inevitable. Pero hablar no quiere decir hacer. El dato más evidente es que en el Sedronar, el organismo creado en los noventa para erradicar el narcotráfico en todo el país, estuvo sin titular desde marzo de 2013 por diferentes internas del gobierno, y esto dificultó la tarea de las diferentes fuerzas de seguridad que deben articularse en el país para dar batalla a las drogas. Obviamente, también fallan los controles en la ruta blanca de la droga. «Hay que pensar que la droga llega por la ruta tanto en grandes cargamentos en camiones que siempre vienen con un auto adelante que les va advirtiendo a quienes les van a dejar el camión por la posible presencia de obstáculos policiales o algún control, y también llega con los llamados paseros o mulas, que traen la droga en pequeñas cantidades como trabajo de hormiga en micros hasta el punto de acople en Rosario o la propia Capital Federal», explica Barbano.

En 2013 mostramos en PPT distintos puntos de las fronteras en los que se podía libremente, por ejemplo, sacar a un menor o hacer cualquier tipo de contrabando o tráfico. Se calcula que pasan a través de nuestras fronteras tres vuelos diarios de avionetas que descargan drogas en pistas clandestinas de nuestro país; se las ha visto en el sur de Santa Fe e incluso en el norte de la provincia de Buenos Aires. Y también la droga pasa a través de los llamados paseros, que son pequeños contrabandistas hormigas, que pasan de a uno o dos kilos: les pagan 300 a 500 pesos por kilo y acopian del otro lado de la frontera para luego trasladarla a los grandes centros urbanos.

Frente a la certeza de los vuelos clandestinos, estalló en la Argentina el debate por la ley de derribo de aviones. A grandes rasgos, lo que se discute desde noviembre de 2013, cuando ya todo el arco político reconoció el desmadre del narcotráfico, es si se deben o no derribar los aviones que ingresan en el espacio aéreo y no se identifican. A fines del año pasado, Daniel Scioli decía que «es un debate que hay que dar». Confrontaba con Agustín Rossi, el ministro de Defensa, que señalaba que era como «una pena de muerte sin juicio previo». Pero el capítulo recién se abría. Tarde.

El fiscal Carlos Rívolo es otro de los especialistas en el tema. «En los últimos años ha tenido una evolución realmente negativa. Hemos dejado de ser un país absolutamente de consumo para pasar a ser un país de producción. Aquí había una situación vinculada al tránsito con destino fundamentalmente a Europa y hoy vinculado con el tema de drogas de diseño, Argentina empieza a tener muestras en los allanamientos y en los secuestros de existencias de laboratorios. Esto lo que hace es establecer una estructura de base que tiene que tener articulaciones para poder funcionar con lo cual me parece que Argentina hoy tiene una situación muy complicada.» Rívolo agregó: «Los narcos tienen sobre todo posibilidad de financiamiento. El dinero se usa para todo. También para la compra de materiales primarios y secundarios. En segundo lugar, lo que tienen es un terreno fértil, donde pueden instalarse sin ningún tipo de detección. Lo tercero es alguna laxitud, alguna falta de control absoluto por parte de las fuerzas. La realidad es que descubierto esto, a mí, de lo que no me cabe absolutamente la menor duda es de que tenemos que ser implacables. La droga realmente mata. Y si alguien negocia con esto no hay que tener ningún tipo de contemplación».

Rívolo concluyó: «Conozco al fiscal general de Orán, el punto norte más extremo del país, y no quisiera estar en sus zapatos porque es una persona que se expone diariamente. Al juez federal le pasa exactamente lo mismo. Todos conocemos las amenazas que recibe. La realidad es que son fronteras muy calientes y está fallando el tema de la radarización.

»—¿Se puede decir que el enemigo está adentro?

»—Sí, claro que el enemigo está adentro en un 100%. Hace unos años nos preguntábamos si esto podía ser algo parecido a Colombia. Yo creo que todavía no lo es. Pero no dejemos que esto siga avanzando para tener semejante problema porque va a llegar un momento en el que estas pequeñas cuestiones que están sucediendo, como el atentado al gobernador de Santa Fe, se van a multiplicar y nos vamos a convertir en México».

El ex diputado bonaerense por la Coalición Cívica, Sebastián Cinquerrui, se afilió al Partido Socialista de Rosario y trabaja por Hermes Binner en el territorio provincial. De sus días junto a Elisa Carrió quedó un trabajo muy voluminoso sobre narcóticos y drogadependencia.

Hoy es uno de los pocos personajes públicos de la Argentina que, abiertamente, dice que hasta Aníbal Fernández tiene complicidad con el narcotráfico.

«La responsabilidad es absoluta —explica—, porque a esta altura ya nadie puede creer seriamente que ha sido por ineptitud que el narcotráfico se haya instalado, desarrollado y expandido en la Argentina de la última década. Se han tomado decisiones de Estado que han llevado a lo que era un país de tránsito y de incipiente consumo a convertirse en el país de mayor consumo per cápita y el tercer país según la ONU en exportar drogas hacia el mundo después de Colombia y Brasil. Un país que ha sido muy amigable con los lavadores de dinero, muy amigable con las familias de los narcotraficantes y los propios narcotraficantes, que cada dos por tres vemos que viven en los countries de nuestra provincia. Lo que ha habido en la Argentina es una decisión de una política de Estado de los últimos años, para que el narcotráfico sienta que el país es una plataforma o un trampolín para poder desarrollarse».

Cinquerrui dice más: «Yo creo que a esta altura tenemos que hablar de connivencia política con el narcotráfico. No de falta de idoneidad porque las alertas en el mundo estaban prendidas. Cuando vemos lo que ocurrió en la Argentina con la efedrina, por ejemplo, con el desarrollo de ese negocio. En el mundo estaban advertidos: México, Estados Unidos, habían decidido restringir la industria legal de la efedrina, porque se desviaba a la producción de metanfetamina, y finalmente la prohibieron. En ese contexto, había necesidad de conseguir un lugar donde no se penalice, no se audite el negocio de la anfetamina a la industria legal. El Estado argentino sabía todo eso y podría haber actuado para evitarlo. Pero no lo hizo. Hizo lo contrario. Y entonces pasamos de tener una importación de 10 u 11 toneladas al año a 25 toneladas al año, en 2006 y 2007. La jueza Servini de Cubría documentó 50 toneladas, nosotros habíamos documentado 25 por comercio legal, sin contar la que venía por contrabando o disimulada como pólvora. Y aun así el gobierno no sólo no hizo nada sino que habilitó de 100 importadores a 6 mil. Habilitó de un puñado de droguerías a 250, todo en el transcurso de dos a tres años, y también podríamos citar la falta de radarización, cuando por ejemplo España nos regaló radares y la Argentina los rechazó. No había necesidad económica de invertir en eso. Cuando en los últimos días el ministro de Defensa declara que detectaron en los últimos dos años 700 vuelos ilegales, la primera pregunta que me surge es: ¿Qué se hizo con esos vuelos? ¿Qué se detectó? ¿Armas? ¿Se los puede detener? ¿Personas? ¿Tráfico de qué? ¿Contrabando de tabaco? ¿Qué es lo que hubo? Pero además, si en los últimos dos años hubo 700 vuelos no registrados, en los ocho años donde no se registró nada hubo 3 mil vuelos podríamos decir, y nunca nadie dijo nada, nadie veía eso. La Corte Suprema dice llueve droga en la Argentina y el gobierno nacional toma políticas contrarias a la restricción de la oferta y habilita para que esa oferta de droga, ese blanqueo de dinero, termine desarrollándose en Argentina».

Cinquerrui sostiene la existencia de una decisión política de no controlar al narco. Y de no controlar la amplia cadena de insumos que se comercializan en el mercado legal para la elaboración de diferentes tipos de droga. «El tema de los precursores químicos es clave por su amplitud —define—. Porque habría que controlar las ferreterías y corralones que venden cloro para piletas, al mismo tiempo en que se controla al que vende efedrina. La Argentina controló relativamente bien la circulación de los precursores químicos hacia el exterior del país, o sea, que ese precursor, ese producto químico que se utiliza por ejemplo para la destilación de la cocaína, no pudiera llegar tan fácilmente a los países productores de la hoja de coca como Bolivia. Pero no controló el ingreso de la pasta base. Entonces ha controlado lo que tuvo ganas de controlar y ha descontrolado otras cosas: ha ingresado la pasta base, tenemos los químicos para producir la cocaína y deja de ser un país de tránsito y consumo y se convierte en un país productor. Encima tenemos dos leyes de blanqueo de divisas, un fracaso macroeconómico. Hay que ver los grupos que se vieron beneficiados con ese blanqueo de dinero, nadie pregunta de dónde proviene el dinero con que se compran edificios en Puerto Madero, Audis, casas en los countries de la zona norte. Es un descontrol el de la industria química, basado en la no penalización. Tenemos situaciones muy concretas como qué tipo de policía y política y jueces hay en la Argentina. Todo eso, por ahora, nos da un ámbito muy favorable para que la industria se desarrolle y no haga falta un cartel de drogas. Yo creo a esta altura que las autoridades del Estado son cómplices y hasta socios del desarrollo del narcotráfico en la Argentina».

A la pregunta de cómo se traduce ese vínculo espurio entre el Estado y el narcotráfico, Cinquerrui responde gráficamente, con un caso conocido. «La campaña presidencial de Cristina Kirchner, nosotros lo hemos denunciado en la Justicia, tiene 20 o 30 empresas, personas físicas que han financiado su campaña y tienen vinculaciones con el narcotráfico o porque están en la mafia de los medicamentos o porque están en la causa de la efedrina o porque han desviado precursores químicos o porque han estado en causas de cocaína. Esos que han aportado a la campaña presidencial son en última instancia los que le van a pedir retribución de favores. Es casi matemático, como el caso de Forza, asesinado en el triple crimen de Avellaneda en 2009. En un momento, aportó 200 mil pesos para la campaña de Cristina Kirchner. Evidentemente lo hacía porque iba a tener impunidad o negocios o amparo por parte de las autoridades políticas del Estado nacional».

La historia del narcotráfico en tiempos K termina de la manera más inesperada: con un cura K al frente del Sedronar. A fines de noviembre, con Cristina convaleciente, relegada después de su operación en la cabeza, el flamante jefe de Gabinete, Jorge Capitanich, anunció el nombramiento de

Juan Carlos Molina al frente de la oficina de lucha contra las drogas. Fue el anuncio, también, de una nueva política de drogas, ya que eso implicaba que la oficina de ahora en adelante trabajaría con el foco en la recuperación de adictos y no en la lucha contra el narcotráfico, que quedaría concentrada en la Secretaría de Seguridad, que dirige Sergio Berni. ¿Quién es Molina? Un hombre que supo hacer equilibro entre el frío y el calor; mejor dicho, que supo construir vínculos tanto con Capitanich como con Alicia Kirchner, de quien es su confesor.

«"Cura, Asesor ad honorem de la doctora Alicia Kirchner. ¡Hincha de River!" Así se define en su cuenta de Twitter el padre Juan Carlos Molina, designado a fines de noviembre como titular del Sedronar», publicó *Infobae*.

Con el sello de la Fundación Valdocco que creó, Molina dirige cuatro hogares: uno para jóvenes adictos en Puerto Bermejo, Chaco, otro para comunidades aborígenes del Impenetrable chaqueño; uno para niños y adolescentes en Cañadón Seco, Santa Cruz, y el restante, para niños huérfanos en Haití. Sus obras se mantienen en buena parte gracias a la ayuda estatal.

La simpatía de Molina con el gobierno nacional está a la vista: en su cuenta de Twitter «colgó» fotos con Néstor y Cristina Kirchner, Juan Cabandié y Estela de Carlotto. Y cuando le preguntaron si «se siente parte del modelo», respondió: «Absolutamente».

Molina no sólo es asesor ad honorem de la ministra de Desarrollo Social, Alicia Kirchner, sino que es su confesor. Tiene una relación tan estrecha con la funcionaria que se lo vio consolándola durante el velatorio de su hermano Néstor en la ciudad de Buenos Aires. Y cuando lo enterraron en Santa Cruz, fue uno de los tres curas que encabezaron la misa.

Un artículo de OPI Santa Cruz recuerda que Molina estaba junto a Alicia en el restaurante Rocco la tarde de 2007 en la que la ministra fue abucheada por vecinos, que le tiraron harina y huevos. Años más tarde se mencionó su nombre como posible candidato a vicegobernador de la hermana de Néstor Kirchner. También se lo indica como uno de los sacerdotes que pidió la salida del obispo Juan Carlos Romanín, opositor al Frente para la Victoria.

La asociación que dirigía Molina tenía el nombre de «Fundación Pibes de la Patagonia», y según denunció OPI Santa Cruz, «tenía 42 docentes y un director para 30 alumnos». Entre los maestros que cobraban un sueldo de la provincia estaba su hermano, Marcos Molina.

Además, su fundación recibe ayuda municipal y de YPF. De hecho, hace unos años, si se llamaba por teléfono a la fundación, atendía un contestador de la petrolera que derivaba a la ONG.

Durante el histórico conflicto petrolero en Las Heras, en 2006, trató de mediar, aunque fracasó en el intento y desapareció, lo que le valió algunas críticas. «Molina logró que el 50% del monto de nuestros salarios caídos se los diera Repsol para su obra», reveló en su momento un trabajador que participó de las negociaciones.

Una periodista local contó por esos días que Molina se definía a sí mismo como «el Padre Coraje». «Es un cura canchero», comentó.

Cuando el jefe de Gabinete, Jorge Capitanich, anunció su nombramiento, no escatimó elogios. «Es una persona de experiencia en el trabajo territorial y de vocación de servicio hacia los más pobres», lo definió.

«Coqui» no sólo lo conoce por su trabajo en el Chaco que gobernó. A comienzos del año pasado, el viaje de Capitanich junto a sus hijas a Haití terminó en escándalo, ya que no tenía autorización de la madre de las menores. De acuerdo al sitio *Expediente Político*, Molina los acompañó en el avión oficial que utilizaron.

Capítulo XIX
La grieta

Nunca pensé que aquella palabra, «grieta», cobraría ahora una vigencia tan inusitada. La usé por primera vez para titular un DVD que se distribuyó con el diario *Perfil*: eran varias entrevistas sobre la dictadura, con Gabriel Cavallo, Juan Cabandié, Estela Carlotto. Pero el título estuvo equivocado. aquello no fue una grieta sino un abismo. Hoy, viendo en perspectiva los diez años K, la grieta es otra: la que construyó el propio gobierno desde su asunción en búsqueda de un consenso que no tenía; la que usó para legitimarse y, a la vez, prostituir como nunca antes a la mayoría de los organismos de derechos humanos, a los que desnaturalizó. Repito: desde hace tiempo, la grieta es lo peor que nos pasa.

La Argentina podrá recuperarse de su economía artificial, de su errática política exterior, pero la grieta, que comenzó en la política, ya se ha transformado en cultural: familias divididas, amigos que no se dirigen la palabra. La última grieta tardó más de treinta años en cerrar. Los linchamientos públicos de periodistas, las campañas sostenidas por el aparato de propaganda estatal para desacreditar a los opositores, las «purgas» universitarias, las agresiones puras y llanas no registran casos similares en la historia de la democracia argentina.

Ni yo recordaba aquel título, *La grieta*, cuando se me ocurrió repetir la idea para recibir mi Martín Fierro número catorce: «Hace más de veinte años que asisto a estas entregas y nunca vi en ninguna lo que puede percibirse hoy: la división irreconciliable. Yo la llamo "La Grieta" y creo que es lo peor que nos pasa y que es algo que trascenderá al actual gobierno. La grieta ya no es sólo política sino que es cultural. Ha separado amigos, hermanos, parejas, periodistas. Esta historia de que quien está en contra es un traidor a la patria. La última vez que algo así sucedió duró cuarenta años. Todos somos el país, nadie tiene el *copyright* de la patria ni de la verdad. Ojalá, alguna vez, podamos superarla. Dos medias Argentinas no hacen una Argentina entera».

¿Estrategia de consolidación electoral, búsqueda de cohesión del frente interno ante un enemigo común, reescritura de un pasado que nunca fue para poder sostener el presente, batallas contra enemigos imaginarios que no producirían ningún costo? La Grieta y el Relato se entrelazan construyendo lo que, diez años después, puede verse como la última batalla de la generación del setenta, el gesto desesperado de quienes veían pasar el último tren al que subirse para llegar finalmente al poder.

Alberto Fernández identifica esta conducta con un argumento casi mercantil: «Se identificó una necesidad que nadie había tomado», dice. «La carrera se desató cuando el juez español Baltasar Garzón mandó pedir la captura de cuarenta y cinco oficiales argentinos. Estábamos en la oficina del avión volviendo de una entrevista con Bush cuando llamó [José] Pampuro. Kirchner me pidió que lo atendiera: "Estamos en un problemón", me dijo. "Baltasar Garzón pidió la detención de cuarenta y cinco, están todos". Estaban Videla, Massera, Suárez Mason, todos… La situación estaba trabada —sigue Fernández—: por un lado, había un decreto de [Fernando] de la Rúa que prohibía la extradición por derechos humanos a cualquier lugar del mundo y, por otro lado, no podía juzgárselos acá por las leyes de Obediencia Debida o Punto

Final y los indultos. Néstor pidió entonces que el Congreso anulara el decreto que impedía la extradición de los represores. El ex juez federal Gabriel Cavallo le quitó importancia a la decisión oficial de entonces: "La derogación fue una derogación decorativa, judicialmente los procesos ya estaban en trámite. Lo hicieron para sacarse la culpa, políticamente. La única política verdadera de reparación a las víctimas y juzgamiento de los hechos cometidos durante la dictadura la hizo el Poder Judicial. Esa es la verdad. Todo lo demás es cuento. La derogación de las leyes la hice yo en el 2001, la Cámara lo confirmó ese mismo año y llegó a la Corte en 2006"».

De hecho, para cuando Kirchner llegó al gobierno, las leyes de Obediencia Debida y Punto Final dictadas durante el gobierno de Raúl Alfonsín ya habían sido declaradas inconstitucionales por la Justicia y se habían reabierto los Juicios de la Verdad por delitos de lesa humanidad. Más tarde, la Corte también declararía nulos los indultos del ex presidente Carlos Menem.

La aclaración de Cavallo desnuda otra arista del ABC kirchnerista: gobernar para la tribuna. No importa tanto lo que se haga en sí, sino cómo y para qué se lo haga, y básicamente, cómo se lo comunique. Alejandro Katz introduce, en esta conducta, el rol de los ritos: «Acodados en un desvencijado muelle, quienes miraban fluir las aguas de un pasado ideal con ojos melancólicos sucumbieron a la promesa del líder que les hizo creer que timoneaba el gran barco de la Historia y que esta era la última ocasión en que podrían abordarlo. Hay un instante emblemático de esa promesa: el momento en que alguien, para reescribir su propia biografía, ordena que se retire el retrato del Gran Dictador. Fue una orden sin riesgo, que condensa la muerte de la política: a partir de ese momento, la política es reemplazada por el rito y, desde entonces, lo dicho y el modo de decirlo es mucho más importante que lo hecho y el modo de hacerlo; el juego de las imágenes se torna más real que la dureza de la realidad».

El miércoles 24 de marzo de 2004, a las 10 de la mañana, Kirchner ordenó descolgar los cuadros de Jorge Rafael Videla y Reynaldo Bignone de una de las galerías del Colegio Militar.

«Hay tipos como Horacio González, que ven pasar el último barco de ideales y no miran que la sala de máquinas está llena de negros esclavos que martillan en los pistones de los motores o están remando en las galeras, lo único que ven es el cartel arriba que dice "Vamos a la Revolución". Y el tipo salta porque sabe que, biográficamente, es su última oportunidad, que el próximo barco va a pasar después que él, esté abajo o no, le va a dar para saltar, va a estar babeando y se sube por eso, hay una reparación de fracasos», explica Katz.

Si se toma la crisis del campo como el contexto fundacional del Relato, esos grupos de intelectuales orgánicos surgieron entonces. «La Carta Abierta la escribí yo», recuerda ahora Alberto Fernández. «Cuando estábamos en medio del conflicto del campo vinieron a verme Horacio González y Nicolás Casullo. Los tipos venían con un ímpetu que a mí me parecía maravilloso, se quería discutir sobre un momento muy tenso donde habíamos quedado atrapados en una situación institucional gravísima. Porque a tres meses de haber ganado una elección con 25 puntos de diferencia con el segundo, la verdad es que nos estaban matando a cascotazos. Pero nunca pensé que iba a devenir en esto».

Hoy Fernández advierte sobre la desnaturalización del rol de Carta Abierta y asegura que se lo expresó a varios de sus miembros: «A algunos los recibí cuando ya había renunciado. Me vinieron a ver a mi oficina de Callao y les dije: "Ustedes nacieron para ser la conciencia crítica del kirchnerismo, no nacieron para ser la justificación intelectual de la barbarie. Ustedes explican todo: explican a Moreno, explican a De Vido, explican a Boudou. ¿Qué es esto? Ustedes están para decir: este sistema no soporta un Boudou, no para decir que está bien que Boudou esté"».

Capítulo XX
Pesada herencia

Los gobiernos —dicen— se definen por lo que dejan. ¿Cómo será la Argentina post K en lo económico? Me permito reproducir parte de una columna que escribí en *Clarín* a fines de 2013:

«Deuda Pública 2001: 120.000 millones de dólares.

»Deuda Pública 2013: 240.000 millones de dólares.

»Por favor, que La Cámpora explique cómo fue que nos desendeudamos.

»Los revolucionarios de oficina repiten, cuarenta años después, el voluntarismo de los setenta: si la realidad no encaja es la matemática la que miente. Algo similar ocurrió con el "relato" luego del resultado de las PASO: se cayó de bruces, como se cae todo mito cuando se derrumba; de pronto, los Reyes fueron los padres y no se puede volver atrás. Algo similar sucede con los números de la pobreza; según la ONG "Un techo para mi país", el período 2001-2011 fue el de mayor densificación histórica de villas: hay un 55,6% más. El 85,2% de las villas de la década ganada no tienen redes cloacales y el 79,9% carece de desagües pluviales. La estadística refiere sólo al GBA, donde hay 864 villas con 508.144 familias. Subestimar la inflación provoca que el INDEC infle las tasas de crecimiento (con lo cual, como *bonus track*, paga más deuda a los bonistas que entraron en el canje) y falsee las de pobreza; la diferencia entre el instituto oficial y otros centros estadísticos es de nueve millones: para el gobierno hay nueve millones de pobres menos. Mientras que para el Observatorio de la Deuda Social de la UCA hay en el país casi 11 millones de pobres (un 26,9%) para el INDEC la cantidad es de 2,2 millones (5,4%). El gobierno considera "pobres" a quienes no logran cubrir la Canasta Básica Total (CBT, que incluye alimentos, vestimenta, transporte, educación y salud), y supone que en 2012 la cubren quienes cuentan con 13 pesos por día, $1.588 para una familia tipo. Quienes cuentan con menos de 6 pesos por día son considerados indigentes. El descalabro estadístico es total y lleva a paradojas como que en Chaco o La Rioja, por ejemplo, la desocupación sea igual a cero. El Observatorio de la UCA y el de Datos Económicos y Sociales de la CGT que lidera Hugo Moyano casi no difieren en sus cifras de pobreza: para la CGT, la pobreza llegaría al 27,2%. La pobreza afecta al 38,8% de los chicos menores de 18 años, lo que significa que casi 4 de cada 10 chicos viven en una situación precaria. Las tasas serían aun mayores de no ser por la Asignación Universal por Hijo; si no se tuviera en cuenta la AUH o la pensión para madres de siete o más hijos, las cifras de pobreza llegarían al 42,9% y las de indigencia, al 15,9%.

»El Tongui, en Lomas de Zamora, y la Villa Fraga, en Chacarita, son las villas más nuevas en el kirchnerismo. El Tongui nació en 2009 cuando varias familias ocuparon un terreno municipal vecino al Camino Negro a quince minutos del centro. Hoy tiene 120 manzanas y por lo menos cuatro mil familias. Villa Fraga empezó como un asentamiento sobre los playones de maniobras del Ferrocarril Belgrano Cargas y hoy son dos manzanas con más de 700 familias y un laberinto de pasadizos. El otro crecimiento vertiginoso sucedió en las villas 31 y 31 Bis de Retiro: fue vertical y horizontal a la vez; hoy "la 31" es un polo de especulación inmobiliaria, donde el alquiler de una pieza con baño compartido cuesta alrededor de 1.800 pesos al mes.

»"En Argentina tenemos un modelo muy heterogéneo, dual, de capitalismo de desarrollo —explica a *Clarín* Agustín Salvia, titular del programa Observatorio de la Deuda Social Argentina—. Hemos mantenido en estas últimas décadas un capitalismo que no genera empleo e inclusión social para todos, con una parte de la población sobrante: hay varias Argentinas funcionando a distinta velocidad en el mismo territorio. En la medida en que exista esa dualidad estructural no podrán juntarse estas dos argentinas por el simple funcionamiento de los mercados, son argentinas que se reproducen en manera independiente una de la otra: siguen creciendo las torres en Puerto Madero, mejoran las condiciones tecnológicas de las grandes empresas, hay más venta de automóviles, incluso mejores tecnologías en el campo de los servicios pero, al mismo tiempo, sigue habiendo más vendedores ambulantes, más limpiavidrios, más changarines, más servicio doméstico, sectores de baja productividad que no aportan al crecimiento y producción integral. Para el capitalismo, eso es masas sobrantes: crean sus propios empleos, crean mecanismos para garantizar su subsistencia y lo hacen en condiciones de marginalidad; esa población no es demandada por los sectores mas dinámicos de la economía."»

Estas líneas, escritas antes de 2014, no incluyen la devaluación, el brutal aumento de precios frente al que fracasaron los productos «cuidados», los aumentos mensuales del 6% en las naftas promovidos por YPF, la «amenaza» de Kicillof sobre el quite de los subsidios y la posibilidad bastante cierta de una nueva devaluación cuando la evolución de la inflación deje a la devaluación de enero como insuficiente. La inflación proyectada para el corriente año superará, según todas las consultoras, el 40%; hay quienes afirman que podría llegar al 55%. El gobierno decidió tarde un camino de baldosas flojas. Así lo escribimos en febrero: «El gobierno está rodeado de baldosas flojas. Cualquier paso que dé, en cualquier dirección, empeora las cosas».

El aumento de precios amenaza con licuar la devaluación.

La inflación de enero, cercana al 6%, marca una pauta anual que complica seriamente las paritarias.

Una recomposición salarial de suma fija ahora más un 30% luego (en una visión prudente) desatará, a la vez, más inflación y se trasladará a los precios.

El piso de 25% para las tasas de interés es insuficiente frente a una inflación del 30% el año pasado y aun superior del año en curso. Si decidiera subirlas, esto encarecería el crédito, ¿a cuánto prestarían los bancos el mismo dinero por el que pagan 30%? ¿Al cincuenta? Estas medidas, aun si funcionaran, generarían recesión sacando dinero de la plaza.

A medida que abre sólo un poco más el cepo, se pierden más reservas y el paralelo aumenta.

La apuesta política a la recuperación del crédito internacional —que el gobierno descartó durante años— presenta varios inconvenientes: no es inmediata —el papelón con el Club de París da esa pauta— y se complicó aún más esta semana cuando quedó en suspenso el acuerdo con Repsol. La petrolera española —a la que Kicillof le iba a pedir una indemnización y le terminó pagando— desconfía de los bonos argentinos y pidió que se le pagara con reservas del Central, a lo que el gobierno se negó; solicita ahora que se le pague con bonos del Estado español que la Argentina adquiera en el mercado internacional (lo que significa reservas también). La otra petrolera, Chevron, la obliga a concretar un aumento de las naftas, porque la devaluación dejó abajo el precio internacional en dólares que el gobierno se había comprometido a mantenerle. Un aumento de las naftas también impactará sobre los precios que tratan de contener por otro lado.

En el mundo discuten si los problemas con el dólar en Brasil, Turquía y Sudáfrica son un efecto de imitación de la crisis argentina o al revés. Mientras no se ponen de acuerdo, queda claro que lo que fue viento de cola ahora se asemeja a viento en contra. Frente al laberinto de baldosas flojas, el gobierno ha decidido transformar la crisis económica en un problema moral o psicológico: habla de un complot mundial contra la Argentina —es cierto, la excusa no es muy original— o de una operación de los bancos —cuando quienes compran dólares lo hacen por pequeñas cantidades—, de Shell —que liquidó divisas con autorización del mismo gobierno: ¿sería entonces un complot del Central?— o de algunos columnistas económicos. El otro manotazo de ahogado tiene que ver con la Patria: Capitanich calificó de antipatriotas a quienes critican las medidas, equiparando al gobierno con la Nación. Criticar al gobierno no es criticar a la Patria, porque no es la Patria; en el mejor de los casos, forma parte de ella. Las paradojas quisieron que cuando el jefe de Gabinete pronunció su arenga patriótica, el presidente de la Argentina era Boudou, un patriota que negoció el canje de deuda de 2010 con letra de los acreedores. La Justicia investiga una causa en la que la consultora Arcadia Advisors, representante de los bancos favorecidos por el canje, le da letra al entonces ministro de Economía para hacer el acuerdo. El delito es tráfico de influencias. Capitanich recuerda al ministro de Economía de Alfonsín, Juan Carlos Pugliese, diciendo en pleno caos inflacionario: «Les hablé con el corazón y me respondieron con el bolsillo». Kicillof, por su lado, actúa convencido de que la teoría y la práctica son lo mismo: sostiene que no tienen por qué aumentar los precios que no tengan componentes importados. Este especialista en historia de la economía parece no haber estudiado historia contemporánea: no entiende que el dólar funciona en la Argentina como la única reserva de valor accesible a quienes no juegan en la Bolsa o el mercado financiero. Desde que asumió su cargo, el Central perdió 3.000 millones de dólares de reservas, y aun persevera en el error.

—Ya no pueden hacer nada, llegaron tarde —sentenció Ismael Bérmudez hace ya varios meses en los micrófonos de Radio Mitre. Tenía razón.

El gobierno pudo, luego de esta columna, frenar la pérdida de depósitos del Central: lo hizo prohibiendo casi todas las importaciones y derivando tres mil millones de dólares del encaje de los bancos a tratar de equilibrar el mercado. Fue una solución *one shot*; no podrá usarse dos veces frente a un crisis cambiaria. El gobierno reza y espera: que la Argentina gane el Mundial —lo cual provocaría un cambio en el humor social— y que llegue dinero fresco —algo bastante incierto y, en todo caso, posible a mediano o largo plazo. Si la crisis política no supera a la económica, es probable que la Argentina llegue a 2015 con estanflación: recesión y alta inflación de la mano y un ambiente gremial y social convulsionado.

En materia educativa quedará de la «década ganada» que, en números de 2013, menos de la mitad de los alumnos terminan el secundario: la Argentina tiene uno de los índices más bajos de América Latina con relación a la cantidad de estudiantes que egresan del secundario: 43%, por debajo de Bolivia, Paraguay y Ecuador. Por paradoja, en medio de una gestión que reivindica —al menos formalmente—el rol del Estado, la matrícula estatal registró una caída sostenida desde 2003: disminuyó en unos 250.000 alumnos. La huida de la educación pública redundó en un aumento de la matrícula en la escuela privada de un 18%. En el caso de la educación terciaria sólo alcanza el título el 14% de acuerdo con un informe publicado por la Unesco. El gobierno, entretanto, se envanece de dedicarle una porción cada vez mayor del PBI a la educación; es evidente, a estar de las cifras, que se trata de un gasto ineficiente.

En febrero de 2010, en el 47° Curso de Rectores del Consejo Superior de Educación Católica (Consudec), el presidente de la Comisión de Pastoral Social, monseñor Casaretto, señalaba ante más de 1.500 docentes que la Argentina debe «ocuparse de los 900.000 jóvenes de todo el país que no estudian ni trabajan», según estadísticas de la Cepal y la OEI.

Hay 746 mil jóvenes entre 18 y 24 años que no estudian ni trabajan, es el 24% del total de los jóvenes en esa franja etaria. Uno de cada cuatro jóvenes «ni-ni» pertenece a los estratos más bajos y ni siquiera han terminado el secundario, por lo que se complica la posibilidad de encontrar un empleo bien remunerado que les pemita, en el futuro, salir de la pobreza. El desempleo entre los jóvenes, 18,5%, es casi cuatro veces superior al desempleo de los adultos: 5,1%.

Desde el punto de vista del habitat y tomando en cuenta que cada año se suman 60.000 nuevos hogares al problema de la falta de vivienda, entre 2001 y 2010 el número de inquilinos subió del 11,1% al 16,1%. Las viviendas deficitarias son 3.386.606 y más de seis millones de familias tienen problemas de vivienda. Según una encuesta realizada por AEV Asociación de Empresarios de la Vivienda, seis de cada diez hogares de clase media, esto es un tercio del total de los hogares del país, quisieran comprar una primera vivienda o cambiar la que habitan y no logran hacerlo. En la base de la pirámide social casi 500.000 hogares son considerados por el censo de 2010 como «viviendas irrecuperables».

En el campo de la salud pública, la década dejará lo siguiente: el 40% de la población carece de cobertura media de obra social o prepaga y aumenta la presión sobre un hospital público con escasos recursos y agobiado por la inflación y la falta de insumos. Así lo revela un informe elaborado por la Asociación Civil de Actividades Médicas Integradas (ACA-

577

MI), integrada por Cemic, Fleni Osde y los hospitales Británico, Alemán e Italiano. Sólo el sistema de salud pública de la provincia de Buenos Aires, con 14 millones de habitantes, debe atender más de 45 millones de consultas anuales, en tanto que la ciudad de Buenos Aires, con una población de 3 millones, origina casi 10 millones de consultas —el desfase se explica porque el 35% de los pacientes en CABA proviene del conurbano—. Las provincias de Formosa y Chaco son las más deficientes en el área, allí el 65% de la población carece de cobertura; en Santiago del Estero, el 64%; en Chubut, el 62%, y en Salta, el 60%. El sistema sanitario —afirma el informe de ACAMI— es una de las pautas más notorias de la inequidad social. Así, mientras el 97% de los hogares de clase alta tiene cobertura de salud, entre los sectores de menores recursos apenas el 30% tiene alguna cobertura. El 70% se atiende exclusivamente en hospitales y pertenece a los grupos más vulnerables: el 10% son mayores de 65 años y el 28% tiene menos de quince.

La Argentina despierta del kirchnerismo como quien despierta de un sueño que fue derivando, lentamente, en pesadilla. Al cierre de este libro —marzo de 2014— es difícil decir cuál sera el destino de los K: el núcleo duro del 20% (que aún mantienen), ¿sobrevivirá fuera del Estado? Y, en ese caso, ¿terminará disolviéndose como el menemismo o será —como el peronismo clásico— una especie de mito aferrado a su propio relato? La Cámpora, la apuesta de Cristina a su dirigencia joven, logró alguna presencia en los barrios pero ninguna representación en las universidades o en los colegios secundarios; se transformó en un movimiento al revés: fue de arriba hacia abajo, de modo que necesita del poder para seguir en él. Carta Abierta —los otros sostenedores del relato— tiene decrecimiento vegetativo; este fue, en efecto, su último tren. Los medios K —como hizo en su momento el CEI, después de la fallida re-reelección de Menem— se acomodarán al futuro, sea Scioli, Massa o Macri. La red vinculada al Estado sin duda sufrirá una fuerte disminución: dependen sólo del presupuesto público y no tienen ni lectores ni oyentes ni televidentes que los sustenten. The dream is over. Asistimos en esta década a la última batalla de la generación del setenta, en la que proyectó todo su ADN: vanguardismo, soberbia, falta de escrúpulos. En los próximos años la década robada se convertirá en una anécdota y descubriremos con asombro viejas historias que nunca hubiéramos imaginado. La Argentina tropieza siempre con la misma piedra. Ojalá este tropiezo nos sirva para entender que no existen cambios rápidos, que el cambio es lento, que necesita de compromiso y trabajo, y que este será un país cuando nos decidamos a trabajar sin esperar a ver los resultados.

JORGE LANATA

Índice

 **Planeta**

España
Av. Diagonal, 662-664
08034 Barcelona (España)
Tel.: (34) 93 492 80 00
Fax: (34) 93 492 85 65
Mail: info@planetaint.com
www.planeta.es

Paseo Recoletos, 4, 3.ª planta
28001 Madrid (España)
Tel.: (34) 91 423 03 00
Fax: (34) 91 423 03 25
Mail: info@planetaint.com
www.planeta.es

Argentina
Av. Independencia, 1682
1100 C.A.B.A.
Argentina
Tel.: (5411) 4124 91 00
Fax: (5411) 4124 91 90
Mail: info@eplaneta.com.ar
www.editorialplaneta.com.ar

Brasil
Av. Francisco Matarazzo,
1500, 3.º andar, Conj. 32
Edificio New York
05001-100 São Paulo (Brasil)
Tel.: (5511) 3087 88 88
Fax: (5511) 3087 88 90
Mail: ventas@editoraplaneta.com.br
www.editoraplaneta.com.br

Chile
Av. 11 de septiembre, 2353, piso 16
Torre San Ramón, Providencia
Santiago (Chile)
Tel.: Gerencia (562) 652 29 43
Fax: (562) 652 29 12
www.planeta.cl

Colombia
Calle 73, 7-60, pisos 7 al 11
Bogotá, D.C. (Colombia)
Tel.: (571) 607 99 97
Fax: (571) 607 99 76
Mail: info@planeta.com.co
www.editorialplaneta.com.co

Ecuador
Whymper, N27166,
y Francisco de Orellana
Quito (Ecuador)
Tel.: (5932) 290 89 99
Fax: (5932) 250 72 34
Mail: planeta@acces.net.ec

México
Masarik 111, piso 2.º
Colonia Chapultepec Morales
Delegación Miguel Hidalgo 11560
México, D.F. (México)
Tel.: (52) 55 3000 62 00
Fax: (52) 55 5002 91 54
Mail: info@planeta.com.mx
www.editorialplaneta.com.mx
www.planeta.com.mx

Perú
Av. Santa Cruz, 244
San Isidro, Lima (Perú)
Tel.. (511) 440 90 90
Fax: (511) 422 46 50
Mail: rrosales@eplaneta.com.pe

Portugal
Planeta Manuscrito
Rua do Loreto, 16-1.º Frte.
1200-242 Lisboa (Portugal)
Tel.: (351) 21 370 43061
Fax: (351) 21 370 43061

Uruguay
Cuareim, 1647
11100 Montevideo (Uruguay)
Tel.: (5982) 901 40 26
Fax: (5982) 902 25 50
Mail: info@planeta.com.uy
www.editorialplaneta.com.uy

Venezuela
Final Av. Libertador con calle Alameda,
Edificio Exa, piso 3.º, of. 301
El Rosal Chacao, Caracas (Venezuela)
Tel.: (58212) 952 35 33
Fax: (58212) 953 05 29
Mail: info@planeta.com.ve
www.editorialplaneta.com.ve

Grupo ⊜ Planeta   Planeta es un sello editorial del Grupo Planeta www.editorialplaneta.com.ar